21世纪全国高等院校旅游管理类创新型应用人才培养规划教材

餐饮运行与管理

主 编 单铭磊
副主编 石 新 樊小兰 贾衍菊

内 容 简 介

本书以酒店餐饮部所需的基本知识和技能为立足点,以教学目标为核心,力求向学生系统地介绍餐饮部的运营过程。基于此,帮助学生了解餐饮计划管理、生产管理、服务管理、销售管理、成本控制及菜单设计与宴会组织等服务过程和管理方法,使学生基本了解餐饮部的工作,掌握前台服务必备技能,了解一定的烹饪知识、食品及营养卫生知识,以适应饭店餐饮服务与管理工作的需要,从而,有利于学生在餐饮行业的长足发展。

本书共分 3 篇,第 1 篇介绍餐饮基础知识,第 2 篇介绍餐饮服务,第 3 篇介绍餐饮经营管理。本书内容丰富,结构完整,注重理论和实际操作的有机结合,特别是对营养卫生知识、烹饪知识和厨房管理知识的介绍填补了同类书籍的空白。

本书可作为普通高等院校旅游或酒店管理专业及相关专业本、专科生用书,也可供各类酒店、餐饮企业工作人员及希望了解餐饮知识和餐厅工作的读者参阅。

图书在版编目(CIP)数据

餐饮运行与管理/单铭磊主编. —北京:北京大学出版社,2012.8
(21 世纪全国高等院校旅游管理类创新型应用人才培养规划教材)
ISBN 978-7-301-21049-9

Ⅰ. ①餐… Ⅱ. ①单… Ⅲ. ①饮食业—企业管理—高等学校—教材 Ⅳ. ①F719.3

中国版本图书馆 CIP 数据核字(2012)第 176961 号

书　　　　名:	餐饮运行与管理
著作责任者:	单铭磊　主编
策 划 编 辑:	刘　䍿
责 任 编 辑:	刘　䍿
标 准 书 号:	ISBN 978-7-301-21049-9/C · 0783
出　版　者:	北京大学出版社
地　　　　址:	北京市海淀区成府路 205 号　100871
网　　　　址:	http://www.pup.cn　http://www.pup6.cn
电　　　　话:	邮购部 62752015　发行部 62750672　编辑部 62750667　出版部 62754962
电 子 邮 箱:	pup_6@163.com
印　刷　者:	北京虎彩文化传播有限公司
发　行　者:	北京大学出版社
经　销　者:	新华书店
	787 毫米×1092 毫米　16 开本　20.25 印张　483 千字
	2012 年 8 月第 1 版　2019 年 2 月第 4 次印刷
定　　　　价:	39.00 元

未经许可,不得以任何方式复制或抄袭本书之部分或全部内容。
版权所有,侵权必究　　　举报电话: 010-62752024
　　　　　　　　　　　　电子邮箱: fd@pup.pku.edu.cn

编写人员名单

主　编　单铭磊

副主编　石　新　樊小兰　贾衍菊

参　编　（按姓氏笔画排序）

　　　　刘文彬　刘建强　吕文静　邢　君　张　颖

　　　　张　静　赵　健　周红雨　秦炳贞

前　言

目前，针对旅游管理和酒店管理专业餐饮方面的教材种类繁多。其基础大多源于 20 世纪 70 年代末 80 年代初的饭店或餐厅的培训教材，其中也有部分引自香港特别行政区酒店的培训材料和国外相关的翻译教材。这些教材对提高我国饭店、酒楼、餐厅的管理水平和服务质量可谓功不可没，但其内容和整体结构几十年来变化不大，中等职业教育与本科教育的教材也没有很明显的层次差异。这种状况已经很难进一步促进餐饮行业的提升，培养出的学生也很难满足餐饮工作日新月异的多层次需要。如何才能更好地适应现阶段旅游管理或酒店管理专业培养目标的需要？何种教材能既满足高职、高专和本科餐饮教学的共同需要，又能体现出层次差异，还能够发挥教师和学生的主动性？这些是摆在专业教师面前的一个亟待解决的问题。基于这些问题，编者编写了本书，力图探索一条新路，起到抛砖引玉的作用。

本书立足于餐饮企业一线服务和基层管理岗位的要求，从实战出发，从企业用人标准出发，以行业的实际经营运行流程和规范为依据，对历年各级各类相关教材进行了总结。编者结合服务、烹饪、管理的深厚专业知识，力求打造一本适合本、专科旅游管理及酒店管理专业餐饮课程的教材，既有理论基础，又注重实践操作，同时还有关注管理知识的拓展，力争做到基础知识翔实够用，操作实践实用性、正对性强，管理知识既贴近实际又有伸展，使本、专科两个层次的学习者均能在本书中找到自己的定位。

考虑到餐饮行业的特殊性和综合性，本书编写组的成员不仅有理论知识扎实的教授、博士、硕士等，还有实践经验丰富、从事多年餐厅对客服务的实践教师，同时还有获得国家金奖和政府津贴的烹饪技师和高级实习指导教师。本书具体的编写分工如下：第 1 章由吕文静（齐鲁师范学院）编写，第 2 章由赵健（山东青年政治学院）编写，第 3 章由石新（济南市技师学院）编写，第 4 章由刘建强（济南市技师学院）编写，第 5 章、第 8 章、第 10 章由单铭磊（山东青年政治学院）编写，第 6 章由张颖（山东青年政治学院）编写，第 7 章由张静（山东青年政治学院）和周红雨（山东商业职业技术学院）编写，第 9 章、第 14 章由贾衍菊（齐鲁师范学院）编写，第 11 章、第 12 章由樊小兰（枣庄职业学院）编写，第 13 章由邢君（济南市技师学院）编写，第 15 章由刘文彬（山东女子学院）编写。全书由单铭磊、石新、秦炳贞负责统稿。另外，山东青年政治学院旅游学院学生杨宗盛和李克凡参与了资料的收集和部分文字录入及图表制作等工作，在此一并表示感谢！

由于编写时间紧张及编者自身水平有限，本书疏漏之处在所难免，恳请读者给予批评指正。

编　者

2012 年初夏于泉城

目 录

第1篇 餐饮基础知识

第1章 餐饮业概述 3
- 1.1 餐饮业的历史和发展 4
  - 1.1.1 餐饮的发展历史 4
  - 1.1.2 我国餐饮业的现状 7
  - 1.1.3 餐饮业发展的趋势 10
- 1.2 餐厅的种类及服务项目 11
  - 1.2.1 国外常见餐厅的种类 11
  - 1.2.2 我国星级酒店和餐饮市场中常见的餐厅种类 14
  - 1.2.3 餐厅的服务项目 15

第2章 餐饮部的岗位设置及要求 19
- 2.1 餐饮部的组织机构与职能 19
  - 2.1.1 餐饮部组织机构设置原则 20
  - 2.1.2 常见的餐饮组织形态 20
  - 2.1.3 餐饮部各主要部门的职能 23
- 2.2 餐饮工作人员的礼仪规范 24
  - 2.2.1 餐饮工作人员的基本素质 24
  - 2.2.2 餐饮工作人员的仪容仪表 26
  - 2.2.3 餐饮工作人员的言谈举止 30
- 2.3 餐饮工作人员的岗位职责 33
  - 2.3.1 餐饮部前台工作人员 33
  - 2.3.2 后厨工作人员 37

第3章 烹饪基础知识 44
- 3.1 烹饪原料知识 45
  - 3.1.1 植物性烹饪原料 45
  - 3.1.2 动物性烹饪原料 47
  - 3.1.3 调味原料 48
  - 3.1.4 烹饪原料的品质检验 48
  - 3.1.5 烹饪原料的保管方法 49
- 3.2 烹饪原料的成型与配菜 51
  - 3.2.1 原料成型 51
  - 3.2.2 配菜 53
  - 3.2.3 菜肴的命名 54
- 3.3 烹调技术的基本知识 56
  - 3.3.1 烹调基本工艺 56
  - 3.3.2 常用的冷菜烹调方法 57
  - 3.3.3 常用的热菜烹调方法 58

第4章 菜点及面点知识 64
- 4.1 中式菜点 65
  - 4.1.1 中国菜的历史和发展 65
  - 4.1.2 中国菜的构成——八大菜系 68
- 4.2 中式面点 71
  - 4.2.1 面点的概念 71
  - 4.2.2 面点在餐饮业中的地位和作用 71
  - 4.2.3 面点的风味流派 72
- 4.3 西式菜点 74
  - 4.3.1 西式菜点的历史和发展 74
  - 4.3.2 法式菜点 75
  - 4.3.3 俄式菜点 75
  - 4.3.4 土耳其菜点 76
- 4.4 常见菜点简介 77
  - 4.4.1 常见中式菜点 77
  - 4.4.2 常见西式菜点 82

第5章 营养学基础知识 86
- 5.1 基本概念 87
  - 5.1.1 能量 87
  - 5.1.2 营养 87
  - 5.1.3 蛋白质 88
  - 5.1.4 脂类 88
  - 5.1.5 碳水化合物 88
  - 5.1.6 矿物质 89
  - 5.1.7 维生素 89
- 5.2 人体对营养的需求 89

5.2.1　孕妇对营养的需求…………89
　　5.2.2　儿童及青少年对营养的需求…90
　　5.2.3　老年人对营养的需求…………92
5.3　各类食品的营养价值……………93
　　5.3.1　谷类营养价值………………93
　　5.3.2　豆类营养价值………………93
　　5.3.3　蔬菜、水果营养价值…………94
　　5.3.4　肉类营养价值………………94
　　5.3.5　奶类营养价值………………95
　　5.3.6　蛋类营养价值………………96
5.4　绿色食品…………………………96
　　5.4.1　基本概念……………………96
　　5.4.2　绿色食品分级………………97
5.5　药膳………………………………99
　　5.5.1　药膳的含义…………………99
　　5.5.2　药膳的发展…………………99

第6章　酒水知识…………………102

6.1　中国酒……………………………103
　　6.1.1　中国酒的历史和发展…………103
　　6.1.2　中国酒的分类………………105
　　6.1.3　中国白酒……………………108
6.2　洋酒………………………………112
　　6.2.1　白兰地………………………112
　　6.2.2　威士忌………………………116
　　6.2.3　朗姆酒………………………123
　　6.2.4　金酒…………………………125
　　6.2.5　伏特加………………………127
　　6.2.6　特基拉酒……………………129

第2篇　餐饮服务

第7章　餐饮服务方式与服务程序……135

7.1　餐饮服务方式……………………136
　　7.1.1　西餐常用服务方式……………136
　　7.1.2　中餐常用服务方式……………137
7.2　餐饮服务环节与程序……………139
　　7.2.1　餐前准备环节…………………139
　　7.2.2　开餐服务环节与程序…………144

　　7.2.3　就餐服务环节与程序…………146
　　7.2.4　餐后服务环节与程序…………149

第8章　中餐宴会服务………………152

8.1　中餐宴会概述……………………153
　　8.1.1　中餐宴会特点…………………153
　　8.1.2　中餐宴会种类…………………154
　　8.1.3　中餐宴会预订…………………154
8.2　中餐宴会服务……………………159
　　8.2.1　宴会前的组织准备工作………159
　　8.2.2　宴会前的迎宾工作……………161
　　8.2.3　宴会就餐服务…………………161
　　8.2.4　宴会结束工作…………………162
　　8.2.5　宴会服务注意事项……………163
本章小结………………………………164
练习题…………………………………164

第9章　西餐宴会服务………………167

9.1　西餐宴会概述……………………168
　　9.1.1　西餐宴会特点…………………168
　　9.1.2　西餐宴会种类…………………168
　　9.1.3　西餐宴会预订…………………169
9.2　西餐宴会服务……………………171
　　9.2.1　宴会前的准备工作……………171
　　9.2.2　餐前鸡尾酒服务………………178
　　9.2.3　宴会中的席面服务……………178
　　9.2.4　宴会结束工作…………………181
　　9.2.5　西餐宴会服务注意事项………181
　　9.2.6　西餐宴会的现场指挥…………182

第10章　菜单设计与制作……………185

10.1　菜单的内容、作用和种类………186
　　10.1.1　菜单的内容…………………186
　　10.1.2　菜单的作用…………………187
　　10.1.3　菜单的种类…………………189
10.2　菜单的设计与制作………………191
　　10.2.1　菜单的设计原则……………191
　　10.2.2　菜单的制作…………………194
　　10.2.3　菜单的制作材料与规格……196

10.2.4 菜单的装帧与布局·········197
10.2.5 菜单设计制作中常见的
问题·····················198
10.2.6 宴会菜单的编制·········200

第11章 酒吧、咖啡厅服务·········202

11.1 酒吧服务···························203
11.1.1 酒吧概述·················203
11.1.2 酒吧服务程序···········205
11.1.3 酒吧服务注意事项·····210
11.2 咖啡厅服务························212
11.2.1 咖啡厅服务概述·······212
11.2.2 咖啡厅服务程序·······214
11.2.3 咖啡厅注意事项·······218

第3篇 餐饮经营管理

第12章 餐饮服务质量管理·········223

12.1 餐饮服务质量概述···············224
12.1.1 服务质量的含义········224
12.1.2 餐饮服务质量的内容···225
12.1.3 提高服务质量的意义···227
12.2 餐饮服务质量管理内容·········229
12.2.1 标准化·····················229
12.2.2 程序化·····················231
12.2.3 制度化·····················231
12.3 餐饮服务质量管理内容·········233
12.3.1 餐饮服务质量控制的基础···233
12.3.2 餐饮服务质量控制的内容···234
12.3.3 餐饮服务质量控制的方法···236

第13章 厨房运营管理·················242

13.1 食品原料的管理···················243
13.1.1 食品原料的采购管理···243
13.1.2 原料进货验收管理·····246
13.1.3 原料的储存与领发控制···248
13.2 厨房的生产管理···················249
13.2.1 厨房生产的成本控制···250
13.2.2 厨房生产的质量控制···254
13.2.3 厨房生产的效率管理···256

13.3 厨房的卫生管理···················257
13.3.1 厨房整体环境的卫生管理···257
13.3.2 厨房各作业区的卫生管理···258
13.3.3 食品卫生管理···········260

第14章 餐饮人力资源管理·········263

14.1 餐饮人力资源管理概述·········264
14.1.1 餐饮人力资源管理的概念···264
14.1.2 餐饮劳动的特点·······265
14.1.3 餐饮人力资源管理的内容···265
14.1.4 做好餐饮人力资源管理的
意义·························266
14.2 餐饮员工的招聘···················267
14.2.1 餐饮员工流失问题分析···267
14.2.2 餐饮员工招聘的原则···270
14.2.3 餐饮员工招聘的方法···270
14.2.4 餐饮员工招聘的程序···271
14.3 餐饮员工培训······················273
14.3.1 餐饮员工培训的内容···273
14.3.2 餐饮员工培训的分类···273
14.3.3 餐饮员工培训的实施···274
14.3.4 餐饮员工培训的注意事项···275
14.4 餐饮员工的激励···················275
14.4.1 激励的概念···············275
14.4.2 餐饮员工激励的方式···276
14.4.3 餐饮员工激励的注意事项···278

第15章 餐饮营销管理·················282

15.1 餐饮产品定价······················284
15.1.1 定价目标··················284
15.1.2 定价方法··················286
15.1.3 定价策略··················289
15.2 餐饮营销原理······················292
15.2.1 餐饮营销的定义········292
15.2.2 餐饮营销的意义········293
15.2.3 餐饮产品与服务的
营销组合··················293
15.2.4 餐饮营销的影响因素···294
15.3 餐饮内部营销······················298

15.3.1	菜单推销……298	15.4	餐饮外部营销……305	
15.3.2	人员推销……300	15.4.1	餐饮销售人员推销……305	
15.3.3	餐厅推销……300	15.4.2	电话推销……307	
15.3.4	特殊活动推销……301	15.4.3	广告推销……307	
15.3.5	赠品推销……302	15.4.4	其他推销方法……309	
15.3.6	展示推销……303	15.4.5	餐饮推销注意事项……310	
15.3.7	其他推销……304			

参考文献 …… 313

第1篇

餐饮基础知识

第1章 餐饮业概述

学习目标

总目标
了解中外餐饮业的发展历史,掌握中外常见的餐厅种类及服务项目

知识目标
1. 了解餐饮业的发展现状及发展趋势;
2. 掌握中外餐厅的分类及服务项目

技能目标
掌握中外餐厅的分类方法及服务项目的具体划分

能力目标
学会用回顾性的方法分析问题

导入案例

饮食经历了由单一到多元的逐步发展进步的过程,逐步形成了今天的餐饮业。当代餐饮的火热场面,展示了未来餐饮业更为广阔的发展趋势。中国是一个具有五千多年历史的文明古国,在餐饮方面的历史同样悠久,源远流长。中国的很多饮食都有着一段传说,下面以山西刀削面(见图1.1)为例。

山西人爱吃醋,国内外闻名;山西人爱吃面,世人皆知。自古以来,晋人主食乃面食,以花样多、品质好、影响大而颇为出名,故海内外早有"世界面食在中国,中国面食在山西"的说法。东到娘子关,西到黄河边,南到风陵渡,北到雁门关,一般家庭妇女都能以面粉为原料加工数种面食,许多山西汉子在客人面前有时也会显露一手面食绝活。刀削面是山西最有代表性的面条,堪称天下一绝,已有数百年的历史。传说,蒙古人建立元朝后,为防止汉人造反起义,将家家户户的金属全部没收,并规定每10户用厨刀一把,切菜做

图1.1 山西刀削面

饭轮流使用,用后再交回蒙古人保管。一天中午,一位老婆婆将棒子面、高粱面和成面团,让老汉取刀。结果刀被别人取走,老汉只好返回,在出大门时,脚被一块薄铁皮碰了一下,他顺手捡起来揣在怀里。回家后,锅开得直响,全家人等刀切面条吃。可是刀没取回来,老汉急得团团转,忽然想起怀里的铁皮,就取出来说:"就用这个铁皮切面吧!"老婆婆一看,铁皮薄而软,嘟哝着说:"这样软的东西怎能切面条?"老汉气愤地说:"切不动就砍。"砍字提醒了老婆婆,她把面团放在一块木板上,左手端起,右手持铁片,站在开水锅边砍面。一片片面片落入锅内,煮熟后,老婆婆将其捞到碗里,浇上卤汁让老汉先吃,老汉边吃边说:"好得很,好得很,以后不用再去取厨刀切面了。"这样一传十,十传百,传遍了晋中大地。至今,晋中的平遥、介休、汾阳、孝义等县,无论男女都会削面。后来,这种砍面流传于小摊贩,又经过多次改革,演变为现在的刀削面。刀削面软中有硬,柔中有韧,浇卤、炒、凉拌,均有独特风味,如略加山西老陈醋食之尤妙。

问题

1. 你认为餐饮业的发展历史说明了什么问题？
2. 结合你的所见所闻，列举几种饮食的传说。

关键词

历史　发展　种类

1.1　餐饮业的历史和发展

1.1.1　餐饮的发展历史

餐饮业是充分利用餐饮设施为宾客提供餐饮实物产品和餐饮服务的生产经营性行业。作为一个行业，餐饮业从形成到发展至今，经历了一个漫长的历史过程。这个满足人类最原始需求的古老行业，随着人类智慧的积累、科技的进步，其经营形态和操作方法发生了根本性的变化，而餐饮服务在这个漫长的演变过程中也发展成为人类生产活动和商业活动的重要组成部分。

1. 国内餐饮业的起源和发展

1）餐饮活动的初级阶段

饮食活动是人类最基本的生存活动，当人类的祖先仍处于穴居阶段时，便有了男耕女织的生产活动，其目的就是为了维持生存，繁衍后代。随着社会生产力的发展和社会化分工的形成，出现了商品生产和商品交换，商品交换也逐步由分散向集中发展，由此而产生了人们的外出经商和与之相关的一系列活动，最初的自带干粮已经满足不了商人的生活需要。在秦汉时期，交通迅速发展，商业也随之得到发展，在各处通商大邑都设置有"客舍"或"亭栈"等，以方便来往的官宦和客商，解决其基本的食宿问题。到了唐朝，来中国朝贡和经商的外国使节和商人陆续增多，官府建造了一些设备豪华的官办招待所，用于接待他们。而此时的普通旅行者则主要是以寺庙作为寄宿和膳食的场所。到了封建社会后期，随着社会的发展和商贸活动的繁荣，在集市、码头、城镇开始出现了专门的"客栈"或"店肆"，为过往客商或旅行者提供简单的膳食和住宿服务，这些"客栈"、"店肆"便是现代住宿业的雏形。同时，餐饮活动也从社会化分工中分离出来，逐步形成一个行业，出现了从事餐饮生产的专业人员。但此时的餐饮业只是表面上形成了行业格局，并没有实际的行业理念和管理。在相当长的时期内，餐饮活动只是处于维持基本生存活动的水平上，人们并不注重服务，顾客也不奢望得到好的服务，大众餐饮服务在这一时期并不是很发达。

2）行业形成时期

新中国成立以后，各级政府部门都相继成立了饮食服务公司，餐饮业不但有了真正的管理部门，而且也开始了真正意义上的行业管理。饮食服务公司不但注重餐厅资产的管理，而且十分注重菜肴产品的开发和生产，注重厨师队伍和管理干部队伍的培养，为饮食服务业的进一步发展奠定了坚实的基础。经过数十年的发展，形成了一大批像老正兴、利顺德、东来顺（见图1.2）等闻名中外的著名餐饮品牌。

图1.2　东来顺饭庄

3）繁荣与发展时期

餐饮业在中国的大规模发展和繁荣是在改革开放以后。1978年，改革开放的春风吹开了闭关自守的中国大门，随着国力的进一步增强，人民生活水平也有了极大的提高，人们的消费理念和消费方式有了根本性的改变，这对餐饮业的发展和提高起到了一定的推动作用。同时，旅游业、宾馆业的发展也为餐饮业规范化、程序化的健康发展起到了极大的促进作用。

1978年以来，餐饮业不但在服务和管理水平上有了提高和改变，而且整个行业发展迅速，变化多样，新兴的餐饮业态也层出不穷。纵观20多年来餐饮业的变化，可以把餐饮业的发展概括为4个不同的阶段。

第一阶段，宾馆餐饮阶段。20世纪80年代初，旅游业的发展拉动宾馆业迅速崛起，大批宾馆、酒店建成。此时的宾馆餐饮业蓬勃发展。正宗的菜系、各地的名厨、优质的服务、优雅的环境，以及人们对宾馆餐饮的崇拜，是这个时期宾馆餐饮业兴旺的主要原因。宾馆、酒店在充分接待国外旅游者的同时，为行业培养了大批经营、管理和烹饪人才。

第二阶段，酒楼阶段。20世纪80年代末90年代初，宾馆、酒店超常规发展，分流了前期宾馆餐饮业培育的顾客群。而此时社会餐馆、酒楼大量涌现，这些中小型餐馆以地理优势、价格优势、灵活的服务方式迅速进入市场，参与到餐饮业的竞争之中。在激烈的竞争中，宾馆餐饮在管理体制、经营方式、与市场接轨方面的弊端显露无遗，餐饮业遂重新洗牌，宾馆餐饮日趋冷落，酒楼生意日渐升温，餐饮业进入了酒楼酒家阶段。

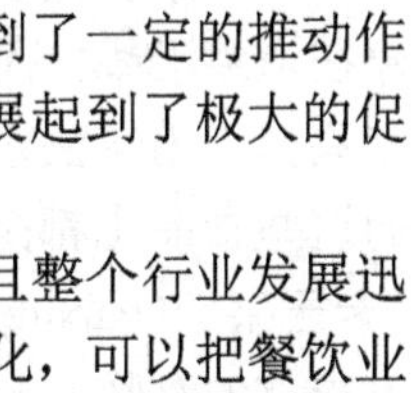

第三阶段，规模型餐饮阶段。20世纪90年代中期，完成了资金和经验的原始积累的酒楼酒家以及从其他行业进入餐饮业的商家，逐渐将餐饮做大做强，规模比拼成为此时餐饮业竞争所在。这一阶段，社会餐饮又抢占先机，并形成了特色比较明显的区域性餐饮航母。例如，以川菜为代表的四川餐饮业，强调店堂文化建设；以杭州菜为代表的浙江餐饮业，突出贴近大众消费的"迷宗菜"（见图1.3）和庞大的店堂；以海鲜为代表的山东胶东半岛的餐饮业则强调的是文化的弘扬。

图1.3　迷宗菜

经过这几个阶段的发展,餐饮业整体经营思维更加贴近生活,符合顾客心理需求,更加灵活,不再被一些固有的模式所束缚。顾客需要什么样的模式,经营者就想方设法满足。这也从另一方面为餐饮经营形成特色与品牌打下了基础。

第四阶段,品牌餐饮阶段。20世纪90年代中后期以来,餐饮业群雄逐鹿、攻城略地的焦点逐渐转换到品牌竞争上。品牌扩张成为餐饮业经济增长的新模式。老品牌枯木生枝、新品牌隆重登场、洋品牌大举进入,各种品牌都以吸引眼球作为争夺市场的利器。品牌经营促进了餐饮业的规模化发展,同时也促进了连锁经营、特许经营等新的经营形式的出现,并在发展过程中逐步催生了一大批新餐饮品牌。21世纪的餐饮业必将是一个竞争更加激烈、发展更加迅速、新业态和新形式更加层出不穷的时代。

2. 国外餐饮业的起源和发展

欧美餐饮业的起源以欧洲的希腊、罗马为最早。当时的罗马帝国迅速扩张领土,为了配合商旅的需要,在地中海沿岸地区出现了形形色色的餐厅,这些餐厅除了提供餐饮服务外,还有歌舞表演。然而那时的餐厅都是家族式经营的小餐馆,没有高雅的服务,更谈不上经营管理,只是初具餐厅的规模和形态而已。

到了中世纪,人们外出吃饭、喝酒的场所被称为"旅馆"(auberge),这些旅馆起初都建在道路沿线,而建在集市或城镇的类似设施则被称为"酒馆"(tavern)。在最初阶段,酒馆只允许销售酒水饮料,除此之外一概禁售,后来才被允许销售诸如开胃小吃一类的食品,而这些食品也都是从外面直接采购回来的成品,酒馆仍然禁止雇用厨师生产食品。一直到"卡巴莱"(cabaret,有歌舞表演的餐馆)的出现并在其影响下,酒馆才开始逐渐向客人提供丰盛的食物。

18世纪中叶,由于法国王室和平民都喜好美食与美酒,首都巴黎迅速成为欧洲的美食中心,正宗的法式大餐也一直发展到今天。然而,人们现在所说的"餐厅"出现在18世纪后期,第一家餐厅的名字叫"龙德大酒店"(Grandetavemedel Joudres),由安东尼·玻利维亚(Anthony Bolivia)建设和经营。这家餐厅设备齐全、设施一流,不但供应众多的高档葡萄酒,使用独具魅力的餐器具,雇用干净整洁的服务生,而且为客人提供优质流畅的服务。

18世纪末19世纪初,受英国工业革命的影响,欧洲交通运输业发展迅速,火车与轮船的出现带动了旅游业的发展,在火车站和港口陆续建起了大量的旅馆和餐厅。之后随着科技的进步,公路、铁路、航空运输业把一批批旅游观光客带往世界各地,促进了旅馆业和餐饮业的迅速发展,而此时的餐饮业无论是菜肴质量还是服务的品质都有了大幅度的提高,餐厅内部的装潢和设备设施的配备也大为改善,经营者开始越来越多地关注客人的消费需求,并想方设法改进和提高,以满足消费者日益变化的消费需求。20世纪初期,在大型旅馆、酒店中仅给住宿的客人提供简单的食品和饮料,有些酒店也只是提供早餐和少量的菜肴。到20世纪后期,由于大量旅馆、酒店的出现,竞争加剧,越来越多的旅馆、酒店开始通过增加餐饮设施,依靠收入弹性大的餐饮收入来弥补客房收入的不足。此外,随着人们生活水平的提高,口味多样化的特点越来越明显,这些旅馆、酒店中的餐饮经营越发受到重视,使得各种形态的餐饮形式得以在酒店生存。同时餐饮经营管理也逐步成为现代酒店经营的重要内容,引起酒店业和全社会的广泛关注和重视。

1.1.2 我国餐饮业的现状

从1949年新中国成立直至1987年，我国餐饮业的所有制结构均为国有和集体所有两种形式。改革开放以后，餐饮市场最先获得开放，我国餐饮业得到了迅速的发展。

1. 我国餐饮业的特点

随着我国经济的逐步回升，经济活动增多，城乡人均收入持续增加，需求渐旺，对餐饮业的发展起到了有力的推动作用，餐饮市场日趋繁荣。目前我国餐饮业主要呈现以下特点。

1）行业对社会的贡献更加突出

从我国餐饮业的发展轨迹看，餐饮业的经营领域不断拓宽，行业规模日趋扩大，国民经济贡献率不断提高，社会经济地位更加突出。据商务部新闻办公室统计，2005年我国餐饮业持续快速增长，全年餐饮业零售额实现8 886.8亿元，同比增长17.7%，比上年净增1 336亿元，与改革开放初期的1978年相比增长了161倍，其增长幅度不仅高于全国的GDP（gross domestic product，国内生产总值）增长速度，而且高出社会消费品零售总额增幅4.8个百分点，占社会消费品零售总额的比重达到13.2%；对社会消费品零售总额的增长贡献率约为17.4%，比上年提高7.2个百分点；全年实现营业税金488.78亿元，同比增长17.8%。据测算，目前我国餐饮业网点超过400万个，从业人员超过1 800万人。企业结构不断调整，为发展社会经济、繁荣市场、振兴地方经济和解决劳动力就业等做出了重大贡献。

2）现代餐饮业发展步伐加快

我国餐饮业品牌竞争的局面已经形成，行业发展进入新的阶段。科技手段的运用更加突出，技术创新和科学管理受到重视，集中配餐配送应用广泛，行业教育培训水平和从业人员素质提高，现代经营管理理念加强，营销举措普遍施行，营销手段不断细化，消费者餐饮需求多样化，同时，餐饮促销手段日益多样化、灵活化。品牌文化日趋提升，餐饮企业更加注重饮食文化氛围的烘托与营造，追求整体的完善与舒适，力求符合餐饮企业的市场定位和档次类型等，发展的基础条件越来越好，标准化、工厂化、规模化和科学化的进程不断推进，由传统餐饮向现代餐饮发展的步伐加快。另外，快餐业迅速发展，为满足市场需求、服务大众生活、扩大内需、开拓服务消费市场做出了积极的贡献。

3）投资主体趋向多元化

餐饮业作为开放较早、市场化程度较高的行业，社会对餐饮业的投入不断增强，使得餐饮业的规模不断扩大，出现了多种经济成分并存的繁荣局面，尤其是民营、私营和三资企业比例继续增加，网点持续增多。虽然传统的国有餐饮企业网点所占比例减少，但国有餐饮企业仍以技术、品牌、信誉等优势占据市场，发挥着示范和骨干作用，优势企业实力不断增强。一批老字号企业得到积极的保护和发展，凭借较好的信誉、技术和文化优势在各地发挥着品牌示范的作用。随着餐饮企业股份制改革的步伐加快，投资主体多元化的趋势更加明显，行业所有制结构发生了根本的变化，见表1-1。

表1-1 2008年年底我国餐饮业网点构成

企业类别	网点数/万家	比例/%
个体企业	365.6	91.5

续表

企业类别	网点数/万家	比例/%
私营企业	22.4	5.6
内资企业	11.24	2.8
外资企业	0.41	0.1
合　　计	399.65	100

4）各种风味相互交融

我国地大物博、民族众多，在历史长河中出现了众多饮食的发明创造，精湛的技艺烹饪出风味独特的千万品类，构成了不同的饮食文化特色。这不仅形成了饮食品种、风味的多样性和丰富性，而且在不同的地区形成了品种的独特性和差异性。随着经济发展和人民生活水平的提高，逐步出现了各种风味共融的风味格局。我国56个民族的饮食文化相互交融，八大菜系交相辉映、推陈出新，各种地方风味遍及神州大地。以东北菜为例，近年来在北京、上海、天津、深圳、武汉等地"火"了起来，成为当地风味菜肴的重要组成部分。同时，国际知名餐饮企业，如麦当劳、肯德基、必胜客等相继登陆，不仅丰富了我国的餐饮市场，也对我国的餐饮业构成更加严峻的挑战。当然，中西合璧的食品也诞生了，如用土豆粉、小麦粉、葱、红灯笼椒片、牛肉等原料制作的葱油饼，配上中国茄汁的三文鱼等，都深受人们的欢迎。

5）经营模式推陈出新

随着餐饮业规模的不断扩大、经营模式的逐步创新、餐饮市场的激烈竞争，以及人民饮食需求向高层次发展，多种经营模式并行的格局已成为餐饮市场的一大特色。餐饮市场覆盖面的日益扩大，使得企业之间、行业之间的交融日益突出。餐饮企业经营商品批发、食品加工业务，商场剧院经营餐饮店等，表明餐饮行业经营服务正走向多元化。现代消费者对饮食的消费需求一般具有个性化、多样化、品牌化、营养健康化、经济实惠化、大众优质化、快捷方便等特点。围绕人们消费需求的变化，面对激烈竞争的餐饮市场，餐饮企业经营模式不断推陈出新，出现了音乐餐厅、卡拉OK餐厅、小吃街（城）、西饼屋、啤酒屋、咖啡屋、自助餐厅、快餐店、送配（配餐）中心、美食广场、超市餐饮、网上餐饮、学生餐、航空餐饮等形式，并运用现代营销理论，采取多种促销策略，如折扣、优惠、赊销、会员制、有奖销售、超时服务等。连锁经营更是具有生命力的模式，有关资料表明，2005年，全国限额以上连锁餐饮企业尤其是直营连锁快餐企业营业收入大幅增长。其中，东部省市连锁快餐的营业规模明显超过正餐，广东快餐的市场份额高达90%，江苏、上海、辽宁、北京、浙江、山东等东部省市也已达到50%以上，连锁经营已经成为餐饮业做大做强的主导经营模式。此外，集团化模式也是一种必然的趋势。总之，各种餐饮经营模式均以自己的供给特征来满足人们某一层次、某一侧面的饮食需求。

2. 我国餐饮业面临的问题

虽然自改革开放以来我国的餐饮业取得了令人瞩目的成绩，但是应该本着客观的态度来看待我国餐饮业发展中存在的问题和面临的挑战。

1)食品安全隐患较多

由于大众化餐饮企业规模不等,食品、服务质量参差不齐,人员素质整体不高,流动性相对较强,卫生部门的监管难以到位等原因,其卫生消防安全方面存在很多的问题。俗话说得好,"民以食为天,食以净为本"。然而,最近几年我国个别餐饮企业发生厨房安全、食品安全等事故,给广大食客的就餐安全带来隐患。一连串的餐饮安全事故,也给人们带来深刻的教训。例如,2006年6月,北京电视台调查发现,一道北京的时尚美味小吃——麻辣小龙虾(见图1.4)铅和砷的含量超标;媒体曝光的某餐饮企业为节省成本,在向食客

图1.4 麻辣小龙虾

出售"沸腾鱼"菜肴时反复使用"口水油";北京等地发生"福寿螺"事件,导致多人感染广州管圆线虫病(脑膜炎的一种);国人一向推崇的洋快餐业频频爆出食品安全问题,有关部门在一家知名的快餐企业检查时,发现该企业的炸薯条含大量危害物质——反式脂肪;2007年3·15前夕,我国某地区快餐企业被曝光使用"滤油粉"事件,非法使用添加剂延长食用油的寿命。这些事件已经引起消费者的广泛关注,说明目前的餐饮市场安全隐患颇多。

2)能耗大

能源环境是经济社会发展的重要物质基础和外部条件。目前我国的现代化建设对能源的需求持续增加,环境的承载能力不断受到挑战。在此背景下,党中央提出按照科学发展观的要求,转变经济增长方式,建设节约型社会和环境友好型社会,将节能降耗和保护环境列为2011年政府工作的重点。餐饮业作为高能耗产业,在其繁荣发展的背后还存在着大量不合理、不科学的行为和现象:一是全国各地餐饮浪费现象严重,同时不注重废物回收,污染大气、地表环境,恶化人们居住条件,同时造成的部分水体污染,引起水生动植物的死亡;二是餐饮企业在用电用水以及消耗品方面也造成很大的能源浪费,如有些空调系统的使用不加控制、锅炉无回收设施等;三是流动摊点,如露天餐饮等,油烟、粉尘污染周边环境,影响市容市貌,与政府倡导的高效节能、保护环境、居民提高自身生存环境的要求相悖。

3)经验技术不稳定

中国餐饮业一向采用经验型、手工操作为主导的方式,烹调过程中个人的随意性和模糊性很强,科学化、定量化和标准化程度很低。面向中低端市场的餐饮企业、流动餐点,菜品原材料货源杂、质量和价格不稳定,菜具不一致,盛器的使用不严格统一,制作的流程不标准,出品的时间不严格,色泽味道上也不统一,加之餐饮业从业人员的流动性非常大等,导致菜品的质量良莠不齐,稳定性较差,成为中餐发展的重要制约因素之一。同时,与国外同行业相比,我国餐饮业整体的资金实力和技术水平还略显不足,现今还未形成科学、规范的原料采购、运输、检验、菜品加工、销售渠道全程跟踪的监督机制,产品生产的质量标准、卫生标准和营养标准方面的工作做得还不够。中餐烹饪品种繁多,色、香、味、形的优势反而转化为中餐企业的劣势。客人投诉菜品和服务不稳定的现象时有发生。

4)从业人员整体素质较低

由于餐饮行业进入的门槛低,对投资者资金、技术等要求都不高,政府对餐饮行业的进入限制很少,加上巨大的市场潜在需求,大量的下岗工人或外来务工人员涌入其中,小

摊贩充当了市场的补缺者。但随之而来的是从业人员整体素质相对落后，文化程度不高，没有过硬的专业技术，关于系统的专业知识、技能和职业道德的培训很少，经营管理理念、复合管理能力更是几乎不具备，从而影响了整个行业的服务水平和发展。

5）餐饮业管理水平偏低

餐饮业作为第三产业的重要组成部分，近几年得到飞速发展，但行业矛盾日益突出。管理水平偏低是最重要的问题之一。就目前而言，管理水平偏低主要表现在管理机制不健全、某些管理者素质不高、某些从业员工素质较低。因此，建立健全的行业管理体制、企业内部管理机制，培养高素质的从业人员已成为迫切需要解决的问题。餐饮业不仅要在硬件方面（门面、设备、环境等）投资，还要在人才等软件方面加大投资，注重企业的管理和人才的培养，实现从以物为中心的刚性管理模式向以人为中心的柔性管理模式的转变。

1.1.3 餐饮业发展的趋势

随着我国餐饮业快速发展，以及中西方饮食文化的交流，目前我国餐饮市场呈现百花齐放、百家争鸣的局面，各种风味独特、经营有道的餐饮企业星罗棋布，然而"开店容易守店难"也成为餐饮业的"流行病"。因此，导入科学的经营模式，拓展大众市场，走规模化、品牌化的发展模式，完善和优化餐饮企业的软硬条件，加快餐饮企业的信息化发展，扩大企业的规模和企业的核心竞争力，是目前餐饮企业值得研究和探讨的主题。

1. 餐饮集团

所谓餐饮集团是指单体餐饮采取联合合作的形式，拥有、经营或管理两个以上的企业或系统。其优势在于发挥群体作用，建立健全多方位、多层次的餐饮系统。通常以直营连锁、特许连锁、加盟连锁或自愿连锁等形式，内外延伸扩张，形成品牌性强的连锁餐饮集团。形成统一性的连锁餐饮集团对于重组餐饮资产、扩大市场的覆盖面、加快资金流转速度、促进餐饮业规范化经营有重大意义，是餐饮业发展的重要趋势。

2. 休闲餐饮

休闲餐饮是一种以"休闲、舒适、情趣、品位"为主题的餐饮模式，是最能够表现特色的餐饮形式。传统餐饮强调的是菜品的丰富，而休闲餐饮强调的是环境、氛围的特色。现代生活的高效率、快节奏，使人们工作时的饮食生活日益"工作化"、"简单化"、"程序化"。因此，人们在忙完一天的工作后，希望能吃得轻松、吃得开心，也就是在一种轻松、舒适的就餐环境中，享受一下舒心自在的美食生活。休闲、轻松、自由这一主题又使餐饮与生活、文化紧紧联系在一起，要想获得身心放松、获取精神享受，就需要通过各种各样的历史文化、民族文化、中外文化来营造氛围。许多休闲餐厅的就餐环境都突出温馨、浪漫、精致，使客人流连忘返，让就餐过程变得愉悦。

3. 大众化经营

近年来，随着居民消费水平的提高和"五一"、"十一"等众多小长假的实行，居民外出就餐的次数增多、消费增加，大众化成为目前我国餐饮市场的主流。然而，目前餐饮业结构不尽合理，中高档餐馆发展较快、数量过剩、需求不足，而大众需求较大的中低档餐馆普遍存在着脏、乱、差的现象，处于低水平的发展阶段，难以满足广大消费者的需求。面对大众化的需求，很多高档餐饮企业转变经营策略，实施大众化经营战略。所谓大众化经营，是指餐饮企业以自身的硬件和软件优势为依托，以大众化的原料、高超的厨艺、较低的价格向社会大众提供较高质量标准的餐饮产品、良好的环境和相应的服务，从而使餐馆成为社会绝大部分消费者服务的经营方式。餐馆将广大平民百姓作为其目标市场，以他们所能接受的价格为其提供餐饮品种和相应的服务。这里所说的价格并不是指绝对价格无限制降低，而是指相对于其出品质量水平和服务标准来说，价格较低。

4. 高科技含量

掌握高新技术的人才和具备管理及营销理念的人才将促进和推动餐饮企业发展。运用现代化的手段形成标准化生产、科学化管理、多元化销售及发展餐饮信息网的"现代餐饮"，形成以电脑网络及计算机控制程序为核心的科学化餐厅，运用计算机点菜，建立国际网址，进行全方位服务，缩短上菜时间，优化企业经营管理，以及增强厨房的透明度。对于外卖业务的企业，跨国连锁上网尤为重要，如全聚德烤鸭店、上海绿波廊酒楼已经领先一步；又如，天津的集贤大餐馆推出了"厨房实况监视"的绝招，也颇具成效。

5. 餐饮食品多元化

随着人们生活水平的提高，世界文化呈现出多元化，餐饮业在全球饮食文化的交流与融合之下，餐饮食品更加讲究营养平衡，崇尚绿色天然，追求口味奇特新鲜。

1.2 餐厅的种类及服务项目

1.2.1 国外常见餐厅的种类

旅游酒店中的餐厅（restaurant）源于拉丁语，原意为滋补、提神。1765 年，法国巴黎一位开肉汤店的老板布热朗（Burgelin）将这一词语制成招牌悬挂于肉汤店外。其用意十分明显，吃了此家肉汤店的菜肴能恢复精力、体力。这种意思慢慢演变成为顾客提供场所、食物、休息及恢复体力和精神之所在。从此以后，巴黎的餐饮同行纷纷效仿布热朗，restaurant 一词首先在法国，继而在欧洲，最终在全世界成为餐馆的专用名词。至此，可以把餐厅理解为，为客人提供食物、饮料及休闲设施，使客人补充体力、恢复精神的公共就餐场所。

一般来说，餐厅必须具备 3 个条件：①有一定的生产（供应）食品、饮料的设施和空间；②以公众为服务对象，以食品、饮料为有形产品，以服务为无形产品；③以赢利为目的，追求合理利润。

餐厅的种类繁多，风格各异，各国各地区关于餐厅的分类也不尽相同，下面简单介绍几种不同的分类方式。

1. 以服务方式和餐厅价位分类

1）豪华餐厅

豪华餐厅（haute cuisine restaurant，haute，法文，读[out]）建筑装潢豪华奢侈，就餐气

氛高雅浪漫，菜单设计精美考究。菜肴由具有高技术水平的营养师和大厨亲手配制烹调，价格高昂；卫生设施高档齐全。配备训练有素、服务技术全面、敬业精神强的资深侍者；名酿贮存丰富。豪华餐厅的规模趋向小型化。

豪华餐厅起源于法国，经过一百多年的发展，早已形成富豪和社会名流等显赫人士社交圈中的一道亮丽风景。同时，豪华餐厅大都具有一定的政治、历史、文化背景，是人类历史文化遗产中重要的组成部分，许多国家早已将某些豪华餐厅列入文物保护单位。在这方面，法国巴黎里兹酒店的创始人塞萨·里兹（Cesar Ritz）和酒店大厨奥古斯特·爱斯克菲（Auguste Escoffier）做出了杰出的贡献，他们创立了豪华酒店餐厅的服务经营理论，奠定了现代法国餐饮文化的基础。

知识链接

世界著名豪华餐厅

1. 法国巴黎马克西姆餐厅

图1.5 巴黎马克西姆餐厅

1893年5月21日，一个名叫马克西姆（Maxim）的青年购买了巴黎皇室路3号建筑，并将原先的冰淇淋店经营成为蜚声全球的豪华餐厅。马克西姆餐厅的经营宗旨是要永远成为世界上最美观和最雅致的餐厅，并拥有世界上服务最周到的侍应生和供应世界上最精美的食物。时至今日，马克西姆餐厅已不只是达官显贵的享乐场所，它那具有18世纪建筑风格的圆顶欢乐之宫吸引了大批平民、学者、游客观光浏览。1983年，马克西姆餐厅在北京开设了连锁餐厅，标志着豪华餐厅在中国餐饮市场的崛起。马克西姆餐厅如图1.5所示。

2. 美国纽约21号酒窖餐厅

位于纽约西52街21号的酒窖餐厅（见图1.6）被誉为纽约餐厅和酒吧中的精髓，于1930年元旦正式营业。在禁酒的年代，21号只是一个叫"杰克和查理"的非法小酒馆。时至今日，它已演变成"大苹果"（纽约的绰号），上流社会的时髦人物经常光顾的场所。它浓缩了这座城市的历史文化，成为美国生活的象征。酒窖餐厅的菜单反映出兼收并蓄的经营哲学，从烤鹌鹑到白鲟鱼子酱，从香辣的马里兰蟹肉到鸡肉炒土豆泥，以及经久不衰的21号特色汉堡包，应有尽有，不胜枚举。餐厅窖藏酒丰富名贵，许多已是绝世的珍品。餐厅注重宾客礼仪，希望宾客着装和举止华贵优雅，但特殊宾客例外。

图1.6 酒窖餐厅

与马克西姆餐厅一样，21号酒窖餐厅已开始面向大众开放，以让更多的人一睹这座"半餐厅半博物馆"的神秘风采。

2）餐桌服务型餐厅

餐桌服务型餐厅（table service restaurant/full service restaurant）各具特色，建筑装潢上乘，就餐环境舒适，卫生状况优良，菜单内容丰富，菜肴口味体现时尚，价格适中，烹饪技术全面，餐饮服务规格化、标准化、程序化。餐厅在经营管理上，注重宣传促销，以提高座位周转率和回头率；主要客源市场以团体、商务客人为主。以香港为例，这类餐厅根据价位和档次分为4个级别：三星级、二星级、一星级、值得推荐级。

3）柜台型餐厅

柜台型餐厅（counter service restaurant）的厨房向外开放，采取全透明式操作。在厨房四周设有柜台和餐椅，能让宾客亲眼目睹厨师制作自点菜肴的全过程，而忽略等待上菜的感觉。

4）自助式餐厅

自助式餐厅（self-service restaurant）有两种形式。一是自助餐厅（buffet restaurant），该类餐厅常将菜品和餐具按开胃品、热菜、烧烤、汤、甜品、水果等分类摆放在布置装饰精美、台形设计考究的自助餐餐台上，由宾客自取餐具，自行挑选自己喜爱的菜品，并划分就餐区域。自助餐厅一般设有迎宾员、自助餐餐台看台服务员、餐桌值台服务员及值台厨师。自助餐厅就餐气氛轻松，服务快捷，并且能让宾客拥有最大限度的选择余地。其餐费标准固定，饮费另计，早餐、正餐分别有不同的标准，有的自助餐厅采取宾客购买餐券就餐的方法，避免餐后跑单现象。全天候供应的自助餐常采用国际先进的时段定价法收费，即在不同的用餐时间就餐，其价格标准也相应变化，以适应不同工作时段的宾客需求。二是点菜式自助餐厅（cafeteria），它类似于快餐厅，大部分菜品在宾客点菜后烹制。此类餐厅大都位于人口相对密集的企业、学校、医院或商业区，菜肴价格水平较低，采取无菜单式经营，宾客共用餐桌，自助用餐，空间紧凑，客流量大。我国目前在餐饮市场上异军突起的餐饮超市从实质上看就是一种点菜式自助餐厅。

5）其他形式的餐厅

（1）员工餐厅（feeding）。大型企业、学校、医院、酒店等为员工提供工作餐的餐饮场所，通常是员工福利的组成部分。

（2）自动销售机（vending machine）。通常设在娱乐场所、旅游胜地、加油站、商场附近，通过投币自动销售速食饮品等。

2．以供餐时间分类

现代生活节奏的加快、外出就餐的人增多，使餐厅的专业分工愈加精细，从供餐时间上也能找到佐证。这种分类方式在西方国家较为多见。

（1）早餐餐厅（breakfast restaurant）。

（2）午餐餐厅（lunch restaurant）。

（3）晚餐餐厅（dinner restaurant）。

（4）宵夜餐厅（supper restaurant）。

（5）早、午茶餐厅（tea restaurant）。此类餐馆流行于英国及英联邦地区，在早、午餐之间，午、晚餐之间向人们提供餐食服务，品种以点心、糕饼等为主，辅以茶水。

（6）早、午餐餐厅（brunch restaurant）。这是一种特殊的餐饮企业形式，在早餐与午餐之间的某一时刻，通常为上午 10:00 或 10:30，向就餐者提供餐饮服务。膳食的内容，既有早餐的品种，又有午餐的菜肴。在西方国家，人们习惯将其称为"早吃的午餐，晚吃的早餐"。这种餐饮服务形式在周末很受欢迎。

3. 以点菜方式分类

生活节奏的加快，生活方式的多样化，促使餐厅在点菜形式上谋求各自的市场定位。

1）套餐餐厅

套餐餐厅又称定餐或公司餐餐厅，主要就餐者为公务客或会议客。餐食以组合的形式出现，数量以3～5个菜式为常见，就餐者结账付款时，以组合餐为计算单位，而非单一的菜肴。

2）零点餐厅

零点餐厅最常见，也是人们最熟悉的餐厅。就餐者依据餐厅提供的菜单点菜，餐厅根据客人的选择提供相应的烹饪及餐饮服务。

3）自助餐餐厅

自助餐餐厅较受就餐者欢迎。餐厅根据当时当地的市场状况，将几十种餐食品种（菜肴、汤、点心、水果、饮料等）按一定的规律和艺术性置于若干个大餐台上，就餐者在以个人为消费单位交付一定的金额后，便可自由地选取自己喜爱的食物，食物的品种、数量不限。

需要注意的是，自助餐的就餐及结账方式同自助服务餐厅不一样，后者在结账时以选取的食物品种、数量多少计算金额。

1.2.2 我国星级酒店和餐饮市场中常见的餐厅种类

1. 中餐厅

中餐厅（Chinese restaurant）通常是我国酒店的主要餐厅，是酒店餐饮部门主要的销售服务场所。我国的星级酒店几乎无一例外地设置一个到几个不同风味的中餐厅，主营粤、川、苏、鲁、浙、湘、徽、闽、京、沪等菜系，向宾客提供不同规格档次的重点服务和宴会服务。中餐厅除了向宾客提供中式菜点外，其环境气氛和服务方式也均能体现中华民族文化和历史传统特色。

2. 西餐厅

西餐厅（western restaurant）大都以经营法、意、德、美、俄式菜系为主，同时兼容并蓄，博采众长，可以说是西方饮食文明的一个缩影，其中又以高档法式餐厅（习惯称作扒房）最为典型。扒房具备了豪华餐厅的一些基本特征，是酒店为体现自己餐饮菜肴与服务水准，满足高消费宾客需求，以增加经济收入而开设的高档西餐厅，是豪华大酒店的象征。扒房以法式大餐为菜品核心，美食佳酿相映成辉，烹饪技术水平高超精湛，擅长客前烹制，以渲染美食气氛。

3. 咖啡厅

咖啡厅（coffee shop）是小型的西餐厅，在国外被称为简便餐厅，主要经营咖啡、酒类饮料、甜品点心、小吃、时尚美食等。酒店咖啡厅营业时间长，一般24小时营业，服务快捷，并以适中的价格面向大众经营。

4．自助餐厅

我国四星级、五星级酒店一般都设有自助餐厅（buffet restaurant），一日三餐以经营自助餐为主，以零点为辅。这类自助餐厅的自助餐餐台通常是固定的，装饰精美，极具艺术渲染力，配以调光射灯，使菜点更具美感和质感，从而增进食欲。自助餐厅中西菜点丰富，装盘注重装饰，盛器注重个性，摆放注重层次，烤肉等正餐的服务常配有值台厨师，帮助宾客烹制、切割、装盘。此外，自助餐厅也是酒店举办美食节的主要场所。

5．大宴会厅和多功能厅

大宴会厅（ballroom）和多功能厅（multi-function room）是宴会部的重要组成部分，是宴会部经营活动的重要场所，通常以一个大厅为主，周围还有数个不同风格的小厅与之相通或相对独立，一般可用隐蔽式的活动板墙根据客户的要求，调节其大小。这一类宴会厅是多功能的，活动舞台、视听同步翻译、会议设备、灯光音响设备等应有尽有，为宴会部经营各种大型餐饮活动、会议、展览、文娱演出等提供了良好的条件。

6．特色餐厅

特色餐厅（specialty restaurant）是餐饮文化发展、传播到一定阶段的产物，具有鲜明的地域、宗教、历史、文化等人文特征。它对餐饮文化的继承、发展、创新、反思，代表了目前菜肴制作水平和餐饮企业经营策略的较高水准，也体现了管理者的经营思想和对市场的敏感程度。特色餐厅主题鲜明，有一定的社会性，它以特定的历史阶段为背景，依照一定的文化传统、历史沿革、风俗时尚，来体现古今中外五彩缤纷的餐饮文化的无穷魅力。其主题广泛，涉及不同时期、国家和地域的历史人物、文化艺术、风土人情、宗教信仰、生活方式等。另外，以特定的菜系或美食为主题的风味餐厅，也直接明了地体现出该类餐厅的经营特色。特色餐厅的主题为菜单的设计、服务方式和程序及进餐氛围的设计提供了依据。例如，以烤鸭等鸭馔为主题的全聚德烤鸭店、以某一历史阶段为背景的怀旧心态为主题的毛家菜馆和老三届餐厅等，都是特色餐厅的典型代表。

1.2.3　餐厅的服务项目

服务项目是指向宾客提供的服务内容，以满足宾客在酒店中的需求。服务项目是随着宾客的需要而变化的，任何一间酒店都不可能百分之百地满足宾客的要求，因此要在考虑成本和宾客需求的情况下，尽量协调好这对矛盾。《旅游涉外饭店星级的划分及评定》从餐厅种类、服务方式，营业时间、外语服务等方面明确规定了不同旅游涉外星级酒店的餐饮服务项目。酒店中的餐饮服务项目大致可分为普通服务项目与特殊（色）服务项目两类。

1．普通服务项目

普通服务项目按餐饮场所及设施的功能又可分为中餐早餐、中餐正餐服务（零点、套餐）、中式宴会服务、西餐早餐、西餐正餐服务（零点、套餐）、西式宴会、冷餐会、鸡尾酒会服务、自助早餐、自助正餐服务、会议服务、酒吧服务等。

2. 特殊（色）服务项目

1）客房送餐服务

客房送餐服务（room service）是星级酒店为方便宾客，迎合宾客由于生活习惯或特殊要求（如起早、患病、会客、夜宵、聚会等需要）而提供的服务项目。此项服务不仅可以增加酒店的经济收入、减轻餐厅压力，而且能体现酒店的档次。客房送餐部通常是酒店餐饮部下属的一个独立部门，一般提供不少于18小时的服务；中小型星级酒店的客房送餐组常设置于咖啡厅。客房送餐服务的主要项目有早餐、全天候送餐、下午茶点、各种酒水饮料、房间酒会、VIP客人赠品等。

2）外卖服务

外卖服务（outside catering）是指酒店根据客户需求派员工到宾客驻地或宾客指定的地点提供宴请服务。常见的外卖形式有冷餐酒会、鸡尾酒会、中西餐宴会等。外卖服务是体现高星级酒店经营水准的一个标志，体现酒店餐饮的最高技术水平和服务水平。外卖服务从开始策划、实地调查、组织人力物力到实施计划、现场督导、圆满结束，自始至终都要求酒店各部门通力协作，以保证各个环节顺利完成。

3）主题庆祝活动

主题庆祝活动（theme party）是指酒店根据宾客所提出的确切主题或为了营造节日的气氛而精心策划和组织的餐娱活动，人们通常称之为"Party"。主题庆祝活动常常充满丰富的想象和无穷的乐趣并带有离奇的内容。无论是菜肴饮品的制作、菜单的装帧设计，还是环境的装饰布置、服务人员和宾客的服饰要求等都应与主题相符。主题庆祝活动将餐饮和娱乐巧妙地结合在一起，充分体现酒店餐饮艺术的水平和全方位多元化的餐饮服务，如圣诞新年晚会、化装狂欢舞会、国庆晚会等。主题庆祝活动也可根据宾客的意愿在宾客指定的家中、公司、户外、使馆等地举行。

小测验：请实地调查一家你认为比较有特色的餐厅，了解其服务项目并简单介绍其特色。

本章小结

通过本章的学习，应对中外餐饮业发展历史有所了解，掌握现今国内外餐饮企业的分类、经营模式、服务项目等方面的知识，为以后更深入的专业学习和思考打好基础。

练习题

一、多项选择题

1. 一般来说，餐厅必须（　　）。
   A. 有一定的生产（供应）食品、饮料的设施和空间
   B. 以公众为服务对象，以食品、饮料为有形产品，以服务为无形产品

C．以赢利为目的，追求合理利润
D．以一定的客人接待量为基础
2．餐厅按照服务方式和餐厅价位可以分为（　　）。
A．豪华餐厅　　　　　　　　B．餐桌服务型餐厅
C．柜台型餐厅　　　　　　　D．自助式餐厅
3．餐厅按照点菜方式可以分为（　　）。
A．套餐餐厅　　　　　　　　B．零点餐厅
C．自助餐餐厅　　　　　　　D．自助餐厅
4．餐厅的普通服务项目包括（　　）。
A．中式宴会　　B．西式宴会　　C．会议服务　　D．酒吧服务
5．下列不属于餐厅特色服务项目的是（　　）。
A．酒吧服务　　　　　　　　B．客房送餐服务
C．外卖服务　　　　　　　　D．主题庆祝活动

二、判断题

1．餐饮业是充分利用餐饮设施为宾客提供餐饮实物产品和餐饮服务的生产经营性行业。（　　）
2．在西方国家，人们习惯将早、午茶餐厅称为"早吃的午餐，晚吃的早餐"。（　　）
3．自助餐的就餐及结账方式与自助服务餐厅相同。（　　）
4．自助餐厅就餐气氛轻松，服务快捷，并且能让宾客拥有最大限度的选择余地。餐费标准固定，饮费不另计。（　　）
5．酒店中的餐饮服务项目大致可分为普通服务项目与特殊（色）服务项目两类。（　　）

三、讨论题

1．我国餐饮业的特点是什么？
2．我国餐饮业的发展趋势是什么？
3．我国餐饮市场常见餐厅的种类有哪些？

四、案例分析题

说起老字号，人们津津乐道的是它过去百说不厌的历史。但老字号的真正危机，在于它的未来。让老字号企业的经营者最头痛的是，曾经造就老字号辉煌历史的那些做法、想法，到底有哪些可以保留，有哪些必须变革。有很多老字号的后继经营者，全部的注意力都放在模仿上，可往往事与愿违，不仅没有再现历史，反而偏离了现实。

市场每个时期都有各自的特点，企业每个阶段都有每个阶段的变化，只有适应市场才能生存。全聚德早先用独特的口味、别具匠心的挂炉工艺，打开了市场，闯出了名气。但是在解放前夕也曾濒临倒闭。企业生存唯一的出路就是重新回到企业发展的规律上来，而不是抱着老匾同创新对抗。用全聚德人自己的话讲就是"要继承老字号的精髓，并让它适应时代变化"。

全聚德通过系统地审视自己，提炼出了全聚德精神的精髓：品质上乘、诚信经营。革新首先从观念开始。全聚德人坚持解放思想，不断破除计划经济和传统思想的束缚，树立市场意识、忧患意识和竞争意识。这里最典型的事例就是全聚德引入标准化工艺的曲折经历。

全聚德成立初期，公司总经理姜俊贤一次去美国考察时，被麦当劳、肯德基的庞大规模所震撼——短短几十年，他们靠卖薯条、炸鸡等几样简单的食品就可以做大做强，可中国这些上百年的老字号的情况却不容乐观。回国后，他与公司其他领导统一了认识：国外快餐连锁业所依赖的工业化、标准化的生产方式，中餐可以而且必须借鉴。尽管全聚德在老字号企业中较早地认识到现在看来再清楚不过的道理，但当初实行时却遇到了种种困难和阻力。

当时，全聚德的很多职工，特别是骨干老职工认为，中餐的加工一直是经验相传、手工制作，中餐搞工业化、标准化就是离经叛道。他们认为，全聚德已经存在一百多年了，从宰鸭子开始，一直到把鸭子烤出来，从来都是师傅手工操作，怎么能把鸭子弄到流水线上去？另外，技术上的难度，也的确令多数人望而却步。但全聚德管理层坚定地认为，麦当劳、肯德基这些洋快餐成功的一个关键因素是标准化和工业化；全聚德要发展，老字号要顺应时代发展的需要，当务之急是尽早地着手中式正餐标准化、工业化，这样才能赢得时间、争取主动。职工有抵触情绪，全聚德的干部就留在生产一线带头攻关。当职工将第一批从生产线生产出来的鸭胚交给师傅去烤时，师傅们难以接受，有人甚至把鸭子扔在地上，说："这种东西根本不能用。"不过，全聚德毕竟迈出了头一步。

在实现鸭胚工厂化加工以后，全聚德趁热打铁，加大了人、财、物的投入，研究出了更多的科研成果：完成了烤鸭和 50 种中式菜的定标工作；引进工业化生产方式，完成了我国第一条鸭胚开生、晾胚、冷冻连续作业生产线；组织烤鸭技师和工程技术人员，对传统烤鸭炉进行改造升级，提高了烤鸭设备的科技含量。目前，全聚德研制并投入使用的第四代智能化电烤炉，将其一百多年来形成的专有烤鸭技术进行了数字化处理，实现了烤鸭生产过程中对时间、温度和湿度的自动化控制。他们还成功开发并正在推广全聚德餐饮管理计算机内控系统，从前台点菜、收银结算、客户消费统计，一直到后厨原材料切配、领用、菜品烹制、质量验收、甚至包括每一份菜品的单项成本控制，全部实现数字化管理。此外，烤鸭需要的饼、甜面酱等产品，也由工业化生产取代了传统的手工制作。

问题：你从上述案例中受到了什么启发？你认为传统的中式餐饮业要想继续发展壮大，还应该有哪些突破？

第2章 餐饮部的岗位设置及要求

学习目标

```
总目标
掌握餐饮部的组织机构与职能、餐饮工作人
员的礼仪规范、餐饮工作人员的岗位职责

知识目标                    技能目标              能力目标
1. 餐饮部的组织机构与职能；   掌握餐饮工作人员     掌握餐饮部的岗位职责，能
2. 了解餐饮工作人员的岗位职责  的礼仪规范          综合运用餐饮工作人员的
                                                礼仪规范进行餐饮服务
```

导入案例

某三星级酒店脱胎于政府招待所，连年亏损，政府每年要进行补贴，140个员工，二线与职能部门人员占到将近一半，人浮于事，即使买包餐巾纸也要层层审批，餐饮部推销售部，销售部推餐饮部，直到耽误客人用餐，把事情闹到总经理处。在这种情况下，饭店进行了市场化改革，引入了饭店集团的管理，对组织机构进行了重新配置，按工作需要进行了定岗、定编，人员进行了竞聘上岗，实行岗位工资，二线及职能部门人数降到30多人，将收入和奖励向一线倾斜，形成了二线服务一线，一线服务客人，职能部门围绕业务部门转，业务部门围绕客人转的局面。当年扭亏为盈，第二年效益翻番。

问题

为什么同样是一个酒店，在进行市场化改制前后会有如此大的差别？究竟怎样来确定一家酒店的组织机构和相应的岗位？

关键词

组织机构　职能　职责

2.1 餐饮部的组织机构与职能

餐饮部是酒店组织机构的重要组成部分，其经营范围广、分工细、人员多且文化差异大。要将这样的一个部门管理好，必须建立合理有效的管理网络，并科学分工、明确职责，使各岗位人员各司其职、协调作业。

2.1.1 餐饮部组织机构设置原则

餐饮部组织机构因酒店规模的大小和餐饮部门本身的职能不同而形式各异。从组织结构上看，没有绝对统一的标准模式。目前，世界上多数酒店的餐饮部门采用四级管理编制，即部门经理、主管、领班和服务员。在内部关系上采用垂直领导、横向协调的方法，使餐饮部成为一个有机的整体。

餐饮部的组织机构是确定该部门各成员之间、所属部门之间相互关系的结构。其目的是为了增强本部门实现经营目标的能力，更好地组织和控制所属员工和群体的活动。因此，餐饮部组织机构的设置应遵循一定的原则。

1．根据餐饮业务活动的需要设置组织机构

餐饮组织的业务活动就是围绕餐饮经营的流程进行的。餐饮经营流程为：采购—验收—储存—发货—生产—销售—服务。餐饮组织机构设计的任务，就是要把从采购到销售服务的整个过程中所有的工作都委派给具体的部门，做到合理的分工。

2．效率原则

酒店或餐厅的组织结构应越简单越好，组织结构过于复杂会导致效率下降和官僚主义。因此，组织结构的规模、形式和内部结构必须在业务需要的前提下，将人员精简到最低限度，用最少的人力去完成任务。

3．统一指挥原则

餐饮经营组织必须保证经营指挥的集中统一。餐饮组织实行部门经理负责制，以避免多头领导和无人负责。每位员工只接受一位上级的指挥，各级的管理者也只能按管理层次向自己管辖的下级人员发号施令。

4．授权明确原则

科学的餐饮经营组织应建立岗位责任制。管理者在给下级授权时，必须明确规定下级的职责范围和权限，并将职责范围和权限具体地列在岗位描述中。

5．主观能动性原则

发挥各级人员的业务才能和员工的主观能动性。这是设计组织机构的目的及出发点。

2.1.2 常见的餐饮组织形态

由于酒店的规模大小不一、业务重点不同，餐饮部的组织结构也不尽相同，但是其管理范围和职能却是相似的。根据酒店规模的大小，通常划分为大型、中型和小型酒店。酒店规模大小的分类一般以客房间数为标准。通常的分类方法：客房数在600间以上的为大型酒店；客房数在300～600间的为中型酒店；客房数在300间以下的为小型酒店。

1．大型酒店餐饮部的组织结构

由于大型酒店餐厅数量较多，一般在 5 个以上。中餐厅、西餐厅、咖啡厅、风味厅、宴会、酒吧、客房送餐等各类餐饮业务齐全，厨房与各类餐厅配套，内部分工十分细致，组织机构专业化程度高。其结构相对比较复杂，层次较多，分工明确细致。大型酒店的餐饮组织结构可参考图 2.1。

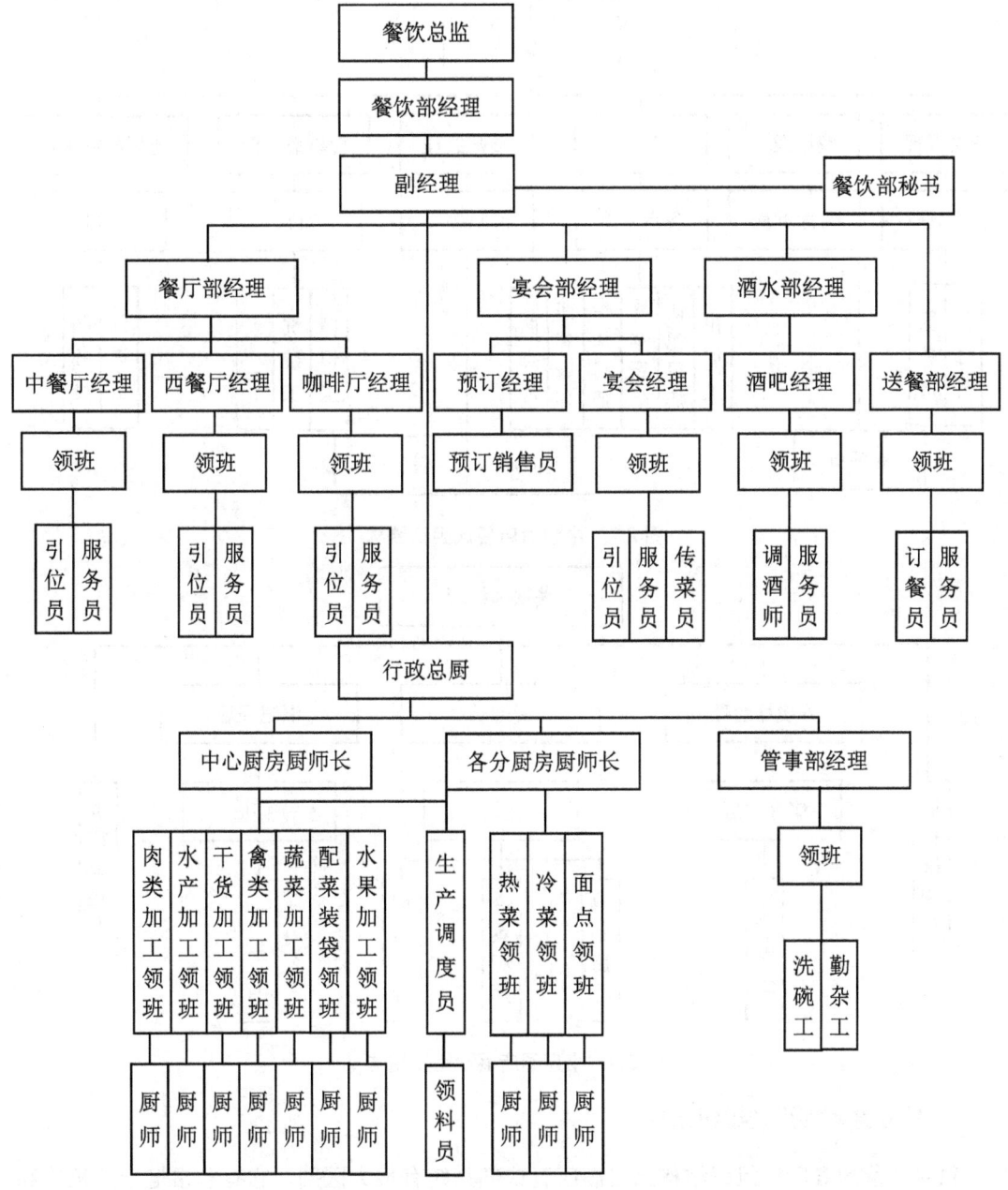

图 2.1　大型酒店餐饮组织结构

2. 中、小型酒店餐饮部的组织结构

中、小型酒店由于餐厅数量少、类型单一，其餐饮组织结构比较简单，分工不宜过细，如图2.2、图2.3所示。

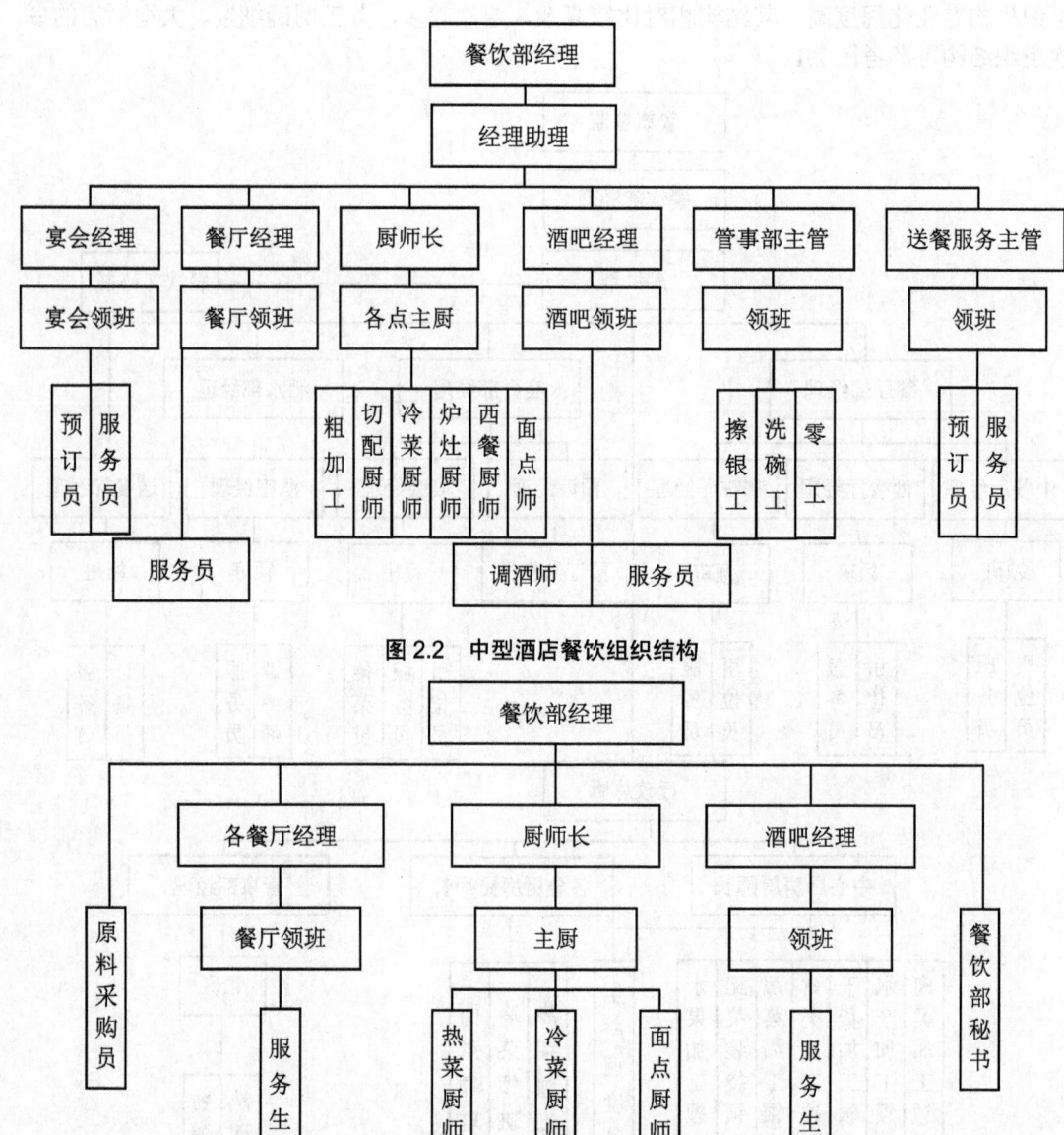

图 2.2　中型酒店餐饮组织结构

图 2.3　小型酒店餐饮组织结构

3. 独立经营餐厅的组织结构

独立经营的餐厅在组织结构上与酒店餐饮部系统有很大区别，它有非常健全的机构和功能，构成了餐饮业的中坚力量。一些高档涉外餐厅在其豪华程度和服务质量上与四星级、

五星级的大酒店相比毫不逊色。由于这类餐厅在企业规模、档次水平、接待能力等方面差异较大,因此,其组织结构也有较大的差异。图2.4是典型的独立餐厅组织模式。

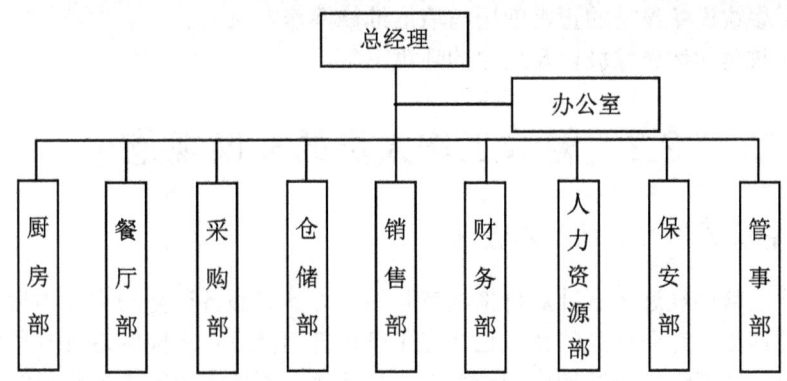

图2.4 独立餐厅的组织结构

2.1.3 餐饮部各主要部门的职能

1. 采购部

采购部又称餐饮供应部。采购工作是餐饮生产得以开展的基础和保证。其主要工作如下。

(1)负责餐饮生产原料的采购与保管工作,即以最有利的价格、按时采购优质的食品原料和饮料。

(2)控制采购成本。

2. 厨房部

厨房部的主要职能如下。

(1)根据宾客需求,向顾客提供安全、卫生、精美可口的菜肴。

(2)加强对生产流程的管理,控制餐饮成本,减少费用开支。

(3)不断地开拓创新,扩大销售。

3. 餐厅部

餐厅部是餐饮部直接对客服务部门,如各类餐厅、宴会厅、酒吧、房内用餐等,餐厅部的主要工作如下。

(1)按照规定的标准和程序,以热情的服务态度、娴熟的服务技巧,为宾客提供恰到好处的服务,保证宾客的饮食需求。

(2)推销餐饮产品,扩大销售。

(3)加强对餐厅设备、设施和物品的管理,控制费用开支,降低经营成本。

4. 管事部

管事部是餐饮运转的后勤保障部门。其主要任务如下。

（1）根据事先确定的库存量，负责为指定的餐厅厨房请领、供给、储存、收集和补充各种餐具，如餐具、酒具及服务用品。

（2）负责餐饮设备设施的正常使用与清洁维修保养。

（3）负责收集和运送垃圾以及后台的环境卫生。

2.2 餐饮工作人员的礼仪规范

2.2.1 餐饮工作人员的基本素质

现代餐饮经营已经逐步从针对价格的竞争转化为针对服务质量与文化内涵的竞争，餐饮服务业劳动密集、专业性强的特点也决定了餐饮部门及企业之间的这种竞争归根结底还是人才的竞争。随着餐饮市场构成和结构的不断变化，服务人员的素质将最终成为餐饮部门和企业成功的决定性因素。

酒店餐饮部门提供给客人的产品，不仅是色香味俱佳的菜肴和酒水，还包括管理人员设计的符合客人就餐心理的幽雅舒适的餐厅环境，服务人员对菜品、酒水的起源、烹调、风味背景知识的了解和介绍推荐，调酒员精湛优美的调酒技术动作，厨师在开放式厨房制作菜品的展示过程，甚至一个关注的眼神、一个会心的微笑，无一不成为吸引客源、构成产品组成的重要部分，也是有形的设施、产品与无形的服务、人员素质之间的结合。尤其是当酒店的硬件条件已经确定的情况下，服务水平的高低主要取决于服务人员自身的素质。

1．应具备的专业思想素质

1）牢固的专业思想

从事餐饮服务的工作人员必须充分认识餐饮服务工作对发展旅游业及整个社会经济文化事业的重要作用，热爱自己的工作，有意识地培养对专业的兴趣，不断学习、尽忠职守、开拓创新。

2）高尚的职业道德

职业道德规范要与餐饮业的特点相适应，应具备以下几点：①满腔热情、乐于助人的服务精神；②文明礼貌、不卑不亢的职业风尚；③诚信无欺、真实公道的经营作风；④廉洁奉公、谦恭自律的优良品质；⑤团结友爱、顾全大局的高尚风格。

3）良好的纪律观念

餐饮服务人员必须具有良好的自律意识，自觉遵守法律法规及酒店的规章制度，以部门和酒店的整体大局为重，服从工作安排。

2．应具备的餐饮服务业务素质

1）丰富的知识储备

优秀服务人员高雅的气质、娴熟的业务技能和落落大方的态度无不来源于良好的文化素养和广博的社会知识。因为餐饮的需求是不断变化的，服务人员要研究客人的心理，充实自己的文化知识，敢于创新和超越。没有较高的文化修养，就会影响客人的满意度。服务人员重点应掌握以下几个方面的知识。

（1）菜肴知识。熟悉中西菜肴的特点和质量标准，掌握餐厅提供菜肴的价格、制作时间和服务要求等。

（2）烹饪知识。了解中西餐的基本烹饪方法、步骤和制作过程，善于鉴别菜肴的品种和口味，悉现代厨房设备的性能。

（3）酒水知识。熟悉各种中外名酒的产地、价格、制作原理、风味特点和服务要求。

（4）食品营养卫生知识。懂得食品营养的搭配组合，掌握食物中毒的预防与食品卫生知识。

（5）服务心理学知识。能够运用心理学知识，观察、了解消费者的心理需求，采取个性化服务，尽量让每个消费者都满意。

（6）电器设备使用与维护保养知识。掌握各种电器设备的使用、保养和维护的步骤与要领。

（7）文史知识。有一定的文化学识，熟悉本城市的历史背景、风景区的典故，了解其他文史知识。

（8）美学知识。了解室内装潢、环境布置、色彩搭配、食物造型艺术及具备美的鉴赏能力。

（9）音乐欣赏知识。能够欣赏音乐并能为不同主题的餐厅选择背景音乐。

（10）民俗与饮食习惯知识。了解主要客源国和我国不同地区的风俗习惯、宗教信仰和饮食习惯与禁忌等知识。

（11）外语。能用相应的外语对客服务。

（12）社会科学知识。要不断学习酒店管理学、旅馆法、财务会计和营销学等方面的知识。

（13）计算机知识。能熟练操作餐厅的计算机进行相关工作，如结账、点单和打印报表等。

（14）各种服务礼节礼貌知识。

2）良好的职业服务态度

餐饮服务是结合有形的设施、产品与无形的内涵、文化所形成的复合体。大多数学者认为其中有形和无形的比重分别是1/3、2/3，这说明无形的东西在餐饮服务中的重要性。更深层次的理解，服务的构成要素包含主体、客体和媒介：主体是服务的供应者，也就是企业；客体是服务的接受者，就是顾客；而媒介是协助服务供应者将服务顺利地传递给顾客，或者协助顾客接受服务的人，也就是服务人员。

3）过硬的业务技能

掌握业务技能是做好服务工作的基本条件。餐饮服务的每一项工作、每一个环节都有自己特定的操作标准和要求，餐厅服务人员要努力学习、刻苦训练，熟练掌握餐厅服务的基本技能，明确各项服务的规格、程序和要求，做到服务规格化、标准化、程序化。

（1）熟练掌握托盘、餐巾折花、中西餐摆台、酒水服务、菜肴服务等基本技能。

（2）规范化、标准化和程序化地提供中西餐服务。

（3）具备良好的语言表达能力和与人交往能力。

2.2.2 餐饮工作人员的仪容仪表

仪容主要是指人的容貌，是仪表的重要组成部分，主要是由发式、面容以及人体未被服饰所遮掩的肌肤组成。仪表通常指人的外表，包括人的仪容、仪态和服饰等方面，是一个人的精神面貌和内在素质的外在表现。

1．仪容仪表的基础知识

1）头发修饰

餐饮服务人员的头发修饰，不仅应恪守一般人的审美标准，还要符合餐饮行业的特殊要求及酒店的具体规定。因此，在进行个人头发修饰时，应注意以下问题。

（1）确保头发整洁。服务人员为了确保头发整洁，应选择适合自己发质的洗发水和护发素对头发进行清洗、修剪和梳理。

（2）选择合适发型。发型是指头发经过一定修剪、修饰之后所呈现出来的形状。选择发型总的原则是男性应讲究阳刚之美，女性则崇尚阴柔之美。对服务人员而言，在选择发型时必须首先考虑到自己的职业，即应以工作为重，做到发型与工作性质相称。

男性服务人员切忌留长发，一般以短发为主。要求前发不覆额，侧发不掩耳，后发不及领，不留鬓角和胡须，也不能剃光头。

女性服务人员头发不宜长于肩部，不宜挡住眼睛。长发过肩者最好采取一定的措施，可将长发扎起或盘成发髻，刘海不及眉。

（3）头发美化适当。人们在修饰头发时，往往会有意识地运用某些技术手段对其进行美化，如烫发、染发，以及佩戴帽子、发饰等。

在工作岗位上，允许佩戴工作帽。一般要求不应外露头发，服务人员必须严格遵守。短发女性服务人员在工作时最好不要佩戴发饰。长发女性可以用发饰"管束"自己的头发，而不是意在打扮。

2）面容修饰

面容是人的仪容之首，也是最为动人之处。修饰面容最好的方法就是美容化妆。对男性服务员而言，面容美化以自我保健为主，要求整洁健康，容光焕发。对女性服务人员而言，要求"淡妆上岗"，这不仅是自身仪容美的需要，也是对宾客尊重的需要。

2．仪态的基础知识

仪态是指人的姿态和风度。姿态是指身体在站、坐、走、蹲等各种形态中所呈现出的样子；风度则是一个人精神、气质、举止、行为及姿态的外在表现。

1）站姿

站姿即站立姿势，是指人在停止行动之后，直立自己的身体，双脚着地或者踏在其他物体之上的姿势。它是一种静态的身体造型，是平常采用的最基本的姿势。优美的站姿是展现人体动态美的起点，是培养一个人全部仪态美的基础。

（1）站姿的基本要求。站姿的基本要求是"正看一个面，侧看一条线"。它的标准主要是正和直，即从人身体的正面来看，主要特点是头正、眼正、肩正、身正；从人身体的侧面来看，主要特点是颈直、背直、腰直、臂直、腿直。

（2）站姿的基本要领。基本站姿要领如下：①站直，双腿并拢脚跟相靠，脚尖分开45°，身体重心在两脚中间；②提臀、收腹、挺胸，挺直脊背；③双肩打开、齐平，双臂自然下垂，虎口向前，手指自然弯曲，中指贴裤缝；④头正、颈直、双眼平视前方，面带微笑。

（3）站姿的不同形式。不同的工作岗位对站姿有不同的要求，但任何一种形式的站姿都是在基本站姿的基础上变化的，服务人员在实际工作中选择合适的站姿形式来为客人服务。服务工作中常见的站姿有以下几种：①侧放式站姿，这是男女通用的站立姿势，如图2.5所示；②前腹式站姿，如图2.6所示；③丁字式站姿，是只限于女性使用的站立姿势，如图2.7所示；④后背式站姿，如图2.8所示。

图2.5　侧放式站姿

图2.6　前腹式站姿

图2.7　丁字式站姿

图2.8　后背式站姿

2）坐姿

坐姿不仅包括坐的静态姿势，同时还包括入座和起座的动态姿势。

（1）入座。从座位左侧入座，背向座位，双腿并拢，右脚后退半步，使腿肚贴在座位边，（若女士穿裙装，双手沿大腿侧后部轻轻向前拢一下裙子）轻稳和缓地坐满椅子的 2/3 或 1/2，然后将右脚与左脚并齐。

（2）坐的静态姿势。双腿、双膝、双脚跟并拢，小腿与地面垂直；身体挺直，微向前倾，双肩放松下沉，双臂自然弯曲内收，双手呈握指式，右手在上，手指自然弯曲，放在双腿上或座位扶手上；头正、颈直、下颌微收，面带微笑，双目注视前方或对方。主要有以下几种姿势：① 正襟危坐式，如图 2.9 所示；② 垂腿开膝式，如图 2.10 所示；③ 双腿斜放式，如图 2.11 所示。

图 2.9　正襟危坐式

图 2.10　垂腿开膝式

图 2.11　双腿斜放式

（3）起座。起身缓慢，动作轻缓，自然稳当，右脚向后收半步，而后站起。起身后从左侧离开。

3）走姿

走姿是指人们在行走过程中所采用的姿势。优美的走姿能体现出一个人良好的精神风貌和良好的气质风度。

（1）走姿的基本要求。步履自然、匀速、稳健，步态轻松、优美。

（2）走姿的基本要领。①头正、颈直，下颌微收，目光平视前方，面带微笑；②挺胸、收腹、提臀，上体稍向前；③双肩齐平下沉，双臂放松下垂，手指自然弯曲，两臂前后自然摆动；④屈大腿带动小腿走，脚跟先着地，身体重心落在前脚掌上；⑤要注意步位直、步幅适度、步速平稳。

4）蹲姿

（1）蹲姿的基本要求。站在所取物品的旁边，蹲下屈膝，抬头挺胸，不要低头，也不要弯腰，两脚合力支撑身体，掌握好身体的重心，慢慢地把腰部低下，蹲下时要保持上身挺拔，神情自若。

（2）蹲姿的不同形式。具体形式如下。

① 高低式蹲姿。男女通用的蹲姿，这种蹲姿的主要特征是双膝一高一低，如图 2.12 所示。

② 交叉式蹲姿。只适用于女性，尤其是穿短裙的女性。这种蹲姿的主要特征是蹲下后双腿交叉在一起。

③ 半蹲式蹲姿。男女通用的蹲姿，这种蹲姿多见于行进之中临时采用。男子采用半蹲式蹲姿时，两腿不必靠紧，可以有一定的距离，但女性应靠紧双腿。这种蹲姿的主要特征是身体半立半蹲。

④ 半跪式蹲姿。男女通用的蹲姿，它是一种非正式蹲姿，这种蹲姿的主要特征是双腿一蹲一跪。

5）表情

在构成表情的诸要素之中，眼神和微笑至关重要，在生活和工作中使用频率最高的也是人的眼神和笑容。

（1）恰当的眼神。"眼睛是心灵的窗户"，在人际交往当中，能够反映出人们内心世界很微妙的变化，恰当有效地使用眼神会取得意想不到的效果。

（2）亲和的微笑。在服务行业中，微笑是很重要的，微笑也是服务人员的基本技能之一，如图2.13所示。

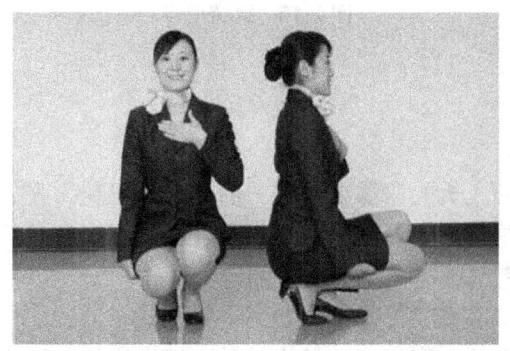

图2.12　高低式蹲姿（女）

图2.13　亲和的微笑

6）手势

手势也称手姿，是指人们在特定的场合中运用手臂时所出现的具体动作与体态。它不仅能对口头语言起到加强、说明、解释等辅助作用，而且还能表达有些口头语言所无法表达的内容和情绪，是人们交往时不可缺少的动作，是富有表现力的一种"体态语"。

（1）手势的基本要领。规范的手势是手掌伸直，手指并拢，拇指自然分开，掌心斜向上方，腕关节伸直，手与前臂形成直线，以肘关节为轴，自然弯曲，大小臂的弯曲以140°左右为宜。做手势时，要配合眼神、微笑和其他姿态，使手势显得更协调大方。

（2）常用的手势。常用的手势有如下几种。

① 引导手势。引导即为客人指示行进方向，同时对客人说"您请"，采用"直臂式"指路。具体做法：将手臂抬到齐胸高度，拇指张开，四指并拢，以肘关节为轴，上臂带动前臂，自然向上抬直，上身前倾，面带微笑，身体侧向来宾，目光看着目标方向。引导手势如图2.14所示。

② "请"的手势。"请"的手势是服务人员运用最多的手势之一。根据场景的不同有着不同的意义。

③ 介绍的手势。介绍他人时掌心向上，上臂自然下垂，手掌抬至肩的高度，并指向被介绍的一方，如图2.15所示。介绍自己时右手五指并拢，用手掌轻按自己左胸。

图 2.14　引导手势

图 2.15　介绍手势

3．服饰的基础知识

1）服务岗位着装的要求和规范

服务行业员工的服装属于职业服，对于服务人员的服饰要有统一的要求与限制。服务人员整洁大方的服装可以体现对服务对象的尊重，表达对服务对象的高度重视。服务人员得体的着装，有助于塑造与维护企业的形象，有利于提高服务人员的自身素质。

2）饰物佩戴的要求

服务礼仪对于服务人员在工作中首饰的使用的主要规范：符合身份，以少为佳，区分品种，佩戴有方。

2.2.3　餐饮工作人员的言谈举止

在餐饮服务行业中，使用礼貌用语是对服务人员的基本要求，每位员工在对客人的服务中，都应做到语言优美、礼貌待客，这样才能满足客人希望受到尊重的心理，才能赢得客人的满意。

1．常用言谈基础知识

1）服务人员交谈技巧

（1）语言礼貌，平等互敬。在服务中，服务人员对客人能正确使用表现自谦恭敬的礼貌语言，尽可能使用谦语和敬语，谈到自己时要谦虚，谈到对方时要尊敬。交谈时，在心理上、语调上，都要体现出对客人人格的尊重，不能装腔作势，既要彬彬有礼，又要热情庄重。

（2）用语准确，表达灵活。在语言的措辞上，要针对不同对象、不同性别和年龄、不同场合灵活地使用不同的用语，以利于沟通和理解，从而避免产生矛盾。

（3）渗透情感，声音优美。在语言的表达上，服务人员一定要渗透情感，将自己非常乐意为客人服务的意愿渗透在每句话中，让客人切实感受到你的真情实意。

（4）表情自然，举止文雅。对客人进行服务时，面部表情要自然，最好的面部表情是微笑、目光柔和、神态专注，并要掌握好介入对方话题的适当时机。

2）服务人员岗位用语

（1）礼貌服务用语的类型。

① 称呼语。称呼语作为交往过程中开口说出的第一句话，最能表达说话人的文化修养。

② 问候语。问候又称问好或打招呼，主要用于人们在公共场合，彼此向对方问好、致意或者表达关切之情。

③ 应答语。应答语是服务人员在工作岗位上，用于回答客人问话的礼貌用语。

④ 致歉语。在服务工作中，如果自己的言行给他人带来了麻烦和不便，或言行举止有所失礼，应当立即向对方表示愧疚之情，并请求原谅。

⑤ 道谢语。道谢语是礼貌地表示感激的用语。当他人为自己提供了帮助时，当客人提出了宝贵的意见或对服务工作表示满意时，服务人员都应该说道谢语。

⑥ 告别语。告别语是人们在分别时说的礼貌用语，含有依依不舍、希望再次重逢的意愿。

（2）使用礼貌服务用语的注意事项。面向客人要表情自然、目光柔和、面带微笑；垂手恭立，距离适当；举止文雅，态度和蔼，能用语言讲清时尽量不打手势；进退有序，事毕后要先后退一步，再转身离开。

3）服务人员电话用语

服务人员经常会利用电话与客人进行沟通，要做到：话语得体、吐字清晰、音量适中、态度和蔼可亲。

（1）电话服务礼仪要求。铃响不过3声；通话语言要规范；注意聆听，做好记录；择时通话；通话3分钟原则；拨错电话要道歉。

（2）服务人员常用的电话用语。

① 您好，××酒店××处。

② 请您再说一遍。

③ 请讲慢一点。

④ 请稍等，不要挂断。

⑤ 我给您接×××。

⑥ 对不起，现在占线。

⑦ 对不起，没人接听。

⑧ ××先生不在，您能留下电话号码吗？他回来给您回电话。

⑨ ××先生，刚才××先生来电话，请您回电话，号码××××。

2. 常用见面礼仪的基础知识

餐饮服务人员每天要迎接许多来自四面八方的宾客，见面礼仪是经常用到的一种礼仪。所谓见面礼仪就是在人际交往中，遇见他人时用来表示自己对对方的热情、尊重、致意等态度的一种行为。见面礼仪包括握手礼、致意礼、拥抱礼、亲吻礼、鞠躬礼、介绍礼、名片礼等。

1）握手礼

握手礼是一切场合中最常使用、适用范围最广的见面礼节。握手礼一般在问候、致意、介绍、祝贺、表示理解、原谅、尊重、初次见面和久别重逢等情况下使用。

（1）握手的方式。两人相距1米时站立，上身略向前倾，右手手掌向前下方伸出，与地面垂直，四指并拢，拇指张开与对方相握。双目注视对方，用力适度，上下稍许晃动三四次，一般时间是3～5秒，然后松开手，恢复原状。与人握手时，应面含笑意、并要问候对方。

（2）握手的顺序。身份不同时，握手的顺序要体现"尊重为本"的原则，即尊贵的一方有决定握手与否的权力，所以握手的顺序应当是上级、长辈、地位高者、女士先伸手，下级、晚辈、地位低者、男士在与对方见面时先问候，待对方伸出手后再接握。宾主之间，客人到达时，主人应先向客人伸手，以表示欢迎；客人告辞时，客人先伸手，如果主人先伸手，就有逐客之嫌。服务人员一般不主动与客人握手。

2）致意礼

所谓致意，是指向他人表达问候的心意。常见的致意礼主要有点头礼、举手礼。

（1）点头礼。点头礼也是最普遍的见面礼仪。行点头礼时，面带微笑，双目注视对方，头微微向下一动，点头时速度不要过快，幅度不要过大，次数不要过频。主要用于在同一场合已多次见面或者仅仅有一面之缘的朋友。

（2）举手礼。在公共场合与距离较远的、熟悉的宾客打招呼时，一般可以不用语言，而是举手致意，做法是全身站立，面带微笑，双目注视对方，举起右臂，向前伸直，掌心朝向对方，指尖向上，手臂不要左右来回晃动。

3）鞠躬礼

鞠躬礼是表示对他人尊重的一种郑重的礼仪，是我国传统的礼仪之一，也是日本、韩国最为常用的见面礼仪。在我国，鞠躬礼应用范围广泛，主要用于酒店服务、演员谢幕、演讲、颁奖、举行婚礼等。

（1）鞠躬的方式。身体立正，目光平视，面带微笑、面向受礼者。男士鞠躬时，双手在体侧自然下垂或在体后相握；女士则将双手在体前端庄地搭放一起，右手搭在左手上；上身前倾15°～90°，视线随之自然下垂；身体前倾到位后停留一秒钟再恢复原状。同时致以问候语或告别语，如"您好！欢迎光临"等。

（2）鞠躬的幅度。一般的问候、打招呼，鞠躬的幅度在15°左右。迎客、送客等场合，鞠躬的幅度为30°～40°；如遇悔过或谢罪等场合，则90°的鞠躬才能表示出其诚恳之意。鞠躬的幅度越大，所表示的敬重程度就越大，但要适度。

4）介绍礼

介绍是人际交往中与他人进行沟通、增进了解、建立联系的一种最基本的方式，是人与人进行相互沟通的出发点。在介绍完毕后，双方应相互握手、点头、微笑、问好，以表示对对方的尊敬。

（1）自我介绍。自我介绍时的手势是右手五指伸直并拢，用手掌轻按自己的左胸，介绍时，应目视对方或大家，表情要亲切坦然。

（2）介绍他人。介绍他人又称为第三者介绍，是使互不相识的双方通过符合礼仪的介绍彼此认识乃至熟悉，从而建立良好关系的一种礼节形式。作为介绍人，介绍的前提是要首先考虑双方有无相识的必要。

5）名片礼

名片是个人形象与企业形象的有机组合，酒店服务人士应掌握标准的服务礼仪。

（1）递送名片。递送名片的方法：起身站立，走到对方面前，面带微笑，眼睛友好地注视对方，用双手或者右手的拇指、食指和中指合拢，夹着名片的右下部分，使对方方便接拿，将名片正面面对对方，恭敬地递于对方的胸前，并配以口头介绍和问候。如果同时向多人递送名片，可以先将名片递送给职务较高或年龄较大者。不要跳跃式择人递送，给人一种厚此薄彼的感觉。

（2）接受名片。接受名片的方法：尽快起身，面带微笑，以双手拇指和食指去接名片下方的两角，眼睛友好地注视对方，并表示感谢。接过名片后，要认真地看一遍，最好能将对方姓名、职务、职称轻声地读出来，以示对对方的尊重，如遇不懂之处可以向对方请教。

（3）索要名片。最好不要向他人索要名片。若必须索要名片时，应以委婉、请求的口气向对方提出，如"您方便的话，能否给我一张名片，以便日后联系"等，或者主动递上自己的名片。

（4）存放名片。认真看过名片后，将名片郑重放好，一般是放在名片夹、上衣口袋里。不要把名片拿在手里随意摆弄或随意放置，并同时给对方递上自己的名片，如碰巧身边没有名片，要给对方一个适当的解释。

2.3 餐饮工作人员的岗位职责

餐饮部内部分工细、岗位多、协作紧密，要求每个工作人员熟悉本部门各岗位的划分及隶属关系，了解各岗位的工作目的与工作内容。

2.3.1 餐饮部前台工作人员

餐饮部前台工作人员包括餐饮部经理、餐厅经理、餐厅领班、迎宾员、餐厅服务员、传菜员、订餐员、送餐服务员、酒吧服务员。

1. 餐饮部经理

1）组织机构关系

（1）直属领导——酒店副总经理或总经理。

（2）管辖——餐饮部副经理及所有餐饮部员工。

（3）联系——酒店内其他部门经理。

2）主要职责

（1）管理整个餐饮部的正常运转，执行计划、组织、督导及控制等工作，使宾客得到更大满足及达到预期的效益。

（2）负责策划餐饮特别推广宣传活动；每天负责审阅营业报表，进行营业分析，做出经营决策。

（3）制定各类人员操作程序和服务规范；建立和健全考勤、奖惩和分配等制度，并切实予以实施。

（4）与行政副总厨、公关营销部、宴会预订员一起研究制定长期和季节性菜单、酒单。

（5）督促搞好食品卫生和环境卫生；负责对大型团体就餐和重要宴会的巡视、督促。

（6）处理客户的意见和投诉，缓和不愉快局面；督促和负责员工的业务知识与技术培训。

（7）审阅和批示有关报告和各项申请；协助人事部门搞好定岗、定编、定员工作。

（8）参加酒店例会及业务协调会，建立良好的公共关系。

（9）主持部门例会，协调各部门内部工作。

（10）分析预算成本、实际成本，制定售价，控制成本，达到预期指标。

（11）拟订最新水平之食品配方资料系统；协调内部矛盾，处理好聘用、奖励、处罚、调动等人事工作，处理员工意见及纠纷，建立良好的下属关系。

2. 餐厅经理

1) 组织机构关系

（1）直属领导——餐厅经理助理。

（2）管辖——指定范围内的领班和服务人员。

（3）联系——厨师长、管事部和酒店内其他部门。

2) 主要职责

（1）掌握餐厅内的设施及活动，监督及管理餐厅内的日常工作。

（2）安排员工班次，核准考勤表；对员工进行定期的培训，确保酒店的政策及标准得以贯彻执行。

（3）经常检查餐厅内的清洁卫生、员工个人卫生、服务台卫生以确保宾客的饮食安全。

（4）与宾客保持良好关系，协助推广、征询及反映宾客的意见及要求，以便提高服务质量。

（5）与厨师长联系有关餐单准备事宜，保持食品控制在最好水平。

（6）监督每次盘点及物品的保管。

（7）主持召开餐前会，传达上级指示，做餐前的最后检查，并在餐后做出总结。

（8）直接参与现场指挥工作，协助所属员工服务和提出改善意见。

（9）审理有关行政文件，签署领货单及申请计划；督促及提醒员工遵守酒店的规章制度。

（10）推动下属大力推销产品；抓成本控制，严格堵塞偷吃、浪费、作弊等漏洞。

（11）填写工作日记，反映餐厅的营业情况、服务情况、宾客投诉或建议。

（12）负责餐厅的服务管理，保证每个服务员按照酒店规定的服务程序、标准去做，为宾客提供高标准的服务。

（13）经常检查餐厅常用货物准备是否充足，确保餐厅正常运转。

（14）每日了解当日供应品种、推出的特选等，并在班前会上通知到所有服务人员。

（15）及时检查餐厅设备的状况，做好维修保养工作、餐厅安全和防火工作。

3. 餐厅领班

1) 机构关系

（1）直属领导——餐厅经理。

（2）管辖——服务人员及见习生。

2）主要职责

（1）按受餐厅经理指派的工作，负责所辖区域的服务工作。

（2）协助餐厅经理拟订本餐厅的服务标准、工作程序。

（3）负责对本班组员工的考勤。

（4）根据客情安排好员工的工作班次，并视工作情况及时进行人员调整。

（5）督促每一个服务员以身作则，大力向客人介绍、推销产品。

（6）指导和监督服务员按要求与规范工作。

（7）接受宾客订单、结账。

（8）带领服务员搞好餐厅卫生，做好班前准备工作与班后收尾工作。

（9）在职权范围内处理客人的投诉及突发事件。

（10）经常检查餐厅设施是否完好，及时向有关部门汇报家具及工营业设备的损坏情况，与工程部联系维修事宜。

（11）保证出品准时、无误。

（12）营业结束带领服务员搞好餐厅卫生，关好电灯、电力设备开关，锁好门窗、货柜。

（13）配合餐厅经理对下属员工进行业务培训，不断提高员工的服务技能和专业知识。

（14）与厨房员工及管事部员工保持沟通。

（15）当直属餐厅经理不在时，按授权范围代行其职。

（16）核查账单，保证在交客人签字、付账前完全正确。

（17）负责为重要的客人服务；完成餐厅经理临时交办事项。

4．迎宾员

1）组织机构关系

（1）直属领导——餐厅经理。

（2）联系——区域领班及服务人员。

2）主要职责

（1）在本餐厅进口处礼貌地迎接客人，引领客人到适当座位并拉椅让座，以便宾客入座。

（2）通知区域领班或服务员，及时送上菜单及其他服务。

（3）清楚认识餐厅内所有座位的位置及容量，确保相应的座位上有适当的人数。

（4）动态地掌握餐厅内座位的使用情况，确保座位的使用率，尽量使各服务区的工作量平衡。

（5）在营业高峰期，若餐厅座位全满，应建议客人等候并将其名字登记在记录本内，以诚恳助人的态度向宾客解释，有位置即予以安排。

（6）当宾客表示不愿意等候时，应推荐客人到酒店内其他餐厅去就餐。

（7）记录所有意见及投诉，尽可能及时汇报给直属餐厅经理以便处理。

（8）接受或婉言谢绝客人的预订。

（9）帮助客人存放衣帽、雨伞等物品。

（10）记录客人就餐信息。

5．餐厅服务员

1）组织机构关系

（1）直属领导——餐厅经理、领班。

（2）管辖——见习生。

（3）联系——厨房员工、管事部员工。

2）主要职责

（1）餐前餐后整理好餐具、服务用具，搞好餐厅卫生工作。

（2）按规定的规格程序摆台，做好服务前的一切准备工作。

（3）保证所有餐具清洁无斑迹，装满所有调味盅。

（4）负责补充工作台。

（5）熟悉各种菜肴、酒水，做好推销工作。

（6）按餐厅规定的服务程序和规格为客人提供尽善尽美的服务。

（7）负责客人走后翻台或为下一餐摆台。

（8）接受客人订单，搞好收款结账工作。

（9）与见习生一起做好收尾结束工作。

（10）带领见习生到仓库领货，负责餐厅布草的点数、送洗、领回工作。

（11）保证客人准时无误地得到出品。

（12）随时留意客人的动静，对客人的要求迅速做出反应。

（13）积极参加培训，不断提高服务技能和服务质量。

（14）保持良好的工作态度、效率和主动精神。

6．传菜员

1）组织机构关系

（1）直属领导——厨房主管或餐厅主管。

（2）联系——厨房员工、餐厅员工。

2）主要职责

（1）负责将领班订菜单上所有菜肴按上菜次序准确无误地送到相应的值台服务员处。

（2）开餐前负责准备好调料、配料及走菜用具，并主动配合厨师做好出菜前的准备工作。

（3）协调餐厅服务员将工作台上的脏餐具、空菜盘撤回洗碗间并分类摆放。

（4）负责小毛巾的洗涤、消毒工作。

（5）负责传菜间和规定地段的清洁卫生。

（6）保管出菜单以备核查。

7．订餐员

1）组织机构关系

（1）直属领导——客房送餐经理。

（2）联系——客房送餐领班、财务部。

2）主要职责

（1）按照工作程序与标准接听宾客订餐电话，自我介绍、问候、征询、推荐菜式，重复宾客所订食品，感谢宾客订餐，对大型团体、宴会主动约客人面谈。

（2）了解每日特荐食品并积极推销。

（3）按标准准确记录所有信息，积极与宾客沟通。

（4）及时反馈宾客意见和建议。

（5）当班结束前，与下一班做好交接工作，确保所有信息无误。

8．送餐服务员

1）组织机构关系

（1）直属领导——客房送餐领班。

（2）联系——订餐员、厨房、酒吧。

2）主要职责

（1）服从领班安排，按照工作程序与标准做好送餐前的各项准备工作。

（2）送餐至房间，为客人提供标准化服务。

（3）从客房收回服务托盘及服务餐车，及时回收脏餐具并送至洗碗间。

（4）保持工作区域的清洁卫生。

（5）当班结束后，与下一班做好交接工作；营业结束后，做好收尾工作。

9．酒吧服务员

1）组织机构关系

（1）直属领导——酒水部领班。

（2）联系——仓库保管员、管事部。

2）主要职责

（1）做好本酒吧的卫生工作和营业前的各项准备工作。

（2）迎接宾客。

（3）按规定提供酒水服务。

（4）送客人离开酒吧并欢迎客人下次再来。

2.3.2　后厨工作人员

后厨工作人员包括行政总厨、厨师长、领班、各岗位厨师。

1．行政总厨

1）组织机构关系

（1）直属领导——餐饮部经理。

（2）管辖——各点厨师长。

（3）联系——各餐厅经理、管事部、宴会厅经理。

2）主要职责

（1）制定菜单，适时推出时令菜、特选菜。

（2）负责厨师的技术培训工作。
（3）负责菜肴的质量管理及成本控制。
（4）亲自为重要宾客宴会主厨。
（5）根据客情及库存状况提出食品原料的采购计划。
（6）建立标准菜谱。
（7）协调厨房与餐厅的关系。
（8）处理宾客对菜肴的投诉。
（9）验收食品原料，把好质量关。
（10）合理调配员工。
（11）负责对各点厨师长的考评。
（12）出席部门例会。

2．厨师长

1）组织机构关系
（1）直属领导——行政总厨。
（2）管辖——本厨房冷菜厨师、点心厨师、切配厨师、热菜厨师。
（3）联系——餐厅经理、管事部、采购部。

2）主要职责
（1）搞好开餐前的准备工作。
（2）指挥厨房运转。
（3）安排厨房人员的工作班次，并负责考勤。
（4）保证食品质量，控制成本消耗。
（5）组织技术交流和业务竞赛。
（6）申领物料用品。
（7）每日抽查下属的个人卫生、饮食卫生及厨房的环境卫生。
（8）对下属进行考核评估。
（9）出席部门例会。
（10）协助行政总厨不断增加菜肴的新品种和更换菜单工作。
（11）编制成本卡、控制毛利率。
（12）完成总厨交办的其他工作。

3．领班

1）组织机构关系
（1）直接领导——餐厅主管。
（2）管辖——服务员。

2）主要职责
督导服务员的管理，全面负责为客人就餐时提供各项优质服务。
（1）营业时，服务员布置任务。
（2）协调、沟通餐厅、传菜部及厨房的工作。

（3）营业时带头为客人服务，确保服务员按服务程序与标准为客人服务。

（4）对特殊及重要客人给予关注，介绍菜单内容及推荐特色菜点，并回答客人问题。做好客情维护，处理客人投诉。

（5）了解员工的思想动态，并及时做思想工作。

（6）开餐前，检查餐厅摆台，清洁卫生，检查餐厅用品供应及设备、设施的完好情况，并填写检查纪录。

（7）负责餐厅的用具的补充并填写提货单、采购申请。

（8）每日停止营业后，负责全面检查餐厅，并填写营业报告。

（9）定期组织组长、服务员、领位培训。

（10）在营业期间发现有客人投诉应及时向经理汇报。

（11）完成直接上级交办的其他事宜。

4．初加工厨师

1）组织机构关系

（1）直属领导——厨师长。

（2）联系——切配厨师、冷菜厨师。

2）主要职责

（1）负责食品原料的清洗、宰杀和加工，保证对客人的正常供应。

（2）当好切配厨师的助手。

（3）按规格进行加工。

（4）注意原料的综合利用，保证出净率，避免浪费。

（5）做好收尾工作。

（6）按规格和程序涨发厨房所需的各类干货，如海参、鱼翅、鲍鱼、鱿鱼等。

（7）负责料头原料的加工，如去蒜皮、葱皮根等。

5．切配厨师

1）组织机构关系

（1）直属领导——各点厨师长。

（2）联系——初加工厨师、炉头厨师、传菜部。

2）主要职责

（1）负责所有菜肴的刀工处理，使原料符合烹调要求。

（2）负责一切高级宴会、酒会的料头和干货等原料的调配。

（3）根据点菜单的要求，严格按照标准食谱及时、准确配菜。

（4）如果宾客点了菜单上没有的菜，应尽可能满足客人的要求。

6．冷盘厨师

1）组织机构关系

（1）直属领导——各点厨师长。

（2）联系——传菜员、初加工厨师、管事部。

2）主要职责

（1）按照厨师长工作指令，制作宴会、团队、零点所需的冷菜品种。

（2）协助拟定成本卡，控制毛利率。

（3）安全使用和保养本岗位的各种设备。

（4）对照菜牌和客情，检查冷菜原料的质量和冷盘食品的数量。

（5）经常检查工作箱的温度，防止存放的食品霉变。

7．炉头厨师

1）组织机构关系

（1）直属领导——厨师长。

（2）联系——切配厨师、传菜部。

2）主要职责

（1）按照菜单和成本卡烹制菜肴，严格操作程序，把好质量关。

（2）了解当天宾客流量、要求、特点，备好当天使用的调料和佐料。

（3）熟悉和掌握各种原料的名称、产地、味型、特点、净料率、用途和制作方法。

（4）协调厨师长研制新菜牌和季节食品推销。

（5）正确使用和保养本岗位的各种设备。

8．点心师

1）组织机构关系

（1）直属领导——各点厨师长。

（2）联系——传菜部、管事部、保管员。

2）主要职责

（1）制作宴会、团队、零点所需的各种点心。

（2）经常更新花色品种，提高竞争力。

（3）把好点心质量关。

（4）负责各种生熟馅料的拌制。

（5）熟悉成本核算，掌握点心售价，控制成品的成本。

案例分析

某天晚上，北京一家五星级宾馆的中餐厅正在接待外宾旅游团和会议团。孙先生是某公司负责接待外宾会议团的翻译，他把外宾安排好后就和同事一起到旁边的工作餐厅用餐。这一天，外宾团队订的都是"北京烤鸭"的餐宴，翻译、导游员和司机等也享受和外宾同等的用餐标准。孙先生入座后，服务员端上了茶水和凉菜，但等候良久仍不见其他的菜上桌。他忍不住去催问服务员，服务员告诉他，今天太忙，请他再等一下，马上上菜。孙先生又等了半天，仍不见上菜，此时其他桌的菜已经上得差不多了。孙先生和同事又去催问了两次，但就是他们这桌没有上菜，孙先生赌气不再催问。外宾用完餐，孙先生直接带他们上车。此时，服务员追到车门前请孙先生签单结账。

孙先生没好气地说："我根本就没吃上饭，结什么账？"

"先生，实在对不起。今天的确太忙了，把您那一桌给疏忽了。要不然给您包上菜和鸭子带走。但是请您先把账结了。"服务员着急地说。

"我们虽然也是服务人员，但到你们酒店都应该是客人，待遇也是平等的。你们给外宾和其他桌都上了菜，就是不给我们上菜，催了几次还不行，搞得我们现在都没吃上饭。要结账就找'老外'吧。"孙先生说着就要上车。其他人见状忙劝解孙先生，车上的外宾也有人问及此事。最后，孙先生还是和服务员一同回到餐厅结账。他拒绝了餐厅给他包装好的"晚餐"，只是对服务员说："请你们记住这次教训，以后不要忽视每位客人。"

问题：分析本案例中餐厅在管理方面、服务人员在供餐服务方面没有尽到的职责。

点评：餐厅服务员应尽到的职责是按餐厅规定的服务程序和规格为客人提供尽善尽美的服务；保证客人准时无误地得到菜品；随时留意客人的动静，对客人的要求迅速做出反应。传菜员应尽到的职责是负责将领班订菜单上所有菜肴按上菜次序准确无误地送到相应的值台服务员处。

小测验：概括餐厅服务人员应具备的素质。

本章小结

餐饮在旅游业中具有重要的地位和发挥着积极的作用，经营种类多样，而且随着技术的进步和发展，餐饮生产和经营出现了传统产业不同的特点，形成了各种不同的餐厅种类和独特的经营特点。但是，万变不离其宗，只要掌握了餐饮业的发展规律和特点，结合自身餐饮部的实际情况，对于餐饮部的设置和管理、人员的配置和岗位的设置等方面，就能有一个清楚的认识和清晰的工作思路。在合理组织的基础上，培养服务人员具有良好的素质是餐饮业发展的核心。

练习题

一、单项选择题

1. 酒店规模大小的分类一般以客房房间数为标准。通常客房数在（　　）间以上的为大型酒店。

　　A．600　　　　　　B．500　　　　　　C．400　　　　　　D．300

2. 餐饮服务人员应熟练掌握托盘、餐巾折花、（　　）、酒水服务、菜肴服务等基本技能。

　　A．中西餐摆台　　B．中西餐服务　　C．中餐摆台　　D．西餐摆台

3. 餐饮工作人员需要具备的专业思想素质包括：一是树立牢固的专业思想；二是培养高尚的职业道德；三是（　　）。

　　A．树立正确人生观　　　　　　B．集体荣誉感
　　C．不可监守自盗　　　　　　　D．有良好的纪律观念

4．宾主之间握手，客人到达时，（　　　）伸手；客人告辞时，（　　　）伸手。
　　A．主人应先向客人　　　　　　B．客人应先向主人
　　C．两人一起　　　　　　　　　D．都要等对方先

二、判断题

1．男性服务人员切忌留长发，一般以短发为主。要求是前发不覆额，侧发不掩耳，后发不及领，可留长鬓角但不可留胡须。（　　　）
2．长发女性服务人员需用发饰"管束"自己的头发，短发女性服务人员需用发饰"美化"自己的头发。（　　　）
3．“铃响不过三声”原则是指3声内接起来。（　　　）
4．介绍他人时掌心向上，上臂自然下垂，手掌抬至胸的高度，并指向被介绍的一方。
（　　　）
5．身份不同时，握手的顺序要体现"尊重为本"的原则，即地位低者应主动与地位高者握手，以示尊重。（　　　）

三、讨论题

1．对当地的餐饮企业进行调查了解，画出其组织机构图，并说明其组织机构设置的依据，进一步分析其组织机构设置是否科学，有无可改进之处。
2．酒店餐饮部如何与其他部门进行工作衔接？
3．结合实践解释餐饮服务人员的素质要求。
4．试述设置餐饮部组织机构的原则。
5．论述餐饮部的地位和任务。
6．列举你所熟悉的餐厅类型，并说明其特点。

四、案例分析题

一个深秋的晚上，3位客人在南方某城市一家酒店的中餐厅用餐。他们在此已坐了两个多小时，仍没有去意。服务员心里很着急，到他们身边站了好几次，想催他们赶快结账，但一直没有说出口。最后，她终于忍不住对客人说："先生，能不能赶快结账，如想继续聊天请到酒吧或咖啡厅。"

"什么！你想赶我们走，我们现在还不想结账呢。"一位客人听了她的话非常生气，表示不愿离开。另一位客人看了看表，连忙劝同伴马上结账。那位生气的客人没好气地让服务员把账单拿过来。看过账单，他指出有一道菜没点过，但却算进了账单，请服务员去更正。这位服务员忙回答客人，账单肯定没错，菜已经上过了。几位客人却辩解说没有要这道菜。服务员又仔细回忆了一下，觉得可能是自己错了，忙到收银员那里去改账。

当她把改过的账单交给客人时，客人对她讲："餐费我可以付，但你服务的态度却让我们不能接受。请你马上把餐厅经理叫过来。"这位服务员听了客人的话感到非常委屈。其实，她在客人点菜和进餐的服务过程中并没有什么过错，只是想催客人早一些结账。

"先生，我在服务中有什么过错的话，我向你们道歉了，还是不要找我们经理了。"服务员用恳求的口气说道。

"不行,我们就是要找你们经理。"客人并不妥协。

服务员见事情无可挽回,只好将餐厅经理找来。客人告诉经理他们对服务员催促他们结账的做法很生气。另外,服务员把账多算了,这些都说明服务员的态度有问题。

"这些确实是我们工作上的失误,我向大家表示歉意。几位先生愿意什么时候结账都行,结完账也欢迎你们继续在这里休息。"经理边说边让那位服务员赶快给客人倒茶。在经理和服务员的一再道歉下,客人们终于不再说什么了,他们付了钱,仍面带余怒地离去了。

问题:本例中的服务员在结账这个环节上犯了哪些错误?她在履行职责时应注意哪些问题?

第3章 烹饪基础知识

学习目标

总目标
掌握基本的烹饪原料知识、成型与配菜和烹调知识

知识目标
1. 了解烹饪原料的种类、特点；
2. 了解烹饪原料的成型与配菜方法

技能目标
1. 掌握菜肴命名的方法；
2. 掌握常见冷菜和热菜的制作方法

能力目标
能综合运用烹饪基础知识进行餐饮服务

导入案例

在某些餐厅里，服务员为顾客点菜时，往往不经意间流失了很多顾客。为什么这样说呢？看过下面几个场景就会明白了。

豪华的中餐厅里，灯火辉煌，大大小小的餐桌摆台就绪。迎宾小姐伫立在餐厅口，恭候客人。

[镜头一] 客人在一张小方桌前坐下。服务员递上菜谱，客人开始点菜："先来冷盆。这'家乡咸鸡'是什么鸡做的？是农民喂养的草鸡，还是饲养场买来的肉用鸡？"

"不知道，我没吃过。"服务员老老实实地回答。

[镜头二] "'佛跳墙'是什么菜？怎么那么贵？"客人指着菜谱问道。

"好的东西都放在瓦罐里煲，很鲜的。"服务员总算比较含糊地回答了问题。

"那海鲜'佛跳墙'与'迷你佛跳墙'有什么区别？"客人要有所选择。

服务员嗫嚅了。

客人不悦地对服务员说："算了，算了，你讲不清楚，我们也怕白花冤枉钱，那就点别的菜吧。"

[镜头三] "再来两碗小刀切面，不要汤水，有什么调料可以配？"

服务员借机推销："我店新推出的 X.O.酱，味道很好。"

"X.O.不是酒吗？怎么变成了酱？"客人感到新奇。

"这是新产品，您试试，开开眼界。"服务员对客人循循善诱。

客人还是打破砂锅问到底："X.O.酱是什么玩意儿？"

"当然是用 X.O.酒配制成的喏！"服务员胡诌一气。

配面的 X.O.酱端上来，客人一看，有红油有辣子，不吃了。他训斥服务员："根本没 X.O.酒，我不吃辣的，退掉。"

服务员态度还算好，颇有几分冤屈："我从来也没学过，更没有吃过，怎么知道是什么味。"

[镜头四] 餐毕客人还要上些水果，菜牌上有新奇士橙和新会橙两种，但价格差别很大。客人又提出疑问。

服务员答道："'新奇士'是进口的，新会橙是国产的。"

"进口的？哪国进口的？进口也不该那么贵！"显然，服务员简单的回答并没有说服客人。

"那还是吃西瓜吧。西瓜总不会进口的，免得被宰。"由于不放心，客人改变了主意。

问题

1. 该案例中，造成客人不悦的原因是什么？
2. 你认为，如果要做好餐厅服务工作，还要掌握哪些方面的知识？
3. 找两位同学，分别扮演顾客和服务员，模拟点菜过程。

关键词

原料知识　配菜　烹调方法

3.1 烹饪原料知识

烹饪原料是通过烹饪手段制作可以满足人们对食品需要的物质材料。这些材料主要包括植物性原料、动物性原料和调味原料，是人们通过膳食为人体提供必需营养成分的主要物质来源。

3.1.1 植物性烹饪原料

1. 粮食类

1）粮食的概念

粮食是制作各种主食的原料的统称，如图 3.1 所示。它不仅提供人类所需要的基本营养物质，而且是人体热能的主要来源。

图 3.1 粮食

2）粮食的分类

（1）谷类：稻、小麦、玉米、小米、大麦、燕麦、高粱、荞麦等。

（2）豆类：大豆、蚕豆、豌豆、绿豆、赤豆、扁豆等。

（3）薯类：甘薯、木薯等。

3）粮食的烹饪运用

（1）粮食是制作主食的重要原料。

（2）粮食可以制作各种菜肴，如锅巴肉片、松仁玉米、麻婆豆腐等。

(3) 粮食可以制作糕点和小吃,如蛋糕、元宵、粽子等。
(4) 粮食是制作调味品和复制品的重要原料,如酱油、甜面酱、味精等。

2. 蔬菜类

图 3.2 蔬菜

1) 蔬菜的概念

蔬菜是指可作副食品的草本植物的总称,也包括少数可作副食品的木本植物的幼芽、嫩叶和食用菌类及藻类等,如图 3.2 所示。

2) 蔬菜的分类

(1) 根菜类:萝卜、胡萝卜、牛蒡、红菜头、大头菜、凉薯等。
(2) 茎菜类:茭白、茎用莴苣、芦笋、竹笋、土豆、山药、洋葱、百合、荸荠、莲藕等。
(3) 叶菜类:小白菜、菠菜、苋菜、大白菜、韭菜、芹菜、莼菜等。
(4) 花菜类:菜花、绿菜花、黄花菜、洋百合、荷花等。
(5) 果菜类:四季豆、豇豆、嫩豌豆、茄子、番茄、辣椒等。

3) 蔬菜在烹饪中的作用

(1) 作为主料,单独成菜,如酸辣白菜、鱼香茄子、蒜泥黄瓜等。
(2) 含淀粉多的蔬菜,可用于主食、小吃的制作,如南瓜、芋等。
(3) 作为配料,与动物性原料、粮食类原料等共同制作菜点,如八宝酿藕、鸡蒙菜花等。
(4) 作为调味料,具有去腥、除异、增香的作用,如生姜、葱、大蒜、芫荽、韭菜等。
(5) 作为雕刻、装饰原料,用于菜点的美化,如萝卜、南瓜等。

3. 果品

1) 果品的概念

果品一般指木本果树和部分草本植物所产的可以直接生食的果实,也常包括种子植物所产的种仁,如图 3.3 所示。

图 3.3 果品

2) 果品的分类

果品可分为鲜果、干果和果品制品。
(1) 鲜果:苹果、梨、桃、杏、香蕉、哈密瓜、柑橘、榴莲等。
(2) 干果:核桃、板栗、榛子、白果、杏仁、腰果等。
(3) 果品制品:苹果脯、杏脯、蜜枣、橘饼、蜜饯、果酱等。

3) 果品的烹饪运用

(1) 可作为菜肴的主料,多用于甜菜的制作,如蜜焖三鲜、拔丝白果、琥珀桃仁等。
(2) 可作为菜肴的配料,配家畜、家禽、水产品或配蔬菜、粮食制品等,如桃仁鸡丁、板栗烧鸡、杏仁西芹、腰果海参等。
(3) 作为菜肴的点缀、围边、装饰用料,如樱桃、柠檬、橘子、番茄等。
(4) 作为面点制品的馅心用料,如五仁月饼、红枣发糕等。
(5) 作为食物雕刻的重要原料,如西瓜、甜瓜等。

3.1.2 动物性烹饪原料

1．畜类原料

1）畜类原料的概念
畜类原料一般指用于烹饪的哺乳动物，是人类肉食的主要来源之一。
2）畜类原料的分类
畜类原料可分为家畜和野畜。
（1）家畜：猪、牛、羊、驴、马、骡、狗、兔、骆驼等。
（2）野畜：野猪、竹鼠等。
3）类原料的烹饪运用
（1）畜类原料是菜肴主料的常用原料，如扒肘子、水煮牛肉、炸里脊等。
（2）刀工形式多样，可与多种原料搭配成菜。
（3）烹调方法多样，可制作众多菜肴、小吃。
（4）畜类原料的内脏通过精心烹制，可制作众多特色菜肴，如九转大肠、菠饺银肺、爆炒心花等。

2．禽类原料

1）禽类原料的概念
禽类原料一般指用于烹饪的食用鸟类原料，是人类肉食的主要来源之一。
2）禽类原料的分类
禽类原料可分为家禽和野禽。
（1）家禽：鸡、鸭、鹅等。
（2）野禽：野鸭、鹧鸪、山鸡等。
3）禽类原料的烹饪运用
（1）禽类原料可作为菜肴主料，如三套鸭、豆苗山鸡片、烤鸭、樟茶鸭子、口水鸡、东江盐焗鸡、烧鹅等。
（2）禽类原料作配料，既可与荤菜搭配，如鸡火烩鱼肚、黄桃鸡片炒墨鱼等，也可与素菜配伍，如鸡丝拌洋粉、鸡粥白灵菇等。
（3）禽肉中鲜味物质较多，是鱼翅、燕窝、鲍鱼、海参等高档原料的调辅料，可弥补其鲜味的不足。

3．水产品原料

1）水产品原料的概念
水产品原料一般指产于江河湖海的可用于烹饪的原料。
2）水产品原料的分类
水产品原料可分为鱼类、虾蟹类、贝类和其他水产品。
（1）鱼类：鲤鱼、鲫鱼、鲥鱼、黄花鱼、鲈鱼等。
（2）虾蟹类：对虾、河虾、龙虾、梭子蟹、青蟹等。
（3）贝类和其他水产品：文蛤、河蚌、鲍鱼、乌贼、鱿鱼、海参等。

3）水产品的烹饪运用

（1）水产品作为菜肴的主料，可制作很多著名菜肴，如干烧鱼、红烧鱼、葱烧海参、锦绣龙虾等。

（2）除整形使用，还适合多种刀工成形，如菊花鱼、棒子鱼、三吃大虾、油泡龙虾球等。

（3）水产品以口味鲜美著称，但也适宜多种味型。

3.1.3 调味原料

图 3.4 调味品

1）调味原料的概念

调味原料是在烹饪过程中用于调和食物口味的原料的统称，如图 3.4 所示。

2）调味原料的分类

（1）咸味调味品：食盐、酱油、豆豉、豆酱等。

（2）甜味调味品：食糖、糖浆、蜂蜜、糖精等。

（3）酸味调味品：食醋、柠檬汁、番茄酱、草莓酱、山楂酱、木瓜酱、酸菜汁等。

（4）鲜味调味品：味精、腐乳汁、味精、蚝油、虾油、蛏油、鱼露、海胆酱等。

（5）香辛味调味品：辣椒、豆瓣酱、花椒、胡椒、咖喱粉、芥末粉、八角、小茴香、草果、茶叶、黄酒、香糟等。

3）调味原料的烹饪运用

调味原料在烹饪中虽然用量不大，却应用广泛，变化很大。在烹调过程中，调味原料的呈味成分连同菜点主配料的呈味成分一起，共同形成了菜点的不同风味特色。

3.1.4 烹饪原料的品质检验

烹饪原料的品质检验是指根据各种烹饪原料外部固有的感官特征，应用一定的检验手段和方法，判定原料的变化程度和质量的优劣。原料的优劣直接关系着菜肴的质量。因此，搞好原料的品质检验，有十分重要的意义。

鉴定原料品质的方法，主要分为感官鉴定法和理化鉴定法。

1. 感官鉴定法

感官鉴定法是用视觉、嗅觉、味觉、听觉、触觉等来鉴定烹饪原料品质的方法。它简单易行、不需要繁杂的仪器设备，但缺乏精确度，主要有下列几种。

（1）嗅觉检验。嗅觉检验是指用嗅觉器官来鉴定原料的气味。原料新鲜时均具有本身特有的气味，如发生变化，则说明品质发生变化。

（2）视觉检验。凡是直接能用肉眼根据经验判别品质的，都可以用这种方法对原料的外部特征（如形态、色泽、结构、斑纹）进行检验，确定品质的好坏。

（3）味觉检验。人的舌头上面有许多味蕾，当味蕾接触外物，受到刺激时即有反应。有些原料可以通过味觉的变化情况来鉴定品质的好坏。

（4）听觉检验。音波刺激耳膜引起听觉，有些原料可以用听觉检验的方法来鉴定品质的好坏，如鸡蛋就可以用手摇动，听蛋中是否有声音来确定蛋的好坏。

（5）触觉检验。用身体的某些部位（主要是手）接触原料，检验原料组织的粗细、弹性、硬度等，以确定原料品质的好坏。

以上几种方法在使用时往往同时使用，才能收到好的效果。

2．理化鉴定法

理化鉴定法是采用各种试剂、仪器和器械来鉴定原料质量的方法。运用这种方法比较精确，能具体而深刻地分析原料的成分和性质，做出原料品质和新鲜度的结论，还能查明其变质的原因。进行理化检验必须有一定的试验场所和设备，检验者也必须掌握熟练的技术和一定的科学知识。因此，一般由国家专门设立检测机构，以检查食品卫生质量。

3.1.5　烹饪原料的保管方法

烹饪原料的保管是根据原料的性质和外界条件下可能发生质量变化的情况，利用原料的保藏基本原理，防止原料质量变化的措施方法。烹饪原料的保管方法有以下几种。

1．低温保藏法

因为低温可以有效地抑制或杀灭微生物的生长繁殖，还能延缓或停止原料内部组织的生化过程，所以一般烹饪原料都可以用低温的方法保管。低温保藏主要运用冰箱，冰库或冰块等来进行。

2．高温保藏法

因为微生物对高温的耐受力较弱，当温度超过 60℃时微生物的生理机能即减弱并逐步死亡，这样防止了微生物对原料的影响。同时，高温还可以破坏原料中酶的活性，防止原料因自身的呼吸作用，自体分解等引起的变质，以达到原料保藏的目的。

图 3.5　香菇

3．脱水保藏法

脱水保藏法就是通过一定的干燥方法，使原料降低含水量，从而抑制微生物生长繁殖达到保藏目的的一种方法。原料脱水的方法有日晒、晾干和烘干等。香菇就是采用脱水的方法保存的，如图 3.5 所示。

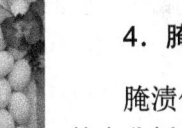

图 3.6　咸鸭蛋

4．腌渍保藏法

腌渍保藏法是利用腌渍原料过程中所产生的高渗透压使原料中的水分析出，同时使微生物细胞原生质水分渗出，蛋白质成分变性，从而杀死微生物或抑制其活动及抑制酶的活力，达到保藏原料的目的。常见的有盐腌、糖渍，如咸鸭蛋（如图 3.6 所示）。

5. 熏制保藏法

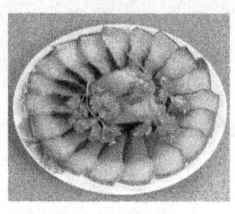

图 3.7　熏肉

熏制保藏法是一种用烟熏烤食品的方法，常用来制作菜肴，如熏肉（见图 3.7）等，可使食品长期保存。因为烟熏能提高原料的渗透压，使原料部分脱水，烟中含的醛、酚等物质能防止细菌的生长而达到保藏的作用。

知识链接 3—1

1. 猪肉不同部位肌肉特点及烹饪运用

（1）猪头。包括眼、耳、鼻、舌、颊等部位。猪头肉皮厚，质老，胶质重，宜用凉拌、卤、腌、熏、酱腊等方法烹制，如酱猪头肉、烧猪头肉。

（2）猪肩颈肉。也称上脑。猪前腿上部，靠近颈部，在扇面骨上的一块长扁圆形的嫩肉。此肉瘦中夹肥，微带脆性，肉质细嫩。宜采用烧、卤、炒、熘，或酱腊等烹调方法。叉烧肉多选此部位。

（3）颈肉。也称槽头肉、血脖。猪颈部的肉，在前腿的前部与猪头相连处。此处是宰猪时的刀口部位，多有污血，肉色发红，肉质绵老，肥瘦不分。宜做包子、蒸饺、面臊等的馅料。

（4）前腿肉。也称夹心肉。在猪颈肉下方和前肘的上方。此肉半肥半瘦，肉老筋多，吸水性强。宜做馅料和肉丸子，适宜用凉拌、卤、烧、焖、爆等方法。

（5）前肘。也称前蹄膀。其皮厚、筋多、胶质重、瘦肉多，常带皮烹制，肥而不腻。宜烧、扒、酱、焖、卤、制汤等，如红烧肘子、菜心扒肘子、红焖肘子。

（6）前足。又名前蹄。质量好于后蹄，胶质重。宜于烧、炖、卤、凉拌、酱、制冻等。

（7）里脊肉。也称腰柳、腰背。为猪身上最细嫩的肉，水分含量足，肌肉纤维细小，肥瘦分割明确，上部附有白色油质和碎肉，背部有薄板筋。宜炸、爆、烩、烹、炒、酱、腌，如软炸里脊、滑炒里脊丝、清烹里脊等。

（8）正宝肋。又称硬肋、硬五花。其肉嫩皮薄，有肥有瘦。适宜于熏、卤、烧、爆、焖、腌熏等烹调方法，如甜烧白、咸烧白等。

（9）五花肉。又称软五花、软肋、腰牌、肋条等。肉一层肥一层瘦，共有 5 层，因此而得名。其肉皮薄，肥瘦相间，肉质较嫩。最宜烧、熏、爆、焖，也适应卤、腌熏、酱腊等，如红烧肉、太白酱肉。

（10）奶脯肉。又名下五花、拖泥、肚囊。其位于猪腹底部，质呈泡状油脂，间有很薄的一层瘦肉，肉质差。一般做腊肉或炼猪油，也可烧、炖或用于做酥肉等。

（11）后腿肉。也称后秋。猪肋骨以后骨肉的总称。包括门板肉、秤砣肉、盖板肉、黄瓜条几部分。

① 门板肉。又名无皮后腿、无皮坐臀肉。其肉质细嫩紧实，色淡红，肥瘦相连，肌肉纤维长。用途同里脊肉。

② 秤砣肉。又名鹅蛋肉、弹子肉、兔弹肉。其肉质细嫩，筋少，肌纤维短。宜于加工

丝、丁、片、条、碎肉、肉泥等。可用炒、煸、炸收、氽、爆、溜、炸等烹调方法，如炒肉丝、花椒肉丁等。

③ 盖板肉。连接秤砣肉的一块瘦肉。肌纤维长。其肉质、用途基本同于"秤砣肉"。

④ 黄瓜条。与盖板肉紧相连接的一块瘦肉，肌纤维长。其肉质、用途基本同于"秤砣肉"。

（12）后肘。又名后蹄。因结缔组织较前肘含量多，皮老韧，质量较前肘差。其烹制方法，和用途基本用于前肘。

（13）后足。又名后蹄。因骨骼粗大，皮老韧、筋多、质量较前足略差，其特点和烹饪运用基本同于前足。

（14）臀尖。又称尾尖。其肉质细嫩，肥多瘦少。适宜用卤、腌、酱、熟炒、凉拌等烹调方法，如川菜回锅肉、蒜泥白肉多选此部位。

（15）猪尾。也称皮打皮、节节香。由皮质和骨节组成，皮多胶质重，多用于烧、卤、酱、凉拌等烹调方法，如红烧猪尾、卤猪尾等。

2. 鸡肉不同部位肌肉特点及烹饪运用

（1）鸡头：皮薄骨多，全无肉质，一般用于熬汤或下杂处理。

（2）鸡颈：皮厚而阔，肉少骨多，宜取皮或熬汤用。

（3）鸡脊：骨硬肉薄，不宜起肉，但有鸡的鲜味，宜用于煲、炖。

（4）鸡翼：肉纹细而筋骨少，肉鲜滑而味清香，能用作上等菜的主料，如泡、炒、炸、煸、卤等，无一不可。

（5）胸肉：（包括鸡柳肉）：除主胸骨外，全无骨骼，肉纹细而瘦肉多，适宜于切成丝和切片；鸡柳肉可剁成茸，制作丸状的食品。

（6）大腿：肉多而瘦，富有鸡鲜味，宜于出肉切片或清炖。

（7）小腿：肉较少而筋络多，宜于出肉切丁，或制作烧、炖、炸等食品。

此外，还有鸡爪，处理得法，也可作名贵菜肴的主料。

3.2 烹饪原料的成型与配菜

烹饪原料的成型与配菜是烹饪制作的重要工艺过程，是烹饪技术的重要组成部分。它既是菜肴烹调的前提，也是形成菜肴质量和确定色、香、味、形的重要保证。

3.2.1 原料成型

原料成型是指各种烹饪原料经过不同的刀法加工以后呈现的各种形状，其作用是使烹饪原料便于烹调，既便于入味，又便于食用。常见的有块、片、丝、条、丁、粒、末、茸泥、段等。

1. 块

块是采用切、砍、剁等刀法加工成的。块的种类很多，常用的有象眼块（菱形块）、大小方块、长方块（骨牌块）、劈柴块、大小滚料块等。

（1）象眼块（也叫菱形块）。形状几乎似图形中的菱形，又与象眼差不多，故得名。交叉斜切即成。

（2）大小方块。一般指厚薄均匀，长短相等的块形。边长 3.3 厘米以上的，叫大方块，3.3 厘米以下的叫小方块。这种块用切或剁等刀法加工而成。

（3）长方块。状如骨牌，又叫骨牌块。一般为 0.8 厘米厚，1.6 厘米宽，3.3 厘米长。

（4）劈柴块。这种块多用于冬笋或茭白一类原料，因其形状就像做饭用的劈柴，故得名。

（5）排骨块。原是指切成约 3.3 厘米长的猪软肋骨而言的，类似形状的块就叫排骨块。

（6）大小滚料块。它是用滚刀的切法加工而成。一般用于蔬菜类原料，如黄瓜、土豆、山药、莴苣等。

2. 片

常用的片有柳叶片、象眼片、月牙片、薄片、厚片、夹刀片、磨刀片等。

（1）柳叶片。这种片薄而窄长，形状像柳树的叶子，一般用切或削的刀法加工而成。

（2）象眼片。也叫菱形片，形似象眼块，但薄，一般用切、片等刀法制成。

（3）月牙片。先将圆形或近似圆形的原料切为两半，再顶刀切成半圆形的片即成。

（4）薄片。指厚薄在 0.3 厘米以内的片，一般采用切为两半，再顶刀切成半圆形的片即成。

（5）厚片。指厚薄在 0.7 厘米以上的片。

（6）夹刀片。凡一端切开成为两片，另一端连在一起的片，叫作夹刀片。夹刀片用切的刀法，一刀不断一刀切断。

（7）磨刀片。它是用斜刀片的刀法加工而成。因片时将原料平放在墩上，用刀自左到右像磨刀一样，一刀一刀地片下去，故称磨刀片。

3. 丝

丝有粗细之分，性质韧而坚的原料，可以加工得细一些。丝的粗、细主要决定于片的厚薄，丝要细首先片要薄。因此，在切片时，就应考虑到丝的粗细而加工成适宜的厚度，丝的长度一般以 5 厘米左右为宜。

4. 条

条的成形方法是先把原料批成厚片再切成条，其粗细取决于片的厚薄，大小取决于片的长短。条有粗细之分，粗条一般是长 4.6 厘米，宽厚各 1.5 厘米；细条长 4 厘米，宽厚各 1 厘米。

5. 丁、粒、末

（1）丁。丁是大于粒、末的小块。丁的成形一般是将原料切成或片成厚片，再将片切成条，然后再顶刀切成丁。常用的有筷子丁、豌豆丁等。

（2）粒。粒较丁小一些，大的有如绿豆粒，小的和小米相仿，成形方法基本上与丁相同，粒的大小主要取决于丝或条的粗细。

（3）末。末的大小略小于小米粒，将丁或粒再切小或剁碎即可，也可先将原料切或劈成薄片，再切成细丝，然后顶刀切成末。

6．茸泥

适合制茸泥的原料一般有鸡、虾、鱼、肉等。在制茸泥之前，先要将原料的骨、筋、皮等去掉。剁制鱼、虾等茸泥还需要适当搭配一点猪肥膘，以增加茸泥的黏性。

7．段

段，一般用剁或切的刀法制成，有大段、小段两种。

3.2.2　配菜

配菜又称配料，它是根据菜肴的质量要求，把各种加工成形的原料加以适当的配合，使其可以烹制出一个完整的菜肴。

1．配菜的作用

（1）确定菜肴的质和量。菜肴的质是指一个菜肴构成的内容，即各种原料的配合比例。而菜肴的量则指一个菜肴中所包含的各种原料的数量，也就是一个菜肴的单位定量。这两者都是通过配菜确定的。

（2）使菜肴色、香、味、形基本确定。

（3）确定菜肴的营养价值。

（4）确定菜肴的成本。

（5）使菜肴的形态多样化。通过配菜，将各种原料进行巧妙的组合，就可以构成形式不同的菜肴，就可以创造出新的品种。

2．配菜的基本要求

（1）必须熟悉和了解原料的情况。

（2）必须熟悉菜肴的名称及制作特点。

（3）必须既精通刀工又了解烹调。

（4）必须掌握菜肴的质量标准及净料成本。

3．配一般菜的方法

按配一般菜时所用的原料多少来分，可分为配单一原料，配主、辅料，配不分主次的多种料三大类。一般菜品如图3.8所示。

1）配单一原料的菜

所谓配单一原料，就是指这份菜只有一种原料构成。由于原料只有一种，配菜方法比较简单。配菜时要注意：必须突出原料

图3.8　一般菜品

的优点，避免原料的缺点。这就需要在选料、初步加工、刀工和烹调各个方面多加注意。具有某些特殊浓厚滋味的原料，不宜单独制成菜肴，如辣椒、大蒜等，如不配合其他原料，则辛辣味太重，不宜食用。

2）配主、辅料兼有的菜

这是除配主料外，还配有一定数量的辅助原料的菜。搭配辅料是为了烘托、突出主料，同时起互相补充作用。例如，梅菜扣肉，所用主料含有很多脂肪，搭配一些蔬菜，可使主料的口味肥而不腻，色泽也更加鲜明。

3）配有多种不分主次原料的菜

这是指配有两种或两种以上属于平等地位的原料所构成的菜。各种原料不分主、辅，数量也大致相等，各种原料在色、香、味、形方面的配合要适当，如汤瀑双脆、扒二白、爆三丁等。

4．配花色菜的方法

花色菜是指在色形方面特别讲究，富于艺术性的一种菜肴。花色菜品如图 3.9 所示。

图 3.9　花色菜品

（1）叠。叠是把不同颜色的菜，间隔地相叠成相同的片状，其间涂一层加工成糊状或茸泥的黏性原料，使其粘在一起，成为具有三四种颜色的块或其他各种形态，如锅贴鱼。

（2）穿。穿是将整个或部分出骨原料（如鸡、鸭等），在空隙处嵌入其他原料，如银针穿凤衣。

（3）镶。镶是以一种原料为主，中间镶嵌其他原料的一种方法，如镶青椒、八宝镶蟹合等。

（4）扣。扣是把原料整齐地摆在碗内，然后整齐地覆扣在盛器内，如云片猴头、扣碗肉等。

（5）扎。扎又称为"捆"，是将主要原料加工成条或片，再用黄花菜、海带、干菜丝等将主料一束一束地捆扎起来，如柴把鸭掌、柴把鸡等。

（6）包。包是把整只或加工成丁、条、丝、片、块、茸、末等形状的原料，用玻璃纸、豆腐皮、荷叶、粉皮、蛋皮、油皮等包成各种形状，如纸包鸡、素八宝鸡、素明虾等。

3.2.3　菜肴的命名

1．菜肴命名的原则

配菜人员必须熟悉菜肴的名称，见到菜肴就知道配什么原料，还能创造出新的品种，并能命以恰当的名称，使人一看便知菜肴的内容、风味等，便于人们选择、制作，给人以艺术美的享受。一般原则是，力求名实相符，使菜名充分体现菜的特色或全貌；力求雅致得体，不可牵强附会，滥用词藻。

2．一般菜肴命名的方法

根据我国已有菜肴名称分析，菜肴命名的方法，一般可以归纳为以下几种。

(1) 烹调方法加上主料，如油爆海螺、炸里脊、清蒸加吉鱼等。这种类型的命名方法最为普遍，使人一见菜名就了解菜肴的全貌。

(2) 调味品或调味方法加上主料，如糖醋鲤鱼、咖喱牛肉、麻辣肉丝、番茄鱼片等。它重点突出了菜肴的口味，对一些调味有特色的菜肴尤为适宜。

(3) 色或形加上主料，如金银大虾、蝴蝶海参、柳叶鸽蛋、松鼠鱼等。这种命名方法反映出菜肴的某一突出特点。

(4) 某一突出的辅料加上主料，如元葱板鱼、荠菜黄鱼卷、面包虾仁、椿头豆腐、辣子鸡等。这种类型的命名突出地反映了菜肴用料上的特点，对那些辅料口味有特色的菜肴特别适宜。

(5) 以烹调方法和原料的某一方面的特征命名，如氽生肚片、拔丝金枣、糟熘二白、炒四丝、清炸菊花鱼等。这种命名方法突出了烹调方法及菜肴的色泽、形态等方面的特点。

(6) 在主料前加上人名或地名，如东坡肉、德州扒鸡、麻婆豆腐、山东蒸丸、镇江肴肉等。这类命名方法可以说明菜肴的起源、出处，适用于有地方色彩的菜肴。

(7) 把所用主、辅料及烹调方法全部在名称中反映出来，如虾籽烧白菜、麻酱拌海参、芦笋扒鲍鱼、黄瓜炒肉片等。这类命名方法很普遍，为一般菜肴所常见，可以从菜名中看出此菜的用料和烹调方法。

(8) 特殊的盛器加上用料为菜名，如铁锅蛋、砂锅豆腐等。这类方法主要适用于使用特殊的盛器或烹具。

3. 花色艺术菜的命名

(1) 根据形来命名。熊猫戏竹、乌龙戏珠、孔雀开屏等均属于这一类型。在素菜中，以精巧的手工制成的鸡、鸭、鱼、虾、鱼翅等也属于这一类。

(2) 根据形、实命名。蝴蝶鲍鱼就是将鲍鱼加工成蝴蝶状的菜肴，小鸟虾就是以虾为主要用料，做成小鸟形的菜肴等。

(3) 根据色、实命名。翡翠虾仁、珊瑚藕、金银大虾、三色鱼丸等，就属于这一类型。

(4) 用味、实命名。松子鱼、五香牛肉、怪味鸡等就是以口味来形容菜肴的。

(5) 用形象和寓意命名。梅雪争春、雪里埋炭、鸳鸯鲍鱼、云片猴头等就属于这一类型。

知识链接 3—2

婚宴菜单范例

八冷碟：鸳鸯彩蛋、如意鸡卷、糖水莲子、称心鱼条、大红烤肉、相敬虾饼、香酥花仁、恩爱土司。

八热菜：全家欢乐——烩海八鲜、比翼双飞——酥炸鹌鹑、鱼水相依——奶汤鱼圆、琴瑟合鸣——琵琶大虾、金屋藏娇——贝心春卷、早生贵子——花仁枣羹、大鹏展翅——网油鸡翅、万里奔腾——清炖金蹄。

四果点：甜甜蜜蜜——喜庆蛋糕、欢欢喜喜——夹心酥糖、热热闹闹——糖炒栗子、圆圆满满——豆沙汤圆。

3.3 烹调技术的基本知识

烹调是烹饪工艺中继烹饪原料的初加工、刀工处理、配菜等后的一项工序，是使烹饪原料成熟、入味，成为菜品的重要工艺操作。烹调技术主要包括烹调基本工艺、冷菜烹调方法和热菜烹调方法。

3.3.1 烹调基本工艺

1．焯水

焯水又称水锅，就是把经过初步加工的原料，放在水锅中加热到半熟或全熟的状态，以备进一步烹调所使用的加工方法。

焯水的作用：①除去烹饪原料中的腥膻异味，如牛、羊等肉类经过焯水，可以排除血污、去掉腥腻；②可缩短正式烹调的时间；③调整几种不同性质的原料，使其在正式烹调时成熟时间一致。

2．过油

过油又称油锅，就是把经过加工成型的原料或焯水处理的原料，放在不同油温的油锅中加热成半成品，以备正式烹调菜肴之用。

过油的作用：①使原料具备酥、脆、嫩和外香脆、里鲜嫩的特点；②使原料散发出大量的芳香气味，诱人食欲；③为原料增添色彩；④对原料杀菌消毒。

3．走红

走红又称红锅，就是将原料放在各种有色调味品的汤汁中加热，使原料上色，以备正式烹调之用。

走红的作用：①缩短菜肴正式烹调的时间；②促进原料的入味、增色；③能除腥解腻。

4．挂糊、上浆

挂糊、上浆就是在经过刀工处理的菜肴原料表面，挂上一层黏性的糊或浆，然后采取不同的加热方法，使制成的菜肴达到酥脆、松软、滑嫩的一项技术措施。因为糊、浆一般都包裹在菜肴原料的外层，就像给原料穿上一层外衣，所以饮食行业又称之为"着衣"。

挂糊、上浆的作用：①保持原料的原汁原味，并使菜肴外部香脆或柔滑，内部鲜嫩；②美化菜肴原料的形态；③保持和增加菜肴的营养成分。

5．勾芡

勾芡就是在菜肴接近成熟时，将调好的淀粉汁淋入锅内，通过淀粉的糊化，增加汤汁对原料的附着力，使汤汁稠浓的方法。

勾芡的作用：①使菜肴鲜美入味；②使菜肴外脆里嫩；③使汤菜融合，滑润柔嫩；④使菜肴的色泽更鲜艳，光泽更明亮，显得更丰满。

3.3.2 常用的冷菜烹调方法

1. 酥

酥一般是将主料放入锅内后，一次加足汤水和以醋为主要调味品的调料，盖严锅盖加热，直到主料酥烂才起锅装盘，制成菜肴的方法，如图 3.10 所示。

图 3.10 冷菜制作

酥的烹调方法，适用于制作酥鲫鱼、酥海带、酥藕等冷菜。

2. 炝、拌

炝是把切配好的生料，经过水烫或油滑，加上盐、味精、花椒油拌和的一种冷菜烹调方法。

拌也是一种冷菜烹调方法，操作时把生料或熟料切成丝、条、片、块等，再加上调味料拌和即成。

拌与炝的不同之处就在于：拌制菜以酱油、麻油、醋等为主要调味品，炝制菜不用酱油和醋，而是用花椒油和盐；拌制用生料或熟料，炝制只能用熟料；拌制菜的特点是酸辣爽口，炝制菜的特点是清淡鲜香。

3. 腌

腌是把原料在调味卤汁中浸渍，或用调味品加以涂抹、拌和，使原料中的部分水分排出，调料渗入其中。腌的方法很多，常用的有盐腌、糟腌、醉腌。

（1）盐腌：把原料放入盐水中浸渍或用盐拌和。经过盐腌的蔬菜原料已入味，并能保持鲜嫩，腌黄瓜、腌酸辣菜等。

（2）糟腌：把原料经过煮或焯水处理后再用盐和糟卤、糟油腌渍。糟腌的食物也称糟货。可供糟腌的多属禽畜类原料，如鸡、鸭、肉、蹄、爪等。

（3）醉腌：用酒和盐作为调料进行腌制的方法。原料一般选用鲜活的虾、蟹，通过酒浸一段时间，不用加热即可食用。

4. 卤

卤是把禽畜类原料剖洗干净，放入调制好的卤汁中烧煮成熟，卤汁渗入原料之中，冷却后即成卤制菜。卤制菜热做冷吃,口味鲜香。调好的卤汁可长期使用,而且越陈越香。制作卤味食品的原料很多,如鸡、鸭、猪舌、肫肝、豆腐干等。

5. 冻

冻是利用动物类原料中的胶原蛋白经过蒸煮后充分溶解,冷却后能凝结成冻的特点,把适合的原料蒸煮熟后冻制成冷菜。

冻制的原料一般采用富含胶原蛋白的猪肉皮,猪肘、猪爪、鱼、带皮羊肉等。制作时,把原料放入盛器中加汤水和调味品,上笼屉蒸烂,或放入锅内炖煮熟烂,然后任其自然冷却或放入冰箱内冷却,待结冻后即成。

有些原料含胶量较少,为使其能结成冻,可在原汤中放些琼脂、肉皮冻,使其结冻。用冻制法还可制作水晶肘子、冻鸡等菜肴。

3.3.3 常用的热菜烹调方法

1. 炒

炒是指将切配后的丁、丝、条、片、粒等小型原料,以旺火快速烹制成菜的烹调方法。根据工艺特点和成菜风味,炒又分为滑炒、生炒、熟炒、软炒 4 种,热菜制作如图 3.11 所示。

图 3.11 热菜制作

(1)滑炒。滑炒是以鲜嫩动物性原料作主料,加工成丁、丝、条、片、粒等小型形状,再经上浆划油,然后用兑汁芡或勾芡成菜的烹调方法。滑炒菜具有柔软滑嫩、汁紧油亮的特点。

(2)生炒。生炒又称生煸、煸炒。它是将切配后的小型原料,不经上浆或挂糊,直接下锅,用旺火热油快速炒制成菜的烹调方法。生炒菜具有鲜香嫩脆、汁薄入味的特点。

(3)熟炒。熟炒是指经初步熟处理的原料,再经切配后不上浆,不码味,用中火热油,加调配料炒制成菜的烹调方法。熟炒菜肴具有香酥滋润,见油不见汁的特点。

(4)软炒。软炒是指将经加工成流体、泥状、颗粒的半成品原料,先与调味品、鸡蛋、淀粉等调成泥状或半流体,再用中小火热油迅速翻炒,使之凝结成菜,或用中小火低油温过油制片,炒制成菜的烹调方法。软炒菜肴具有形似半凝固状或软固体状,细嫩滑软或酥香油润的特点。

2．烧

烧是把原料经过炸、煎、煸、炒、蒸、煮等初步加热后再加汤和调料进一步加热成熟制成菜肴的方法。烧主要分为红烧和干烧两类。

（1）红烧。原料经过初步热加工后，调味需放酱油、糖等，成熟后勾芡为酱红色，如红烧肉、红烧鱼、四喜肉丸等。

（2）干烧。又称自来芡烧。操作时不勾芡，靠原料本身的胶汁烹制成芡，如干烧鳗鱼、干烧岩鲤等。干烧菜肴要经过长时间的小火烧制，以使汤汁渗入主料内。干烧菜肴一般见油不见汁，其特点是油大、汁紧、味浓。

3．炸

炸是以食油为介质，通过加热使原料成熟制成菜肴的方法。常用的炸的方法有清炸、干炸、软炸、酥炸、粘面包粉炸等多种。

（1）清炸。清炸是将原料刀工处理后，不经挂糊上浆，只用调味品码味腌渍，直接放入油锅用旺火热油加热，使之成熟的烹调方法。成品特点是外香脆，里鲜嫩。

（2）干炸。先把原料加以调味腌渍，再拍粉挂糊下油锅炸。开始用旺火热油，中途改用温油小火，把原料炸至外皮焦脆即可。干炸菜肴的特点是成菜外酥香、里软嫩。

（3）软炸。把主料腌渍后挂一层鸡蛋糊，再投入油锅炸制。软炸的油温，以控制在五成热为宜，炸到原料断生，外表发硬时，即可捞出，然后把油温烧到七八成热时，再把已断生的炸料下油锅一炸即成。这种炸法时间短，成菜外脆里嫩。

（4）酥炸。先把原料煮熟或蒸熟后再下油锅炸。酥炸的原料要在蒸、煮时调好味，下油锅炸时，火力要旺，油温控制在六七成热，炸至原料外层呈深黄色即可。酥炸的特点是成菜酥香肥嫩。

（5）粘面包粉炸。把主料调味腌渍后，拍粉拖蛋液，再粘一层面包粉，然后上油锅炸制。这种炸法，适用于炸猪排、炸鱼等。用面包粉炸制的菜肴色泽金黄、外脆里嫩。

4．爆

爆是把动物性的脆性原料，如肚子、鸡肫、鸭肫等所采用的快速加热成熟的方法。其加热时间极短，烹制的菜肴脆嫩鲜爽。爆可分为油爆、水爆。

（1）油爆。油爆是主料不上浆，只在沸水中一烫就捞出，然后放入热油锅中与配料一起翻炒，烹入芡汁即可起锅，如油爆肚仁、油爆海螺等菜肴。

（2）水爆。水爆是把原料在沸水中加热使刚成熟捞出，即蘸调味料食用的方法。水爆菜的关键是掌握好沸水焯原料的时间，以焯至主料无血，颜色由深变浅为好。如焯水的时间过长，主料便老而不脆；如焯水时间过短，主料会有腥味或不熟。

爆的方法还有芫爆、葱爆、酱爆等法。这些爆菜的制作方法与油爆法基本相同，不过配料和调料有所差别。芫爆以芫荽（香菜）为主要配料；葱爆以葱丝或葱块（滚刀块）为配料，制作时和主料一起爆炒；酱爆就是爆制时放入炒熟的甜面酱、黄酱等。

5. 熘

熘是将切配后的丝、丁、片、块等小型或整形（多属鱼、虾、禽类）原料，经滑油，或油炸，或蒸，或煮的方法加热成熟，再用芡汁粘裹或浇淋芡汁成菜的烹调方法。因操作方法的不同，可分为炸熘、滑熘、软熘3种。

（1）炸熘。炸熘是脆熘、焦熘的统称。它是将切配成形的原料经码味，再挂糊或拍粉，放入热油锅炸制，然后浇淋或粘裹芡汁成菜的烹调方法。炸熘菜肴具有外香脆、里鲜嫩的特点。

（2）滑熘。滑溜是将切配成形的原料，码味上浆后，经滑油至断生，烹入芡汁成菜的烹调方法。滑熘的菜肴具有滑嫩鲜香、清淡醇厚的特点。

（3）软熘。软熘是将质地柔软细嫩的主料，先经蒸熟、煮熟或氽熟，再浇汁成菜的烹调方法。软熘菜肴具有滑嫩清香的特点。

6. 扒

扒是将初步熟处理的原料，经切配整齐地叠码成形放入锅内，加汤汁和调味品，烧透入味，勾芡，大翻勺（锅），保持原料原形装盘的烹调方法。扒菜具有选料精细、讲究切配、原形原样、不散不乱、略带芡汁、鲜香味醇的特点。

7. 涮

涮是指火锅里倒入特制的清汤、奶汤或鲜汤烧沸，将切成薄片的各种主辅料放入汤汁内烫至熟时，随即蘸上调味品或直接食用的一种烹调方法。涮的特点是主辅料多样、鲜香细嫩、汤鲜味美、热度较高、边涮边吃，可由食者根据爱好和口味自行调味和掌握涮的时间。

8. 烩

烩是指将多种初步熟处理的小型原料一起放入锅内，加入鲜汤和调味品，用中火加热烧沸，勾芡成汁宽芡浓的成菜烹调方法。烩制菜具有用料多样、汁宽芡厚、色泽鲜艳、菜汁合一、清淡鲜香、滑腻爽口的特点。

9. 蜜汁

蜜汁是以糖和蜂蜜加水熬化，放入加工处理的原料，经蒸或煮使甜味渗透，质地酥糯，糖汁稠浓成菜的烹调方法。成品具有色泽美观、酥糯、甜醇的特点。

10. 拔丝

拔丝是经油炸的半成品，放入用白糖熬制成起丝的糖液中，粘裹挂糖成菜，用筷夹起能拔出丝的烹调方法。拔丝呈琥珀色，具有明亮晶莹、外脆里嫩、口味甜香的特点。

11. 炖

炖是把原料放在水锅内，用小火长时间加热制成菜肴的烹调方法。炖制法适用于肌纤维比较粗老的肉类、禽类原料。此类原料在炖前必须焯水，以排除血污和腥臊味。炖时在原料下面可放锅垫，以防粘锅。炖菜的特点是汤水多、肉酥软、保持原汁原味。

12．煎

煎是指锅中加少量油加热，放入经刀工处理成泥、粒饼状或挂糊拖蛋液的片状等半成品，用小火加热至两面呈金黄、酥脆成菜的烹调方法。煎的成品具有色泽金黄、外酥脆里鲜嫩的特点。

13．烤

烤是把食物原料放在烤炉中利用热辐射使其成熟的烹调方法。烤制的菜肴，由于原料是在干燥的热气烘烤下成熟的，表面水分蒸发，凝成一层脆皮，原料内部水分不能继续蒸发，因此，成菜形状整齐，色泽光亮，外层干香、酥脆，里面鲜美、软嫩。

14．蒸

蒸是指经加工、切配、调味、盛装的原料，利用蒸气加热，使之成熟或软熟入味成菜的烹调方法。蒸制菜肴，由于蒸笼内水蒸气的温度已达到饱和并有一定的压力，受热均匀，菜肴的滋润度高；又由于蒸制时原料不能翻动，原料间所含的物质渗透交换受限，具有原料不变形、不失原味、保持原汤原汁的特点。

蒸可分为干蒸、清蒸、粉蒸等蒸法。将洗涤干净并经刀工处理的原料，放在盘碗里，不加汤水，只放佐料，直接蒸制，称为干蒸。将经初步加工的主料，加入调料和适量的鲜汤上屉蒸熟，称为清蒸。将主料粘上米粉，再加上调料和汤汁，上笼屉蒸熟，称为粉蒸。

知识链接 3—3

1．制作清蒸鱼的技巧

（1）水烧开后将鱼放入蒸笼，3 分钟后取出，将盘中鱼汤倒掉，然后再放入蒸笼继续蒸。此举决定了鱼熟后不腥。

（2）在蒸鱼之前，先将鱼握住头尾弯上一下，在鱼身弯曲处垫上一姜块。此举保证鱼蒸熟后呈腰部弓起之生动状。

（3）蒸鱼时，只在倒掉蒸 3 分钟后的汤时加盐、葱丝和火腿丝，其他调料一概不用。此举能突出鱼的鲜美之味。

2．炖猪肉的技巧

（1）文火慢炖法。炖猪肉时，在旺火烧开后，改用文火慢慢地炖，肉质就能酥烂，肉里的油腻也就炖出来了，吃着肥而不腻。

（2）鲜姜炖肉法。炖肉放适量的鲜姜不仅会味道鲜美，而且会使肉质柔嫩。因为每 40 克鲜姜可提取 1 克鲜姜素，每克鲜姜素能软化约 1 千克的肉类。

（3）先炒后炖法。先将要炖的肉切成肉块，放入锅内炒一下，然后再放入调料及水，急火烧开后，用文火慢炖。

（4）砂锅炖肉法。砂锅比铁锅、铝锅传热缓慢而均匀，砂锅的内壁和盖子涂有一层釉，可使食物不会产生化学反应，炖出的肉色正味美，保持食物原有的味道，所以用砂锅炖肉香。

小测验：请调查一家小型中餐厅，分析它所经营菜品的命名方法、用料、烹调方法和特点。如果你是这家餐厅的服务员，能否满足客人关于菜品方面的各种提问？

本章小结

烹饪基础知识是餐饮从业人员必须掌握的重要内容，学习烹饪基础知识对餐饮从业人员具有重要意义，餐饮从业人员应充分重视烹饪基础知识在经营中的重要作用。本章主要介绍了烹饪原料知识、烹饪原料的成型与配菜、烹调技术的基本知识等3部分内容。通过学习，可基本满足餐饮从业人员特别是一线餐厅服务员的工作需要。

练习题

一、名词解释

1. 烹饪原料
2. 感官鉴定法
3. 原料成型
4. 配菜
5. 烹调

二、单项选择题

1. 下列选项中，全部属于叶菜类蔬菜的是（　　）。
   A. 小白菜、菠菜、牛蒡、韭菜　　B. 苋菜、大白菜、洋百合、莼菜
   C. 小白菜、菠菜、韭菜、荸荠　　D. 苋菜、大白菜、韭菜、芹菜
2. 作为菜肴的主料，多用于甜菜制作的是（　　）。
   A. 蔬菜　　　B. 果品　　　C. 水产　　　D. 粮食
3. 糖醋鲤鱼、咖喱牛肉的命名方法是（　　）。
   A. 色或形加上主料　　　　　　B. 某一突出的辅料加上主料
   C. 调味品或调味方法加上主料　　D. 在主料前加上人名或地名
4. 根据形、实命名的菜品是（　　）。
   A. 金银大虾、三色鱼丸　　　　B. 五香牛肉、怪味鸡
   C. 梅雪争春、雪里埋炭　　　　D. 蝴蝶鲍鱼、琵琶大虾
5. 具有原料不变形、不失原味、保持原汤原汁特点的烹调方法是（　　）。
   A. 炸　　　　B. 爆　　　　C. 蒸　　　　D. 炒

三、判断题

1. 粮食类烹饪原料只能制作各种主食，不能制作菜肴。　　　　　　　　　　　　（　　）

2. 畜类原料的内脏通过精心烹制，可制作众多特色菜肴。　　　　　（　）
3. 虾油、蚝油、鱼露、海胆酱等都属于鲜味调味品。　　　　　　　（　）
4. 云片猴头、扣碗肉等运用的是扣的配菜方法。　　　　　　　　　（　）
5. 涮是指火锅里倒入特制的清汤、奶汤或鲜汤烧沸，将切成薄片的各种主辅料放入汤汁内烫至熟时，随即蘸上调味品或直接食用的一种烹调方法。　　　（　）

四、简答题

1. 蔬菜在烹饪中的主要作用是什么？
2. 配菜的基本要求是什么？

五、讨论题

1. 试述花色艺术菜的命名方法。
2. 试述常用的冷菜烹调方法。

六、案例分析题

某日，一对夫妇到玉泉餐厅吃饭。两人进餐厅坐下以后，服务员小王送上菜谱，两人点了三菜一汤：西红柿炒鸡蛋、溜黄菜、木樨肉、甩袖汤。然后征求小王的意见。小王看了一眼，说："您点的菜经济实惠，挺好的。"可是，等菜上齐之后，两人大为不悦，对小王横加指责。小王看着桌上的菜，羞愧地低下了头。

问题：你知道小王犯了什么错误吗？如果你是小王，应该怎么做？

第4章　菜点及面点知识

学习目标

总目标
掌握中西菜点的历史、分类、特点及中式面点的分类，并能熟练讲解常见的菜品

知识目标
1. 了解中西菜点的历史、分类及中式面点的分类；
2. 了解中西菜点的特点及制作方法

技能目标
1. 掌握中式菜点的制作方法
2. 掌握西式菜点的制作方法

能力目标
能综合运用掌握的菜点知识向顾客进行详细的介绍

导入案例

饮食历来就是一种文化。今天，饮食作为一种非常具体的生活方式，是窥察一个国度文化极好的窗口。中国饮食文化的发展历程悠久而漫长，波澜起伏，经历了萌芽、形成、发展、成熟和现代几大阶段。从孔子的"食不厌精，脍不厌细"、老子的"治大国，若烹小鲜"乃至孙中山的"我中国近代文明进步，时时皆落人之后，唯饮食一道之进步，至今尚为文明各国所不及"，这些无不反映出饮食与人类生存环境的紧密性、广泛性、依存性和历史文化性。烹饪是中国的国粹，深厚的文化底蕴吸引了众多的海外食客慕名前来。

全聚德，中华著名老字号，创建于1864年（清朝同治三年），全聚德人历经几代的创业拼搏获得了长足发展。在百余年里，全聚德菜品经过不断创新发展，形成了以独具特色的全聚德烤鸭为龙头，集"全鸭席"和400多道特色菜品于一体的全聚德菜系，备受各国元首、政府官员、社会各界人士及国内外游客喜爱，被誉为"中华第一吃"。中华人民共和国总理周恩来曾多次把全聚德"全鸭席"选为国宴。

2008年8月，奥运会在北京举行，各国人士齐聚北京。"不到万里长城非好汉，不吃全聚德烤鸭真遗憾"。这发自国内外五洲宾朋内心的赞美，使全聚德同中国的长城一样，成为中华民族的又一象征。百余年来，全聚德总济天下同仁，高朋满座，胜友如云。全聚德不仅仅是在做生意，还在传播中华民族的饮食文化，成为促进中外友谊、交流与合作的纽带和桥梁。作为首都餐饮业的龙头，全聚德承担了重要的接待服务任务。作为全聚德人，能顺利完成这次的接待任务吗？

为了以优质的服务完成这次的接待任务，全体全聚德人上下一心，以质量管理为切入点，规范标准，提高管理层次。公司重新修订和印发了《全聚德餐厅服务规范》，充实了服务内容，规范了操作程序，细化了岗位服务职责。以市场为导向，继续推行"秘密顾客制度"，从多角度提高企业管理水平。为了提高服务水平，公司对全体服务人员进行了严格细

致的培训，服务人员能够对顾客提出的问题对答如流，规范服务。

在奥运会接待期间，全聚德人经受了考验，以优质的服务获得了良好的赞誉。就餐的时候，出于好奇，各国宾朋围绕烤鸭提出了各种各样的问题，服务人员都做了满意的回答。他们对经营菜品的熟悉程度让人称奇。有人问吃鸭子有什么营养。这么专业的问题，服务人员都一一做了解答，还能讲出很多有趣的故事，让大家吃得很开心。

2008年12月30日，世界权威的品牌价值研究机构——世界品牌价值实验室举办的"2008世界品牌价值实验室年度大奖"评选活动中，全聚德凭借良好的品牌印象和品牌活力（良好的品牌行业领先性和品牌公众认知度）荣获"中国最佳信誉品牌"大奖。

全聚德既古老又年轻。全聚德也正是在古老与年轻、传统与现代的融合与交替之间，开拓进取，不断进步。愿古老的全聚德永葆青春，愿年轻的全聚德生机勃勃，走向一个又一个新的辉煌！

问题

1. 餐厅服务人员只会报菜名能让顾客满意吗？还需要掌握哪些知识？
2. 该案例中，假如你是一名食客，你会对服务人员提出哪些问题？
3. 全聚德成功的关键是什么？

关键词

中式菜点　西式菜点

4.1 中式菜点

中国烹饪源远流长，闻名世界，是我国民族文化的宝贵遗产，是中华民族灿烂文华的一部分，既是一门学科，也是一种独特的文化艺术。我们不但要继承它，而且要不断提高和发展它。

4.1.1 中国菜的历史和发展

民以食为天，人类的生存离不开饮食，饮食是人类生存发展的最基本条件，因而中国菜的发展和历史的发展是同步的。中国菜是中国各地区、各民族各种菜肴的总称。具有历史悠久、技术精湛、品类丰富、流派众多、风格独特的特点，是中国烹饪数千年发展的结晶，在世界上享有盛誉。中国烹饪又称中华食文化，是中国文化的重要组成部分，是世界三大菜系（中国菜（见图4.1）、法国菜、土耳其菜）之一，深远地影响了东亚地区。

图4.1　中国菜

1. 夏、商、周的传统饮食

从新石器时代直到殷商时期，人们对谷物的加工一直比较原始简单。先民们通过碾盘、碾棒、杵臼等对谷物进行粗加工，难以提供大量去壳净米来满足饭食需要只能连壳一起粒食，只有少数贵族才有权享受去壳谷物。与谷物加工相比，周代的肉类加工更为考究，而且作为对肉类初加工的选割，与后期烹制具有同样的重要性。尤其是周王室贵族在祭祀、宴会时所享用的各种肉类，其选割及烹制，由专设的官署"内饔"与"外饔"执掌。周人已完全懂得选择无病、无特殊腥臊异味而又健壮的畜禽，并辨别畜禽各部位，然后施行宰割。夏商时期的烹饪方法非常少，到了周代，生产力的快速发展，烹饪方法已非常多样，主要有煮、蒸、烤、炙、炸、炒等。其中，炸、炒是周代青铜文化进入鼎盛时期后所出现的崭新烹饪方法。蒸是利用蒸汽烹饪的一种先进方法，我国是世界上最早使用蒸气烹饪的国家。随着生产力的发展，食物的品种不断增多，各种炊具的相继发明，更新和更先进的烹饪方法的涌现也顺理成章，如炒、炸、炖、煨、烩、熬，以及腊、醢，菹脯等腌制菜肴之法，都为中国烹饪技艺的发展奠定了基础。周代"八珍"的出现，标志着我国烹饪形成为一门重要的艺术，显示了周人的精湛技艺和食饮的科学性。

2. 春秋、战国、秦朝时期的饮食

春秋战国时期，随着各个民族的互相融合，在饮食文化上逐渐形成了南北两大风味。在北方，古齐鲁是我国古代文化发祥地之一，其饮食文化历史悠久，烹饪技术比较发达，形成了我国最早的地方风味菜——鲁菜的雏形。在南方，楚人称冠，统一了东南半壁江山，在中原文化上影响最为广阔深远。楚国，东滨大海，西拥云贵，南临太湖，长江横贯中部，水网纵流南北，气候寒暖适宜，土壤肥沃，占有今天的"鱼米之乡"。"春有刀鲚，夏有鲥，秋有肥鸭，冬有蔬"，一年四季，水产畜禽菜蔬联翩上市，为烹饪技术发展提供了优越的物质条件，逐渐形成了今天苏菜的雏形。

在西边，秦国占领了古代的巴国、蜀国，接着派李冰将水患之乡改造成"天府之国"，加之有大批汉中移民的到来，结合当地的气候、风俗，以及古代巴国、蜀国的传统饮食，产生了至今影响巨大的川菜的前身。秦国的统一大业进行到后期，为了显示始皇帝的文治武功，秦国进军岭南，建立了岭南的政治、经济、文化中心。这里饮食比较发达，当下广东的饮食文化，其实就是由赵佗将中原地区先进的烹饪艺术和器具引入岭南，结合当地的饮食资源，使"飞、潜、动、植"皆为佳肴，并流传至今，形兼收并蓄的饮食风尚，产生了粤菜。至此，我国最有影响的地方菜，后称"四大菜系"的鲁菜（包括京津等北方地区的风味菜）、苏菜（包括江、浙、皖地区的风味菜）、粤菜（包括闽、台、潮、琼地区的风味菜）、川菜（包括湘、鄂、黔、滇地区的风味菜）雏形已经初成。

3. 汉唐时期的饮食文化及与周围民族的饮食大交融

随着中国统一局面的完全诞生，强大的汉王室在饮食方面比秦朝更进一步了。汉朝皇帝拥有当时全国最为完备的食物管理系统。汉朝礼制规定：天子"饮食之肴，必有八珍之味。"它们"甘肥饮美，殚天下之味"。在此时期中国饮食文化的对外传播加强了。据《史记》、《汉书》等记载，西汉张骞出使西域时，就通过丝绸之路同中亚各国开展了经济和文化的交流活动。张骞等人除了从西域引进了胡瓜、胡桃、胡荽、胡麻、胡萝卜、石榴等物产外，也把中原的桃、李、杏、梨、姜、茶叶等物产，以及饮食文化传到了西域。我国传统烧烤技术中有一种啖炙法，也很早通过丝绸之路传到了中亚和西亚，最终在当地形成了人们喜欢吃的烤羊肉串。

唐代的长安是当时世界文化的中心。中国逐渐形成为一个民族众多的国家，这就为各民族饮食文化的交流与融合提供了便利。西域的特产先后传入内地，大大丰富了内地民族的饮食文化生活；而内地民族精美的肴馔和烹饪技艺也逐渐西传，为当地人民所喜欢。在东方，鉴真东渡把中国的饮食文化带到了日本，日本人吃饭使用筷子就是受中国的影响。

4．宋、辽、金、元时期的饮食文化

这一时期，我国最有影响的"四大菜系"已经发展得相当成熟了。

相对北方而言，辽金的饮食水准是粗劣的。以肉食而言，"炙股烹莆，以余肉和蓁菜，捣臼中糜烂而进，率以为常"。即使给有身份的人吃的肉粥，也是"以肉并米合煮之"、"皆肉糜"。平日里所吃的半生米饭，竟要"渍以生狗血及蒜"。在通常认为的"以雁粉为贵"的盛馔之席上，也"多以生葱蒜韭之属置于上"。正因如此，在为宋君王上寿时，各国使节诸卿面前都"分列环饼、油饼、枣塔为看盘，次列果子"，唯独辽国使节面前加"独羊鸡鹅连骨熟肉为看盘，皆以小绳束之，又生葱韭蒜醋各一碟"。这显然是宋朝出于对辽民族饮食生活习俗的尊重。

到了元朝，帝国的疆域发展到前所未有的广大，也带来了饮食文化的广阔发展。这一时期，涮羊肉在忽必烈的推捧下诞生；月饼已经成为中秋不可少的一道点心；元大都成为有史可考的第一家烤鸭店的发源地；出现了至今众人都愿意品尝的名菜——烤全羊……

蒙古人西征，以及元朝时期以各种身份从波斯、中亚细亚和阿拉伯等地大批签发或自愿东来的各族伊斯兰教徒，与当地民族融合成为了元朝的一个新的民族——回族，并与其他伊斯兰教徒创造和发展了中国的清真饮食文化。

5．明、清的饮食文化

明代的宫廷饮食奢靡无度。例如，正月十五日宫中的元宵节，其元宵制作十分精细——将糯米磨成细面，再用核桃仁、白糖、玫瑰作馅，然后用酒水滚成，大小如核桃般。十六日，宫中赏灯活动更盛，据《明宫史》载："天下繁华，咸萃于此"。这一时节，宫中的菜蔬有滇南的鸡枞，五台山的天花羊肚菜，东海的石花海白菜、龙须、海带、鹿角、紫菜等海中植物，江南的蒿笋、糟笋等，辽东的松子，蓟北的黄花、金针，中都的山药、土豆，南都的苔菜，武当的鹰嘴笋、黄精、黑精，北山的核桃、枣、木兰菜、蔓青、蕨菜等，其他各种菜蔬和干鲜果品、土特产等，应有尽有。

随着饮食业的进一步发展，有些地方菜愈显其他独有特色而自成派系。到了清末时期，加入浙、闽、湘、徽地方菜成为"八大菜系"，以后再增京、沪便有"十大菜系"之说。尽管菜系繁衍发展，但人们还是习惯以"四大菜系"和"八大菜系"来代表我国多达数万种的各地风味菜。各地方风味菜中著名的有数千种，它们选料考究，制作精细，品种繁多，风味各异，讲究色、香、味、形、器俱佳的协调统一，在世界上享有很高的声誉。这些名菜大都有其各自发展的历史，不仅体现了精湛的传统技艺，还有种种优美动人的传说或典故，成为我国饮食文化的一个重要部分。

我国饮食文化发展的极端，则是满汉全席，如图 4.2 所示。满汉全席是满汉两族风味肴馔兼用的盛大筵席，是清代皇室贵族、官府才能举办的宴席，一般民间少见。规模盛大

高贵，程式复杂，满汉食珍、南北风味兼用，菜肴达 300 多种，有中国古代宴席之最的美誉。满汉全席可谓是中国极权主义引导下的饮食文化在几千年的演练中结成的硕果，可说是达到了人类在口福方面所能享用的高峰，至今仍无物能逾越。

图 4.2 满汉全席

4.1.2 中国菜的构成——八大菜系

我国疆域辽阔，饮食习惯因地而异，各地菜肴都各有特色，逐渐形成了不同的帮派。其中最有影响和代表性的也为社会所公认的有鲁、川、粤、苏、闽、浙、湘、徽等菜系，即人们常说的中国"八大菜系"。一个菜系的形成和它的悠久历史与独到的烹饪特色是分不开的，同时也受到这个地区的自然地理、气候条件、资源特产、饮食习惯等影响。中国"八大菜系"的烹调技艺各具风韵，其菜肴之特色也各有千秋。

1. 鲁菜

山东位于黄河下游，地处胶东半岛，延伸于渤海与黄海之间。全省气候适宜，物产丰富，沿海一带盛产海产品，内地的家畜、家禽及菜、果、淡水鱼等品种繁多，分布很广。山东的历代厨师利用丰富的物产创造了较高的烹饪技术，发展完善了鲁菜。鲁菜系是以济南和胶东两地的地方菜为主组成的。济南菜指济南、德州、泰安一带的菜肴，胶东菜起源于福山，包括青岛、烟台一带的菜肴。

图 4.3 红烧海螺

济南菜在烹调手法上擅长爆、烧、炒、炸，菜品突出清、鲜、脆、嫩。济南的传统菜素以善用清汤、奶汤著称。胶东菜以烹制各种海鲜菜驰名，擅长爆、炸、扒、蒸，口味以鲜为主，偏重清淡，注意保持主料的鲜味。鲁菜总的特点在于注重突出菜肴的原味，内地以咸鲜为主，沿海以鲜咸为特色。

鲁菜的代表菜有蟹黄海参、白汁裙边、干炸赤鳞鱼、菊花全蝎、山东蒸丸、九转大肠、福山烧鸡、鸡丝蛰头、清蒸加吉鱼、醋椒鳜鱼、奶汤蒲菜、红烧海螺（见图4.3）、烧蛎黄等。

2. 川菜

川菜是对我国西南地区四川和重庆等地具有地域特色的饮食的统称，以成都、重庆、川南 3 个地方菜为代表，选料讲究，规格划一，层次分明，鲜明协调，以用料广博、味道多样、菜肴适应面广而著称，尤以麻辣、鱼香、怪味等味型独擅其长。烹调手法擅长小炒、小煎、干烧、干煸。川菜作为我国汉族"八大菜系"之一，在我国烹饪史上占有重要地位，它取材广泛，调味多变，菜式多样，口味清鲜醇浓并重，以善用麻辣著称，并以其别具一格的烹调方法和浓郁的地方风味，融会了东南西北各方的特点，博采众家之长，善于吸收，善于创新，享誉中外。

代表菜：经典川菜之盆盆虾、宫保鸡丁、干烧鱼、回锅肉、麻婆豆腐、夫妻肺片、灯影牛肉、鱼香肉丝（见图4.4）、糖醋排骨、水煮牛肉、锅巴肉片、咸烧白、鸡米芽菜、糖醋里脊、东坡肘子、辣子鸡、香辣虾、麻辣兔头等。

3．粤菜

广东地处东南沿海，气候温和，物产丰富。古代聚居于广东一带的百粤族善渔农，尚杂食。秦汉以后，受到中原文化的影响，杂食之法更加发展、完善。近代又吸取西餐技艺，融会贯通，逐渐形成具有鲜明特色的南国风味菜系——广东菜系。近年来，粤菜更为发展，新派粤菜风靡全国。广东菜系由广州菜、潮州菜、东江菜3个地方菜组成。香港地区菜也应属广东菜系范畴。

图4.4　鱼香肉丝

粤菜选料广泛、广博奇异，善用生猛海鲜。例如，在动物性原料方面上，除了常用的鸡、鸭、鱼、虾、猪、牛、羊外，还善用蛇、狗、狸、鼠等许多动物。善用鲜活原料为广东菜一大特色，其中以潮州菜用海鲜最为见长。刀工干练，以生猛海鲜类的活杀活宰为见长。技法上注重朴实自然，不像其他菜系刀工细腻。清淡爽口，广州菜口味上以爽、脆、鲜、嫩为特色。东江菜的口味则以咸、酸、辣为特色，多为家常菜。烹调方法多用煎、炒、扒、煲、炖、蒸等。

图4.5　脆皮烤乳猪

粤菜的调味品多用老抽、汁、柠檬汁、豉汁、蚝油、海鲜酱、沙茶酱、鱼露、栗子粉、吉士粉、嫩肉粉、生粉、黄油等，这些都是其他菜系不用或少用的调料。

粤菜的代表菜有文昌鸡、东江盐鸡、两柠煎软鸡、梅菜扣猪肉、铁板煎牛柳、白灼基围虾、八珍扒大鸭、脆皮烤乳猪（见图4.5）、豉汁茄子煲、蚝油扒生菜、潮州白鳝煲、清蒸大鲩鱼等。

4．苏菜

江苏东滨大海，西拥洪泽，南临太湖，长江横贯于中部，运河纵流于南北，境内有蛛网般的港汊，串珠似的淀泊，加以寒暖适宜，土壤肥沃，素有"鱼米之乡"之称。"春有刀鲸夏有鳃，秋有肥鸭冬有蔬"，一年四季，水产禽蔬联潮上空，这些富饶的物产为江苏菜系的形成提供了优越的物质条件。江苏菜系主要由淮扬、金陵、苏锡、徐海4个地方菜构成，其影响遍及长江中下游广大地区。

苏菜用料以水鲜为主，刀工精细，注重火候，擅长炖、焖、煨、焐，追求本味，清鲜本和，咸甜醇正。菜品风格雅丽，形质兼美，酥烂脱骨而不失其形，滑嫩爽脆而益显其味。

江苏菜的代表菜有软兜长鱼、枪虎尾、水晶肴蹄、拆烩大鱼头、清蒸鲥鱼、野鸭菜饭、银芽鸡丝、鸡汤煮干丝、清炖蟹粉狮子头（见图 4.6）、双皮刀鱼等。

5. 闽菜

福建位于我国东南部，东临大海，西北负山，气候温和。丰富的山珍、野味、水产资源，为福建菜系提供了良好的物质条件。福建菜由福州、闽南、闽西 3 种不同的风味构成。以福州菜为代表。福州菜清鲜、淡爽，偏于甜酸。讲究调汤，汤鲜、味美，汤种多样。调味上善用糟，有煎糟、红糟、拉糟、醉糟等多种烹调方法。

图 4.6 清炖蟹粉狮子头

福建菜以擅制山珍海味著称，尤以巧烹海鲜佳肴见长。在色香味形兼顾前提下，以味为纲，具有淡雅、鲜嫩、劈永的风味特色；刀工巧妙，寓趣于味；调味奇特，别具一方；烹调细腻，雅致大方。烹调方法不局限于熘、爆、炸、焖、氽，尤以炒、爆、煨等技术著称。选料精细，泡发恰当，调味精确，制汤考究，火候适宜。

福建菜系的代表菜有佛跳墙（见图 4.7）、烧片糟鸭、太极明虾、小糟鸡丁、白炒鲜竹蛏、生炒黄螺片、炒西施舌等。

6. 浙菜

浙江位于东海之滨，北部水道成网；西南丘陵起伏，盛产山珍野味；沿海渔场密布，海产资源丰富。浙江人民利用这些富饶的自然资源，创制出许多深受人们喜食乐道的浙江名菜。浙江菜系由杭州、宁波、绍兴 3 个地方菜组成，其中以杭州菜为代表。

图 4.7 佛跳墙

浙江菜选料刻求细、特、鲜、嫩，烹调方法上以南菜北烹为见长，口味上以清鲜脆嫩为特色，形态讲究精巧细腻，清秀雅丽。许多菜肴都富有美丽的传说，文化色彩浓郁是浙江菜一大特色。

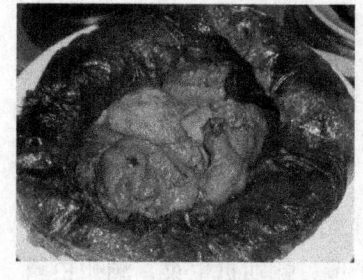

图 4.8 叫花鸡

浙江菜的代表菜有西湖醋鱼、干炸响铃、雪菜黄鱼、东坡肉、清汤越鸡、元江鲈莼羹、叫化鸡（见图 4.8）、生爆鳞片、龙井虾仁、奉化摇蜡、南湖蟹粉等。

7. 湘菜

湖南位于我国中南地区，气候温暖，雨量充沛。湘、资、沅、澧四水流经该省，自然条件优越。湘西多山，盛产笋、蕈和山珍野味；湘东南为丘陵和盆地，农牧副渔发达；湘北是著名的洞庭湖平原。湖南人民利用本地资源创造出了一系列的湖南名菜。湖南菜由湘中、南地区，洞庭湖区和湘西山区 3 种地方风味组成。湘中、南地区的菜以长沙、湘潭、衡阳为中心，是湖南菜的主要代表。

湖南菜刀工精细，形态俊美。刀法有 16 种之多，使菜肴千姿百态，变化无穷。调味上以酸辣著称。讲究原料的入味，调味工艺随原料质地而异。湖南菜口味上以酸辣著称，以辣为主，酸寓其中。善用菜油也是湖南传统菜的一大特色。技法多样，尤重煨。因重浓郁口味，故以煨居多，其他烹调方法如炒、炸、蒸、腊等也为湖南菜所常用。

湖南菜代表菜有腊味合蒸、东安子鸡（见图 4.9）、酱汁肘子、麻辣子鸡、冰糖湘莲、荷叶软蒸鱼、油辣冬笋尖、湘西酸肉、红烧全狗、菊花鱿鱼等。

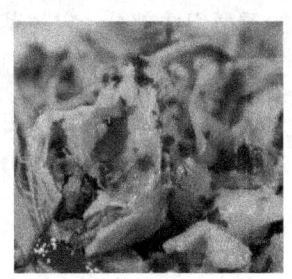

图 4.9　东安子鸡

8．徽菜

安徽位于华东的西北部，境内平原、丘陵、山峦俱全，长江、淮河横贯全省，支流与湖泊交织。土地肥沃、物产富饶，为安徽菜系的形成奠定了物质条件。安徽菜以皖南、沿江和沿淮 3 种地方风味构成，以皖南菜为代表。

皖南菜向以烹制山珍海味而著称，擅长炖、烧，讲究火功。芡大油重，朴素实惠。善于保持原汁原味，不少菜用木炭制成炭基长时间地用小火炖，因而汤汁清纯，味道醇厚，原锅上桌，香气四溢。沿江菜以芜湖、安庆地区为代表，以烹调河鲜、家禽见长。讲究刀工，注重形、色，善于用糖调味，尤其以烟熏技术别具一格。沿淮菜主要由蚌埠、宿县、阜阳等地方风味构成，一般咸中带辣，汤汁口重色浓。

安徽菜讲究就地取材，选料严谨，原料立足于新鲜活嫩。巧妙用火，功夫独特，以重色、重油、重火工为特色。擅长烧、炖，浓淡适宜。讲究食补，以食养身。

安徽菜的代表菜有红烧头尾、黄山炖鸽、腌鲜鳜鱼、毛峰熏鲥鱼、符离集烧鸡（见图 4.10）、奶汁肥王鱼、葡萄鱼等。

图 4.10　符离集烧鸡

4.2　中式面点

4.2.1　面点的概念

面点泛指用各种粮食（米、麦、豆、杂粮）、果品、鱼虾及根茎菜类制成坯料，配以油、糖、果品、鱼、虾、肉、蔬菜等制成多种口味的馅料（或不配馅料），经过加工制作而形成具有一定色、香、味、形的各类食品（饭、粥、糕、团、饼、粉、包、条、饺、羹、冻），是各种面食、小吃和点心的总称。对于中式面点的名称，历史上一直没有统一说法，习惯说法存有差异，北方常称为"面食"、"主食"，南方常称为"点心"。

4.2.2　面点在餐饮业中的地位和作用

在我国人民的饮食生活中，面点制作占有极其重要的地位与作用。它是我国饮食行业的重要组成部分,它与菜肴烹调一起构成了我国饮食业的全部生产经营活动。具体表现在:①它是餐饮业的重要组成部分;②面点制品具有较高的营养价值;③面点制作具有相对独立性。

4.2.3 面点的风味流派

1. 京式面点

京式面点泛指我国黄河以北的大部分地区(包括华北、东北等)所制作的面点,以北京地区为代表,故称京式面点。

京式面点最早起源于华北、东北、山东地区的农村和满、蒙、回等少数民族地区,在其形成的历史过程中,吸收了各民族、各地区的面点精华,又受到南味面点和宫廷面点的影响,融会了历史上聚居在北京地区的各族人民的智慧,形成了具有浓厚的北方各民族风味特色的京式面点的风味流派。

京式面点用料很广,主料就有麦、米、豆、粟、黍、蛋、果、蔬、薯等类。豆类经常使用的有黄豆、绿豆、赤豆、芸豆、豌豆等。加上配料、调料,其用料有上百种之多。由于北方盛产小麦,因而用料以面粉居于首位。京式面点品种众多,有被称为我国"四大面食"的抻面、刀削面、小刀面、拨鱼面,还有扒糕、炸糕、凉糕、蜂糕、面条、麻花、元宵、包子、馅饼、馄饨、烧饼、豌豆糕、豌豆黄、艾窝窝、炸三角、肉火烧、焦圈等风味小吃。京式面点馅心注重咸鲜口味,肉馅多用水打馅,并常用葱、姜、黄酱、芝麻油为调辅料,形成北方地区的独特风味。例如,天津的狗不理包子(见图4.11),就是加放骨头汤,再放入葱花、香油搅拌均匀成馅,使其口味醇香、鲜嫩适口,肥而不腻。

图 4.11 狗不理包子

京式面点的典型品种有抻面、北京都一处的烧麦、天津的狗不理包子、仿膳的肉末烧饼、艾窝窝等,都各具特色,驰名中外。

2. 苏式面点

苏式面点是指长江中下游地区制作的面点。它起源于扬州、苏州,因以江苏为代表,故称苏式面点。苏式面点经过漫长的岁月,形成了品种繁多、制作精细、造型逼真、馅心掺冻、汁多肥嫩、味道鲜美的风味特色。

苏式面点就风味而言,包括苏扬风味、淮扬风味、宁沪风味、浙江风味等。现以扬州面点为例,其品种繁多,拥有500多个点心品种。由于物产丰富,原料充足,加上面点师的高超技巧,同一种面坯可制作出不同造型、不同色彩、不同口味的面点来,面点品种更加丰富。例如,扬州包子类面点中有形似玉珠的玉珠包子、形象逼真的石榴包子、佛手包子、寿桃包子等;口味多样,如三丁大包,口味是咸中带甜,甜中有咸,油而不腻;蟹黄包子则是味浓多卤,鲜美异常。

苏式面点随着季节的变化和群众的习俗而应时更换品种。例如，扬州富春茶社，春日有荠菜香包、笋肉鲜包、豆苗烧卖、各式酥饼；夏时有梅菜干包、冬瓜烧卖、各式灌汤蒸饺；秋令有蟹黄汤包、虾肉包、蚌螯烧卖；冬季有野鸭菜包、雪笋包子、水晶肉包。四季均有豆沙糖包、生肉包、青菜包、千层油糕和三丁包子等品种。

船点是苏式面点中最具特色的点心，经过揉粉、着色、成形及熟制而捏制成各种花卉、飞禽、走兽、水果、蔬菜等形状，制作精巧、形象逼真。苏式面点中的扬州面点，其外形玲珑剔透、栩栩如生。其中，花卉状有菊花、荷叶、秋叶、梅花等；动物状有刺猬、玉兔、白猪、螃蟹、蝴蝶、孔雀等。百鸟朝凤、熊猫戏竹等面点，更是形意俱佳，使人回味无穷。

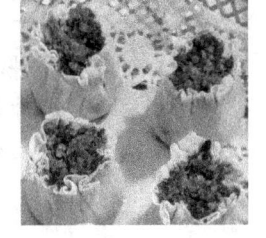

图 4.12　翡翠烧卖

苏式面点肉馅多掺鲜美皮冻，卤多味美，如江苏汤包，每 500 克馅心掺冻 300 克之多，熟制后，汤多而肥厚，食时先咬破吸汤，再品馅心，味道特别鲜美。

苏式面点的典型品种有三丁包子、翡翠烧卖（见图 4.12）、蟹黄汤包、苏州船点等。

3．广式面点

广式面点泛指珠江流域及南部沿海地区所制作的面点，以广州地区为代表，故称广式面点。

广式面点品种丰富，季节性强。广式面点皮有四大类、23 种，馅有三大类、47 种之多，能制作各式点心 2 000 多种。按大类可分为长期点心、星期点心、节日点心、旅行点心、早晨点心、中西点心、招牌点心，各具特色，品种丰富。

广式面点中的米及米粉制品除糕、粽外，还有煎堆、米花、白饼、粉果、炒米粉等外地罕见品种。制品使用油、糖、蛋较多，如广式面点中的典型品种马蹄糕，糖使用量之多达主料马蹄的 70%。

图 4.13　水晶虾饺

广东物产丰富，五谷丰登，六畜兴旺，四季常青，蔬果不断。正如屈大均在《广东新语》中所说："天下所有之食货，粤东几尽有之，粤东所有之食货，天下未必尽有之。"原料之广泛、丰富，给馅心提供了丰富的物质基础。广式面点馅心用料包括肉类、海鲜、水产、杂粮、蔬菜、水果、干果以及果实、果仁等，如叉烧馅心，为广式面点所独有。除烹制的叉烧馅心具有独特风味外，还有别具一格的用面捞芡拌和的制馅方法。由于广东地处亚热带，气候较热，所以面点口味一般较清淡。

广式面点的典型品种有水晶虾饺（见图 4.13）、叉烧包、马蹄糕、娥姐粉果、莲茸甘露酥等。

知识链接 4—1

1．中国其他地方的风味菜

除了文中提到的菜系外，中国还有北京菜、上海菜、天津菜、辽宁菜、吉林菜、河南菜、清真菜、寺院菜、谭家菜。

2. 少数民族的面点

清真面点是少数民族的代表，是我国维吾尔族、回族、蒙古族等少数民族，根据本民族的习俗和宗教的特点形成和发展起来的，主要分布在我国黄河上中游西北部等广大地区，是我国面点制作很广泛的地区。

清真面点主坯料以面粉和杂粮为主，馅料选料严格，主要以牛肉、羊肉、果料、豆类等为主要原料，绝对禁止采用猪肉。

清真面点的代表有馕、羊肉泡馍、油香、萨琪玛、一刀蜜等。

4.3 西式菜点

西式菜点是所有外国菜点的统称，但是传统的西式菜点是指欧洲国家的菜点。

4.3.1 西式菜点的历史和发展

西式菜点在我国开始萌芽可以追溯到 17 世纪中叶。当时西欧一些国家开始出现资本主义。一些商人为了寻找市场，陆续来到我国广州等沿海地区通商，一些政府官员和传教士也先后到我国部分城镇进行传教等文化渗透活动。这些人一般在我国居住时间较长，由于生活上的习惯，他们自带本国食品和本国厨师，也有雇用中国人为他们服务的。这样，西方国家的生活方式在我国就有了较大的影响。

到了清代，尤其是鸦片战争以后，进入我国的西方人越来越多，西餐的烹调技术也就逐渐传入中国。清朝光绪年间，开始出现由中国人自己开设的以赢利为目的的西餐馆以及咖啡厅、面包房等。从此，我国有了西餐行业。据清末史料记载，最早的西餐馆是上海福州路的一品香，随后海天春、一家春、江南春、万家春、吉祥春等多家西餐馆也在上海开业。北京的西餐行业始于光绪年间，以醉琼林、裕珍园为代表。

辛亥革命以后，我国处于军阀混战的半殖民地半封建社会时期，各饭店、酒楼、西餐馆等成为军政头目、洋人、买办、豪门贵族交际享乐的场所，每日宾客如云。西餐业在这种形势刺激下，便很快发展起来，当时的西餐饭店、西餐馆很多。

新中国成立后，随着我国与世界各国的友好往来日益增多，又陆续建起了一些新饭店，像北京在 20 世纪 50 年代建成的北京饭店、和平宾馆等。由于当时我国与以苏联为首的东欧国家交往密切，因此 50 年代和 60 年代我国的西餐以俄式菜发展较快。

我国实行对外开放政策，旅游业迅速发展起来，全国各地相继兴建不少高档旅游饭店，其中不少饭店系中外合资或外资独资企业，聘用了不少外国厨师、香港厨师，而且引进了不少新设备和新技术。与此同时，原来的一些老饭店也在不断进步，陆续派厨师去国外学习，这使我国的西餐业有了新的发展。

强化品牌意识。这方面以快餐市场最为突出。西式快餐进入中国市场之所以发展迅速，主要原因是西式快餐作为西方饮食文化的一部分受到国人特别是好奇心强的青少年的青睐，受追求时髦的消费心理的影响。说到底是品牌代表时尚的文化现象的反映。尽管这是不成熟的消费心理，但它从另一方面触动了传统饮食经营观念。

4.3.2 法式菜点

法式菜点是世界上最高级的菜,已为众人所公认。它的口感之细腻、酱料之美味、餐具摆设之华美,简直可称为一种艺术。法国的烹饪技术一向著称于世界。法国菜不仅美味可口,而且菜肴的种类很多,烹调方法也有独到之处。

世界三大美食之中,法国美食即占有一席之地。法国美食的特色在于使用新鲜的季节性材料,加上厨师个人的独特调理,完成独一无二的艺术佳肴极品,无论在视觉上、嗅觉上、味觉上、触感、交感神经上,都达到了无与伦比的境界,而在食物的品质服务水准、用餐气氛上,更要求精致化的整体表现。

法国菜的突出特点是选料广泛。法国菜常选用稀有的名贵原料,如蜗牛、青蛙、鹅肝、黑蘑菇等。用蜗牛和蛙腿做成的菜,是法国菜中的名品,许多外国客人为了一饱口福而前往法国。此外,法国菜还喜欢选用各种野味,如鸽子、鹌鹑、斑鸠、鹿、野兔等为原料。由于选料广泛,品种就能按季节及时更换,因而使就餐者对菜肴始终保持着新鲜感。这是法国菜诱人的因素之一。

法国人对于美味的佳肴的讲究,不亚于中国人。除了由于地理上得天独厚的环境而盛产各式食物与美酒外,昔日贵族们以重金鼓励厨师创新口味,也是法国烹饪成为一门艺术的原因。除了精致可口的美食外,餐桌摆设、用餐礼仪及不同餐具的用法,在法国餐饮文化中也占有重要的地位。

法国人对于食物绝不只是停留在填饱肚子的阶段而已,它更是一种享受生活的态度,所以享用一顿正式的法国餐要花上四五个小时是常有的事。从开胃菜、海鲜、肉类、乳酪到甜点,虽然程序繁复,但重要的并不是吃进多少食物,而是在品尝佳肴中,也充分享受餐厅高级氛围,欣赏餐具器皿与食物的搭配。

法国菜点的主要代表有鹅肝酱、牡蛎杯、焗蜗牛、马赛鱼羹、马令古鸡、煎鹅肝(见图4.14)等。

图4.14 法式煎鹅肝

4.3.3 俄式菜点

俄式菜点选料广泛、讲究制作、加工精细、因料施技、讲究色泽、味道多样、适应性强、油大、味重。俄罗斯人喜欢酸、甜、辣、咸的菜。因此,在烹调中多用酸奶油、奶渣、柠檬、辣椒、酸黄瓜、洋葱、白塔油、小茴香、香叶作调味料。

虽然俄罗斯在亚洲的领土非常辽阔,但由于其绝大部分居民居住在欧洲部分,因而其饮食文化更多地接受了欧洲大陆的影响,呈现出欧洲大陆饮食文化的基本特征。同时,由于特殊的地理环境、人文环境及独特的历史发展进程,也造就了独具特色的俄罗斯饮食文化。

俄罗斯人特别喜欢鲑鱼、鲱鱼、鲟鱼、鳟鱼、红鱼子、黑鱼子、烟熏过的咸鱼、鲳鱼等,但肉类、家禽菜肴和各种各样的肉饼,要烧得熟透才吃。俄罗斯人也喜欢吃用鱼肉、碎肉末、鸡蛋、蔬菜做成的包子。

俄罗斯冷菜丰富多样,包括沙拉、杂拌凉菜、肉、禽冷盘、鱼冷盘、鱼冻、肉冻、鸡蛋冷盘、青菜酱、鱼泥、肉泥及各种加味黄油。俄式菜肴油大，味道浓醇、酸、甜、辣、咸各味俱全，如沙拉，名目繁多，颇负盛名，其中的黑鱼子广为人知。

俄式冷菜在刀工上的特点是，切配精细、布局整齐、荤素搭配适当、色调美观大方。俄罗斯冷菜特别讲究拼摆艺术，讲究美味与美器的配合，如柠檬青菜放在淡紫色盘中，皮衣鲱鱼放在淡绿色盘中，芹菜沙拉放在淡咖啡色盘中。

这样对比鲜明，衬托出各种菜品的清鲜可口，诱人食欲，而且产生视觉美。俄罗斯的汤类是除冷菜外的第一道菜，能起到润喉和促进食欲作用。

一般俄式汤可分为清汤、菜汤和红菜汤、米面汤、鱼汤、蘑菇汤、奶汤、冷汤、水果汤及其他汤。要求质量大体一致，原汤、原色、原味。使用的清汤可制成调味汤、澄清汤和浆状汤。制作调味汤时，各种原料应放入调味汤和原汤内煮制。而制作澄清汤，则需将各种添加原料另煮熟，食前将煮熟原料放入澄清汤内。各种浆状汤是用事先煮好并擦碎过萝的原料制作而成。一般在用汤后再吃其他菜。

图4.15 俄式鱼子酱

俄式菜点的主要代表有鱼子酱（见图4.15）、莫斯科红汤菜、酸黄瓜、冷鲟鱼、基辅鸡卷、红烩牛肉。

4.3.4 土耳其菜点

土耳其烹饪发源于东亚，发展于安纳托利亚，在某种意义上说是远东与地中海烹饪的过渡。肉类、蔬菜和豆类充当了土耳其菜系的主要部分，而肉类又以牛、羊、鸡为主。其特点在于突出原料（主要是肉类和奶制品）的自然风味，讲究原汁原味并以黄油、橄榄油、盐、洋葱、大蒜、香料和醋加以突出。土耳其土壤肥沃，农牧立国，气候比欧洲大陆温和，又不像其他西亚国家那么热，再加上许多文化的驻留及鄂图曼帝国的南征北讨带来的影响，都增加了土耳其菜的多样化并扩散到其周边的许多邻国。

古老的文明必然会孕育出经典御菜，土耳其菜完全属于从奥斯曼土耳其帝国皇室沿袭而来的经典御菜，就像中国的御膳，配料和做工都非常的独特、精致。牛、羊、鸡为其主菜，基本的烹饪方式烤、煮，肉品需要精心挑选，经过大厨的特殊烹调，牛、羊肉毫无腥味且味道独特，如酸奶烤牛肉（见图4.16）。

图4.16 酸奶烤牛肉

知识链接 4-2

西式菜点的特点

首先，西餐极重视各类营养成分的搭配组合，充分考虑人体对各种营养（糖类、脂肪、蛋白质、维生素）和热量的需求来安排菜或加工烹调。

其次，选料精细，用料广泛。西餐烹饪在选料时十分精细、考究，而且选料十分广泛。

例如，美国菜常用水果制作菜肴或饭点，咸里带甜；意大利菜则会将各类面食制作成菜肴：各种面片、面条、面花都能制成美味的席上佳肴；而法国菜选料更为广泛，如蜗牛、洋百合、椰树芯等均可入菜。

再次，讲究调味，注重色泽。西餐烹调的调味品大多不同于中餐，如酸奶油、桂叶、柠檬等都是常用的调味品。法国菜还注重用酒调味，在烹调时普遍用酒，不同菜肴用不同的酒作为调料；德国菜则多以啤酒调味，在色泽的搭配上则讲究对比、明快，因而色泽鲜艳，能刺激食欲。

最后，工艺严谨，器皿讲究。西餐的烹调方法很多，常用的有煎、烩、烤、焖等十几种，而且十分注重工艺流程，讲究科学化、程序化，工序严谨。烹调的炊具与餐具均有不同于中餐的特点。特别是餐具，除瓷制品外，水晶、玻璃及各类金属制餐具占很大比重。

4.4 常见菜点简介

4.4.1 常见中式菜点

几千年来，我国劳动人民创造了数以万计的精美佳肴，这些菜品选料考究，制作精细，讲究色、香、味、形、器俱佳，而且全国各地菜肴均有其独特风味。其中有些菜原为民间所创，后传到宫廷、王府、为帝王所享用；也有些是由宫廷传入民间，惠及全国。这些名菜不仅烹调方法精良，而且都有各自优美动人的故事和传说，并成为我国饮食文化的精华。

1．北京烤鸭

北京烤鸭是具有世界声誉的北京著名菜式，用料为优质肉食鸭北京鸭，果木炭火烤制，色泽红润，肉质肥而不腻，如图4.17所示。北京烤鸭分为两大流派，而北京最著名的烤鸭店也是两派的代表。它以色泽红艳、肉质细嫩、味道醇厚、肥而不腻的特色，被誉为"天下美味"而驰名中外。

图4.17 北京烤鸭

新中国建立后，北京烤鸭的声誉与日俱增，更加闻名世界。据说周总理生前十分欣赏和关注这一名菜，宴请外宾，品尝烤鸭。为了适应社会发展需要，而今鸭店的烤制操作已愈加现代化，风味更加珍美。烤鸭家族中最辉煌的要算是全聚德了，是它确立了烤鸭家族的北京形象大使地位。全聚德的创始人杨全仁早先是个经营生鸡生鸭生意的小商，积累资本后开创了全聚德烤鸭店，聘请了曾在清宫御膳房当差的一位烤鸭师傅，用宫廷的"挂炉烤鸭"技术精致烤鸭，使得"挂炉烤鸭"在民间繁衍开来。

北京烤鸭的第一种吃法：据说是由大宅门里的太太小姐们兴起的，她们既不吃葱，也不吃蒜，却喜欢将那又酥又脆的鸭皮，蘸了细细的白糖来吃。以后，全聚德的跑堂一见到女客来了，便必然跟着烤鸭，上一小碟白糖。

北京烤鸭的第二种吃法：甜面酱加葱条，可配黄瓜条、萝卜条，用筷子挑一点甜面酱，抹在荷叶饼上，放几片烤鸭盖在上面，再放上几根葱条、黄瓜条或萝卜条，将荷叶饼卷起，真是美味无比。

北京烤鸭的第三种吃法：蒜泥加甜面酱，也可配萝卜条等，用荷叶饼卷食鸭肉也是早年受欢迎的一种佐料。蒜泥可以解油腻，将片好的烤鸭蘸着蒜泥、甜面酱吃，在鲜香中更增添了一丝辣意，风味更为独特。不少顾客特别偏爱这种佐料。

2．糖醋黄河鲤鱼

糖醋黄河鲤鱼是山东济南的传统名菜，如图 4.18 所示。济南北临黄河，故烹饪所采用的鲤鱼就是黄河鲤鱼。此鱼生长在黄河深水处，头尾金黄，全身鳞亮，肉质肥嫩，是宴会上的佳品。《济南府志》上早有"黄河之鲤，南阳之蟹，且入食谱"的记载。据说，糖醋黄河鲤鱼最早始于黄河重镇——洛口镇。这里的厨师喜用活鲤鱼制作此菜，并在附近地方有些名气，后来传到济南。厨师在制作时，先将鱼身割上刀纹，外裹芡糊，下油炸后，头尾翘起，再用著名的洛口老醋加糖制成糖醋汁，浇在鱼身上。此菜香味扑鼻，外脆里嫩，且带点酸，不久便成为名菜馆中的一道佳肴。

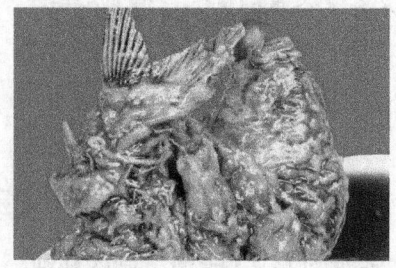

图 4.18　糖醋黄河鲤鱼

糖醋黄河鲤鱼以济南汇泉楼所制的最为著名。该店厨师将黄河鲤鱼养在水池里，让顾客当场挑选，并活杀制成菜肴上席，所以颇受食客青睐，闻名遐迩。

糖醋黄河鲤鱼这道菜色呈琥珀，艳丽夺目，汁明芡亮，外焦里嫩，作响，香气扑鼻，甜中有酸，醇而不腻，具有独特的风味。

3．佛跳墙

佛跳墙是福州传统名菜，迄今有 100 多年历史，为聚春园菜馆老板郑春发研创，如图 4.19 所示。1965年和 1980 年分别在广州南园和香港，以烹制佛跳墙为主的福州菜引起轰动，在世界各地掀起了佛跳墙热。各地华侨开设的餐馆，多用自称正宗的佛跳墙菜，招徕顾客。佛跳墙还在接待西哈努克亲王（Sihanouk）、美国总统里根（Reagan）、英国女王伊丽莎白（Elisabeth）等国家元首的国宴上登过席，深受赞赏，此菜因而更加闻名于世。

图 4.19　佛跳墙

佛跳墙原名福寿全。光绪二十五年（1899 年），福州官钱局一官员宴请福建布政使周莲，他为讨好周莲，令内眷亲自主厨，用绍兴酒坛装鸡、鸭、羊肉、猪肚、鸽蛋及海产等十几种原、辅料，煨制而成，取名福寿全。周莲尝后，赞不绝口。后来，衙厨郑春发学成烹制此菜方法后加以改进，到郑春发开设聚春园菜馆时，即以此菜轰动榕城。有一次，一批文人墨客来尝此菜，当福寿全上席启坛时，荤香四溢，其中一秀才心醉神迷，触发诗兴，当即漫声吟道："坛启荤香飘四邻，佛闻弃禅跳墙来"。从此即改名为佛跳墙。

4．九转大肠

九转大肠出于清光绪初年，如图 4.20 所示。它是由济南九华楼酒店首创，九华楼是济南富商杜氏和邰氏所开。杜氏是一巨商，在济南设有 9 家店铺，酒店是其中之一。这位掌柜对"九"字有着特殊的爱好，什么都要取个九数，所以他所开的店铺字号都冠以"九"字。九华楼设在济南县东巷北首，规模不大，但司厨都是名

图 4.20　九转大肠

师高手，对烹制猪下货菜更是讲究，红烧大肠（九转大肠的前名）就很出名，做法也别具一格：下料狠，用料全，五味俱有，制作时先煮、再炸、后烧，出勺入锅反复数次，直到烧煨至熟。所用调料有名贵的中药砂仁、肉桂、豆蔻，还有山东的辛辣品：大葱、大姜、大蒜及料酒、清汤、香油等。口味甜、酸、苦、辣、咸兼有，烧成后再撒上芫荽（香菜）末，增添了清香之味，盛入盘中红润透亮，肥而不腻。有一次杜氏宴客，酒席上了此菜，众人品尝这个佳肴都赞不绝口。有一文士说，如此佳肴当取美名，杜氏表示欢迎。这个客人一方面为迎合店主喜"九"之癖，另外，也是赞美高厨的手艺，当即取名"九转大肠"，同座都问何典，他说道家善炼丹，有"九转仙丹"之名，吃此美肴，如服"九转"，可与仙丹媲美，举桌都为之叫绝。从此，"九转大肠"之名声誉日盛，流传至今。

此菜色泽红润，大肠软嫩，兼有酸、甜、香、辣、咸 5 种味道，为山东的传统风味菜。

5．西湖醋鱼

西湖醋鱼是杭州传统风味名菜，如图 4.21 所示。这道菜选用鲜活草鱼作为原料，烹制前一般先要在鱼笼中饿养一两天，使其排泄肠内杂物，除去泥土味，鱼肉结实。宰杀后，去掉鳞、鳃和内脏，洗净，从头至尾片成两片，再打上刀花，放入沸水中煮 3 分钟，用筷子扎鱼的颌下部，能轻轻扎入时即捞出，鱼背相对装入盘内。然后再用多种调料做成汁浇在鱼身上。

图 4.21　西湖醋鱼

这个菜的特点是不用油，只用白开水加调料，鱼肉以断生为度，讲究食其鲜嫩和本味。烹制时火候要求非常严格，仅用三四分钟烧得恰到好处。胸鳍竖起，鱼肉嫩美，带有蟹味，肉滋别具特色。

6．东坡肉

东坡肉相传为北宋诗人苏东坡（四川眉山人）所创制，如图 4.22 所示。东坡肉的最早发源地，是湖北黄冈。1080 年苏东坡谪居黄冈，因当地猪多肉贱，才想出这种吃肉的方法。

宋代人周紫芝，在《竹坡诗话》中记载："东坡性喜嗜猪，在黄冈时，尝戏作《食猪肉诗》云：'慢着火，少着水，

图 4.22　东坡肉

火候足时他自美。每日起来打一碗，饱得自家君莫管。'"后来，1085年苏东坡从黄州复出，经常州、登州任上返回都城开封，在朝廷里任职，没过多久，受排挤，1089年要求调往杭州任太守，这才将黄州烧肉的经验发展成东坡肉这道菜肴，作为汉族佳肴，后流行于江浙。

东坡肉色、香、味俱佳，深受人们喜爱。慢火、少水、多酒，是制作这道菜的诀窍。

7. 麻婆豆腐

麻婆豆腐是清同治初年成都市北郊万福桥一家小饭店店主陈森富（一说名陈富春）之妻刘氏所创制，如图4.23所示。刘氏面部有麻点，人称陈麻婆。她创制的烧豆腐，则被称为"陈麻婆豆腐"，其饮食小店后来也以"陈麻婆豆腐店"为名。麻婆豆腐由于名声卓著，已流传国外，日本、新加坡等国家的人都十分喜爱此菜点。

麻婆豆腐的特色在于麻、辣、烫、香、酥、嫩、鲜、活8个字，陈家店铺称之为"八字箴言"。麻，指豆腐在起锅时，要洒上适量的花椒末。花椒要用汉源进贡朝廷的贡椒，麻味纯正，沁人心脾。辣，是选用龙潭寺大红袍油椒制作豆瓣，剁细炼熟，加以少量熟油海椒烹脍豆腐，又辣又香。烫，就是起锅立即上桌，闻不到制豆腐石膏味，冷

图4.23　麻婆豆腐

浸豆腐的水锈味，各色佐料原有的难闻气味，只有勾起食欲的香味。酥，指炼好的牛肉馅，色泽金黄，红酥不板，一颗颗，一粒粒，入口就酥，沾牙就化。嫩，指的是豆腐下锅，煎氽得法，色白如玉，有棱有角，一捻即碎，故住宅大多用小勺舀食。鲜，指全菜原料，俱皆新鲜，鲜嫩翠绿，红白相宜，色味俱鲜，无可挑剔。活，是陈麻婆豆腐店的一项绝技：豆腐上桌，寸把长的蒜苗，在碗内根根直立，翠绿湛兰，油泽甚艳，仿佛刚从畦地采摘切碎，活灵活现，但夹之入口，俱皆熟透，毫无生涩味道。

8. 白云猪手

白云猪手是广州名菜之一，如图4.24所示。广州几乎每个酒楼都设有这菜式。其制作方法是将猪手（前脚）洗净斩件先煮熟，再放到流动的泉水漂洗一天，捞起再用白醋、白糖、盐一同煮沸，待冷却后浸泡数小时，即可食用。食之觉得皮爽脆，肉肥而不腻，带有酸甜味，醒胃可口，食而不厌，颇有特色。因泉水取自白云山，故名为白云猪手。

制作此菜着重色、香、味、型，加上"五柳料"或红椒丝点缀，则色泽亮丽，口味更佳。有美容、养颜的功效。

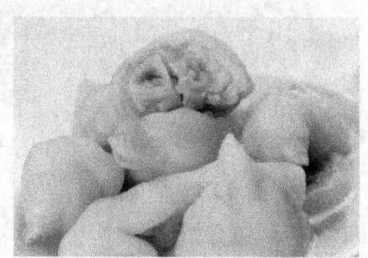

图4.24　白云猪手

白云猪手制作较精细，将原来烹制的土方法，改为烧刮、斩小、水煮、泡浸、腌渍等5道工序。最考究的白云猪手是用白云山九龙泉水浸泡的。据《番禺县志》记载："九龙泉，相传安期生隐此无泉，有九童子见，须臾泉涌，始知童子盖龙也。又名安期井，泉极甘，烹之有金石气。"九龙泉含有丰富的矿物质，晶莹澄澈，泉甘水滑，用它泡浸肥腻猪手，能解油腻。据说，广州市郊沙河饭店出售的白云猪手，仍用白云泉水浸泡，色、香、味、形俱佳。

9. 清蒸石鸡

石鸡是栖息在山涧石缝中的一种蛙类动物，乃黄山特产，以休宁县大阜瀛所产最为著名。黄山石鸡每只重5两左右，腹乳白，背黑有条纹，肉质细嫩，含有丰富的蛋白质、钙等营养成分，并且具有清火、明目、滋补身体的功能，是山珍上品。清蒸石鸡汤清香郁，肉细嫩柔滑，原味鲜醇，素以珍品著称，如图4.25所示。

图4.25 清蒸石鸡

10. 腊味合蒸

腊味合蒸是湖南传统名菜之一，是取腊肉、腊鸡、腊鱼于一钵，加入鸡汤和调料，下锅清蒸而成，如图4.26所示。腊味是湖南特产，原料主要有猪、牛、鸡、鱼、鸭等品种，将3种腊味一同蒸熟即为腊味合蒸，吃时腊香浓重、咸甜适口、柔韧不腻，是用来送饭的首选。

腊味合蒸是湘菜中的一道名菜，它的成名相传还与一位乞丐有关。从前，在湖南一小镇上有家饭馆，店主刘七为逃避财主逼债流落他乡，以乞讨为生。一日来到省城，因时近年关，人家就把家里腌制的鱼肉鸡拿点给他。刘七见天色已晚，早已饥肠辘辘，便把腊鱼、腊肉、腊鸡等略一洗净，加上些许调料装进蒸钵，蹲在一大户

图4.26 腊味全蒸

人家屋檐下，生起柴火蒸开了。此时大户人家正在用餐，且席上嘉宾满座。酒过三巡，菜已上足，忽又飘来阵阵勾鼻浓香。主人忙问家童，还有何等佳肴，快快端来。家童明知菜全上完，但还是跑进厨房，真的闻到一股浓香从窗外飘来。他赶紧打开后门观看，只见一乞丐蹲在地上，刚掀开热气腾腾的蒸钵盖，准备受用。家童二话不说，上前端起蒸钵就走。刘七一急，紧追而来。一客人见刚出炉的蒸钵，忙伸箸夹进嘴里，连说好吃。却说此客人乃当地富翁，在长沙城里开一大酒楼。于是当面问明刘七身份，带他回去在自家酒楼掌勺，挂出腊味合蒸菜牌，果然引得四方食客前来尝鲜。从此，腊味合蒸作为湘菜留传下来。

11. 宫保鸡丁

宫保鸡丁是黔菜的传统名菜，由鸡丁、干辣椒、花生米等炒制而成，如图4.27所示。由于其入口鲜辣，鸡肉的鲜嫩配合花生的香脆，广受大众欢迎。尤其在英美等西方国家，宫保鸡丁"泛滥成灾"，几成中国菜代名词，情形类似于意大利菜中的意大利面条。关于宫保鸡丁的来历，一般认为和丁宝桢有关。丁宝桢是贵州省织金县牛场镇人。他小时不慎落水，巧被桥边一户人家救起。后来他为官后记起此事，遂前去感谢，那户人家就做了这道菜招待。他吃后觉得味道很好，就加以推广。这就是这道菜的真实来历。

图4.27 宫保鸡丁

12. 龙井虾仁

龙井虾仁，顾名思义，是配以龙井茶的嫩芽烹制而成的虾仁，是富有杭州地方特色的名菜，如图4.28所示。虾仁玉白，鲜嫩；芽叶碧绿，清香，色泽雅丽，滋味独特，食后清口开胃，回味无穷，在杭菜中堪称一绝。龙井虾仁选用活大河虾，配以清明节前后的龙井新茶烹制，虾仁肉白、鲜嫩龙井虾仁，茶叶碧绿、清香，色泽雅丽，滋味独特，是一道杭州传统风味突出的名菜。龙井虾仁因选用杭州最佳的龙井茶叶烹制而著名。龙井茶产于浙江杭州西湖附近的山中，以龙井村狮子峰所产最佳，素以"色翠、香郁、味醇、形美"四绝著称。据传此茶起源于唐宋，明清以来又经精心改良，品质独树一帜。古人云"龙井茶真品，甘香如兰，幽而不冽，味之淡然，似乎无味，过后有一种太和之气，弥沦齿颊之间，此无味乃至味也"。清代时曾被列为向朝廷的贡品。当时安徽地区以"雀舌"、"鹰爪"之茶叶嫩尖制作珍贵菜肴，杭州就用清明节前后的龙井新茶配以鲜活河虾仁制作炒虾仁，取名"龙井虾仁"。其味鲜香可口，不久就成为杭州最著名的一道特色菜肴，并流传各地。

图4.28 龙井虾仁

4.4.2 常见西式菜点

1. 鹅肝酱

鹅肝酱是法国著名菜肴之一，它是用鹅的肝，去筋去胆，放在猪油锅里熬煎，用小火焖熟，冷却后绞细，再加奶油和黄奶油调和而成。然后再用明胶熔起，倒入模子里，入冰箱冷冻，吃时，将模子在热水里稍烫，扣复在盘子里，即可上席，如图4.29所示。

图4.29 鹅肝酱

鹅肝酱制作精细，花纹装饰成图案形，晶莹透明，犹如水晶球，滋味鲜美，为冷盘菜中的佳品，也可作为其他菜中的配菜。

2. 牡蛎杯

牡蛎即蛎黄，是产在近海边的软体动物，我国沿海都有。把新鲜牡蛎洗净，滤去水分，再用洁白布沾干，将牡蛎放入鸡尾酒杯内，浇上甜辣椒沙司即成，如图4.30所示。

牡蛎味鲜，是法国人喜欢的冷菜之一，唯须注意洁净，现做现吃。

图4.30 牡蛎杯

3. 焗蜗牛

焗蜗牛是法国名菜,将蜗牛先用鱼汤氽过,捞出后取出蜗牛肉,去尾部,斩碎蜗牛肉食用部分,用大蒜头末、洋葱末、芫荽末,用黄油炒,调味,然后塞进蜗牛壳内,用黄油封好口,再将一只只蜗牛盛入特制的有凹孔的焗盘内,放入烤炉内焗烤,至封口的黄油滚热而冒泡时,即可取出,并用原焗盘上席,如图4.31所示。

图4.31 焗蜗牛

4. 牛尾浓汤

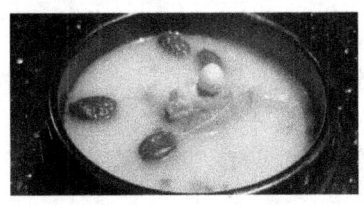

图4.32 牛尾浓汤

牛尾浓汤是英国菜中一个常用的菜式,是将牛尾煮一下,撕去外膜,拆去骨,再用小火煮熟,再加洋葱、胡萝卜、番茄酱、面粉、牛肉汤等调和而成,如图4.32所示。其特点是汤较浓,味道鲜而香,适用于午餐和宴会。

5. 华道夫色拉

华道夫色拉是熟鸡肉、熟土豆、白芹菜、新鲜苹果肉、核桃肉、鲜奶油,再加色拉油沙司拌匀而成,味道鲜美,色泽淡雅,是著名的美国色拉,适用于宴会和晚餐之用,如图4.33所示。

图4.33 华道夫色拉

6. 比萨饼

图4.34 披萨饼

比萨饼是意大利的传统煎饼,闻名世界,如图4.34所示。将发面擀成圆薄饼,在平底锅内加黄油用中火两面煎黄。另外,酱番茄、蒜头切碎,放在煎饼上,入焗炉内焗黄,撒上奶酪即成。有的还放上沙丁鱼、大蒜末、蘑菇等,清香适口,别有风味。

小测验:请调查一家中餐厅和一家西餐厅,菜谱上的菜肴是如何制定的?

本章小结

菜点知识是餐饮服务人员必须掌握的重要内容,了解常用的菜点对于从业人员来说具有非常重要的意义。餐饮服务人员必须对本行业的餐饮内容做到非常熟悉,并能给客人一一进行介绍,所以要对常用菜点知识进行规范系统的学习。

练习题

一、名词解释

1．满汉全席
2．面点
3．西式菜点

二、单项选择题

1．满汉全席出现于（　　）。
　　A．宋朝　　　　　　B．元朝　　　　　　C．明朝　　　　　　D．清朝
2．九转大肠属于（　　）。
　　A．鲁菜　　　　　　B．川菜　　　　　　C．粤菜　　　　　　D．淮扬菜
3．属于京式面点的品种是（　　）。
　　A．翡翠烧卖　　　　B．豌豆黄　　　　　C．马蹄糕　　　　　D．叉烧包
4．法国菜点的主要代表有（　　）、蜗牛、马赛鱼羹、马令古鸡。
　　A．马赛鱼羹　　　　B．冷鲟鱼　　　　　C．酸奶烤牛肉　　　D．酸黄瓜
5．比萨饼属于（　　）风味。
　　A．美国　　　　　　B．德国　　　　　　C．意大利　　　　　D．土耳其

三、判断题

1．川菜是对我国西南地区四川和重庆等地具有地域特色的饮食的统称。（　　）
2．粤菜的代表菜有西湖醋鱼、干炸响铃、雪菜黄鱼、东坡肉、清汤越鸡、元江鲈莼羹、叫化鸡、生爆鳞片、龙井虾仁、奉化摇蜡、南湖蟹粉等。（　　）
3．广式面点的典型品种有虾饺、叉烧包、马蹄糕、娥姐粉果、莲蓉甘露酥等。（　　）
4．西式菜点在我国开始萌芽可以追溯到18世纪中叶。（　　）
5．西湖醋鱼是浙江杭州传统风味名菜。（　　）

四、简答题

1．中式面点的地位和作用是什么？
2．法式菜点有什么特点？

五、讨论题

鲁菜的特点是什么？

六、案例分析题

谭家菜是中国最著名的官府菜之一，谭家菜是清末官僚谭宗浚的家传筵席，因其是同治二年的榜眼，又称榜眼菜。谭家菜烹制方法以烧、炖、煨、靠、蒸为主，谭家菜"长于

干货发制"，"精于高汤老火烹饪海八珍"。谭家菜是唯一保存下来，由北京饭店独家经营的著名官府菜。

谭家菜由清末官僚谭宗浚的家人所创。1874年（同治十三年），广东南海县人谭宗浚，殿试中一甲二名进士（榜眼），入京师翰林院为官。居西四羊肉胡同，后督学四川，后又充任江南副考官。谭宗浚一生酷爱珍馐美味，亦好客酬友，常于家中作西园雅集，亲自督点，炮龙蒸凤，中国历史上唯一由翰林创造的"菜"自此发祥。他与儿子注重饮食并以重金礼聘京师名厨，得其烹饪技艺，将广东菜与北京菜相结合而自成一派。

谭家菜是家庭菜肴，讲究慢火细做，不像一般菜馆里的菜，出于经营的需要，多是急火速成。而在谭家菜中，采用较多的烹饪方法是烧、烩、焖、蒸、扒、煎、烤，以及羹汤等，而很少有爆炒类的菜肴，亦不讲究抖勺、翻勺等技术。也正因为这个原因，想吃谭家菜还得事先预订为最理想，给厨师留出充足的备料、制作时间。

谭家菜以燕窝和鱼翅的烹制最为有名。其保留翰林府家庭制作方法，鱼翅全凭温水泡透、发透，决不用火碱急发，以免破坏营养成分。凡传统中国菜，都需用厨师精心"吊"制的高汤来烹制，尤其是鱼翅类山珍海味。谭家菜吊汤是用整鸡（农家养柴母鸡）、整鸭、干贝、火腿按比例下锅，用火工二日，将鸡、鸭完全熬化，融于汤中，过细箩，出醇汤，将鱼翅放入汤中，用文火靠上一日，整个鱼翅烹制过程需3日火工。这样焖出来的鱼翅，汁浓、味厚，吃着柔软濡滑，极为鲜美。在谭家菜中，鱼翅的烹制方法即有十几种之多，如三丝鱼翅、蟹黄鱼翅、砂锅鱼翅、清炖鱼翅、浓汤鱼翅、海烩鱼翅等。鱼翅全凭冷、热水泡透发透，毫无腥味，制成后，翅肉软烂，味极醇美。而在所有鱼翅菜中，又以黄焖鱼翅最为上乘。

相传，要吃谭家菜还有一个条件，那就是请客一定要连谭家的主人请在内，据说谭家每次承办3桌席，不管每餐的就餐者与谭家是否相识，都要给谭家主人多设一个座位，谭家主人也总是要来尝上几口。要吃谭家菜，还有一条不成文的规矩，那便是无论吃客有多大的权位，都需走进谭家门来吃谭家菜。曾有很多名流在京城请客，希望谭家厨师能出"外会"，均遭到拒绝。

问题：上述案例有什么启发？谭家主人上桌尝菜，可以对菜点进行详细的介绍。现在的餐饮，不可能出现这样的情况，菜点的介绍完全由服务人员进行。服务人员如何能达到谭家主人的水平呢？

第5章 营养学基础知识

学习目标

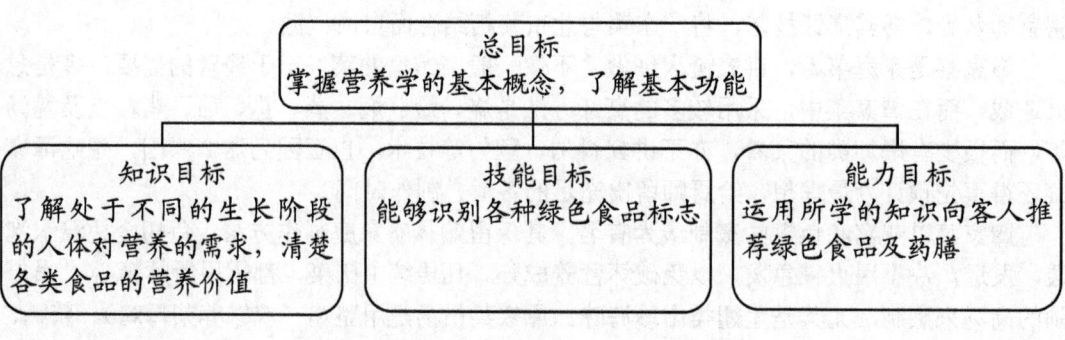

导入案例

著名的滋补药膳——虫草全鸭,不仅是美味佳肴,更是唐朝宫廷的一道御菜,具有较高的食疗价值。

据说此菜的传统做法并不是把虫草直接放在鸭汤里共炖,而是要将鸭头顺颈劈开,取虫草8~10枚放入鸭头内,再用棉线缠紧,然后上笼蒸熟。为什么要把虫草填入鸭头内呢?这里还有一个有趣的故事。

武则天因年老体衰劳咳不止,尤其到冬季更是卧床难起,虽然太医尽力医治,但仍无太大起色。御厨康三想到家乡老人常用本地土产虫草炖鸡来补身子。但鸡是发物,恐对皇上病情不利,于是他用鸭代替鸡做了一道新鲜菜。没想到康三发明的这道菜差点让他丢了脑袋。当武则天看到碗里那黑乎乎的似虫非虫的东西时大惊失色,一口咬定康三要加害于她,龙颜大怒,不由分说以谋害罪论处,但念其跟随多年,故先将其打入大牢。

这时一位御膳房与康三甚为要好的李姓厨师,非常同情康三的不幸遭遇,他知道只有用虫草治好女皇的病才能还康三清白。一天,他一边洗着鸭子一边琢磨,当他洗到鸭头时忽然灵机一动,用筷子从鸭嘴里慢慢地把鸭头的骨头挑出来,然后再填入虫草,这样从外形上看不出半点破绽。他精心烹制了全鸭献给女皇食用。

武则天觉得这道菜特别好吃,以后隔三差五地点着要吃,一段时间后,女皇不但气色好转、劳咳停止,居然还能到御花园赏花。

后来武则天知道自己错怪了康三,虫草全鸭也就成了一道"御菜"。

营养学是一门研究机体与食物之间的关系的学科。通过对营养学的历史、起源、发展、特征、层次等方面的描述,可以知道营养学的发展脉络。营养学对社会、行业、健康、政策具有深远影响。

中国古典营养学源远流长,距今已有7 000年历史。古典营养学详细叙述了历代营养名家、养生学者对人与自然规律的探索和发现,并形成了丰富多彩的营养典籍。古典营学的思想核心是整体观，体现了人与自然的和谐关系，在饮食、养生领域的规律性阐述影响至今。

问题

1. 通过本案例，你认为我国古代药膳文化对现在餐饮的发展影响是什么？
2. 请说出六大营养物质及其功能。

关键词

能量　营养　蛋白质　碳水化合物　绿色食品　有机食品　无公害食品

5.1 基 本 概 念

5.1.1 能量

能量是指人体维持生命活动所需要的热能。人体所需要的热能都来自产热的营养素，即蛋白质、脂肪和碳水化合物。国际上通常以焦耳（J）为热能的计量单位，同时也仍然使用卡（K）为计量单位。1J＝0.239K，1K＝4.184J。在实际应用中，通常使用千焦耳和千卡，即焦耳和卡的 1 000 倍。人体从食物获得能量，用于各种生命活动，如内脏的活动、肌肉的收缩、维持体温及生长发育等。

中国营养学会在 2000 年提出中国居民膳食能量的参考摄入量，成年男性轻、中体力劳动者每日需要能量为 2 400K～2 700K；女性轻、中体力劳动者每日需要能量为 2 100K～2 300K。婴儿、儿童和青少年、孕妇和乳母、老年人各自的生理特点不同，能量需要也不尽相同。能量摄入过剩，就会在体内贮存起来。人体内能量的贮存形式是脂肪，脂肪在体内的异常堆积，会导致肥胖和机体不必要的负担，并可成为心血管疾病、某些癌症、糖尿病等退行性疾病的危险因素。

人体每日摄入的能量不足，机体会运用自身储备的能量甚至消耗自身的组织以满足生命活动的能量需要。人长期处于饥饿状态，在一定时期内机体会出现基础代谢降低、体力活动减少和体重下降以减少能量的消耗，使机体产生对于能量摄入的适应状态，此时，能量代谢由负平衡达到新的低水平上的平衡。其结果是引起儿童生长发育停滞、成人消瘦和工作能力下降。

5.1.2 营养

"营养"一词并非外来语，宋代大文豪苏东坡《养生说》中即有"营养生者使之能逸而能劳"。

"营养"古代又作"荣养"。至今，在日本仍沿用"荣养"一词。营就是经营、营造；荣是荣盛、繁荣的意思；养则为养护、补养。营养，就是指机体摄取、消化、吸收和利用食物或养料，以维持正常生命活动的过程。

我国中医饮食营养学已有 2 000 多年历史，自成体系，渗透于中医各科之中。中医饮食营养学，是在中医理论指导下，应用食物来保健强身、预防和治疗疾病或促进机体康复及延缓衰老的一门学科。它和药物疗法、针灸、推拿、气功、导引等学科一样，都是中医学的重要组成部分。在某种意义上讲，中医饮食营养学在预防医学、康复医学、老年医学领域中，更占有重要地位。

5.1.3 蛋白质

蛋白质是人体组织的构成成分，是构成体内各种重要物质，并能够给人体提供能量。

蛋白质是由许多氨基酸以肽键连接在一起的，由于氨基酸的种类、数量、排列次序和空间结构的千差万别，就构成了无数种功能各异的蛋白质。构成人体蛋白质的氨基酸有20种，成人体内必需氨基酸有8种，即异亮氨酸、亮氨酸、赖氨酸、蛋氨酸、苯丙氨酸、苏氨酸、色氨酸、缬氨酸，儿童为9种，即上述8种再加上组氨酸。

当食物蛋白质氨基酸模式与人体蛋白质越接近时，必需氨基酸被机体利用的程度也越高，食物蛋白质的营养价值也相对越高。反之，食物蛋白质中限制氨基酸种类多时，其营养价值相对较低。

蛋白质广泛存在于动植物性食物中。动物性蛋白质质量好，植物性蛋白质利用率较低。因此，注意蛋白质互补，适当进行搭配是非常重要的。

5.1.4 脂类

人体内的甘油三酯不仅是机体重要的构成成分、体内的能量贮存形式，也具有保护体温、保护内脏器官免受外力伤害等作用。食物中的甘油三酯除了给人体提供热能和脂肪酸以外，还有增加饱腹感、改善食物的感官性状、提供脂溶性维生素等作用。亚油酸和α-亚麻酸是人体必需的两种脂肪酸。

人类膳食脂肪主要来源于动物的脂肪组织和肉类及植物的种子。动物脂肪相对含饱和脂肪酸和单不饱和脂肪酸较多。植物油主要含不饱和脂肪酸。亚油酸普遍存在于植物油中，亚麻酸在豆油和紫苏油中较多，鱼贝类食物相对含二十碳五烯酸、二十二碳六烯酸较多。含磷脂较多的食物为蛋黄、肝脏、大豆、麦胚和花生等。

5.1.5 碳水化合物

提供机体热能碳水化合物是人类从膳食中取得热能的最经济最主要的来源。碳水化合物在体内氧化的最终产物为二氧化碳和水。当碳水化合物提供能量充足时，可发挥对蛋白质的节约作用和对脂肪的抗生酮作用。中枢神经、红细胞只能靠葡萄糖提供能量，故碳水化合物对维持神经组织和红细胞功能有重要意义。糖原是肌肉和肝脏中碳水化合物的贮存形式，其中肝脏中糖原在机体需要时，分解为葡萄糖进入血液循环，提供机体对能量的需要；肌肉中的糖原只供自身的能量需要。

膳食纤维指存在于食物中不能被机体消化吸收的多糖类化合物的总称。人类消化道中无分解这类多糖（β-糖苷键连接）的酶，故不能被人体消化吸收，但具有重要的生理作用：①能增强肠蠕动，利于粪便排除；②具有吸水膨胀功能，增加粪便体积，从而稀释肠道内有害物质的浓度及降低其吸收；③维持肠道正常菌群，有利于益生菌的生长，不利于厌氧菌的生长；④控制体重及降低血糖、血胆固醇等保健功能；⑤预防结肠癌发生等。

碳水化合物的主要食物来源有谷类、薯类、根茎类、蔬菜、豆类、水果及粗糙的粮谷类。

5.1.6 矿物质

已经发现有 20 种左右的元素是构成人体组织、维持生理功能、生化代谢所必需的。其中，常量元素有 7 种，如钙、磷、钠、钾、氯、镁与硫。微量元素有 10 种，即铜、钴、铬、铁、氟、碘、锰、钼、硒和锌；硅、镍、硼、钒为可能必需元素。

矿物质与其他营养素不同，不能在体内生成，且除非被排出体外，不可能在体内消失。因此，必须通过膳食补充。矿物质在体内分布极不均匀；其含量随年龄增加而增加，但元素间比例变动不大；元素之间存在拮抗与协同作用；元素特别是微量元素的摄入量具有明显的剂量反应关系。根据矿物质在食物中的分布及其吸收、人体需要特点，在我国人群中比较容易缺乏的有钙、铁、锌。在特殊地理环境或其他特殊条件下，也可能有碘、硒及其他元素的缺乏问题。

5.1.7 维生素

维生素是维持机体正常生理功能所必需的一类微量低分子有机化合物。人体内不能合成或合成量不足，每天必须从食物中提供。机体长期缺乏某种维生素时会出现相应的缺乏症。

脂溶性维生素包括维生素 A、D、E、K，溶于脂肪及有机溶剂，在食物中常于脂类共存。摄取多时可在肝脏贮存，如摄取过多可引起中毒。

水溶性维生素包括 B 族维生素（B_1、B_2、B_6、B_{12}、叶酸、泛酸、生物素等）和维生素 C，易溶于水，体内不能贮存，水溶性维生素及其代谢产物较易从尿中排出。因此，可通过尿中维生素的检测而了解机体代谢情况。

另外，有些化合物具有生物活性，有人称之为"类维生素"，如类黄酮、肉碱、牛磺酸等。

5.2 人体对营养的需求

处于不同的生长阶段的人体对营养的需求是不同的。

5.2.1 孕妇对营养的需求

1. 热能

孕妇的总热能需要量增加。孕期的额外能量需要量包括胎儿体内各区室中的蛋白质和脂肪等的能量需要量，加上母体增加这些组织需要增加的能量消耗量。

2. 蛋白质

孕期对蛋白质的需要量增加，以满足母体、胎盘和胎儿生长的需要。推荐增加量在第一孕期 5 克/天，第二孕期 15 克/天，第三孕期为 20 克/天。

3. 矿物质

由于孕期的生理变化、血浆容量和肾小球滤过率的增加，使得血浆中矿物质的含量随妊娠的进展逐步降低。孕期膳食中可能缺乏的主要是钙、铁、锌、碘。

（1）钙推荐量在第一孕期 800 毫克/天，第二孕期 1 000 毫克/天，第三孕期为 1 200 毫克/天。

（2）铁推荐量在第一孕期 15 毫克/天，第二孕期 25 毫克/天，第三孕期为 35 毫克/天。

（3）锌推荐量在第一孕期 11.5 毫克/天，第二和第三孕期 16.5 毫克/天。

（4）孕妇碘缺乏可致胎儿甲状腺功能低下，从而引起以严重智力发育迟缓和生长发育迟缓为主要表现的呆小症。推荐量整个孕期为 200 微克/天。

4. 维生素

孕期特别需考虑的维生素为维生素 A、D 及 B 族维生素。

（1）维生素 A。摄入足够的维生素 A 可维持母体健康及胎儿的正常生长，并可在肝脏中有一定量的贮存。推荐在第一孕期为 800 微克视黄醇当量/天，第二和第三孕期 900 微克视黄醇当量/天。

（2）维生素 D。孕期缺乏维生素影响胎儿的骨骼发育，也能导致新生儿的低钙血症、手足搐搦、婴儿牙釉质发育不良及母亲骨质软化症。推荐在第一孕期为 5 微克/天，第二和第三孕期 10 微克/天。

（3）维生素 B_1。由于维生素 B_1 参与体内碳水化合物代谢，且不能在体内长期贮存，因此，足够的摄入量十分重要。推荐整个孕期为 1.5 毫克/天。

（4）维生素 B_2 的推荐摄入量。推荐整个孕期为 1.7 毫克/天。

（5）烟酸的推荐摄入量。推荐整个孕期为 15 毫克/天。

（6）维生素 B_6。B_6 对核酸代谢及蛋白质合成有重要作用。推荐整个孕期为 1.9 毫克/天。

（7）叶酸。叶酸为满足快速生长胎儿的 DNA（deoxyribonucleic acid，脱氧核糖核酸）合成，孕妇对叶酸的需要量大大增加。孕早期叶酸缺乏已被证实是导致胎儿神经管畸形的主要原因。孕期叶酸缺乏可引起胎盘早剥或新生儿低出生体重。推荐整个孕期为 600 微克/天。

（8）维生素 B_{12}。当维生素 B_{12} 缺乏时，同型半胱氨酸转变成蛋氨酸障碍而在血中蓄积，形成同型半胱氨酸血症，还可致使四氢叶酸形成障碍而诱发巨幼红细胞贫血，同时可引起神经损害。

（9）维生素 C。推荐在第一孕期为 100 毫克/天，第二和第三孕期 130 毫克/天。

5.2.2 儿童及青少年对营养的需求

学龄前期为 3～6 岁，学龄期为 7～12 岁，青少年期为 12～18 岁。与成人相比，各期的营养需要有各自的特点，其共同特点是生长发育需要充足的能量及各种营养素。

1. 学龄前儿童的营养与膳食要求

1）学龄前儿童的生理及营养特点

（1）身高、体重稳步增长，神经细胞分化已基本完成，但脑细胞体积的增大及神经纤维的髓鞘化仍继续进行，应提供足够的能量和营养素供给。

（2）咀嚼及消化能力有限，注意烹调方法。

（3）尚未养成良好的饮食习惯和卫生习惯，注意营养教育。

（4）该期主要的营养问题是缺铁性贫血、维生素 A、锌的缺乏及蛋白质、能量摄入不足。

2）学龄前儿童膳食要求注意平衡膳食

每日 200～300 毫升牛奶，一个鸡蛋，100 克无骨鱼或禽、或肉及适量豆制品，150 克蔬菜和适量水果，谷类主食 150～200 克。每周进食一次猪肝或猪血，每周进食一次富含碘、锌的海产品，农村地区可每日供给大豆 25～50 克，膳食可采用三餐两点制，要培养良好的饮食习惯与卫生习惯。

2．学龄儿童的营养与膳食要求

（1）学龄儿童的营养问题。其营养问题与学龄前相似，但应特别注意学生的早餐营养问题。

（2）学龄儿童的膳食要求。安排好一日三餐，早餐和中餐的营养素供给应占全天的 30%～40%。每日供给 300 毫升牛奶，1 或 2 个鸡蛋，及鱼、禽、肉等 100～150 克，谷类和豆类 30～500 克。注意饮食习惯培养，少吃零食，饮用清淡饮料，控制食糖摄入。

3．青少年的营养与膳食

该期包括青春发育期和少年期，从学龄来看相当于初中和高中学龄期。

1）性格及性的发育特点

青少年期儿童体格发育速度加快，尤其是青春期，身高、体重的突发性增长是其主要特征。青春发育期被称为生长发育的第二高峰期。此期生殖系统发育，第二性征逐渐明显。充足的营养是生长发育、增强体魄、获得知识的物质基础。当营养不良时可推迟青春期 1～2 年。

2）营养需要

（1）能量。其能量需要与生长速度成正比。推荐的能量供给为男 10.04～13 兆焦/天，女 9.2～10.04 兆焦/天。

（2）蛋白质。此期一般增重 30 千克，16%为蛋白质。蛋白质功能应占总热能的 13%～15%，每天 75～85 克。

（3）矿物质及维生素。为满足生长发育的需要，钙的适宜摄入量为 100 毫克/天；铁的适宜摄入量为男 20 毫克/天、女 25 毫克/天；锌的推荐摄入量为男 19 毫克/天、女 15.5 毫克/天。

3）青少年期的食物选择及膳食

（1）谷类是青少年膳食中的主食，每天 400～500 克。

（2）保证足量的动物性食物及豆类食物的供给，鱼、禽、肉、蛋每日供给 200～250 克，奶 300 毫升/天。

（3）保证蔬菜水果的供给，每天蔬菜供给 500 克，其中绿叶蔬菜不低于 300 克。

（4）注意平衡膳食。

5.2.3 老年人对营养的需求

1．热能

由于基础代谢下降、体力活动减少和体内脂肪组织比例增加，老年人的热能需要量相对减少。60 岁以后，应较青年时期减少 20%，70 岁后减少 30%。推荐摄入量为男 7.94 兆焦/天，女 7.53 兆焦/天。

2．蛋白质

老年人由于分解代谢大于合成代谢，故易出现负氮平衡。因此，蛋白质的摄入量应量足质优。蛋白质应占总热能的 12%～14%为宜，推荐摄入量为男 75 克/天，女 65 克/天。

3．脂肪

老年人对脂肪的消化能力差，故脂肪的摄入不宜过多，一般脂肪供热占总热能的 20%为宜，以富含多不饱和脂肪酸的植物油为主。

4．碳水化合物

由于老年人糖耐量低，胰岛素分泌量减少且对血糖的调节能力低，易发生血糖升高，因此，老年人不宜食用含蔗糖高的食品，以防止血糖升高进而血脂升高，也不宜多食用水果、蜂蜜等含果糖高的食品，应多吃蔬菜增加膳食纤维的摄入，以利于增强肠蠕动，防止便秘。

5．矿物质

钙的充足摄入对老年人十分重要。因为老年人对钙的吸收能力下降，体力活动减少又降低了骨骼钙的沉积，故老年人易发生钙的负平衡，骨质疏松较多见。钙的适宜摄入量为 50 岁以上 1 000 毫克/天。

因为老年人对铁的吸收利用能力下降，造血功能减退，血红蛋白含量减少，所以易发生缺铁性贫血。适宜摄入量为 50 岁以上 15 毫克/天。并且要注意选择含血红素铁高的食物。

此外，微量元素锌、铜、铬也同样重要。

6．维生素

为调节体内代谢和增强抗病能力，各种维生素的摄入量都应达标。

维生素 E 为抗氧化的重要维生素，当缺乏维生素 E 时，体内细胞可出现一种棕色的色素颗粒，成为褐色素，是细胞某些成分被氧化分解后的沉积物，随着衰老过程在体内堆积，成为老年斑。补充维生素 E 可减少细胞内脂褐素的形成。老年人的适宜摄入量为 14 毫克/天。

充足的维生素 C 可防止老年血管硬化，使胆固醇代谢易于排出体外，增强抵抗力，应充分保证供应。老年人每日推荐摄入量为 100 毫克。

此外，维生素 A、维生素 B_1、维生素 B_2 等也同样重要。

5.3 各类食品的营养价值

5.3.1 谷类营养价值

1．谷类结构和营养素分布

谷类有相似的结构，最外层是谷皮；谷皮内是糊粉层，再以内为占谷粒绝大部分的胚乳和一端的胚芽。各营养成分分布不均匀。

（1）谷皮主要由纤维素、半纤维素等组成，含较高的矿物质和脂肪。
（2）糊粉层含较多的磷和丰富的 B 族维生素及无机盐。
（3）胚乳含大量淀粉和一定量蛋白质。
（4）胚芽中富含脂肪、蛋白质、无机盐、B 族维生素和维生素 E。

2．谷类的营养成分

1）蛋白质

蛋白质含量一般为 7.5%～15%，主要由谷蛋白、白蛋白、醇溶蛋白和球胆白组成。

一般谷类蛋白质和氨基酸的组成不平衡，普遍的谷类赖氨酸含量少，苏、色氨酸也不高。

为提高谷类蛋白质的营养价值，常采用赖氨酸强化和蛋白质互补的方法。此外，种植高赖氨酸玉米等高科技品种也是一种好方法。

2）碳水化合物

碳水化合物的主要成分为淀粉，含量在 70%以上，此外为糊精、果糖和葡萄糖等。淀粉分为直链淀粉和支链淀粉。一般直链淀粉约为 20%～25%，糯米几乎全为支链淀粉。研究认为，直链淀粉使血糖升高的幅度较小。

3）脂肪

脂肪含量为 1%～4%。从米糠中可提取米糠油、谷维素和谷固醇。从玉米和小麦胚芽中可提取玉米油和麦胚油，其中 80%为不饱和脂肪酸，亚油酸占 60%，具有良好的保健功能。

4）矿物质

矿物质含量为 1.5%～3%。主要是磷、钙，多以植酸盐形式存在，消化吸收差。

5）维生素

维生素是 B 族维生素的重要来源，如硫胺素、核黄素、尼克酸、泛酸和吡哆醇等。玉米和小米含少量胡萝卜素。过度加工的谷物其维生素大量损失。

5.3.2 豆类营养价值

大豆含有 35%～40%的蛋白质，是天然食物中含蛋白质最高的食品。其氨基酸组成接近人体需要，且富含谷类蛋白较为缺乏的赖氨酸，是谷类蛋白互补的天然理想食品。大豆含脂肪 15%～20%，其中不饱和脂肪酸占 85%，以亚油酸为最多，达 50%以上。大豆油含

1.6%的磷脂,并含有维生素 E。另外,大豆还含有丰富的钙、硫胺素和核黄素。

5.3.3 蔬菜、水果营养价值

1. 碳水化合物

碳水化合物包括糖、淀粉、纤维素和果胶物质。其所含种类及数量,因食物的种类和品种不同而有很大差别。

2. 维生素

新鲜蔬菜水果是提供抗坏血酸、胡萝卜素、核黄素和叶酸的重要来源。

3. 无机盐

无机盐含量丰富,如钙、磷、铁、钾、钠镁、铜等,是无机盐的重要来源,对维持机体酸碱平衡起着重要作用。绿叶蔬菜一般含钙在 100 毫克/100 克以上,含铁 1 毫克/100 克～2 毫克/100 克。但要注意在烹调时应去除部分草酸,以利于无机盐的吸收。

4. 芳香物质、有机酸和色素

蔬菜、水果中常含有各种芳香物质和色素,使食品具有特殊的香味和颜色,可赋予蔬菜水果良好的感官性状。

水果中的有机酸以苹果酸、柠檬酸和酒石酸为主,此外还有乳酸、琥珀酸等。有机酸因水果种类、品种和成熟度不同而异。有机酸促进食欲,有利于食物的消化。同时,可使食物保持一定酸度,对维生素 C 的稳定性具有保护作用。

此外,蔬菜水果中还含有一些酶类、杀菌物质和具有特殊功能的生理活性成分。

5.3.4 肉类营养价值

1. 畜肉类的营养价值

1）蛋白质

畜肉类蛋白质含量为 10%～20%,其中肌浆中蛋白质占 20%～30%,肌原纤维中占 40%～60%,间质蛋白占 10%～20%。畜肉蛋白必需氨基酸充足,在种类和比例上接近人体需要,利于消化吸收,是优质蛋白质。但间质蛋白必需氨基酸组成不平衡,主要是胶原蛋白和弹性蛋白,其中色氨酸、酪氨酸、蛋氨酸含量少,蛋白质利用率低。畜肉中含有能溶于水的含氮浸出物,使肉汤具有鲜味。

2）脂肪

一般畜肉的脂肪含量为 10%～36%,肥肉高达 90%,其在动物体内的分布,随肥瘦程度、部位有很大差异。

畜肉类脂肪以饱和脂肪为主,熔点较高。主要成分为甘油三酯,少量卵磷脂、胆固醇和游离脂肪酸。胆固醇在肥肉中为 109 毫克/100 克,在瘦肉中为 81 毫克/100 克,内脏中约为 200 毫克/克,脑中含量最高,约为 2 571 毫克/100 克。

3）碳水化合物

碳水化合物主要以糖原形式存在于肝脏和肌肉中。

4）矿物质

矿物质含量为 0.8%～1.2%，其中钙含量 7.9 毫克/克，含铁、磷较高，铁以血红素形式存在，不受食物其他因素影响，生物利用率高，是膳食铁的良好来源。

5）维生素

畜肉中 B 族维生素含量丰富，内脏如肝脏中富含维生素 A、核黄素。

2．禽肉类的营养价值

禽肉的营养价值与畜肉相似，不同在于脂肪含量少，熔点低，含有 20%的亚油酸，易于消化吸收。禽肉蛋白质含量约为 20%，其氨基酸组成接近人体需要，禽肉含氮浸出物较多。

3．鱼肉类的营养价值

1）蛋白质

鱼类蛋白质含量一般为 15%～25%，易于消化吸收，其营养价值与畜肉、禽肉相似。氨基酸组成中，色氨酸偏低。

2）脂肪

鱼类脂肪含量一般为 1%～3%，范围为 0.5%～11%，鱼类脂肪主要分布在皮下和内脏周围。鱼类脂肪多由不饱和脂肪酸组成，占 80%，熔点低，消化吸收率达 95%。鱼类脂肪中的二十碳五烯酸和二十二碳六烯酸具有降血脂、防止动脉粥样硬化的作用。鱼类胆固醇含量一般为 100 毫克/100 克，但鱼子含量高，约为 354 毫克/100 克～934 毫克/100 克。

3）矿物质

鱼类矿物质含量为 1%～2%，稍高于肉类，磷、钙、钠、钾、镁、氯含量丰富，是钙的良好来源。虾皮中含钙量很高，含碘丰富。

4）维生素

鱼类是维生素的良好来源，海鱼的肝脏是维生素 A 和维生素 D 富集的食物。

5.3.5 奶类营养价值

奶类是营养成分齐全、组成比例适宜、容易消化吸收的理想的天然食物。奶类能满足出生婴幼儿生长发育的全部需要，也是体弱、年老和病人的较理想食物。主要提供优质蛋白质、维生素 A、核黄素和钙。

奶是由蛋白质、乳糖、脂肪、矿物质、维生素、水等组成的复合乳胶体。奶呈乳白色，味道温和，稍有甜味，具有特有的香味与滋味。牛奶的比重（D420）为 1.028～1.032，比重大小与奶中固体物质有关。牛奶的各种成分除脂肪外，含量均较稳定。因此，脂肪含量和比重可作为评定鲜奶质量的指标。

酸奶是将鲜奶加热消毒后接种嗜酸乳酸菌，在 30℃左右的环境中培养，经 4～6 小时发酵制成。该制品营养丰富，容易消化吸收，还可刺激胃酸分泌。乳酸菌在肠道繁殖，可抑制一些腐败菌的繁殖，调整肠道菌丛，防止腐败胺类对人体产生不利的影响。此外，牛奶中的乳糖已被发酵成乳酸，对"乳糖不耐受症"的人，不会出现腹痛、腹泻的现象。因此，酸奶是适宜消化道功能不良、婴幼儿和老年人食用的食品。

5.3.6 蛋类营养价值

各种禽蛋的结构都很相似，主要由蛋壳、蛋清、蛋黄3部分组成。以鸡蛋为例，每只蛋平均重约50克，蛋壳重量占全部的11%，其主要成分是占96%的碳酸钙，其余为碳酸镁和蛋白质。蛋壳表面布满角质膜，在蛋的钝端角质膜分离成一气室。蛋壳的颜色由白到棕色不等，因鸡的品种而异。蛋清包括两部分，外层为中等黏度的稀蛋清，内层包围在蛋黄周围的为角质冻样的稠蛋清。蛋黄表面包有蛋黄膜，有两条韧带将蛋黄固定在蛋的中央。

蛋清和蛋黄分别约占总可食部的2/3和1/3。蛋清中营养素主要是蛋白质，不但含有人体所需要的必需氨基酸，且氨基酸组成与人体组成模式接近，生物学价值达95以上。全蛋蛋白质几乎能被人体完全吸收利用，是食物中最理想的优质蛋白质。在进行各种食物蛋白质的营养质量评价时，常以全蛋蛋白质作为参考蛋白。蛋清也是核黄素的良好来源。

蛋黄比蛋清含有较多的营养成分。钙、磷和铁等无机盐多集中于蛋黄中。蛋黄还含有较多的维生素A、D、B_1和B_2。维生素D的含量随季节、饲料组成和鸡受光照的时间不同而有一定变化。

蛋黄中含磷脂较多，还含有较多的胆固醇，每100克约含1500毫克。蛋类的铁含量较多，但因有卵黄高磷蛋白的干扰，其吸收率只有3%。

生蛋清中含有抗生物素和抗胰蛋白酶，前者妨碍生物素的吸收，后者抑制胰蛋白酶的活力，但当蛋煮熟时，即被破坏。

5.4 绿色食品

5.4.1 基本概念

1. 绿色食品

绿色食品特指遵循可持续发展原则，按照特定生产方式，经专门机构认证，许可使用绿色食品标志的无污染的安全、优质、营养类食品。绿色食品标志如图5.1所示。

绿色食品的提出，遵循了可持续发展的原则。它从保护生态、改善环境入手，以开发无污染食品为突破口，将保护环境、发展经济、增进人们的健康紧密结合起来，促成环境、资源、经济、社会发展的良性循环。

图5.1 绿色食品标志

这里提出的绿色食品特定的生产方式是指按照标准生产、加工，并对食品实施"从土地到餐桌"的全程质量控制。通过生产前的环境监测和原料检查、生产中的各项规程的落实到生产后的产品质量、卫生标准、包装、保险、运输、储存和销售控制，确保绿色食品的整体产品质量。

所谓的无污染，是指在绿色食品生产、加工过程中，通过严密的监测和控制，防止农药残留、放射性物质、重金属及有害细菌对食品的污染，保证绿色食品的洁净和卫生。

2．有机食品

有机食品是指生产环境未受污染，生产活动有利于建立和恢复生态系统的良性循环，在原料的生产加工过程中既不使用农药、化肥及生长激素类等化学合成物质，不采用转基因技术及其产品，也不采用其他不符合有机农业原则的技术与材料，通过有机食品认证、使用有机食品标志的、可供饮食的、符合国际或国家有机食品标准的农产品及其加工产品。有机食品标志如图 5.2 所示。

有机食品在生产加工过程中绝对禁止使用化学合成的农药、化肥、食品添加剂、饲料添加剂、兽药即激素等物质，并且绝对不允许使用基因工程技术。从生产其他食品到生产有机食品需要 2~3 年的转换期。

图 5.2　有机食品标志

3．无公害农产品

无公害农产品是指产地环境、生产过程和产品质量符合国家有关标准和规范的要求，经认证合格获得认证证书，并允许使用无公害农产品标志的、未经加工，或者经过初加工的安全、优质、面向大众消费的食用农产品。广义的无公害农产品应包括有机食品和绿色食品。无公害农产品标志如图 5.3 所示。

图 5.3　无公害农产品标志

虽然有机食品、绿色食品和无公害农产品有着基本的联系，但实际上，三者在认证管理机构、生产环境、生产过程控制及生产加工标准等方面存在着很大的不同。三者的关系就像一座金字塔，最底层是无公害农产品，中间是绿色食品，塔顶才是有机食品，越往上要求就越为严格。三者的区别如下。

1）认证机构不同

有机食品归属国家环保总局的国家有机食品发展中心；绿色食品归属农业部国家绿色食品发展中心；无公害农产品由农业部进行宏观管理，由省级农业行政主管部门进行产地认证，由授权的机构进行产品认证。

2）生产加工依据不同

有机食品的生产加工是根据国际有机农业联合会有机农业生产和粮食加工的基本标准进行的，其主要依据是《有机（天然）食品生产后和加工技术规范》，具有国际性；绿色食品的生产加工是参照国际标准，结合我国国情，以《绿色食品管理办法》为主要依据；无公害农产品的生产加工则是以《无公害农产品管理办法》为主要依据。

5.4.2　绿色食品分级

我国绿色食品分为 A 级和 AA 级。

1．A级绿色食品标准

1）环境质量标准

A级绿色食品的环境质量评价标准与AA级绿色食品相同，但评价方法采用综合污染指数法。绿色产品产地的大气、土壤和水等各项环境检查指标的综合污染指数不得超过1。

2）生产操作规程

A级绿色食品在生产过程中允许限量使用限定的化学合成物质。其评价标准采用生产绿色食品的农药使用准则、生产绿色食品的肥料使用准则及有关地区的绿色食品产品生产操作规程的相应条款。

3）产品标准

采用农业部A级绿色食品产品行业标准。

4）包装标准

A级绿色食品包装评价采用中华人民共和国国家标准GB 7718—2011《食品安全国家标准 预包装食品标签通则》、农业部发布的绿色食品标志设计标准手册及其他有关规定。绿色食品标志与标准字体为绿色，底色为白色，其防伪标签的底色为绿色，标志编号以单数结尾。

2．AA级绿色食品标准

1）环境质量标准

绿色食品大气环境质量评价采用中华人民共和国国家标准GB 3095—1996《环境空气质量标准》中所列的一级标准；农田灌溉用水评价采用中华人民共和国国家标准GB 5084—2005《农田灌溉水质标准》；养殖用水评价采用中华人民共和国国家标准GB 11607—1989《渔业水质标准》；畜禽饮水评价采用中华人民共和国国家标准GB 3838—2002《地表水环境质量标准》中所列三类标准；土壤评价采用土壤类型背景值的算数平均值加2倍标准差。AA级绿色食品产地的各项监测数据均不得超过有关标准。

2）生产操作规范

AA级绿色食品在生产过程中禁止使用任何有害化学合成肥料、化学农药及化学合成食品添加剂。其评价标准采用生产绿色食品的农药使用规则、生产绿色产品的肥料使用规则及有关地区绿色食品生产操作规程的相应条款。

3）产品标准

AA级绿色食品中各种化学合成农药及合成食品添加剂均不得检出。其他指标应达到农业部A级绿色食品产品行业标准。

4）包装标准

AA级绿色食品包装评价采用中华人民共和国国家标准GB 7718—2011《食品安全国家标准 预包装食品标签通则》、农业部发布的绿色食品标志设计标准手册及其他有关规定。绿色食品标志与标准字体为绿色，底色为白色，其防伪标签的底色为蓝色，标志编号以双数结尾。

5.5 药　　膳

5.5.1 药膳的含义

药膳是以药物和食物为原料，经过烹饪加工制成的一种具有食疗作用的膳食。它是中国传统的医学知识与烹调经验相结合的产物。它"寓医于食"，既将药物作为食物，又将食物赋以药用，药借食力，食助药威，变"良药苦口"为"良药可口"；既具有营养价值，又可防病治病、保健强身、延年益寿。

药膳绝不是食物与药材的简单相加，而是在中医辨证理论指导下，由药物、食物和调料三者精制而成的一种既有药物功效，又有食品美味，用以防病治病、强身益寿的特殊食品。因此，药膳既不同于一般的中药方剂，又有别于普通的饮食，是一种兼有药物功效和食品美味的特殊膳食。它可以使食用者在美食中享受，同时，使其身体得到滋补、疾病得到治疗。因此，药膳是充分发挥中药效能的美味佳肴，特别能满足人们"厌于药，喜于食"的天性。

5.5.2 药膳的发展

药膳源远流长。古代关于"神农尝百草"的传说，反映了早在远古时代中华民族就在开始探索食物和药物的功用，故有"医食同源"之说。

公元前1 000多年的周朝，宫廷医生分为4科，其中的"食医"，即通过调配膳食为帝王的养生保健服务。

约成书于战国时期的中医经典著作《黄帝内经》，载药膳方数则。

约成书于秦汉时期、我国现存最早的药学专著《神农本草经》，记载了许多既是药物又是食物的品种，如大枣、芝麻、山药、葡萄、核桃、百合、生姜、薏仁等。

东汉医圣张仲景在《伤寒杂病论》中，亦载有一些药膳名方，如当归生姜羊肉汤、百合鸡子黄汤、猪肤汤等，至今仍有实用价值。

唐代名医孙思邈的《备急千金要方》和《千金翼方》专列有"食治"、"养老食疗"等门，药膳方十分丰富。

据史书记载，至隋唐时期，我国已有食疗专著60余种，惜多散佚。唐代孟诜所著《食疗本草》是我国现存最早的食疗专著，对后世影响较大。

至宋代，王怀隐等编辑的《太平圣惠方》论述了许多疾病的药膳疗法；陈直的《养老理寿亲书》是我国现存的早期老年医学专著，在其所载的方剂中，药膳方约占70%，该书强调："凡老人之患，宜先以食治，食治未愈，然后命药。"

元代御医忽思慧所著的药膳专书《饮膳正要》，药膳方和食疗药十分丰富，并有妊娠食忌、乳母食忌、饮酒避忌等内容。

至明代，李时珍在《本草纲目》中收载了许多药膳方，仅药粥、药酒就各有数十则；明代高濂的养生学专著《遵生八笺》，也载有不少养生保健药膳。

清代的药膳专著各有特色，如王士雄的《随息居饮食谱》介绍了药用食物7门300余种，章穆的《调疾饮食辩》所涉及的药用食物更多，袁枚的《随园食单》介绍了多种药膳的烹调原理和方法，曹庭栋的《老老恒言》（又名《养生随笔》）中则列出老年保健药粥百种。

目前，药膳的品种在传统工艺的基础上不断结合现代科研成果制成的具有治疗作用的食品、饮料，品种繁多，各具特色。既有适合糖尿病、肥胖者和心血管疾病患者服食的药膳食品，也有适合运动员、演员和矿工等服食的保健饮料，还有促进儿童健康发育或用于老人延年益寿的保健食品或药膳。

小测验：孕妇、儿童和老年人对营养有何不同的需求？

本章小结

餐厅服务人员及厨师应当掌握一定的营养卫生学的知识，才能更好地为客人提供服务。这些知识能够帮助他们更好地为客人提供服务。

练习题

一、单项选择题

1. 下列不属于人体所需要的热能都来自产热的营养素的是（　　）。
   A. 脂肪　　　　　　B. 碳水化合物　　C. 维生素　　　　D. 蛋白质
2. 构成人体蛋白质的氨基酸有 20 种，成人体内必需氨基酸有 8 种，儿童为 9 种，即在成人基础上加上（　　）。
   A. 组氨酸　　　　　B. 亮氨酸　　　　C. 色氨酸　　　　D. 赖氨酸
3. 在矿物质中，常量元素有 7 种，微量元素有 10 种，硅、镍、钒为可能必需元素。下列属于常量元素的是（　　）。
   A. 钙　　　　　　　B. 铁　　　　　　C. 锌　　　　　　D. 硼
4. 谷物含有的营养成分最多的是（　　）。
   A. 维生素　　　　　B. 矿物质　　　　C. 碳水化合物　　D. 蛋白质
5. 下列不属于认证管理机构认证食品的是（　　）。
   A. 无公害农产品　　B. 有机食品　　　C. 绿色食品　　　D. 天然食品

二、判断题

1. 亚油酸和 α-亚麻酸是人体必需的两种脂肪酸。（　　）
2. 矿物质已经发现有 20 种左右的元素是构成人体组织、维持生理功能、生化代谢所必需的。（　　）
3. 谷物谷皮主要由纤维素、半纤维素等组成，含较高的矿物质和蛋白质。（　　）
4. 畜肉类的营养价值中，碳水化合物主要以糖原形式存在于肝脏和肌肉中。（　　）
5. 禽蛋中的营养成分丰富，蛋清中营养素主要是蛋白质，蛋黄是核黄素的良好来源。
（　　）

三、讨论题

1．孕妇、儿童和青少年以及老年人对营养有何不同的需求？
2．谷类有何营养价值成分？
3．绿色食品是如何进行分级的？

四、案例分析题

一天，A 餐厅 B 厅房内突然传来喧闹的声音。原来，客人从菜肴当中夹出一条菜青虫，非常不满意。厅房服务人员立即叫来餐厅的值班经理小张。小张真诚地向客人道歉，承诺菜肴价格为客人打 8 折，并将此道菜品重新给客人上一份。客人觉得可以接受，气氛也缓和了很多。小张见客人没有那么生气了，也笑着对客人说："先生你看，这条小小的菜青虫正好表明了我们餐厅的宗旨啊。"客人觉得很奇怪，忙问为什么。小张接着说道："这正好说明我们餐厅所提供的食品绝对是有机食品呀！"说得客人也笑了。

问题：

1．从此案例可以看出什么问题？
2．值班经理小张的处理是否合适？
3．为了避免类似情况的再次发生，餐厅应该怎么做？

第6章 酒水知识

学习目标

总目标
掌握各类中国酒、洋酒的特点、分类及服务

知识目标
1. 了解各类酒水的特点、种类;
2. 了解各类酒水的服务程序及注意事项

技能目标
1. 掌握各类酒水的饮用方法;
2. 掌握各类酒水的服务方法

能力目标
能综合运用各种酒水的服务知识进行餐饮服务

导入案例

除了人们耳熟能详的芝华士威士忌之外,来自苏格兰的格兰杰威士忌同样是苏格兰的骄傲,被誉为苏格兰威士忌中的"王者",如图6.1所示。格兰杰威士忌在苏格兰已经雄踞"麦芽威士忌第一品牌"的宝座长达20余年,在整个英国,格兰杰近几年间也一直排名第一。

图6.1 格兰杰威士忌

与调和型威士忌不同,格兰杰仅采用大麦发酵而成,所以被称为单一麦芽威士忌。事实上,单一麦芽威士忌是苏格兰威士忌的起源,最早的威士忌就是单一麦芽威士忌,100%采用大麦,后来随着科菲(Coffey)蒸馏器的问世,人们才开始用其他谷类生产威士忌,但其在品质和口感上都略逊于单一麦芽威士忌。

在业内,单一麦芽威士忌被为苏格兰威士忌的"王者"。而格兰杰一百多年来沿袭单一麦芽威士忌的酿造传统至今,品质和口味无疑是经典的。其晶莹通透的色泽,甜美的奶油和香草气息,丰盈圆润、馥郁芳香的口味,备受世界各地鉴赏家的钟爱。如今,格兰杰产生了不同风味的高原单一麦芽威士忌,如波特酒桶风味、勃根地酒桶风味、雪莉酒桶风味等,以满足不同色香的追求。

格兰杰卓越的品质来自于近乎苛刻的酿造工艺。格兰杰酒厂拥有全苏格兰最纯净、富含矿物质的天然泉水——泰洛希泉水,优质的源泉保证了它顺滑柔和的口感。另外,它还拥有全苏格兰最高的蒸馏器,只有最轻最纯的蒸气才能上升到蒸馏器的顶端,继而被冷凝和收集、陈化,保证它的纯度。用来醇化的木桶也是格兰杰精心选择的,其独特的木质结构和香味,能带给贮藏其中的威士忌更丰富的木香和颜色。在正式使用前,所有用来醇化威士忌的木桶都会注入波士威士忌。因此,格兰杰只需醇化10年就可以达至平衡和丰盈的口感。

第6章 酒水知识

2005年，在享誉全球的权威之作《威士忌圣经》中，格兰杰获得"年度最佳单一麦芽威士忌"殊荣。作者吉姆·默里（Jim Murray）先生，从事威士忌品鉴研究长达30余年，这是他遍尝3400余种威士忌品牌，按色泽、口味、风格等逐一评判的结论。格兰杰的"王者"之位，可见一斑。

格兰杰麦芽威士忌诠释的经典，正契合了商界对于经典的追求，辉映着商界的经典生活。

问题

1. 威士忌在世界上有哪些著名品牌？
2. 格兰杰威士忌是怎样制成的？

关键词

中国酒　洋酒　饮用与服务

6.1 中　国　酒

6.1.1 中国酒的历史和发展

1. 中国酒的历史

中国是世界上最早酿酒的国家之一，在长期的发展过程中，酿造出许多被誉为"神品"、"琼浆"的酒类珍品。关于中国酒的原始发明者有很多传说。相传最多的是仪狄和杜康。他们都是古史传说中的人物。晋人江统的《酒诰》中讲："酒之所兴，肇自上皇（指大禹王）。一曰仪狄，一曰杜康。"曹操在其著名的《短歌行》中说："何以解忧，唯有杜康。"现在人们无法考证谁是真正的酒的原始发明者及中国酒发明的确切年代，但在出土的新石器时代的陶器中，已有专用的酒器。其中，除了壶、杯、觚外，还有大口尊、瓮、底部有孔的漏器等大型陶器，可作为糖化、发酵、储存、沥酒之用，这标志着五六千年前我国已开始酿酒。

经过夏商两代，酿酒技术有所发展，商朝武丁时期（约前13～前12世纪），已创造了中国独有的边糖化、边发酵的黄酒酿造工艺。据历史记载，我国商朝时代已有饮酒的习惯，并以酒来祭神。在汉、唐以后，除了黄酒以外，各种香花酒、药酒、葡萄酒都已有一定的发展。宋朝以后，白酒问世了。近年来，我国酿酒工业随着科技进步形成了很大的生产能力，按酿制工艺的不同，酿制法可分酿造法和蒸馏法两种。黄酒、葡萄酒、啤酒是用酿造法制造的，白酒都是用蒸馏法制得。

葡萄酒原产于亚洲西南小亚细亚地区，相传汉武帝建元三年（公元前138年），张骞出使西域，将欧亚葡萄引入内地，同时招来酿酒艺人，中国开始有了葡萄酒。史书（唐代《册府元龟》）第一次明确记载内地用西域传来的方法酿造葡萄酒的是唐贞观十四年（公元640年）从高昌（今吐鲁番）得到"马乳葡萄"种子和当地的酿造方法，唐太宗李世民下令种在御园里，并亲自按其方法酿酒。

中国的啤酒生产仅有百年历史。1900 年，俄国人首先在哈尔滨建立了中国第一家啤酒厂。其后，德国人、英国人、捷克斯洛伐克人和日本人相继在东北三省、天津、上海、北京、山东等地建厂。1904 年，中国人自建的第一家啤酒厂——哈尔滨市东北三省啤酒厂投产。近年来，我国的酿酒工业随着科学技术的进步又有了很大的发展，形成了相当规模的生产能力。

2. 中国酒的发展

中国酿酒史远远早于文字的发明，大约有 8 000 年之久。经过了这漫长的发展历程，我国的酒已发展成为具有五大类别、百十个品种的中华酒系。下面对各类酒的发展分别介绍。

1）白酒

中国白酒的起源历来就有东汉、唐代、宋代和元代 4 种说法，其中以宋代的说法较具代表性，也就是说从宋代计，我国的白酒酿造大约有近千年的历史了。作为世界六大蒸馏酒之一的中国白酒（其他 5 种是白兰地、威士忌、朗姆酒、伏特加和金酒），其制造工艺远比世界各国的蒸馏酒复杂，原料也是各种各样，特点各有风格，特殊的风味则更是不可比拟的。中国白酒的酿造发展至今，生产出的白酒酒色洁白晶莹，无色透明；香气宜人，5 种香型的酒各有特色，香气馥郁、纯净，溢香好，余香不尽；口味醇厚柔绵，甘润清冽，酒体谐调，回味悠久，其爽口尾净、变化无穷的优美味道，能给人以极大的欢愉和幸福之感。

2）黄酒

黄酒是我国最古老的传统酒，其起源与我国谷物酿酒的起源相始终，至今约有 8 000 年的历史。它是以大米等谷物为原料，经过蒸煮、糖化和发酵、压滤而成的酿造酒。黄酒中的主要成分除乙醇和水外，还有麦芽糖、葡萄糖、糊精、甘油、含氮物、醋酸、琥珀酸、无机盐及少量醛、酯与蛋白质分解的氨基酸等，其特点是具有较高的营养价值和对人体有益无害。因此，无论是从振奋民族精神、继承民族珍贵遗产，还是从药用价值、烹调价值和营养价值来讲，黄酒都应该成为我国上下普遍饮用的第一饮料酒，也是我国最有发展前途的酒种之一。

现在市场上黄酒的种类很多，但按原料、酿造方法的不同主要可归纳为 3 类：即绍兴酒、黍米黄酒（以山东即墨老酒为代表）和红曲黄酒（以浙南、福建、台湾为代表）。

3）果酒

果酒是以各种果品和野生果实，如葡萄、梨、橘、荔枝、甘蔗、山楂、杨梅等为原料，采用发酵酿制法制成的各种低度饮料酒，可分为发酵果酒和蒸馏果酒两大类。果酒的历史在人类酿酒史中最为悠久，史籍中就记录着"猿猴酿酒"的传说，但那只是依靠自然发酵形成的果酒；而我国人工发酵酿制果酒的历史则要晚得多，一般认为是在汉代葡萄从西域传入后才出现的。

唐宋时期葡萄酿酒在我国已比较通行，此外还出现了椰子酒、黄柑酒、橘酒、枣酒、梨酒、石榴酒和蜜酒等品种，但其发展都未能像黄酒、白酒和配制酒那样在世界酿酒史上独树一帜、形成传统的风格。直到清末烟台张裕葡萄酿酒公司的建立，才标志着我国果酒类规模化生产的开始；新中国成立后，我国果酒酿造业有了长足的发展，以最有代表性的葡萄酒为例：凡世界上较有名气的葡萄酒品种，我国均已能大量生产；生产企业则以张裕、长城和王朝最为著名。

4）配制酒

据考证，中国配制酒滥觞的时代当于春秋战国之前。它是以发酵原酒、蒸馏酒或优质酒精为酒基，加入花果成分，或动植物的芳香物料，或药材，或其他呈色，呈香及呈味物质，采用浸泡、蒸馏等不同工艺调配而成的，在酿酒科学史上属世界极珍贵的酒类之一。

当今我国市场上配制酒的种类繁多，但总的说可分为保健酒和鸡尾酒两大类。其中保健酒是利用酒的药理性质，遵循"医食同源"的原理，配以中草药及有食疗功用的各色食品调制而成的，其花色品种蔚为大观，令人叹为观止。产品以味美思、竹叶青和金波酒等为代表。鸡尾酒则要复杂得多：它是以两种或两种以上的酒，掺入果汁、香料等调制而成的混合酒，在调制过程中还要考虑到颜色、酒度、糖度、香气、口味等诸多因素。以往我国多数鸡尾酒从配方、制作方法到原料都是由国外引进的，不但价格昂贵且难以普及消费。后经实验发现，我国的名酒，包括白酒、黄酒、啤酒和果露酒，以及果汁、汽水等都可用以调配鸡尾酒，调好的酒一样有情调，同样风味卓绝。目前我国成功的鸡尾酒配方已达数十个。

5）啤酒

啤酒是以大麦和啤酒花为原料制成的一种有泡沫和特殊香味、味道微苦、含酒精量较低的酒。虽然我国在20世纪初才开始出现啤酒厂，但史书记载我国早在3 200年前就有一种用麦芽和谷芽作谷物酿酒的糖化剂酿成的称为"醴"的酒，这种滋味甜淡的酒虽然那时不叫啤酒，但可以肯定它类似现在的啤酒，只是由于后人偏爱用曲酿的酒，嫌"醴"味薄，以至于这种酿酒法逐步失传，这种酒也就消亡了。近代中国人自己建立和经营了啤酒厂，如开始于1915年的北京双合盛啤酒厂和1920年的烟台醴泉啤酒厂等，但由于当时人们对啤酒的生疏与对其味道不习惯，产、销数量都不高。

新中国成立后，啤酒工业得到迅速发展。据1990年统计，当时全国啤酒生产厂总数已达800多家，产量800多万吨，其中不少品牌的优质啤酒已远销港澳地区和欧洲、北美国家。近年来由于人们日益重视饮品的保健作用，啤酒的发展也有着品种味形多样化、口味清淡、低糖、少酒精或无酒精的趋势。我国的新型啤酒包括黑啤酒、小麦啤酒、果味啤酒、奶酿啤酒、营养啤酒、保健啤酒、葡萄啤酒、猴头啤酒、木薯啤酒、矿泉啤酒、甜啤酒、三鞭啤酒、高粱啤酒、荞麦啤酒、蜂蜜啤酒、人参啤酒、增维啤酒、玉米啤酒、强力啤酒、灵芝啤酒、芦笋啤酒等多个品种。

6.1.2 中国酒的分类

中国酒品种繁多，分类的标准和方法不尽相同，有以原料进行分类的，有以酒精含量高低分类的，也有以酒的特性分类的。最为常见的分类方法有两种：一是生产厂家根据酿制工艺来分类；二是经营部门根据经营习惯来分类。习惯上大都采用经营部门的分类法，将中国酒分为白酒、黄酒、果酒、药酒和啤酒等5类。

1. 白酒

白酒是用粮食或其他含有淀粉的农作物为原料，以酒曲为糖化发酵剂，经发酵蒸馏而成。白酒的特点是无色透明，质地纯净，醇香浓郁，味感丰富，酒精度在30°以上，刺激性较强。白酒根据其原料和生产工艺的不同，形成了不同的香型与风格，白酒的香型有以下 5 种。

1）清香型

清香型的特点是酒气清香芬芳，醇厚绵软，甘润爽口，酒味纯净。以山西杏花村的汾酒为代表，故又有汾香型之称。

2）浓香型

浓香型的特点是饮时芳香浓郁，甘绵适口，饮后尤香，回味悠长，可概括为"香、甜、浓、净"4 个字。以四川泸州老窖特曲为代表，故又有泸香型之称。

3）酱香型

酱香型的特点是香而不艳，低而不淡，香气幽雅，回味绵长，杯空香气犹存。以贵州茅台酒为代表，故又有茅台香型之称。

4）米香型

米香型的特点是蜜香清柔，幽雅纯净，入口绵甜，回味怡畅。以桂林的三花酒和全州的湘山酒为代表。

5）复香型

兼有两种以上主体香型的白酒为复香型，也称兼香型或混香型。这种酒的闻香、回香和回味香各有不同，具有一酒多香的特点。贵州董酒是复香型的代表，还有湖南的白沙液、辽宁的凌川白酒等。

白酒中生产得最多的是浓香型白酒，清香型白酒次之，酱香型、米香型、复香型等较少。白酒质量的高低是以其色泽、香气和滋味等 3 个方面，通过专家的感官鉴定和理化鉴定得出的。一种质量优良的白酒，在色泽上应是无色透明，瓶内无悬浮物，无沉淀现象。在香气上应有其本身特有的酒味和醇香，其香气又可分为溢香、喷香和留香等。在滋味上应是酒味纯正，各味协调，无强烈的刺激性。

白酒是我国酒品生产中很重要的组成部分。随着人们饮酒习惯的逐步改变，白酒的酒精含量在逐步降低，许多名酒的生产厂家都相继研制出中度白酒，以适合出口和国内广大消费者的需要。

2．黄酒

黄酒是我国生产历史悠久的传统酒品，因其颜色黄亮而得名。以糯米、黍米和大米为原料，经酒药、麸曲发酵压榨而成。酒性醇和，适于长期贮存，有越陈越香的特点，属低度发酵的原汁酒。酒精度一般为 8°～20°。

黄酒的特点是酒质醇厚幽香、味感谐和鲜美，有一定的营养价值。

黄酒除饮用外，还可作为中药的"药引子"。在烹饪菜肴时，它又是一种调料，对于鱼、肉等荤腥菜肴有去腥提味的作用。黄酒是我国南方和一些亚洲国家人民喜爱的酒品。

黄酒根据其原料、酿造工艺和风味特点的不同，可以划分成以下 3 种类型。

1）江南糯米黄酒

江南黄酒产在江南地区，以浙江绍兴黄酒为代表，生产历史悠久。它是以糯米为原料，以酒药和麸曲为糖化发酵剂酿制而成，其酒质醇厚，色、香、味都高于一般黄酒，存放时间越长越好。由于原料的配比不同，加上酿造工艺的变化，形成了各种风格的优良品种，主要品种有状元红、加饭酒、花雕酒、善酿酒、香雪酒、竹叶青酒等。酒精度为13°～20°。

2）福建红曲黄酒

福建红曲黄酒以糯米、粳米为原料，以红曲为糖化发酵剂酿制而成。其代表品种是福建老酒和龙岩沉缸酒，具有酒味芬芳、醇和柔润的特点。酒精度在15°左右。

3）山东黍米黄酒

黍米黄酒是我国北方黄酒的主要品种，最早创于山东即墨，现在北方各地已有广泛生产。以黍米为原料，以米曲霉制成的麸曲为糖化剂酿制而成。具有酒液浓郁、清香爽口的特点，在黄酒中独具一格。即墨黄酒还可分为清酒、老酒、兰陵美酒等品种。酒精度在12°左右。

黄酒质量的高低也是按其色、香、味3个方面进行评定的，色泽以浅黄澄清（即墨黄酒除外）、无沉淀物者为优，香气以浓郁者为优，味道以醇厚稍甜、无酸涩味者为优。

黄酒大多采用陶质坛装，泥土封口，以助酯化，故越陈越香。保存的环境要凉爽，温度要平稳。由于黄酒是低度酒，开坛后要及时销售，时间久了易被污染而变质。

3. 果酒

凡是用水果、浆果为原料直接发酵酿造的酒都可以称为果酒，品种繁多，酒精度在15°左右。各种果酒大都以果实名称命名。果酒因选用的果实原料不同而风味各异，但都具有其原料果实的芳香，并具有令人喜爱的天然色泽和醇美滋味。果酒中含有较多的营养成分如糖类、矿物质和维生素等。由于人们更喜欢用葡萄来酿造酒，因此，果酒可以分成葡萄酒类和其他果酒类。葡萄酒的特点后面将专做介绍。其他果酒有苹果酒、山楂酒、杨梅酒、广柑酒、菠萝酒等多种。果酒除葡萄酒外，其他果酒的产量是比较少的。

4. 药酒

药酒是以成品酒（大多用白酒）为酒基，配各种中药材和糖料，经过酿造或浸泡制成，具有不同作用的酒品。

药酒可以分为两大类：一类是滋补酒，它既是一种饮料酒，又有滋补作用，如竹叶青酒、五味子酒、男士专用酒、女士美容酒；另一类是利用酒精提取中药材中的有效成分，以提高药物的疗效，此种酒是真正的药酒，大都在中药店出售。

5. 啤酒

啤酒是以大麦为原料，啤酒花为香料，经过发芽、糖化、发酵而制成的一种低酒精含量的原汁酒，通常人们把它看成一种清凉饮料。其酒精度为2°～5°。

啤酒的特点是有显著的麦芽和啤酒花的清香，味道纯正爽口。啤酒含有大量的二氧化碳和丰富的营养成分，能帮助消化，促进食欲，有清凉舒适之感，所以深受人们的喜爱。啤酒中含有11种维生素和17种氨基酸。1升啤酒经消化后产生的热量，相当于10个鸡蛋，或500克瘦肉，或200毫升牛奶所生产的热量，故有"液体面包"之称。啤酒分类有以下几种。

（1）根据啤酒是否经过灭菌处理，可将其分为鲜啤酒和熟啤酒两种。鲜啤酒又称生啤酒，没有经过杀菌处理，保存期较短，在 15℃以下保存期是 3～7 天，但口味鲜美，目前深受消费者欢迎的扎啤就是鲜啤酒。熟啤酒是经过杀菌处理的啤酒，所以稳定性好，保存时间长，一般可保存 3 个月，但口感及营养不如鲜啤酒。

（2）根据啤酒中麦芽汁的浓度，可将其分为低浓度啤酒、中浓度啤酒和高浓度啤酒 3 种。低浓度啤酒麦芽汁的浓度为 7°或 8°，中浓度啤酒麦芽汁的浓度为 10°～12°，高浓度啤酒麦芽汁的浓度为 14°～20°。啤酒中的酒精量含量也是随麦芽汁的浓度增加而增加的，低浓度啤酒的酒精量含量在 2%左右，中浓度啤酒的酒精量含量为 3.1%～3.8%，高浓度啤酒的酒精含量为 4%～5%。

（3）根据啤酒的颜色，可将啤酒分为黄色啤酒、黑色啤酒和白色啤酒 3 种。黄色啤酒又称淡色啤酒，口味淡雅，目前我国生产的啤酒大多属于此类，其颜色的深浅各地不完全一致。黑色啤酒又称浓色啤酒，酒液呈咖啡色，有光泽，口味浓厚，并带有焦香味，产量较少，仅在北京、青岛有生产。白色啤酒是以白色为主色的啤酒，其酒精含量很低，我国已有生产，适合不善饮酒的人饮用。

（4）根据啤酒中有无酒精含量，可将其划分为含酒精啤酒和无酒精啤酒两种。无酒精啤酒是近年来啤酒酿造技术的一个突破，它的特点是保持了啤酒的原有味道，但又因不含酒精，而受到广泛的好评。

啤酒的鉴定是从透明度、色泽、泡沫、香气、滋味等方面来检查的，质量优良的啤酒，应是酒液透明有光泽，色泽深浅因品种而异，泡沫洁白细腻、持久挂杯，有强烈的麦芽香气和酒花苦而爽口的口感。

6.1.3　中国白酒

白酒是我国独有的传统产品，也是我国宝贵的文化遗产。它经历了漫长的岁月，已成世界著名的蒸馏酒之一。而且我国白酒发展至今，无论酿造方法还是工艺技术独树一帜，比世界各国的蒸馏酒要复杂得多，酒名千奇百态，原料各不相同，品种百花争艳，在世界饮料酒中具有独特风格，我国白酒的酒精度之高也是世界罕见的。

白酒的主要成分是乙醇和水（占总量的 98%～99%），而溶于其中的酸、酯、醇、醛等种类众多的微量有机化合物（占总量的 1%～2%）作为白酒的呈香呈味物质，却决定着白酒的风格（又称典型性，指酒的香气与口味协调平衡，具有独特的香味）和质量。乙醇化学能的 70%可被人体利用，1 克乙醇供热能 5 千卡。酸、酯、醇、醛等这些并没有多少有营养，只是味香而已。

1．中国白酒的特点与分类

1）中国白酒的特点

中国白酒在饮料酒中，独具风格，与世界其他国家的白酒相比，我国白酒具有特殊的不可比拟的风味。酒色洁白晶莹、无色透明；香气宜人，5 种香型的酒各有特色，香气馥郁、纯净、溢香好，余香不尽；口味醇厚柔绵，甘润清冽，酒体谐调，回味悠久，那爽口尾净、变化无穷的优美味道，给人以极大的欢愉和幸福之感。我国白酒的酒精度早期很高，有 67°、65°、62°之高。度数这样高的酒在世界其他国家是罕见的。近几年，国家提昌降低白酒度数,有不少较大的酒厂,已试制成功了 39°、38° 等低度白酒。低度白酒出现市场初期,大多数消费者不太习惯,饮用起来总觉着不够味,"劲头小"。20 世纪 90 年代以来,城市消费者已经开始习惯低度白酒,在宴席上已经逐渐成为一个较好的品种了。

2)中国白酒的种类

(1)按所用酒曲和主要工艺分,可分为以下几种。

① 固态发酵法白酒。主要的种类为大曲酒、小曲酒、麸曲酒、混曲法白酒、其他糖化剂法白酒。

② 液态发酵法白酒。又称"一步法"白酒,生产工艺类似于酒精生产,但在工艺上吸取了白酒的一些传统工艺,酒质一般较为淡泊。

③ 固液结合法白酒。其种类有半固、半液发酵法白酒、串香白酒、勾兑白酒。

(2)按酒的香型分,可分为以下几种。

① 酱香型白酒。以茅台酒为代表,酱香柔润为其主要特点,发酵工艺最为复杂,所用的大曲多为超高温酒曲。

② 浓香型白酒。以泸州老窖特曲、五粮液、洋河大曲等酒为代表,以浓香甘爽为特点,发酵原料是多种原料,以高粱为主,发酵采用混蒸续渣工艺。采用陈年老窖,也有人工培养的老窖。在名优酒中,浓香型白酒的产量最大。

③ 清香型白酒。以汾酒为代表,其特点是清香纯正,采用清蒸清渣发酵工艺,发酵采用地缸。

④ 米香型白酒。以桂林三花酒为代表,特点是米香纯正,以大米为原料,小曲为糖化剂。

⑤ 复香型白酒。主要代表有西凤酒、董酒、白沙液等,香型各有特征,这些酒的酿造工艺采用浓香型、酱香型或汾香型白酒的一些工艺,有的酒的蒸馏工艺也采用串香法。

(3)按酒精度的高低分,可分为以下几种。

① 高度白酒。这是我国传统生产方法所形成的白酒,酒精度在 41° 以上,多在 55° 以上,一般不超过 65°。

② 低度白酒。采用了降度工艺,酒精度一般为 38°,也有的为 20° 左右。

2. 中国著名白酒(产地)及品牌

1)国家前三届评酒会评选的名优白酒

(1)第一届全国评酒会评选名优白酒。

第一届全国评酒会是 1952 年在北京进行的,从 103 种各类酒样中,推选出在国、内外颇负盛名的 8 大名酒,其中白酒占了 4 种,分别是茅台酒、泸州大曲酒、汾酒和西凤酒。

(2)第二届全国评酒会评选名优白酒。

第二届全国评酒会,由轻工业部主持,于 1963 年 10 月在北京召开。从全国 27 个省、自治区、直辖市的 196 种各类酒样中,分白酒、啤酒、果酒、黄酒 4 个组,由 36 名评委推荐、评比,最终公布的国家名酒为 18 种,国家优质酒为 27 种。18 种名酒中白酒为 8 种(称为 8 大白酒),分别是五粮液酒(四川宜宾)、古井贡酒(安徽亳县)、泸州老窖特曲酒(四川泸州)、全兴大曲酒(四川成都)、茅台酒(贵州仁怀)、西凤酒(陕西凤翔)、汾酒(山西杏花村)、董酒(贵州遵义)。27种优质酒中白酒占9种,分别是双沟大曲酒、龙滨酒、德山大曲酒、全州湘山酒、三花酒、凌川白酒、哈尔滨高粱糠白酒、合肥薯干白酒和沧州薯干白酒。

(3)第三届全国评酒会评选名优白酒。

第三届全国评酒会是1979年在大连召开的,由轻工业部主持,各省、自治区、直辖市推荐各种酒样313种,品评推荐出18种名酒、47种优质酒,比第二届评出的名、优酒数增加44.4%。18种全国名酒中白酒占8种,分别是茅台酒、汾酒、五粮液酒、剑南春酒、古井贡酒、洋河大曲酒、董酒、泸州老窖特曲酒。47种优质酒中,白酒占18种,分别是西凤酒、宝干酒、古阎郎酒、常德武陵酒、双沟大曲酒、淮北口子酒、邯郸丛台酒、松滋白云边酒、金州湘山酒、桂林二花酒、五华长乐烧、廊坊迎春酒、祁县六曲香、哈尔滨高粱糠白酒、三河燕潮酩、金州曲酒、双沟低度大曲酒、坊子白酒。

2)常见的中国名优白酒

(1)贵州茅台酒。

贵州茅台酒产于贵州省仁怀县茅台镇,素以低而不淡、香而不艳著称,被尊为国酒,是世界三大名酒(另外两种是英国苏格兰威士忌、法国柯涅克白兰地)之一,如图6.2所示。茅台酒具有"酱香突出、幽雅细腻、酒体醇厚、回味悠长、空杯留香持久"的独特风格。侨胞称赞茅台酒为"祖国之光"。茅台酒的酿造是以优质高粱为料,优质小麦制曲,每年重阳之际投料,巧妙地利用茅台镇特有的气候、优良的水质、适宜的土壤,采用了一系列与一般白酒截然不同的高温制曲、高温堆积、高温制酒、轻水分入池等工艺条件,经过两次投料、9次蒸馏、8次发酵、7次取酒、分型入库、长期陈酿、精心勾兑而成。1915年,在巴拿马万国商品赛会上,茅台酒荣获金质奖章、奖状。从此贵州茅台酒闻名中外,誉满全球。在中国第一、二、三、四全国评酒会上被评为名酒,并荣获金盾奖章。

图6.2 贵州茅台酒

(2)汾酒。

该酒产于山西省汾阳县杏花村,是我国名酒的鼻祖,距今已有1 500多年的历史,如图6.3所示。我国最负盛名的八大名酒,都和汾酒有着十分亲近的血缘。汾酒的原料是产于汾阳一带晋中平原的"一把抓"高粱和甘露如醇的"古井佳泉水"。配合传统的酿造工艺酿造而成的汾酒具有清亮透明、气味芳香、入口绵绵、落口甘甜、回味生津的特色,一直被推崇为"甘泉佳酿"和"液体宝石"。汾酒酿造有一套独特的工艺:"人必得其精,粮必得其实,水必得其甘,曲必得其明,器必得其洁,缸必得其湿,火必得其缓",形成了独特的品质风味。虽为60°高度酒,却无强烈刺激的感觉,有色、香、味"三绝"的美称,为我国清香型酒的典范。

图6.3 汾酒

(3)五粮液。

五粮液是浓香型大曲酒的典型代表,它以高粱、糯米、大米、小麦和玉米5种粮食为酿造原料，通过按比例精选原辅料，蒸糟拌曲，封窖发酵，蒸馏摘酒，储存勾兑，检验包装等一整套独特而严谨的工艺制成，如图 6.4 所示。具有"香气悠久、味醇厚、入口甘美、入喉净爽、各味协调、恰到好处"的独特风格，是当今酒类产品中出类拔萃的产品。五粮液历次蝉联"国家名酒"金奖，1991 年被评为中国"十大驰名商标"；继 1915 年获巴拿马金奖 80 年之后，1995 年再获巴拿马国际贸易博览会酒类唯一金奖。

（4）剑南春。

剑南春现产于四川省绵竹县酒厂，是我国有悠久历史的名酒之一，如图 6.5 所示。唐代以"春"命酒，绵竹是当年剑南道上一大县，由此得名。相传唐代李白曾在绵竹"解貂续酒"，有"士解金貂，价重洛阳"的佳话。以高粱、大米、糯米、玉米、小麦 5 种谷物为原料，精心酿制而成，属浓香型。酒精度有 62°和 52°两种。其特点为芳香浓郁、醇和回甜、清冽净爽、余香悠长。剑南春酒厂生产的剑南春是采用传统工艺与现代技术相结合精心配制而成的，具有芳香浓郁、醇和回甜、清冽净爽、余香悠长的独特风格。曾于 1979 年、1984 年、1989 年 3 届蝉联中国名酒称号，59 次荣获国家级、部省级和国际质量金奖，饮誉海内外。

图 6.4　五粮液

图 6.5　剑南春

（5）泸州老窖特曲。

泸州老窖特曲产于四川泸州，明末清初以"温永盛"和"天成生"两家酒厂最为著名，如图 6.6 所示。"温永盛"创于清雍正七年，最老的窖已有 370 多年的历史，筑窖时对泥质要求必须黏性好，磷、氮丰富，适宜细菌的繁殖。窖愈老，菌越多，采用老窖发酵续槽配料因之酒香很浓。泸州老窖特曲具有浓香、醇和、味甜、回味长的特色，饮后回香，心神愉快，已成为浓香型白酒的典型。分为 60°和 55°两种。喝时无辛辣感，只觉回肠转气、香沁肌骨。

图 6.6　泸州老窖特曲

（6）古井贡酒。

古井贡酒产于安徽亳县古井贡酒厂，如图 6.7 所示。厂内一口古井已有 1400 年历史。当地多盐碱，水味苦涩。独此井之水清澈甜美，用以酿酒，酒香浓郁，甘美醇和，该井被称为"天下名井"。自明万历年间就为进贡之酒。古井贡酒酒液清澈透明，香如幽兰，黏稠挂杯，余香悠长，属浓香型酒。其酒精度为 60°～62°。

（7）洋河大曲。

洋河大曲现产于江苏省泗洋县洋河镇洋河酒厂，如图 6.8 所示。清初已闻名于世，"闻香下马，知味停车；酒味冲天，飞鸟闻香化凤；糟粕入水，游鱼得味成龙；福泉酒海清香美，味占江南第一家"。洋河大曲的酒精度分 64°、62° 和 55°。酒液无色透明，醇香浓郁，余味爽净，回味悠长，是浓香型大曲酒，有色、香、鲜、浓、醇的独特风格。

（8）董酒。

董酒产于贵州省遵义市董酒厂，酒精度为 60°，因厂址坐落在北郊董公寺而得名。董酒是我国白酒中酿造工艺最为特殊的一种酒品，如图 6.9 所示。它采用优质黏高粱为原料，以"水口寺"地下泉水为酿造用水，小曲、小窖制取酒醅，大曲、大窖制取香醅，酒醅香醅串烧而成。风格既有大曲酒的浓郁芳香，又有小曲酒的柔绵、醇和、回甜，还有淡雅舒适的药香和爽口的微酸。属于复香型白酒。

图6.7 古井贡酒

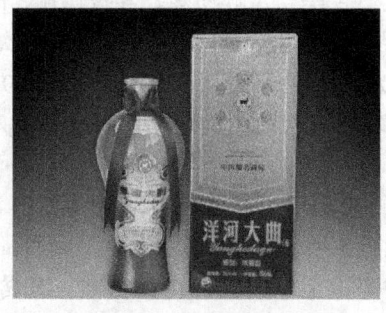
图6.8 洋河大曲

图6.9 董酒

3. 中国白酒饮用与服务

科学饮用白酒，有益身体健康。由于白酒中含有乙醇，少量饮用能刺激食欲，促进消化液的分泌和血液循环，使人精神振奋，并能产生热量可以御寒，但建议不要过量饮用白酒。白酒一般是在室温下饮用，但稍稍加温后再饮，口味较为柔和，香气也浓郁，邪杂味消失。其主要原因是，在较高的温度下，酒中的一些低沸点的成分特别是一些有害物质，如乙醛、甲醇等较易挥发，稍稍加温后可以减低辛辣味和有害成分。

白酒产品并非"越陈越香"。低度白酒（通常指酒精度40°以下的产品）是在存放一段时间后（通常需一年或更久，但因酒而异）出现的酯类物质水解，并导致口味寡淡的问题已逐步成为白酒行业关注的焦点。因此，在购买低度白酒时，最好应选择两年以内的白酒产品饮用。

在服务过程中，白酒一般是单独饮用，但目前有一些酒吧也以白酒作为基酒勾兑鸡尾酒来提供给客人，收到了不错的效果。此外，白酒还具有食疗作用，《中华药典》上讲：白酒味苦、甘、辛，性温，有毒，入心、肝、肺、胃经；可通血脉，御寒气，醒脾温中，行药势；主治风寒痹痛、筋挛急、胸痹、心腹冷痛。

6.2 洋 酒

洋酒是所有外国酒的统称。洋酒种类复杂，但主要有两大类：一是酿造酒，用谷类、水果或其他含淀粉或糖的植物为原料，经发酵、储存陈熟制成的酒，如葡萄酒、啤酒，法国、意大利、南非、澳大利亚等地都是葡萄酒的重要产地；二是蒸馏酒，即发酵酒再经过蒸馏、提纯和储存陈熟制成的酒，一般酒精含量都比较高，也就是人们常说的烈酒。烈酒可分为6类，即白兰地、威士忌、朗姆酒、金酒、伏特加和特基拉酒。

6.2.1 白兰地

白兰地一词分狭义和广义之说，从广义上讲，所有以水果为原料发酵蒸馏而成的酒都称为白兰地，如苹果白兰地。但现在已经习惯把葡萄酒经过蒸馏和放在木桶里经过相当长时间的陈酿而成的酒称为白兰地，即狭义白兰地。白兰地通常的意思是"葡萄酒的灵魂"。

1．白兰地的特点与分类

贮陈在橡木桶内的白兰地酒，酒质更醇，芳香更浓，而且还有晶莹的琥珀色。因此，用橡木桶贮陈的年限便成为酿制白兰地的重要环节。白兰地之所以经贮陈后，口感醇和，芳香浓郁，是因为所用的橡木桶对白兰地有微妙的"交换作用"，使本来没有颜色的酒，神奇地变成橡木桶的琥珀色，而且增添了白兰地特有的香气。陈酿时间越久，白兰地的风格越柔顺，香气也越精美，价格就越高昂，但这并不等于说，白兰地可以无限制地陈酿于木桶中，酒本身也有一个从未熟到成熟到衰老的过程。

白兰地酒的分类方法很多，但是最著名也最具代表性的白兰地分类方法，是依照生产地和国家的不同进行的，可将白兰地酒分为法国白兰地、西班牙白兰地和美国白兰地和其他国家白兰地等几个大类。其中以法国白兰地酒最为著名。

2．世界著名白兰地（产地）及品牌

1）法国白兰地

如果说威士忌是英国的生命之泉，那么白兰地就是法国的生命之泉。一般人只要一提到白兰地，立即会联想到法国白兰地。当然，法国的白兰地无论在品质与产量方面，都是世界第一，这也是众所周知的事实，尤其是科涅克（干邑地区）所产的白兰地，在品质方面更居于世界之冠。

（1）干邑白兰地（Cognac）。

干邑白兰地酒体呈琥珀色，清亮透明，口味讲究，风格豪壮英烈，特点十分独特，酒精度为43°。

干邑是白兰地的极品，干邑产品受到法国政府的严格限制和保护，依照1909年5月1日法国政府颁布的法令：只有在干邑地区（包括夏朗德省及附近的7个区）生产的白兰地才能称为干邑，并受国家监督和保护。干邑白兰地的名品很多，远销世界各地，常见的有人头马 V.S.O.P.、马爹利 V.S.O.P.、轩尼诗 V.S.O.P.、拿破仑 V.S.O.P.、普利内 V.S.O.P.（Polignae V.S.O.P.）、百事吉 V.S.O.P.、长颈 F.O.V.、蓝带马爹利、人头马俱乐部、轩尼诗 X.O.（见图 6.10）、马爹利 X.O.、人头马 X.O.、卡米 X.O.、拿破仑 X.O.、人头马路易十三、天堂轩尼诗、天堂马爹利、金像 V.S.O.P.、金像 X.O.、海因 V.S.O.P.、海因 X.O.、卡姆斯 V.S.O.P.、大将军拿破仑、奥吉尔 V.S.O.P.、金路易拿破仑等。

图6.10　轩尼诗 X.O.

知识链接 6-1

人头马的酿制

酿制人头马的原料必须是产自夏朗德省科涅克地区的优质葡萄。等葡萄成熟后，要尽

可能晚地采摘，以便使其尽量饱满，香味更浓郁。采摘下来的葡萄经过去籽、压榨、发酵，酿成葡萄酒。为避免其变质，必须在来年3月底之前将葡萄酒两次蒸馏，使之成为酒精含量达70%的烧酒。然后把没有颜色的烧酒注入橡木桶内，放入酒窖蕴藏，储存若干年后，等其变成金黄琥珀色。

（2）雅邑白兰地（Armagnac）。

仅次于干邑的是雅邑白兰地，雅邑位于干邑南部，即法国西南部的热尔省境内，以产深色白兰地驰名，虽没有干邑著名，但风格与其很接近。酒体呈琥珀色，其发黑发亮，因贮存时间较短，所以口味烈。陈年或远年的雅邑白兰地酒香袭人，它风格稳健沉着，醇厚浓郁，回味悠长。留杯许久，有时可达一星期之久，酒精度为43°。当地人更偏爱雅邑。雅邑也是受法国法律保护的白兰地品种，只有雅邑当地产的白兰地才可以在商标上冠以"Armagnac"字样。雅邑白兰地的名品有卡斯塔浓（Castagnon）、夏博（Chabot）、珍尼（Janneau）、索法尔（Sauval）、桑卜（Semp）。

（3）法国白兰地的标签及成熟度的辨别。

白兰地的成熟期与葡萄酒、威士忌不同，所储存的时间较长。一般来说5年不算长，有些甚至长达60年。

最好的白兰地是由不同酒龄、不同来源的多种白兰地掺兑而成的。兑酒师要通过品尝储藏在桶内的酒类来判断酒的品质和风格，并决定调兑比例。兑酒师都有自己的配方，绝不外传。勾兑后的白兰地在适当的容器中发酵6个月就可装瓶。白兰地与葡萄酒不一样，不在瓶中沉淀，入瓶以后就成为定型产品。只要避光、低温保存，不泄漏，就可长期留用。品质优良的白兰地与所选用的原料和加工工艺有关，通常用白葡萄酒酿制比用红葡萄酒酿制好。新蒸馏出来的未经陈年的白兰地酒是无色的，酒精度为40°～43°，香气低而不调和，味道辛辣不爽口，无醇和甘冽之口感，所以要经过在大橡木桶中贮陈来提高质量。一般至少贮陈两年以上，否则白兰地的名称上必须注明"未成熟"等字样。白兰地的酒龄一般为3～8年，但有许多著名的牌子酒龄长至25年，甚至更为长远。为了突出贮陈年限，抬高酒价，酒瓶的商标上还要有醒目的特殊标记，这些标记各有不同的意义，部分标记如图6.11所示。

图6.11 部分XO标记

★表示3年陈；

★★表示4年陈；

★★★表示5年陈；

V.O. 表示10～12年陈；

V.S.O. 表示12～20年陈；

V.S.O.P. 表示20～30年陈；

F.O.V. 表示30～50年陈；

X.O. 表示50年陈；

X. 表示70年陈；

E. 表示especial，即特别的；

O. 表示 old，即老陈；

P. 表示 pale，即浅色、清澈的、指米加焦糖色；

S. 表示 superior，即优越的，或 soft，即柔顺的；

V. 表示 very，即非常；

X. 表示 extra，即格外的，特高档的；

C. 表示 cognal，即干邑；

F. 表示 fine，即好的、精美的。

这些标记的含义不都是很严格的，不仅代表的酒龄没有严格的确定，相同的标记在不同的地区和厂家所代表的意义也不尽相同。

2）其他地区的白兰地

（1）法国白兰地（French brandy）。除了干邑、雅邑以外，在法国还有蒙被利爱、内末尔、可伦巴、圣爱米里翁求拉束等地也酿造白兰地，并各自具有独特的风格与香味。这些地方所酿造的白兰地，统称为法式白兰地。

（2）西班牙白兰地（Spanish brandy）。除法国以外，西班牙白兰地是最好的。有些西班牙白兰地是用雪莉酒（Sherry）蒸馏而成的。目前许多这种酒，是用各地产的葡萄酒蒸馏混合而成。此酒味较醇而带土壤味。

（3）美国白兰地（American brandy）。大部分产自于加州，它是以加州产的葡萄为原料，发酵蒸馏至酒精浓度为 85°，贮存在白色橡木桶中至少两年，有的加焦糖调色而成。

除此之外，葡萄牙、秘鲁、德国、希腊、澳大利亚、南非、以色列和意大利以及日本都有生产，我国烟台张裕公司产的金奖白兰地也属于优质白兰地。

3）广义白兰地——杂果蒸馏酒

杂果蒸馏酒属于广义上的白兰地，许多水果都可以蒸馏成酒。但其产量和知名度远比不上葡萄蒸馏酒。以下只介绍稍有名气的品种。

（1）苹果蒸馏酒（Apple brandy）。苹果蒸馏酒的工艺和干邑相似，先将苹果汁进行酒精发酵至没有糖分为止，大约需要 6 周左右，此时其酒精浓度只有 5°左右，然后经过二次蒸馏使酒液酒精浓度达 140°～160°，再移至木桶中陈酿最少两年，最长达 40 年之久，出售时酒精度为 40°～50°，其名品有杰克苹果（Apple Jack）（美国）、布拉尔（Boulard）（法国诺曼底果酒）。

（2）梨蒸馏酒（Williams）。法国称"William"，瑞士称"Williamine"，以梨为原料，榨汁后酒精发酵，再蒸馏取酒，木桶陈酿后装瓶出售，酒精度为 43°～45°。瑞士生产一种瓶中有梨的梨蒸馏酒，在梨长到葡萄那么大时，套进瓶中，到梨成熟时去柄，洗净后装入已制好的梨白兰地，梨在酒液中得以保存，酒也因此增加了果香和清新鲜美的口味。威廉梨酒无色透明，清亮有光泽，果香较浓，4 年之内梨色仍保持原色。梨蒸馏酒的名品有英朗（Morand）（瑞士）、拉伯（Labet）（法国）、雅客伯（Jacobet）（法国）、拉布（Labeau）（法国）。

（3）龙胆蒸馏酒（Gentiane）。龙胆蒸馏酒是以龙胆根作酿酒原料的一种酒品，是用龙胆根浸酒液，再与龙胆蒸馏酒或其他酒勾兑而成的。龙胆酒颜色淡黄艳丽，具有龙胆特有的香气，味苦，适作开胃酒，人称其具有"乡绅名士风度"。龙胆蒸馏酒的名品有亚菲滋（瑞士）、日尔曼龙胆酒（德国）、苏滋（法国）。

（4）樱桃蒸馏酒（Kirsch）。以新鲜的家樱桃或野樱桃为原料，酒精发酵，用缸陈酿 2~12 年而成。其酒色透明，果香酒香皆佳，酒精度 40°左右，以法国、瑞士、德国产的为最好。

（5）杏白兰地（Barak palinka）。用整个杏破碎后酒精发酵，蒸馏而成。酒液无色透明，果香突出而优美，味感鲜爽而醇厚，以匈牙利产的为最佳。

（6）蓝李蒸馏酒（Quetsck）。原料用果实硕大、皮色蓝紫的李子，带核发酵，两次蒸馏得酒，陈酿而成。法国产的蓝李蒸馏酒无色透明，酒精度 44.5°，干型，易做餐后酒。南斯拉夫产的蓝李蒸馏酒称为"Slivovitz"，酒体呈琥珀黄色，果香突出，酒味浓郁，口味微苦，苦中有舒适的味觉感受，酒体协调，酒精度为 35°~43°。

（7）黄李蒸馏酒（Mirabelle）。原料用黄皮李子，经发酵蒸馏制成。此酒无色透明，果香明显，口味流畅，酒精度 43°左右，宜作餐后酒。此酒不易久藏，存放 2~3 年为限，以法国洛林产的著名。

（8）覆盆子蒸馏酒（Framboise）。原料用覆盆子，先浸入食用酒精，再蒸馏提炼浸制而成。此酒无色透明，果香十分浓烈，口味醇干润舌，酒精度 40°左右，以法国阿尔萨斯和德国的产品著称。

3. 白兰地的饮用与服务

比较讲究的白兰地饮用方法是净饮，用白兰地杯，另外用水杯配一杯冰水，喝时用手掌握住白兰地杯壁，让手掌的温度经过酒杯稍微暖和一下白兰地，让其香味挥发。充满整个酒杯（白兰地杯中只倒入 1 盎司（1 盎司＝28.34 毫升）白兰地酒），边闻边喝，才能真正地享受饮用白兰地酒的奥妙。冰水的作用是，每喝完一小口白兰地，喝一口冰水，清新味觉能使下一口白兰地的味道更香醇。

英国人喝白兰地喜欢加水，中国人多喜欢加冰，那只是喝一般牌子的白兰地。对于陈年上佳的干邑白兰地来说，加水、加冰则会使其丢失了香甜浓醇的味道。

白兰地也可以与其他软饮料混合在一起喝，如白兰地加可乐。

6.2.2 威士忌

威士忌（Whisky）是以大麦、黑麦、燕麦、小麦、玉米等谷物为原料，经发酵、蒸馏后放入橡木桶中陈酿、勾兑而成的一种酒精饮料。"威士忌"一词，是古代居住在爱尔兰和苏格兰高地的塞尔特人的语言，古爱尔兰人称此酒为"Uisage Beatha"，古苏格兰人称为"Uisage Baugh"。经过千年的变迁，才逐渐演变成"Whiskey"。不同国家对威士忌的写法也有差异，爱尔兰和美国写为"Whiskey"，而苏格兰和加拿大则写成"Whisky"，尾音有长短之别。

1. 威士忌的特点与分类

威士忌的酒精度在 40°以上，酒体呈浅棕红色，气味焦香。由于威士忌在生产过程中的原料品种和数量的不同比例、麦芽生长的程序、烘烤麦芽的方法、蒸馏的方式、贮存用的橡木桶、贮存年限、勾兑技巧等的不同，威士忌酒所有的风味和特点也不尽相同。通常，苏格兰威士忌具有传统的麦芽与泥炭烘烤的香气，而其他地方生产的威士忌味道较柔和，各有特色。

威士忌酒的分类方法很多，但是最著名也最具代表性的威士忌分类方法，是依照生产地和国家的不同进行的，可将威士忌酒分为苏格兰威士忌酒、爱尔兰威士忌酒、美国威士忌酒和加拿大威士忌酒四大类。其中以苏格兰威士忌酒最为著名。

2．世界著名的威士忌（产地）及品牌

1）苏格兰威士忌（Scotch Whisky）

苏格兰威士忌可分为纯麦威士忌、谷物威士忌和混合威士忌 3 种类型。目前，世界最流行的、也是品牌最多的是混合威士忌。苏格兰混合威士忌的原料 60%来自谷物威士忌，其余则加入麦芽威士忌。苏格兰威士忌受英国法律限制：凡是在苏格兰酿造和混合的威士忌，才可称为苏格兰威士忌。它的工艺特征是使用当地的泥煤为燃料烘干麦芽，再粉碎、蒸煮、糖化、发酵后再经壶式蒸馏器蒸馏，产生 70°左右的无色威士忌，再装入内部烤焦的橡木桶内，贮藏 5 年甚至更长一些时间。其中有很多品牌的威士忌酿藏期超过了 10 年。最后经勾兑混配后调制成酒精含量在 40°左右的成品出厂。

在整个苏格兰有 4 个主要产区，即北部高地、南部低地、西南部的康贝镇和西部岛屿伊莱。北部高地产区约有近百家纯麦芽威士忌酒厂，占苏格兰酒厂总数的 70%以上，是苏格兰最著名的威士忌酒生产区。

苏格兰威士忌品种繁多，按原料和酿造方法不同，可分为三大类：纯麦芽威士忌、谷物威士忌和混合威士忌。

（1）纯麦芽威士忌（Pure Malt Whisky）。

只用大麦作原料酿制而成的蒸馏酒叫纯麦芽威士忌。纯麦芽威士忌以在露天泥煤上烘烤的大麦芽为原料，用罐式蒸馏器蒸馏而成。一般经过两次蒸馏，蒸馏后所获酒液的酒精含量达 63.4°。最后入特制的炭化过的橡木桶中陈酿，装瓶前用水稀释。此酒具有泥煤所产生的丰富香味。著名品牌有以下几种。

① 格兰菲迪（Glenfiddich）。该品牌由威廉·格兰特（William Grant）父子有限公司出品，是苏格兰纯麦芽威士忌的典型代表，如图 6.12 所示。格兰菲迪的特点是味道香浓而油腻，烟熏味浓重突出。品种有 8 年、10 年、12 年、18 年、21 年等。

② 兰利斐（Glenlivet，又称格兰利菲特）。兰利斐是由乔治（George）和 J．C．史密斯（J.C.Smith）有限公司生产的 12 年陈酿纯麦芽威士忌。该酒厂于 1824 年在苏格兰成立，是第一个政府登记的蒸馏酒生产厂，因此该酒也被称之为"威士忌之父"，如图 6.13 所示。

图 6.12　格兰菲迪

图 6.13　兰利斐

③ 麦卡伦（Macallan）。麦卡伦是苏格兰纯麦芽威士忌的主要品牌之一。麦卡伦由于在储存、酿造期间，完全只采用雪利酒橡木桶盛装，因此，具有白兰地般的水果芬芳，被酿酒界人士评价为"苏格兰纯麦威士忌中的劳斯莱斯"。在陈酿分类上有 10 年、12 年、18 年以及 25 年等多个品种，以酒精含量分类有 40°、43°、57°等多个品种。

另外还有阿尔吉利（Argyli）、欧汉特尚（Auchentoshan）、贝瑞斯（Berry's）、巴贝利（Burberry's）、芬德拉特（Findlater's）、斯特莱斯佩（Strathspy）等多种酒品。

（2）谷物威士忌（Grain Whisky）。

谷物威士忌采用多种谷物作为酿酒的原料，如燕麦、黑麦、大麦、小麦、玉米等。谷物威士忌只需一次蒸馏，主要以不发芽的大麦为原料，以麦芽为糖化剂生产的。它与其他威士忌酒的区别是大部分大麦不发芽发酵，所以也就不必使用大量的泥煤来烘烤，故成酒后的泥炭香味也就相应少一些，口味上也就显得柔和细腻了许多。谷物威士忌酒主要用于勾兑其他威士忌酒和金酒，市场上很少零售。

（3）兑和威士忌（Blended Whisky）。

兑和威士忌又称混合威士忌，是指用纯麦芽威士忌和谷物威士忌掺兑勾和而成的。兑和是一门技术性很强的工作，威士忌的勾兑掺和是由兑和师掌握的。兑和时，不仅要考虑到纯麦芽威士忌和谷物威士忌酒液的比例，还要考虑到各种勾兑酒液的陈酿年龄、产地、口味等其他特性。

一般来说，纯麦芽威士忌酒用量在 50%～80%者，为高级兑和威士忌酒；如果谷物威士忌所占比重大，即为普通兑和威士忌酒。

目前整个世界范围内销售的威士忌酒绝大多数都是混合威士忌酒。苏格兰混合威士忌的常见包装容量为 700～750 毫升，酒精含量在 43°左右。苏格兰兑和威士忌的主要名牌产品有以下几种。

① 百龄坛（Ballantine's）。百龄坛具有口感圆润、浓郁醇香的特点，是世界上最受欢迎的苏格兰兑和威士忌之一，如图 6.14 所示。产品有特醇、金玺、12 年、17 年、30 年等多个品种。

② 金铃（Bell's）。金铃是英国最受欢迎的威士忌品牌之一，如图 6.15 所示。其产品都是使用极具平衡感的纯麦芽威士忌作为原酒勾兑而成，有 Extra Special（标准品）、Bell's Deluxe（12 年）、Bell's Decanter（20 年）、Bell's Royal Reserve（21 年）等多个级别。

图 6.14　百龄坛

图 6.15　金铃

③ 芝华士（Chivas Regal）。芝华士由创立于 1801 年的芝华士兄弟公司生产，"Chivas Regal"的意思是"Chivas 家族的王者"，如图 6.16 所示。在 1843 年，曾作为维多利亚女王的御用酒，因此，可以说该酒是一种很豪华的酒。产品有芝华士 12 年、皇家礼炮两种规格。

④ 顺风（Cutty Sark，又称帆船）。该酒酒性比较柔和，采用苏格兰低地纯麦芽威士忌作为原酒与苏格兰高地纯麦芽威士忌勾兑调和而成，如图 6.17 所示。产品分为 Cutty Sark（标准品）、Berry Sark（10 年）、Cutty（12 年）、St.James（圣詹姆斯）等多个品种。

图 6.16　芝华士

图 6.17　顺风

⑤ 添宝 15 年（Dimple）。添宝 15 年是 1989 年向世界推出的苏格兰混合威士忌，具有金丝的独特瓶型和散发着酿藏 15 年的醇香，显得独具一格，深受上层人士的喜爱，如图 6.18 所示。

⑥ 格兰特（Grant's）。格兰特是苏格兰纯麦芽威士忌格兰菲迪的姊妹酒，格兰特牌威士忌酒给人以爽快的感觉和具有男性化的辣味，因此在世界上具有较高的知名度，如图 6.19 所示。其标准品为"Stand fast"，另外还有格兰特世纪酒以及皇家格兰特（12 年陈酿）和格兰特 21 年极品等多个品种。

⑦ 海格（Haig）。海格是苏格兰酿制威士忌酒的老店，具有比较高的知名度，其产品有标准品和 12 年陈豪华酒等，如图 6.20 所示。

⑧ 珍宝（J&B）。珍宝是始创于 1749 年的苏格兰混合威士忌酒，由贾斯泰瑞尼和布鲁克斯有限公司（Justerini & Brooks Co.，Ltd.）出品。该酒取名于该公司英文名称的字母缩写，属于清淡型混合威士忌酒，如图 6.21 所示。该酒采用 42 种不同的麦芽威士忌与谷物威士忌混合勾兑而成，且 80%以上的麦芽威士忌产自于苏格兰著名 Speyside 地区，是目前世界上销量比较大的苏格兰威士忌酒之一。

图 6.18　添宝

图 6.19　格兰特

图 6.20　海格

图 6.21　珍宝

⑨ 约翰尼·沃克（Johnnie Walker，又称尊尼沃克，见图6.22）。尊豪是约翰尼·沃克威士忌系列酒中的极品，选用45种以上的高级麦芽威士忌混合调制而成，其口感圆润，喉韵清醇，酒瓶采用不倒翁设计式样，非常独特。尊爵属品级苏格兰威士忌酒，该酒酒质馥郁醇厚，特别适合亚洲人的饮食口味。其中以尊尼获加红牌威士忌Johnnie Walker Red Label和尊尼获加黑牌威士忌Johnnie Walker Black两个品牌最为著名。

⑩ 帕斯波特（Passport，又称护照威士忌）。帕斯波特是由威廉·隆格摩尔（William LongMoore）公司于1968年推出的具有现代气息的清淡型威士忌酒，如图6.23所示。该酒具有明亮轻盈、口感圆润的特点，非常受年轻人的欢迎。

图6.22　约翰尼·沃克　　　　　　　　图6.23　护照威士忌

此外，比较著名的苏格兰混合威士忌酒还有威雀（Famous Grouse）、克雷蒙（Claymore）、克利迪欧（Criterion）、笛沃（Dewar）、登喜路（Dunhill）、赫杰斯与波特勒（Hedges & Butler）、高原骑士（Highland Park）、苏格兰王（King of Scots）、老帕尔（Old Parr）、珍品（Something Special）、王者（Spey Royal）、泰普罗斯（Taplows）、提切斯或教师（Teacher's）、白马（White Horse）等。

2）爱尔兰威士忌（Irish Whiskey）

爱尔兰威士忌作为咖啡的伴侣已经被人们相当熟悉，其独特的香味是深受人们喜爱的主要原因。爱尔兰制造威士忌至少有700年的历史，有些权威人士认为威士忌酒的酿造起源于爱尔兰，以后传到苏格兰。爱尔兰威士忌酒的生产原料主要有大麦、燕麦、小麦和黑麦等，以大麦为主，约占80%。爱尔兰威士忌酒用塔式蒸馏器经过3次蒸馏，然后入桶老熟陈酿，一般陈酿时间为8～15年，所以成熟度相对较高。装瓶时，为了保证其口味的连续性，还要进行勾兑与掺水稀释。

著名的爱尔兰威士忌酒商标与产品有以下几种。

（1）约翰·詹姆森（John Jameson）。它是爱尔兰威士忌酒的代表，其标准品约翰·詹姆森具有口感平润并带有清爽的风味，是世界各地酒吧常备的酒品之一；"詹姆森1780 12年"威士忌酒口感十足、甘醇芬芳，是极受人们欢迎的爱尔兰威士忌名酒。

（2）布什米尔（Bushmills）。该酒以精选大麦制成，生产工艺较复杂，有独特的香味，酒精度为43°，分为布什米尔、黑布什、布什米尔麦芽10年3个级别。

（3）特拉莫尔露（Tullamore Dew）。该酒起名于酒厂名，该酒厂创立于1829年。其酒精度为 43°。其标签上描绘的狗代表着牧羊犬，是爱尔兰的象征，如图 6.24 所示。

3）美国威士忌（American Whiskey）

美国是生产威士忌酒的著名国家之一。美国威士忌酒以优质的水、温和的酒质和带有焦黑橡木桶的香味而著名，尤其是美国的波旁威士忌（又称波本威士忌酒）更是享誉世界。

美国威士忌可分为以下三大类。

（1）纯威士忌（Straight Whiskey）。

这类威士忌所用原料为玉米、黑麦、大麦或小麦，酿造过程中不混合其他威士忌酒或者谷类中性酒精，制成后需放入炭熏过的橡木桶中至少陈酿两年。另外，所谓单纯威士忌，并不像苏格兰纯麦芽威士忌那样只用一种大麦芽制成，而是以某一种谷物为主（一般不得少于51%），再加入其他原料。单纯威士忌又可以分为以下 4 类。

图 6.24　特拉莫尔露

① 波旁威士忌。波旁是美国肯塔基州一个市镇的地名，过去在波旁生产的威士忌酒被人们亲切的称为波旁威士忌，现在已成为美国威士忌酒的一个类别的总称，如图 6.25 所示。波旁威士忌酒的酒液呈琥珀色、晶莹透亮，酒香浓郁，口感醇厚、绵柔，回味悠长。其中尤以肯塔基州出产的产品最有名，价格也最高。主要品牌有四玫瑰（Four Roses）、巴特斯（Bartts's）、吉姆·比姆（Jim Beam，又称占边）、老泰勒（Old Taylor）等。

② 黑麦威士忌。也称裸麦威士忌，是用不得少于 51%的黑麦及其他谷物酿制而成的。酒液呈琥珀色，味道与波旁威士忌不同，具有较为浓郁的口感，因此不太受现代人的喜爱。主要品牌有老奥弗霍尔德（见图 6.26）、施格兰王冠等。

图 6.25　波旁威士忌

图 6.26　老奥弗霍尔德

③ 玉米威士忌。玉米威士忌是用不得少于 80%的玉米和其他谷物酿制而成的威士忌酒，酿制完成后用旧炭木桶进行陈酿。主要品牌有普莱特·沃雷（Platte Valler），普莱特·沃雷的酿制原料中玉米的比重达到 88%，酒精度为 40°，分为 5 年陈酿和 8 年陈酿两种类型。

④ 保税威士忌。这是一种纯威士忌，通常是波旁威士忌或黑麦威士忌。但它是在美国政府监督下制成的，政府不保证它的品质，只要求至少陈酿 4 年。酒精纯度在装瓶时为 50°，必须在一个酒厂制造，装瓶厂也为政府所监督。

（2）混合威士忌（Blended Whiskey）。

这是用两种以上的单一威士忌以及20%的中性谷类酒精混合而成的威士忌酒，装瓶时，酒精度为40°，常用来做混合饮料的基酒。混合威士忌通常分为3种：①肯塔基威士忌，用纯威士忌酒和谷类中性酒精混合而成的；②纯混合威士忌，用两种以上纯威士忌混合而成的，但不加谷类中性酒精；③美国混合淡质威士忌，美国的一个新酒种，用不得多于20%的纯威士忌和40°的淡质威士忌混合而成。

（3）淡质威士忌（Light Whiskey）。

这类酒是美国政府认可的一种新威士忌酒，蒸馏时酒精纯度高达80.5°～94.5°，用旧桶陈年。淡质威士忌所加的50°的纯威士忌不得超过20%。

4）加拿大威士忌

加拿大生产威士忌酒已有200多年的历史，其著名产品是稞麦（黑麦）威士忌酒和混合威士忌酒。加拿大威士忌酒在原料、酿造方法及酒体风格等方面与美国威士忌酒比较相似。著名的品牌有艾伯塔（Alberta）、皇冠（Crown Royal、施格兰特酿（Seagram's XO）、加拿大俱乐部（Canadian Club）、韦勒维特（Velvet）、卡林顿（Carrington）、怀瑟斯（Wiser's）、加拿大O.F.C.（Canadian O.F.C.）等产品。

3. 威士忌的饮用与服务

1）威士忌的饮用服务

（1）品尝。

（2）用杯。威士忌的服务用杯是6～8盎司古典杯。用平底浅杯饮酒能表现出粗犷和豪放的风格。

（3）用量。标准用量为每份40毫升。

（4）饮用方法。

① 威士忌加冰块（Whisky on the rocks）。在古典杯中，先放入2个或3个小冰块，再加入40毫升的威士忌。

② 威士忌净饮。在酒吧中，常用"Straight"或"↑"来表示威士忌的净饮。一般仍用古典杯，而美国人在净饮威士忌时，喜欢用容量为1盎司的细长小杯。

③ 威士忌兑饮。威士忌可以作调制鸡尾酒的基酒，如威士忌酸（Whisky Sour）、曼哈顿（Manhattan）、古典（Old Fashioned）等著名的鸡尾酒就是用它作基酒调制的。

④ 威士忌兑水（所兑的水可以是冰水或汽水可乐），如苏格兰苏打（Scotch Soda）即是苏格兰威士忌对苏打水饮用，但需先加冰块，用冷饮杯服务。方法如下：在冷饮杯中，先放入2个或3个小冰块，再加入定量的威士忌和八分满的苏打水，以柠檬饰杯，插入吸管供饮用。

⑤ 威士忌兑咖啡。在酒吧里，著名饮品爱尔兰咖啡是以爱尔兰威士忌为基酒的一款热饮。先用酒精炉把杯子温热，倒入少量的爱尔兰威士忌，用火把酒点燃，转动杯子使酒液均匀地涂于杯壁上，加糖、热咖啡搅拌均匀，最后在咖啡中加入鲜奶油，与一杯冰水配合饮用。

2）威士忌的储存条件

威士忌酒要求开瓶后，要尽快饮用，剩余的酒要马上封闭，采用竖立的方式置放，以室温保管。

知识链接 6-2

如何鉴赏威士忌

1. 欣赏色泽

将酒缓慢倒入宽底杯中品赏。威士忌的色泽是在贮藏过程逐渐产生的，不同的木桶产生的色泽、风味也不尽相同。自浅黄至深棕，年份越长，越呈现深深的琥珀色，即使在光线较暗的环境，一样可以观察到。

2. 嗅闻香气

将酒杯的杯口慢慢掠过鼻前，以鼻子轻闻威士忌散发出的香味，威士忌味道浓烈，如果不是熟手建议吸气幅度不要过大。亦可借玻璃盖辅助，以中指和食指夹住玻璃杯盖，盖上杯口后轻轻摇晃酒杯，待威士忌的香气散发出来后，移开杯盖，轻轻吸嗅威士忌蕴藏的香气。

3. 品尝美酒

纯饮、兑水或加冰块，任君所需。关键就是一口一口慢慢品尝。

纯饮时，让威士忌均匀地环绕口腔，感受酒液在味蕾上的变化，此饮法更适合于单一麦芽威士忌。

兑水，有助于威士忌香气的释放，尤其是调和型威士忌，香味非常丰富。水以纯净水为佳。有些饮家则喜欢在威士忌里加入一块八角型大冰块，让口感更清淡、柔顺。品评时不但需用口，还需配合手势的摇动、鼻子的嗅闻，才能达到身心一致的境界。

6.2.3 朗姆酒

朗姆酒又称劳姆酒、兰姆酒或罗姆酒。盛产甘蔗闻名的西印度群岛正是朗姆酒的故乡。朗姆酒是以甘蔗为主原料制成的蒸馏酒，先将压榨出的甘蔗汁熬煮，分离出砂糖结晶，再利用制糖所产生的糖蜜或制糖过程中剩下的残渣作为原料经发酵蒸馏过程制成。

1. 朗姆酒的特点与分类

朗姆酒的特色在于风味醇和，适合与可乐、果汁等各式非酒精饮料搭配使用，是调制鸡尾酒的主要基酒之一。

朗姆酒根据不同的原料和酿制方法可分为罗姆白酒（White Rum）、罗姆老酒（Old Rum）、淡朗姆酒（Light Rum）、传统朗姆酒（Traditional Rum）和浓香朗姆酒（Great Aroma Rum）5种。罗姆白酒是一种新鲜酒，酒体清澈透明，香味清新细腻，口味甘润醇厚，酒精度55°左右；罗姆老酒需陈酿3年以上，呈橡木色，酒香醇浓优雅，口味醇厚圆正，酒精度在40°～43°；淡朗姆酒是在酿制过程中尽可能提取非酒精物质的朗姆酒，陈酿一年，呈淡黄棕色，香气淡雅，圆正，酒精度40°～43°，多作混合酒的基酒；传统朗姆酒陈年8～12年，呈琥珀色，在酿制过程中加焦糖调色，甘蔗香味突出，口味醇厚圆润，有时称为黑罗姆，也用来作鸡尾酒的基酒；浓香朗姆酒也叫强香朗姆酒，是用各种水果和香料串香而成的朗姆酒，其风格和干型利口酒相似，此酒香气浓郁，酒精度为54°。

根据风味特征，朗姆酒又分丰满型和清淡型两种类型。丰满型朗姆酒的生产，首先是将甘蔗糖蜜经过澄清处理，再接入能产生丁酸的细菌和能产生酒精的酵母菌，发酵12天以上，用壶式锅间歇蒸馏，得到酒度约86°的无色原朗姆酒，再放入经火烤的橡木桶中贮陈3年、6年、10年不等后兑制，有时用焦糖调色，使之成为金黄色或深棕色的酒品。丰满型朗姆酒酒体较重，糖蜜香和酒香浓郁，味辛而醇厚，以牙买加朗姆酒为代表。

清淡型朗姆酒以糖蜜或甘蔗原汁为原料，在发酵过程中只加酵母，发酵期短，用塔式连续蒸馏，原酒液酒精含量在95%以上，再将原酒在橡木桶中贮存半年至1年以后，即可取出勾兑，成品酒酒体无色或金黄色。清淡型朗姆酒以古巴朗姆酒为代表，酒体较轻，风味成分含量较少，无丁酸气味，口味清淡，是多种著名鸡尾酒的基酒。

2. 世界著名朗姆酒（产地）及品牌

朗姆酒的产地以西班牙语系和英语语系的岛国为主，如波多黎各、牙买加及东印度群岛的爪哇一带。加勒比海是生产朗姆酒最有名的地方，属于西班牙语系的波多黎各及古巴酿制浅色、无甜味的朗姆酒名闻遐迩；牙买加与英国殖民地则以深色、辛辣的朗姆酒出名。目前，维尔京群岛生产的浅色、无甜味的朗姆酒也享有盛名。另外，夏威夷之浅色、无甜味朗姆酒亦渐被引进市场。

常见的朗姆酒有以下几种。

（1）百加得朗姆酒（Bacardi Rum）。它是1862年源于古巴圣地亚哥的高档朗姆酒，口感纯正而顺滑，如图6.27所示。

（2）维尔京岛兰姆酒（Virginisland Rum）产自维尔京岛，它虽然质轻味谈，但比波多黎各岛产的有更多的糖蜜风味。

（3）牙买加兰姆酒（Jamaican Rum）。产自牙买加，味浓而干，黑褐色，是著名的朗姆酒品种。

图6.27 百加得朗姆酒

（4）巴贝多朗姆酒（Barbado Rum）。是一个叫巴贝多的地方所产。味道介于波多黎各岛朗姆酒与买加朗姆酒之间。

（5）海地朗姆酒（Haitian Rum）。产自海地，味很浓但很柔和。

（6）巴特维亚朗姆酒（Batavian Rum）。它是爪哇产的淡而辣的朗姆酒。它的特殊味道是因为特种糖蜜、水质以及加了稻米发酵的缘故。

（7）夏威夷兰姆酒（Hawahan Rum）。该酒酒质轻而柔和，如加上橙汁则是早餐和午餐之间的最佳饮品。

（8）皮尔陶里乐朗姆酒（Puerto Rico Rum）。产自波多黎各岛，以酒质轻而著名，有淡而香之特色。

3．朗姆酒的饮用与服务

一般饮用朗姆酒，斟倒在古典杯中再加两块冰就可以了。而古巴人喜欢用朗姆酒配成具有各种风味的酒。不管是首部的大宾馆，还是盛大的国宴上，最受外国游客和贵宾青睐的是"莫希多"配酒，它是用兰姆、白糖、柠檬汁、苏打水和冰块临时制成的混合饮料。在送给客人之前，在杯子里放置一片新鲜薄荷叶，让薄荷味漫到酒中，或放一棵当地生长的"吉祥草"。古巴地处热带，气候炎热，喝上一杯"莫希多"顿时精神大振。

6.2.4 金酒

金酒有许多称呼：香港、广东地区称为毡酒；台北称为琴酒，又因其含有特殊的杜松子味道，所以又被称为杜松子酒。据说金酒诞生于17世纪中叶，是由荷兰莱顿大学的医学教授西尔维斯（Sylvius）首创。他知道杜松莓油里含有一种成分可以利尿，于是加上纯酒精一齐蒸馏，以便得到较便宜的利尿药品，结果他成功了——不但是药，而且是一种新品种的酒。

1．金酒特点与分类

金酒是以添加杜松子与其他香料的酒液蒸馏或再蒸馏的无色烈酒。传统的金酒，酒液无色，澄清透明，晶亮，具有愉快而典型的杜松子香气和爽静的酒精香，静爽自然的风格。酒精度一般为35°～40°。金酒的生产以大麦、燕麦、粮食谷物为原料，以大麦芽为糖化剂，以酵母菌发剂蒸馏制得。也有以糖蜜为原料生产金酒的，但无论何种原料都加入一种产于北半球暖带地区的松柏科植物种子，即杜松子为原料。

金酒是近百年来调制鸡尾酒时最常使用的基酒，其配方多达千种以上，故有"金酒是鸡尾酒心脏"之说。金酒和威士忌、白兰地不同，不需混加一些其他的成分并放入木桶中等其成熟，不论是世界上任何名牌的金酒，与其他酒类相比，都可以用较便宜的价钱买到。这也是在国外金酒和人类生活趋于密切的缘故之一，所以金酒越来越受到配制鸡尾酒者的欢迎。

金酒若以酿造方法来区分，可以分为两种：一种为"蒸馏金酒"，另一种为"综合金酒"。金酒按口味风格可分为辣味金酒（干金酒）、老汤姆金酒（加甜金酒），荷兰金酒和果味金酒（芳香金酒）4种。辣味金酒质地较淡、清凉爽口，略带辣味，酒精含量约为80°～94°，老汤姆金酒是在辣味金酒中加入2%的糖分，使其带有怡人的甜辣味；荷兰金酒除了具有浓烈的杜松子气味外，还具有麦芽的芬芳，酒精含量通常为100°～110°；果味金酒是在干金酒中加入了成熟的水果和香料，如柑橘金酒、柠檬金酒、姜汁金酒等。

2．世界著名金酒（产地）及品牌

金酒所用的主要原料为一般的杂粮即大麦麦芽、裸麦麦芽、不发芽的大麦和裸麦，以及玉米等混合而成，使用一般的蒸馏器来蒸馏。

主产地英国的金酒是采用75%的玉米，15%的大麦芽与10%的其他谷类混合后，经粉碎、加热、发酵，再蒸馏至90°～94°的酒精液，加蒸馏水冲淡至51°，然后加进香料及杜松子共蒸而成，获得 80°的酒瓶再添加蒸馏水将酒度降至 38°～47°。我国最早生产金酒的厂家是青岛葡萄酒厂，目前其产品风味已接近英国金酒的水平。

金酒主要品种：

1）荷式金酒（Genever）

产于荷兰，主要产区集中在斯希丹（Schiedam）一带，金酒是荷兰的国酒。以大麦芽为主料（也有用玉米、黑麦）加入一些香料（如胡荽、苦杏仁、小豆蔻、桂皮、柠檬、橙皮等，最主要的是杜松子）蒸馏而成，其程序如下：先提炼谷物原酒，经过 3 次蒸馏后，再加入香料进行第四次蒸馏，最后去掉酒头及酒尾，便得到了金酒。它不需要陈酿，一般的酒度越高，酒质越好。

荷式金酒酒液无色透明，酒香与香料味突出，近乎怪异，个性强，微甜。酒精度在 52°左右，因酒的品味过于甜浓，可以盖过任何饮料，所以只适宜单饮，不宜作调制鸡尾酒的基酒。

荷式金酒比较著名的酒牌有亨克斯（Henkes）、波尔斯（Bols）、波克马（Bokma）、邦斯马（Bomsma）、哈瑟坎坡（Hasekamp）。

2）英式干金（London Dry Gin）

它是的意思是指不甜，不带原体味。英式干金生产程序简单，将烈性谷物原酒与杜松子和其他香料共同蒸馏，它透明无色，酒香调料香浓郁，口感干冽，醇美，爽适，深受世人欢迎，世界上有很多国家生产基地，尤以英国产的伦敦干金最佳。英式金酒的著名品牌有英王卫兵（Beefeather），也直译为必发达、哥顿/戈登斯（Gordon's）、天加利（Tanqueray）、红狮（Booth's High Dry）、皇牌伦敦干金（Ashby's London Dry Gin）、吉利蓓（Gilbey's）、波斯（Bols）、伊丽莎白女王（Queen Elixabeth）、老妇人（Old Lady's）、辛雷（Schenley）、伯内茨（Burnett's）。部分英式干金如图 6.28 所示。

图 6.28　部分英式干金

其中，哥顿/戈登斯为英国国饮。1769 年，亚历山大·哥顿在伦敦创办金酒厂，调制出香味独特的哥顿金。今天，它已成为世界销量第一的金酒，高达每秒 4 瓶。另外，天加利是由其天加利哥顿公司生产的，该公司是于 1898 年，由哥顿公司与查尔斯天加利公司合并产生的。天加利是金酒中的极品名酿，深厚干冽，具有独特的杜松子及其他香草配料的香味，是美国最著名的进口金酒。

3）美式金酒（American Gin）

美国金酒为淡金黄色，因为与其他金酒相比，它要在橡木桶中陈年一段时间。美国金酒主要有蒸馏金酒（Distiled Gin）和混合金酒（Mixed Gin）两大类。通常情况下，美国的蒸馏金酒在瓶底部有"D"字，这是美国蒸馏金酒的特殊标志。混合金酒是用食用酒精和杜松子简单混合而成的，很少用于单饮，多用于调制鸡尾酒。

4）其他国家的金酒

金酒的主要产地除荷兰、英国、美国以外还有德国、法国、比利时等国家。比较常见和有名的金酒有辛肯哈根（Schinkenhager，德国产）、布鲁克人（Bruggman，比利时产）、西利西特（Schlichte，德国产）、菲利埃斯（Filliers，比利时产）、多享卡特（Doornkaat，德国产）、弗兰斯（Fryns，比利时产）、克丽森（Claessens，法国产）、海特（Herte，比利时产）、罗斯（Loos，法国产）、康坡（Kampe，比利时产）、拉弗斯卡德（Lafoscade，法国产）、万达姆（Vanpamme，比利时产）、布芩吉维克（Brinevec，南斯拉夫产）。

3．金酒的饮用与服务

在酒吧中，每份金酒的标准用量为25毫升。于餐前或餐后饮用，需稍加冰镇，可净饮，这种方式以荷式最为常见。将酒放入冰桶、冰箱或用冰块降温，净饮时常用利口杯或古典杯。也可以兑水饮用，以伦敦干金最为常见。

6.2.5 伏特加

伏特加（Vodka）又名俄得克，"Vodka"一字源自俄语"生命之水"中"水"的发音"Voda"演变而来，是一种酒精浓度很高的蒸馏酒。在俄罗斯、芬兰、捷克、波兰等北欧和东欧国家，都是把蒸馏酒的酒精含量提得相当高，酒的原味就很少了。据称伏特加是用马铃薯制的，但实际上在俄罗斯和其他地方，是用谷物制造的。风味绝佳的伏特加酒，即使在科学发达的今日，仍无法以性能优越的连续式蒸馏机直接制造而得。

1．伏特加的特点

伏特加系依官方认可的酿造方法蒸馏而成。制酒厂必须遵循此法规制造不含任何特性、芳香或味道的无色烈酒。所谓"无色烈酒"是一种无任何特性、芳香或味道的高酒精含量蒸馏酒。伏特加可与其他酒类或饮料调和而吸引消费者，使得它的市场需求量提高。

2．世界著名伏特加（产地）及品牌

1）俄罗斯伏特加（Russia Vodka）

最初的用料为大麦，以后逐渐改用含淀粉的玉米、土豆，俄罗斯伏特加加在酿造酒醪和蒸馏原酒过程中与其他蒸馏酒并无特殊之处，区别在于伏特加要进行高纯度的酒精提炼，达到酒精浓度为190%，即相当于95°。经再次蒸馏精炼后注入白桦活性炭过滤槽中，进行缓慢的过滤，以使精馏液与活性炭分子充分接触而净化，将原酒中包含的酸类、醛类、醇类及其他微量物质去除，便得到了纯粹的伏特加，它不需要陈酿。

经过以上工序处理的伏特加，酒液无色，清亮透明如晶体，除酒香外，几乎没有什么别的香味，口味凶烈，劲大冲鼻，咽后腹暖，但饮后绝无上头的感觉。名品有莫斯科红牌、绿牌（Moskovskaya）、苏联伏特加（Stolichnaya，见图6.29）、波士伏特加（Bolskaya）、柠檬那亚（Limonnaya）、斯达卡（Starka）、俄罗斯卡亚（Russkaya）、斯托罗伐亚（Stolovaya）、伯特索夫卡（Pertsovka）。

2）波兰伏特加（Poland Vodka）

波兰伏特加在世界上颇有名气，它的酿造工艺与俄罗斯伏特加相似，区别只是波兰人在酿造过程中，加入许多草卉、植物、颗粒等调香原料，所以波兰伏特加比俄罗斯的更加香体丰富、更富韵味，名品有蓝野牛（Blue Bison）、维波罗瓦（Wyborowa）、朱波维卡（Zubrowka）。

3）其他地区的伏特加

如今伏特加已不再是俄罗斯的专利产品，很多国家如美、法、英、瑞典、荷兰等都生产与其品质不相上下的伏特加，名品有皇牌伏特加（Smirnoff，也译为斯米尔诺夫，美国产，如图6.30所示）、西尔弗拉多（Silverado，美国产）、三莫瓦（Samovar，美国产）、芬兰地亚（Finlandia，芬兰产，如图6.31所示）、瑞典伏特加（Absolut Vodka，也译为绝对伏特加，瑞典产）、哥萨克（Cossack，英国产）、夫拉地法特（Vladivat，英国产）、弗劳斯卡亚（Voloskaya，法国产）、卡林斯卡亚（Karinskaya，法国产）。

图6.29 苏联伏特加

图6.30 皇牌伏特加 　　　　图6.31 芬兰地亚

3. 伏特加的储存条件与饮用服务

伏特加的标准用量为40毫升/份，可选用利口杯净饮或古典杯加冰块及净饮用，作为佐餐酒或餐后酒，常温服务。单饮时，备凉水一杯。快饮是其主要的饮用方式。"大口大口地喝伏特加，佐以鱼子酱和熏鱼"常常被人们用来形容俄罗斯人及波兰人酷爱伏特加的情形。因伏特加是一种无臭无味又无香气的酒，非常适宜对果汁汽水饮用，也是鸡尾酒最佳的基酒之一。也有许多人喜欢冰镇后干饮，仿佛冰溶化于口中，进而转化成一股火焰般的清热。

知识链接 6-3

俄罗斯人喝伏特加的方法

俄罗斯人喝酒对酒杯比较讲究，普通老百姓家里都备有饮用啤酒、葡萄酒、白兰地、伏特加酒的各式专用酒杯。伏特加酒杯大多是 200～300 毫升的大杯子，饮伏特加之前需把它放进冰箱冷却一下，据说这样口感更好。俄罗斯人喝伏特加喜欢一口喝干，很是豪爽，当然一般情况下酒只倒酒杯的 2/3 左右。第一杯通常是一齐干下，以后各人按自己的酒量随意酌饮。不过，俄罗斯人喝酒从不耍滑，都极为诚实，一般不劝酒，有多少喝多少，直到喝倒。

6.2.6 特基拉酒

特基拉酒又称龙舌兰酒，酒精度达到 52°～53°，香气突出，口味凶烈，放入橡木桶中陈酿，色泽和口味都更加醇和，出厂时酒精度一般为 40°～50°，如图 6.32 所示。特基拉酒是墨西哥的特产，此酒口味凶烈，香气独特，被称为墨西哥的灵魂。特基拉是墨西哥的一个小镇，此酒以产地得名。

1. 特基拉酒的特点与分类

特基拉酒有时也被称为龙舌兰烈酒，是因为此酒的原料很特别，以龙舌兰为原料。龙舌兰是一种仙人掌科的植物，通常要生长 12 年，成熟后割下送至酒厂，再被割成两半后泡洗 24 小时。然后榨出汁来，汁水加糖送入发酵柜中发酵两天至两天半，然后经两次蒸馏，酒精度达 104°～106°，此时的酒香气突出，口味凶烈。然后放入橡木桶陈酿，陈酿时间不同，颜色和口味差异很大，白色者未经陈酿，银白色贮存期最多 3 年，金黄色酒贮存至少 2～4 年，特级特基拉需要更长的贮存期，装瓶时酒精度要稀释至 80%～100%。在当地有两种酒是用仙人掌汁配制的，一种称为"Pulgues"，这种酒在其他国家是根本喝不到的，因为它并不是专业酿酒厂制作的，而是家庭式的产品，当地的土族人采用仙人掌的甜汁加上发酵剂，十多天便可以酿成，但需在两天内饮完，根本不能运出去，这种酒味道似酸牛奶，清醇可口。另一种称为"Mesal"，很受欢迎，这是用墨西哥南部特产的一种叫作"Cathophora willi asms"的仙人掌酿制的烈性酒。

图 6.32 特基拉酒

2. 世界著名特基拉品牌

特基拉酒的名品有凯尔弗（Cuervo）、斗牛士（EI Toro）、索查（Sauza）、欧雷（Ole）、玛丽亚西（Mariachi）、特基拉安乔（Tequila Aneio）。

3. 特基拉酒的饮用与服务

特基拉酒的口味凶烈，香气很独特，它是墨西哥的国酒，墨西哥人对此情有独钟，饮酒方式也很独特,常用于净饮。每当饮酒时,墨西哥人总先在手背上倒些海盐粉末来吸食。然后用淹渍过的辣椒干、柠檬干佐酒,恰似火上烧油,美不胜言。另外一种口感比较清爽的喝法是,把冰块搅碎,加入龙舌兰酒。

小测验:品尝本章所列的各种蒸馏酒,试区分其不同。

本章小结

酒水知识是餐饮服务的重要内容,了解各类酒的特点才能正确地进行酒水服务。本章分别介绍了中国白酒、白兰地、威士忌、金酒、朗姆酒、伏特加、特基拉等酒的特点、分类、著名产地和品牌,以及各种酒的饮用和服务方式。

练习题

一、多项选择题

1. 中国白酒的著名品牌有( )。
   A. 茅台　　　　B. 五粮液　　　C. 剑南春　　　D. 古井贡酒
2. 白兰地的著名产地有( )。
   A. 干邑　　　　B. 雅邑　　　　C. 海地　　　　D. 夏威夷
3. 金酒的著名品牌是( )。
   A. 亨克斯　　　　　　　　　　B. 凯而弗
   C. 皇牌伦敦干金　　　　　　　D. 蓝野牛
4. 威士忌的主要饮用方法是( )。
   A. 加冰块　　　B. 净饮　　　　C. 兑水　　　　D. 兑咖啡
5. 伏特加的主要品牌有( )。
   A. 莫斯科红牌　B. 欧雷　　　　C. 皇牌伏特加　D. 莫斯科绿牌

二、判断题

1. 泸州老窖特曲属于酱香型白酒。（　　）
2. 啤酒是以小麦为原料,啤酒花为香料,经过发芽、糖化、发酵而制成的一种低酒精含量的原汁酒。（　　）
3. 根据风味特征,朗姆酒可分为丰满型和清淡型两种类型。（　　）
4. 金酒是调制鸡尾酒时最常使用的基酒,且具有杜松子香气。（　　）
5. 伏特加不可与其他酒类或饮料调和。（　　）

三、案例分析题

南方某酒店餐饮最近不到一周的时间,发生一起酒水投诉:洋酒存放太久,打开注入杯中有浑浊样,客人怀疑是假酒,摔杯投诉。餐饮部出面解决未果,后经总经理出面赔礼

道歉,并进行适当的减免,事态才得以平息。后来,餐饮部针对该事件,召开了分析会,并对直接责任者当班员工进行了处罚,以告诫其他员工。然而,这次事件过去不到 3 天,该酒店餐饮又发生一起酒水投诉事件。这次不是洋酒浑浊,而是啤酒里居然有只死苍蝇,让客人恶心不已。最后仍然是总经理出面才得以解决。

问题:从上述案例中你受到什么启发?你认为作为一个服务员,怎样根据已掌握的酒水知识避免此类投诉的发生?

第2篇

餐饮服务

第7章 餐饮服务方式与服务程序

学习目标

```
            总目标
    掌握餐饮服务方式与服务程
    ┌──────────┬──────────┬──────────┐
    知识目标      技能目标         能力目标
  了解餐厅的分类，认识  掌握中西餐摆台、点菜、斟酒、上菜、  掌握餐饮服务各个
  各种餐饮服务方式    分餐、席间服务等规范化服务技能   环节的注意事项
```

导入案例

一天傍晚，一位住店的老先生来中餐厅吃饭，在他第二次来吃饭的时候，小王注意到老先生非常喜欢吃酒店的一种味料——辣椒圈，如图 7.1 所示。他点的几个菜都没有吃完，唯独那辣椒圈，送上来他就津津有味地吃，并用它来下饭。于是小王走过去问："先生，要不要我再给你来一碟辣椒圈啊？"他听后，连忙高兴地说："好啊，这个好送饭、开胃，我每天和人家吃饭时餐餐是鱼、肉，很腻，这个好！"他指着辣椒圈说。

图 7.1 辣椒圈

第三天也差不多是这个时间，老先生又来吃饭了。小王主动走过去招待他，并送去关切的问候。在他的菜送上后，小王主动装了一小碗辣椒圈送到他的面前，老先生开心得连声道谢。

走时老先生还拍着小王的肩膀说："小伙子，你的服务真到家。说真的，以前我在其他地方谈生意，天天都陪人家出去吃饭，大鱼大肉的，吃得自己都没有胃口了，但人老了不按时吃饭不行啊，你们的辣椒圈真是太好吃了，开胃得很。"听着这位老先生的话小王开心得直点头，并对老人家说："欢迎您以后再来，我们一定尽力让您老尽兴而来，满意而归！"

酒店是一个为客人提供饮食、娱乐、住宿的场所。在当今生活节奏快、人们消费水平较高的情况下，一个星级酒店，不仅要有一流的设施，更要有为客人提供个性化、人情化的服务质量，能让客人在酒店消费过程中更加满意。因此，个性化服务是任重而道远。

问题

1. 该案例中，员工在用餐服务方面哪些方面做得好？对此，你有什么感想？
2. 根据自己在酒店所看到的设计一个服务程序。

> **关键词**
>
> 服务环节　服务程序　中西餐零点服务　中西餐宴会服务

7.1 餐饮服务方式

7.1.1 西餐常用服务方式

1. 美式服务

美式服务起源于美国的餐馆。这类餐厅不需要分菜服务，省时省力，服务效率高，主要适用于中低档次的西餐零点和宴会用餐。我国许多西餐厅都采用美式服务。其服务程序主要是，服务员接受客人的点菜后，将点菜单送至厨房。厨师依据点菜单将菜肴准备完毕，按每人一份的原则，将每道菜分置于餐盘中，由服务员端至客人身边，用左手从客人的左侧放在客人面前的餐桌上。美式服务也称盘式服务。服务时应遵循的原则：菜从左面上，饮料从右面上，用过的餐盘从右面撤下。这种服务方式快捷、方便、易于操作，但个性化服务程度较低，不利于烘托餐厅就餐气氛。

2. 俄式服务

俄式服务主要适用于高档的西餐宴会用餐。俄式服务起源于俄罗斯沙皇宫廷和贵族之中，后渐为欧洲其他国家所采用。当今欧美国家的豪华饭店大多采用这一服务形式。俄式服务是一种豪华的服务，使用大量的银质餐具，十分讲究礼节，风格典雅，能使客人享受到体贴入微的个人照顾。其服务程序如下：服务时所有的菜肴在厨房中加工，准备完毕后由厨师将一个餐桌上的菜肴按一道菜配一个银质大浅盘的原则，放置在大浅盘内，由服务员把盘端至餐厅；将空餐盘用托盘送到餐桌边上的服务台或边桌上；服务员用右手、按顺时针方向从客人的右侧将餐盘依次放在就餐者面前；空餐盘上完之后，服务员回到服务台或边桌，用左手托起放菜的大浅盘，右手拿餐具，用餐叉和餐勺配合，从客人的左边派菜；派菜前应向客人展示菜肴，将客人所需的菜肴分量夹到客人的餐盘里；派菜时按逆时针方向绕台为客人分餐服务。

在俄式服务过程中应当注意：派菜之前，应先向客人报出菜名，展示银盘内的菜肴。这样，既使客人充分欣赏到厨师的手艺，也让装饰漂亮的菜肴给客人以赏心悦目的感觉，利于增进客人的食欲。送上空盘时应注意，冷菜上冷盘，热菜上热盘；空盘从客人右边按顺时针方向摆放；派菜从客人的左侧按逆时针方向进行。分派菜肴时，服务员应灵活掌握其数量，分派的数量要符合客人的需要，剩余的食物应退回厨房。上汤时，用托盘将汤送入餐厅，放在客人面前。

3. 法式服务

法式服务也称"里兹服务"，是由恺撒·里兹（Cesar Ritz）于20世纪初发明的一种服务方式，主要用于豪华饭店高档的西餐零点用餐。法式服务比较重视礼节，其服务节奏较慢，服务成本高，用餐费用昂贵，擅长客前切割和燃焰表演，不仅能够烘托就餐气氛，还能为客人提供亲切而高雅的个人服务。法式餐厅如图 7.2 所示。

法式服务一般有 2 名专业服务员协作完成，一名为主，一名为辅。为主的服务员负责接受点菜、烹饪加工、桌面服务、结账等工作。为辅的服务员负责传递单据、物品、摆台、撤台等工作。

与俄式服务类似，法式服务使用大量银质餐具，餐具种类较多。具体服务过程是，就餐者点的菜肴大多要在客人面前的辅助边桌和手推烹制车上进行最后烹调。许多半成品的食品用

图 7.2　法式餐厅

银质大盘从厨房端到餐厅，放在边桌或烹制车上，用电或燃料的保温炉为食品保温。菜肴经过客前的烹调、加工整理和装饰之后，放在不同的餐盘（冷菜用冷盘，热菜用热盘）中，端给客人。需要注意的是，客前加工的菜肴食品必须在很短的时间内烹制、装盘、服务，所以只有适合于客前烹调的菜肴才能这样处理。上菜时，服务员用右手，从客人右侧服务。等所有客人都吃完后，才可收拾餐具。

4．自助式服务

自助式服务适应了当代社会人们生活节奏加快的特点。宾客进入餐厅就能到自助餐台上自己动手选择菜点，经济实惠，简单快捷。服务员餐前的主要任务是布置食品陈列台，餐中提供诸如撤收脏杯盘和补充食物等简单服务。

7.1.2　中餐常用服务方式

中华饮食源远流长，博大精深。中餐服务方式是指中餐在其长期的发展过程中博采众长，兼收并蓄，逐步形成的侍应和招待客人的服务方式。这种服务方式与中餐的餐饮习惯和菜肴特点相适应，并随着经济社会的发展和人们生活水平的提高而不断变革和进步。目前，中餐常用的服务方式有共餐式和分餐式两类。

1．共餐式服务

共餐式服务是中餐中传统的和最为普遍的服务方式。依其就餐人数的多少和就餐形式的不同，通常可分为零点服务和包餐服务。一般把宾客来到餐厅后才点菜就餐的服务方式称为零点服务或散客服务。

传统的共餐式服务，由就餐者用自己的筷子到菜盆中夹取菜肴；而今天的共餐式服务已在此基础上做了较大改进，在每个菜盘中放上了公筷或公勺，就餐时客人用公用餐具盛取喜爱的菜肴。

共餐式服务既使客人各取所需，比较自由，又节省饭店人力成本，一名服务员可以同时为多桌客人服务。

在共餐式服务中，转盘式服务是一种普遍使用的餐桌服务方式，适合用于大圆台的多人用餐服务，既可用于旅游团队、团体包餐，也适用于中餐的宴会服务。转盘式服务是在

一个大的圆桌上,安放一个直径为 90 厘米左右的转盘,将菜肴放置在转盘上,供就餐者夹取的就餐服务形式。转盘式服务取菜方便,非常适合团体就餐;方便客人交流,容易营造热烈的就餐气氛;客人自取菜肴的方式,比较节省人力。共餐式餐厅如图 7.3 所示。

图 7.3 共餐式餐厅

团体包餐是指根据旅游团队或其他团体活动的需要,按固定就餐人数、就餐标准、就餐规格、定时用餐的就餐形式。中餐宴会是遵循中国饮食习惯,体现中国饮食文化特色,品尝中国菜肴,啜饮中国酒品,使用中国餐具,兴中国礼仪的传统聚餐形式。两者使用转盘式服务,迎合了中国人聚餐喜好亲和热闹,重视感情融通的文化心理特点。

2. 分餐式服务

中国人习惯共同进食的"和餐"制,互相夹菜以示礼让。但随着生活水平的提升和健康问题的凸现,人们开始考虑"移风易俗"。分餐式服务正是吸收了西餐服务的优点,使之与中餐服务相结合的一种服务方法,故有"中餐西吃"的说法,分餐方式已经为越来越多的中国人所接受和采纳。分餐式服务主要有 3 种形式:①厨师分餐,厨师在厨房将制作的菜点成品按每客一份分配,由服务员送到每位宾客面前;②服务员分餐,餐厅服务员在服务餐桌或台面上将菜点成品分配给每位就餐者进食;③宾客自行分餐,客人通过使用公筷、公勺等公用餐具分取菜点成品,各自食用。事实上,即使在共餐式服务中,也已融入了许多分餐式服务的内容。

分餐是企业和消费者的互动行为。对宾客而言,分餐是一种就餐的方式;对经营者来说,是提供服务的方式。尽管中国烹饪协会早在 1993 年底就向全国提出推广分餐制,但是直到现在,中餐分餐服务仍不理想。这其中固然有餐饮业成本增加的困难,但更大的阻力来自于消费者根深蒂固的饮食习惯。餐饮业有责任通过简单易行的方式,积极引导消费者潜移默化地接收分餐式服务。

知识链接 7-1

法 式 服 务

1. 法式服务摆台

(1) 在距桌边约 3 厘米处放一个底盘。
(2) 在底盘上放置一条叠好的餐巾。
(3) 餐叉置于底盘的左侧,叉柄末端紧靠桌边。
(4) 汤匙放在靠近餐刀的右侧。
(5) 黄油碟置于餐叉的左侧,碟上放黄油刀一把,与餐刀平行。
(6) 在底碟的正前端,放点心叉及点心匙。
(7) 饮水用的玻璃杯(或酒杯)放在餐刀的上端。

2. 法式菜肴服务

1）上汤

（1）当客人点的汤制好后，服务员用银盘端进餐厅置于火炉上保温。

（2）端进来的汤要比需要量多些，剩下的可送回厨房，重新加热后供应给其他客人。

（3）汤盘应放在客人的底盘之上，其间放一块叠好的餐巾。汤是从银盆盛到汤盘里，然后用右手从客人的右侧端上。

2）上主菜

（1）法式服务中，主菜和其他菜的服务方式一样。

（2）色拉和主菜要同时端上，色拉用左手从客人左侧服务，放在黄油碟下。

7.2 餐饮服务环节与程序

7.2.1 餐前准备环节

1. 任务分配

为了方便管理，通常餐厅会把所有的餐位按一定规律分成几个服务区域，然后按照区域分配给服务员管理。由于客人对用餐区域的不同选择趋向，可能会出现各区域忙闲不一的情形。为了尽量达到公平合理，保证服务质量，餐厅经理常常会给服务员调剂不同的区域。

服务员到位后，自行从告示栏上或从餐厅经理的特别交代中，了解自己分配的服务区域，接受任务后，进行开餐准备工作。

2. 开餐准备

1）餐前卫生

客人对饭店的认识往往是从表面开始的。卫生、整洁、舒适、美观，应该是餐厅留给客人的第一视觉印象。

由餐厅领班制定一个日程表，安排服务员轮流承担不同的清洁工作，确保就餐环境的整洁、优雅；服务员负责服务区域内餐饮用具、用品的卫生，用干净的专用布擦拭各种器皿，保证其清洁光亮，无水迹、无油渍、无污迹斑印、无指纹，玻璃器皿无破损，金属器具不变性、布巾类无破洞、无霉点和污迹，调味品和其他服务用品干净整洁等。餐前准备还要注意安全环节，及时检查诸如灯具、餐具、地面、火锅等物品和设施可能存在的不安全因素，发现问题立即解决。

2）物品准备

一般餐饮服务需要准备足够使用的餐桌、座椅、烟缸、瓷器、玻璃器皿、桌布、餐巾、桌号牌、菜单、酒水单、调味品、开瓶器、圆珠笔、收款夹、托盘、茶具等用品；西餐服务使用餐具多种多样，不同菜式选用不同餐具，所以还要准备磁盘、刀叉、咖啡具、盐瓶、糖罐、奶罐、烛台、冰水壶等用品。中西餐宴会服务还要对过道、地毯、餐桌布局、舞台、灯光、横幅、旗帜、扩音设备、音响等进行必要和适当的安排。"餐具按中外习惯成套配置，材质高档，工艺精致，有特色，无破损磨痕，光洁、卫生"，是《旅游饭店星级划分及评定》中对五星级饭店的配置要求。

3）摆台

摆台就是为宾客摆放餐桌椅、确定席位、摆放餐具用品、布置台面、美化席面的服务。摆台要求做到配套齐全、整洁有序、放置适当、方便就餐，给人以美观艺术的视觉印象。摆台可分为中餐摆台和西餐摆台两大类，这里着重介绍中西餐宴会摆台和中西餐零点摆台。

（1）中餐宴会摆台。

① 摆台的服务程序。

铺桌布。中餐宴会的餐桌一般都使用直径180厘米的圆桌和玻璃转盘。服务员站在与主位成90°角的左侧或右侧，将折叠好的台布放在餐桌中央；将台布打开，找出台布正朝向自己一侧的边缘，用手指捏住，抖动手腕，抛出台布，借助产生的气流将台布铺在餐桌上。要求动作干净利落，一次到位。铺好的台布图案花饰端正，中间鼓缝穿过正副主人的位置，十字折线居中，四角与桌腿呈直线平行，与地面垂直，四边均匀下垂，以30厘米为宜。

放转盘。转盘摆在桌面中央的圆形滑道上，检查转盘是否旋转灵活。

配齐桌椅。根据出席宴会的人数配齐餐椅。

托拿餐具。使用托盘拿餐具，左手拿托盘，右手拿餐具。

图7.4 餐具摆放标准

摆放餐具。餐具摆放标准如图7.4所示。从主人座位处开始按顺时针方向依次用右手摆放骨碟、调味碟、汤碗、汤勺；摆筷架、银勺和筷子；摆放玻璃酒杯、烈性酒杯、水杯等玻璃器皿；摆公用餐具和烟灰缸、打火机；摆放宴会菜单、台号，最后在转盘正中摆放花瓶或插花，以示摆台结束。

② 中餐宴会摆台注意事项。

注意合理布局。饭店应根据宴会厅结构、面积、空间、形状、光线、设备状况，以及宾客宴会主题、参加人数、接待规格、习惯禁忌、特别要求、时令季节等现实情况，合理设计宴会的餐桌排列组合的总体布局，以能够充分表现出主人的办会意图，体现宴会的规格标准，烘托宴会的热烈气氛，有利于宾客就餐为最佳选择。同时也要考虑为服务员摆台、席间服务创造便利条件。

注意选用合适的台布颜色。一般一个餐厅只选用一种颜色的台布，否则会使人眼花缭乱，喧宾夺主。

摆台后要做好检查工作。一要检查台面摆设有无遗漏；二要检查台面物品的摆放是否符合规范；三要检查座椅是否配齐、完好。

（2）中餐零点摆台。

由于零点餐厅餐桌相对固定，无需餐餐变化，就餐者也无主客之分，早、中、晚餐台面要求变化不大，因此，只需进行桌面摆放即可，如图7.5所示。零点摆台服务与中餐宴会服务程序基本一致,这里重点强调零点摆台注意事项。

① 如周围餐桌有客人正在用餐而需翻台时,不可大幅度地抖动台布,以免影响其他客人就餐。

② 如遇有不会使用筷子的宾客,在席位上要加放餐刀、餐叉等餐具,以方便客人使用。

③ 几位宾客同时进餐时,应摆放公筷、公勺,既方便主人为宾客派菜和其他人取菜使用,又讲究卫生。

图 7.5　中餐零点摆台式样

(3) 西餐宴会摆台。

西餐宴会一般使用长台,可根据宴会人数、宴会厅形状、面积特点和宾客的要求来安排台子的大小和台形,长台可以拼接而成。椅子之间的距离不得少于20厘米,餐台两边的椅子应对称摆放。摆台时应按照一底盘、二餐盘、三酒水杯、四调料用具、五艺术摆设的程序进行,尽量将此次宴会使用的全部刀叉都摆在餐台上。

① 铺台布。由于使用长台,铺台布工作一般由2~4名服务员共同完成,做到台布正面朝上,中心线对正,两侧下垂部分均匀、美观、整齐。

② 摆餐具。左手垫上餐巾,保住盘底,从主人位置开始按顺时针方向用右手在每个席位正中摆放餐具。

③ 摆刀叉。从餐盘的右侧由左向右依次摆放主菜刀、鱼刀、汤勺、开胃品餐刀;然后再从餐盘的左侧从右向左依次摆放主菜叉、鱼叉、开胃品叉。

④ 摆甜品刀叉。在餐盘的正前方横放甜品叉、甜品勺。甜品叉在下,叉齿朝右。甜品勺在上,勺头朝左。

⑤ 摆面包盘、黄油刀。紧靠开胃菜叉的左侧摆面包盘,在面包盘靠右侧1/3处摆放黄油刀,刀刃向右。

⑥ 摆酒杯。冰水杯、红葡萄酒杯、白葡萄酒杯从左到右依次摆放成斜直线,与水平线成45°角。

⑦ 叠餐巾花。将叠好的盘花摆在餐盘正中,注意把不同式样、不同高度的餐巾花搭配摆放。

图 7.6　西餐摆台式样

⑧ 摆放用具。盐瓶、胡椒瓶、牙签桶按4人一套的标准摆在餐台中线位置上。鲜花高度不能妨碍宾客视线;菜单每桌不少于两份;摆放好席位卡。西餐摆台式样如图 7.6 所示。

(4) 西餐零点摆台。

西餐早餐一般由咖啡厅提供,主要有美式、欧陆式及零点、自助早餐等类型,其摆台方法略有差异。传统的欧陆式早餐不提供蛋类、肉类和奶酪,所以无需用叉,也可不用面包盘;美式早餐提供冰水、果汁、麦片等,所以需要摆放多用杯和汤匙。有些客人在午、晚餐时选点一道汤和一道大菜,摆台时应把添加的相应餐具摆放到规范位置。

知识链接 7-2

中餐摆台

1. 摆台及基本要求

摆台就是为客人就餐安排餐台和席位，并提供必要的就餐用具。摆台包括餐桌的布局、铺台布、安排席位、准备用具、摆放餐具、美化台面等，摆台技术是餐厅服务员的基本功，是宴会设计的重要内容，摆台的好坏直接影响服务质量和餐厅的面貌。

摆台的基本要求如下。

（1）摆台所用的台布、餐巾餐具、小件物品调料品、桌椅子、其他装饰物品等要符合卫生要求，以防污染。

（2）餐台的布局要做到台型设计考察合理、井然有序，方便客人就餐，同时又能确保服务工作的顺利进行。

（3）台面的设计要充分尊重客人的民族人习惯和饮食习惯，符合待客的礼仪要求。

（4）根据就餐规格和形式设计台面，所配餐具、用具要配套、齐全。

（5）餐具摆放要有条理，各席位的餐具要相对集中，席位之间有明显空隙，既要方便客人用餐，又要便于餐间服务。

（6）桌面装饰盆花的设计要能体现宴会的主题，力求造型逼真、美观、得体、实用。

2. 摆台操作细则

1）挑选餐具

酒具、餐巾台布、托盘。

注意：挑选酒具时，对着阳光或灯光检查。

要求：各种餐具无破损、干净、无污迹；玻璃器皿无指纹、水渍、污迹。

餐巾、台布：干净无污、挺括、烫平、无破损，托盘洁净。

根据宴会的不同内容，选择不同的餐用具。

2）检查桌椅

将桌椅放于固定位置。

（1）注意：①轻微摇桌椅，检查稳固性（桌椅出现问题及时填维修单送给工程部）；②桌椅摆放动作要轻，要抬起来，不要在地上拖。

（2）要求：①桌椅相距以便于服务人员摆台为准，桌腿摆放位置统一，椅不可乱放；②主人位和副主人位一定要对齐，其他座位根据人数间距相等摆放；③订单人数确定时，一定要按照订单人数摆放。

3）铺台布

（1）要求：①站在副主位将台布铺于餐台上；②将折叠好的台面从中间处抓起，将抓起的台布，用撒网式、推拉式或抖铺式的方法铺好，动作干净利索，一次铺平到位；③落台的台布要平整，正面朝上；④台布中点位于桌子中点上，中线一端冲门，中线将桌面平分成两份，即凸缝两端分别对准确主人与副主人；⑤下垂部分均匀，距地面距离相等。

（2）注意事项：①台布的规格应与餐桌的规格相对应，台布距离地面不能超过5厘米；②台布的颜色、花纹等应与餐厅的装饰、环境相协调；③铺台布前应洗净双手。

4）摆转盘

用滚放法将转盘放于桌中，用转动法检验，保证转盘在桌中央。

要求：①检查转盘转动灵活；②转盘必须明亮无污；③转盘四周边沿距桌边沿的距离相同。

5）摆餐椅

（1）根据出席人数配齐餐椅。

（2）一般在包厢里，如果有足够的位置应适当配一两张餐椅在房间里，以防止突然增加客人。

（3）也可根据正副主人位的位置，以与其间距相等的方式摆设（10～16人均可）。

6）摆餐具

操作步骤如下。

（1）看盘、骨碟放于托盘中托好，从主人位开始定位，顺时针依次摆好。骨碟放在看盘上，看盘必须摆在座位的正中，距离桌边1厘米。

（2）味碟、翅碗、小勺放于托盘托好，味碟、翅碗放于装饰碟子垂直线上方两边，翅碗距离装饰碟1厘米或1.5厘米。翅碗上小勺把朝左。

（3）将筷架放置于味碟的右边，距味碟1厘米，与翅碗、味碟的中线在一条直线上。

（4）金餐勺和筷子平行放在筷架上，筷子尾部距桌边沿1.5厘米，金餐勺距装饰碟1.5厘米。金餐勺与筷子中间放上牙签袋。

（5）将3种酒杯放在托盘上托好，红酒杯放在味碟、翅碗中间，与看盘的垂直中线在一条线上，左1厘米放水杯，右1厘米放白酒杯，3个杯子中心线成一直线。水杯与翅碗距离1.5厘米。

（6）餐巾花插入水杯中或叠成盘花放在骨碟上。

从主人位右侧开始，每隔两个座位摆放一个烟灰缸，烟缸的前端应在水杯的外切线上，成品字形摆放。

3. 熟悉菜单

服务人员对菜单的熟悉情况，既关系到饭店服务质量，更会影响菜点的推销，也是不容忽视的重要一环。只有对菜单了如指掌，才会利用有利时机向客人提出适当建议，积极引导客人消费。应当从以下几个方面熟悉菜单。

1）熟悉菜单内容

无论中餐、西餐，菜单内容都按一定顺序排列，服务员应掌握菜单排列的规律。早、中、晚餐包括主菜、配菜、套菜种类等。既要熟悉固定菜单，又要熟悉菜单变化，记住当日特选菜式、招牌菜式、优惠菜式。《旅游饭店星级的划分及评定》中规定，五星级饭店的菜单及饮品单应当装帧精美，完整清洁，出菜率不低于90%。

2）熟悉烹调方法

随着健康饮食理念的深入人心，宾客点餐时，更希望探究一下菜点的原料构成、制作工艺、烹调方法、营养价值和食疗功效等内容,对相应的菜点知识服务员应当熟练掌握,遇到宾客提问时能够做到对答如流。

4. 餐前例会

在服务员基本完成各项准备工作、餐厅即将开门营业前,按惯例由餐厅经理和领班主持召开餐前例会。其程序如下:①检查服务员仪容仪表;②通报当日客情;③总结前日营业状况,强调当日营业注意事项。

餐前例会结束后,餐厅工作人员迅速进入各自工作岗位,按照具体分工,准备开餐。

7.2.2 开餐服务环节与程序

1. 迎接宾客

迎宾服务员第一个代表餐厅接触客人,应当微笑着使用敬语问候来宾,表现出热情好客的精神风貌,为以后的餐饮服务各环节打下良好基础。在零点餐厅,迎宾员通常在开餐前5分钟前候客,见到客人后,询问是否已经预订;宴会迎宾应根据入场时间,提前迎候宾客。

2. 衣帽存放

客人脱外衣时,应及时将客人的衣帽挂到衣架上或椅背上;如有客人携带雨具、行李等物品也要帮助客人一一存放好,保证物品安全。

3. 引客入座

安排客人就座是餐饮服务灵活性的具体体现,服务员应学会快速观察客人特点,把握客人消费要求。

(1)一张餐桌只安排同一批客人就座。

(2)第一批进店的客人应安排在靠窗口的座位上,以示酒店生意兴隆。

(3)高声大气的商务客人,应安排在餐厅中心位置,以满足其喜欢受重视的心理。

(4)衣着光鲜者,最好安排在餐厅的显眼位置上,以使其受到更多的关注。

(5)情侣客人喜欢被引领到安静的角落就餐。

(6)客人中的女宾应安排在视线较好的位子上,按女士优先原则为宾客拉椅让座。

(7)如有儿童就餐,要提供合适的桌椅、餐具。

(8)接待冷餐酒会时,开餐前15分钟,在宴会厅门外为先到的宾客提供鸡尾酒、饮料和简单小吃,就会时间将到,引领宾客进入宴会厅。

(9)对已经预订的客人,直接将其领到预订桌号前即可。

(10)优先安排主宾、妇女、老人、残疾人或其他特殊客人入座。

(11)要掌握餐厅里的客流量,避免将两批客人同时安排在同一服务区域,这样既使客人能得到快捷的服务,也减轻服务员的工作压力。

(12)对待经常来就餐的客人,要记住其常用的心仪餐位;对要求调整餐位的客人应尽量满足其要求,如果实在调整有困难,要耐心地解释清楚。

4. 菜单服务

菜单是向客人提供酒水、菜品的指南，如图 7.7 所示。菜单通常有菜品名称、菜品的份额和价格、描述性说明、推销性信息等部分组成。客人点酒点菜是购买饭店餐饮产品的重要阶段，它关系到整个服务过程的成败。如果菜单服务环节不周到，可能会阻碍产品销售的顺利进行。因此，餐厅经理、主管、领班、服务员都应认识到菜单服务的重要性，熟练掌握点酒、点菜环节的基本服务程序与服务方法。

1）菜单服务程序

菜单服务的基本程序：递送茶水—毛巾—递送菜酒单—点酒菜—记录菜名和酒水及烹制特殊要求—开单分送到厨房和收银台。

图 7.7 菜单

从程序上看，这些形式非常简单，然而要将这些程序恰到好处地结合起来，达到宾客满意的效果，却不是一件简单的事情。宾客对酒水、菜肴的喜好不同，饮食习惯各异，对餐厅供应产品的熟悉程度不同，对菜肴风味和产品价格的要求不同，这些都需要服务员在菜单服务过程中细致观察、注意、判断，主动服务，以投客人所好。

2）掌握服务方法

服务方法是在服务意识的支配下所体现出来的具体服务形式。在菜单服务过程中，服务员应注意以下几点。

（1）准确把握点菜时机和节奏。客人入座后，有的要等客或小憩，并不马上点餐；有的则愿立即点菜，不愿等待。服务员应先为客人提供茶水和毛巾，询问客人是否开始点菜。

（2）主动与客人沟通，介绍当天的菜式或帮助客人推荐菜式。客人点菜时，服务员应仔细倾听，认真记录；若客人点的菜当天没有或已售完，要向客人道歉，并建议客人点选其他菜肴。

（3）善于观察客人表情，揣摩客人心理，及时推荐菜肴。有的客人点餐时显得心急火燎，有的点菜时不紧不慢，尽可能点得周全。通过察言观色，针对不同的服务需求，服务员应及时与客人沟通，推荐出符合客人实际需要的菜品，使客人吃得舒心满意。这种善解人意、体贴入微的服务就是服务业所倡导的温暖服务。

（4）观察客人习惯，捕捉客人谈话信息。有的客人用餐主要为聚会畅谈目的，不需要高档菜点，服务员要适当推荐经济实惠类菜品；有些客人点菜不在乎价格，服务员就要迎合其讲究排场、品尝风味的心理，不断提出各种建议，着重推销价格较高的菜肴。

（5）因势利导，主动与客人商定点菜。有的客人一落座就要求看菜单，而有的客人则不喜欢翻看菜单，只愿意向服务员询问，有的客人即使翻看菜单也是跟着感觉点菜。这时服务员应主动为其出谋划策，为客人形容菜的样式、形象，介绍主辅料搭配、口味特点、营养价值，与客人形成互动，拉近与客人的距离，消除客人的疑虑，不失时机地推销菜品。

（6）了解文化差异，通过服务，充分展示出不同饮食文化的魅力。餐饮点菜的服务过程，实际上也是一个饮食文化的传播过程。有些中国宾客不了解西方饮食文化，到西餐厅就餐会感觉无所适从，不知如何点餐。这时服务员就要热情服务，耐心介绍，帮助客人点酒菜，恰当地推销奶酪、甜点、佐餐酒，使宾客真正体验到享受西餐文化的乐趣。同样，外国人到中餐厅就餐也会遇到问题，服务员也要在了解宾客国籍、尊重其民族风俗习惯的基础上，有针对性地服务，充分展现中国饮食文化的魅力。

（7）西餐是分餐制，客人各自点完自己喜爱的菜肴后，服务员要礼貌地征询宾客是否分单结账。

（8）积极引导宾客适度点餐，文明就餐，合理搭配膳食，引领科学消费、健康消费的新风尚。

（9）餐厅领班要不断督促服务员及时与客人沟通，把握营销时机。督促每一个服务员向客人介绍、推销产品也是餐厅领班的职责之一，餐厅领班要以身作则，与所辖区域服务员形成互动，创造良好的服务氛围。

（10）客人点完菜后，服务员要清楚地重述一遍，待宾客确认后，向客人道谢。

7.2.3 就餐服务环节与程序

1．酒水服务

1）酒水准备

酒水通常在菜品之前呈送。开餐前各种酒水饮料要事先备齐，将酒水瓶擦拭干净，并检查酒水的保质期和酒水质量，如发现瓶子破裂或酒水有变质现象应及时更换。酒水准备工作还包括对酒水温度的处理，服务员要了解各种酒水的最佳奉客温度，并采取升温或降温的方法使酒品温度适于饮用。

2）开酒瓶

酒瓶封口方式常见的有瓶盖和瓶塞两种。使用正确的开瓶工具，轻轻开启，尽量减少瓶体晃动；开启瓶塞后，要用干净的布巾擦拭瓶口。

3）斟酒

中餐饮酒杯具可一次性摆放，位置始终不动。斟酒分徒手斟酒和托盘斟酒。无论采用哪种方式都要做到动作优雅、细腻，处处体现对宾客的尊重并注意服务卫生。

案例分析

> 吴先生是某饭店的长住客人，他脾气大，爱挑剔，常常因一点小事就大发雷霆。
> 一次吴先生在中餐厅就餐，服务员在吧台前把一瓶啤酒开启后，送到餐桌上欲斟之际，吴先生怒视服务员说："为什么把别人用过的酒给我用？岂有此理，找你们经理去。"
> 问题：吴先生为什么会发怒？服务员的正确做法应是怎样的？
> 点评：进行酒水服务时首先要向客人示酒，待客人确认所点酒水并获得客人同意后，方可当面帮助客人开启酒水，进行服务。案例中服务员未经吴先生允许便开启酒水，而且未当面为吴先生开启，使得吴先生大发雷霆。在餐饮服务过程中，应避免此类失误。

2. 上菜服务

中西餐上菜要求不同，但都讲究礼仪、顺序、节奏，要求服务员具备熟练的服务技能和强烈的服务意识。

长时间等待是客人用餐最烦恼的事情之一，所以菜肴一加工好就应立即上菜。上任何一道菜前应先核对菜名与台号座位是否相符，避免差错。一旦发现上错了菜，应真诚地向客人赔礼道歉，立即采取补救措施；上菜时间间隔要根据宾客的进餐速度灵活掌握。

1）上菜程序

（1）西餐上菜的顺序：开胃品—汤—副菜—色拉—主菜—甜点—咖啡或茶。英式早餐按照热饮—果汁—面包—谷类食物—蛋类食物—甜食的顺序上菜。许多西餐扒房的主菜是在宾客面前烹制表演，切割装盘的，上菜时，应让主菜、肉类靠近宾客面前，蔬菜则靠近桌心方向。美式宴会上菜顺序：头盘—汤—副盘—主菜—甜食—咖啡或菜。上菜时遵循女士优先的原则。

（2）中餐上菜顺序自古就比较讲究。清朝袁枚的《随园食单》，就曾对上菜程序作过如下论述："上菜之法，咸者宜先，淡者宜后，浓者宜先，薄者宜后，无汤者宜先，有汤者宜后。度客食饱则脾困矣，需用辛辣以振之；虑客酒多则胃疲矣，需用酸甘以提醒之。"学者从营养学、生理学角度阐述了中餐上菜程序的科学性和实用性。

（3）宴会服务计划性强，其上菜时间、规格和顺序相对要求更严。

① 中餐会上菜程序。目前中餐宴会的上菜程序一般为凉菜—主菜—热菜—汤菜—甜菜—水果。

中国地方菜系很多，菜系不同，宴会席面不同，其菜肴设计安排也不同，在上菜程序上也不会完全一致，如全鸭席的主菜，北京烤鸭就是作为最后一道大菜上的，被称为"千呼万唤始出来"。

② 西餐宴会服务按菜单顺序上菜，撤盘。每上一道菜前，应先撤下上一道菜的盘碟；上甜食前，撤去酒杯外的主菜餐具、面包盘、黄油碟、胡椒盐、盐瓶等所有餐具，将甜食叉、勺分别移到客人左右侧位置。

（4）客房送餐服务将准备好的食品、饮料送至楼层，采取相应措施保证热的食物、饮料热供应，冷的食物、饮料冷供应。进房后，要礼貌地征询客人，按照客人意愿将菜点摆在其喜欢的地方。

2）上菜服务注意事项

（1）掌握上菜时间。有一些特殊菜肴，如拔丝菜，有响声的菜，易变形的炸、爆炒菜类，这些菜一出锅就要以最快的速度端上餐台，否则菜肴容易失去原有的风味效果。原盅炖品菜，上餐台后要当着客人的面启盖，以保持原炖品味，使香气在席间散发；揭盖时要翻转移开，以免汤水滴落到客人身上。上泥包、荷叶包类的菜，要先上台请客人观赏后，再拿到操作台上当着客人的面打破或启封，以保持菜肴的香味和特色。

（2）中餐上菜常常是所有菜点同时上台，服务员要注意台面不同菜肴的搭配摆放，尤其是荤素和颜色的搭配。

（3）控制好上菜节奏，台面上的菜肴放不下时，应征求客人意见，对台面进行整理，撤、并剩菜不多的盘子，切勿将菜盘叠加起来。

（4）上菜时间慢有许多原因。例如，因为顾客太多、菜单传递速度慢；原料前加工做得不好，经常临时准备；有些原料属于点菜频率较低的菜，原料准备不够等。不管什么原因使得客人长久等待都会引起客人不满，服务员一定要耐心安抚客人。

（5）所有的菜肴上完后应告知客人，并询问客人品种、数量正确与否，最后祝客人用餐愉快。

3. 分餐服务

（1）分餐时，手法卫生，动作利索，分量均匀，分好的菜肴尽量保持原型。
（2）整鸡、整鸭、整鱼等菜肴，应协助客人分切成易于筷子夹取的大小和形状。
（3）分餐的次序：主宾、主人，然后按顺时针方向绕台进行。
（4）分菜过程要尽量缩短，不至于使后分到菜的客人等得太久。

4. 席间服务

席间服务时间长，程序复杂，要求服务员应重视每一个服务环节，不能因小失大，影响服务的整体效果。

（1）客人在用餐过程中，服务员要勤巡视服务区域，注意观察客人用餐情况，及时更换使用过的菜碟、餐具、烟缸和纸巾等，随时保持餐桌整洁。

（2）根据客人需求情况，及时为客人斟倒酒水和茶水。

（3）西餐服务中，等客人把一道菜吃完后再撤盘，不要单独给个别进餐速度较快的客人撤盘，以免使其尴尬。

（4）较高级的酒席、宴会，往往需要两种以上的酒水饮料品种，并配有冷、热、海鲜、汤、羹、甜、咸、炒、烩、扒、煎等不同的菜品。因此，席间服务时，需要及时地更换小件餐具、用品。

（5）宾客在用餐过程中，遇有以下几种情况需要更换骨碟：①凡是吃过冷菜换吃热菜时；②凡装过鱼腥味食物的骨碟，再吃其他类型的菜肴时；③用汁芡各异、味道有别的菜肴时；④出现骨碟洒落酒水、饮料时，更换骨碟要从客人的左侧进行。

（6）客人进餐中提出问题时，要及时准确地解答。

（7）当客人遇到困难时，要积极想办法为其解决，如客人对某种菜肴或酒水不满意时，先征求客人意见，按其要求来决定处理办法。

（8）准确把握热情服务和"无干扰"服务的尺度，做到得体服务。服务员既要热情服务，更要学会掌握服务的分寸与尺度，"无干扰服务"是现代酒店流行的服务理念。席间服务的热情周到，要以客人的具体需要为前提。例如，见到客人需要安静时，就不要上前打扰，站在稍远处静候招呼；布菜、盛汤、倒酒、添饭时，也要征得客人同意，不要自作主张，引起客人反感；掌握好服务节奏，不能使客人产生一种紧张压迫感。又如，客人谈兴正浓时，本应该进行的服务程序可稍做推迟，否则打断谈话，会破坏气氛，令宾客扫兴。

灵活掌握恰到好处的服务时机并不容易，需要服务员在长期的用心服务中不断体验、感悟、揣摩、总结，才能使服务技能得到理性升华。

7.2.4 餐后服务环节与程序

1．结账服务

饭店结账可分为现金结账、票证结账和记账等形式。现金结账要求用人民币结算；票证结账可以用支票、信用卡和餐券等票据；住店客人、会议用餐、饭店的合同单位等可使用住宿卡、餐卡、合同记账单等票证结账。结账属于餐饮服务的收尾环节，结账中的每一个微小失误，都可能使服务成绩丧失殆尽。

（1）注意结账时间。服务员一般不能催促客人结账，要等客人主动提出结账时才能进行结账服务。

（2）熟悉结账程序。客人用餐完毕或客人示意结账前，服务员应检查所有单据有无错漏，然后交收银台打单。客人付款后要当面点清，并重复一遍给客人听。

（3）宴会服务上菜完毕后，即可做结账准备，清点所有酒水、香烟、加菜等宴会菜单以外的费用累计总数。

（4）旅游团体包餐，餐毕，将其用餐账单整理好后，请订餐单位的陪同人员或随团的地方负责人签字并交至收银台，收银台核对无误后，转入该旅行社在饭店所设的总账中，已备定期统一结账。

（5）住店客人餐厅用餐或客房用餐，一般采取签单方式，服务员只需将客人签过字的账单收回入账即可。

2．送客服务

（1）客人用餐完毕，服务员要站立恭候，随时送客。

（2）如客人愿意将剩余食品打包带走，应积极配合提供用具。

（3）客人离开时，要帮助客人拉开餐椅，拿取衣物，提醒客人不要遗忘物品；对行动不便的客人应主动上前搀扶。

（4）站在餐厅门口微笑送客，欢迎宾客再次光临。

3．清理餐台

（1）客人走后，应立即检查台面、地毯上是否留有燃着的烟头等不安全隐患，检查是否有客人遗留物品。

（2）收台工作要分工进行，按照"一餐巾、二银器、三玻璃、四瓷器"的顺序撤掉所有用过的餐具，清理餐桌。如在零点餐厅撤台，更要注意文明操作，不能惊扰其他宾客用餐。

（3）清理地面，整理卫生，使餐桌恢复餐前原状，为下一餐做好准备。

（4）客房收餐时，如客人在房间内，服务员动作要轻，速度要快，迅速检查餐具有无遗失；当客人不在房间时，请楼层服务员开门，及时将餐车、托盘、餐具等撤出。

小测验：餐厅服务员如何服务才能让客人满意？

本章小结

餐厅服务员每次面对的服务对象不同，服务对象的要求也各不相同。因此，餐厅服务员在服务中要具有稳定的心理平衡能力，掌握熟练的服务技能，具备灵活的待人处事能力。只有具备了这些素质，才能自觉接受制度和程序的制约，在服务中达到规范要求，变机械、静止地执行服务程序为不断创造出灵活新颖的服务方法、技巧策略，真正提高服务水平，从而使服务的形式更适合宾客的个性需求，更好地体现出饭店餐饮产品的内在价值。

练习题

一、选择题

1. 迎宾员应把先到餐厅的客人尽量安排在（ ）的餐位。
   A. 靠窗口或靠门口   B. 显眼位置
   C. 均匀分配   D. 靠近餐厅
2. （ ）时需要更换用过的餐具。
   A. 进餐过半后   B. 上名贵菜肴前
   C. 上甜品前   D. 菜肴口味相差很大时
3. 下列描述错误的是（ ）。
   A. 情侣应安排在安静的角落，不受打扰
   B. 衣着光鲜者，最好把他们安排在餐厅的显眼位置上
   C. 残疾的客人应安排在远离门的位置，尽量挡住其残疾的部位
   D. 尽量将多批客人安排在同一区域，以便服务
4. （ ）是一种非常豪华的服务，最能吸引宾客的注意力，给宾客的个人照顾较多。
   A. 英式服务   B. 法式服务   C. 俄式服务   D. 美式服务
5. 零点餐厅中，迎宾员在（ ）迎接宾客。
   A. 开餐前 5 分钟   B. 开餐后 10 分钟
   C. 开餐前 10 分钟   D. 开餐后 5 分钟

二、判断题

1. 中餐零点服务一般从主人位置开始，按顺时针方向依次进行。（   ）
2. 西餐菜肴和服务以美式为代表。（   ）
3. 里兹服务是一种周到的服务方式，由两名服务员共同为一桌客人服务。（   ）
4. 铺台布时应一次到位，台布正面凸缝朝上，从主位指向副主位，四角下垂均匀。（   ）
5. 客人点好酒水后服务员应马上为其开瓶，以提高服务效率。（   ）

三、案例分析题

5 位客人来到广州某宾馆的文苑南餐厅用餐。迎宾、领位、入座、上茶后，服务员马上请他们点菜。

"请问，您想吃点什么？"服务员边请客人看菜单，边问他们。

第7章 餐饮服务方式与服务程序

做东的客人告诉她，想尝尝澳洲龙虾。服务员从其言谈话语中看出，客人是北方人，可能不太熟悉广州地区的龙虾种类，有必要向他们推荐介绍。

"先生，龙虾的品种很多，澳洲龙虾虽然有名，但在肉质、弹性、光泽、口感等方面均不如广州地区的龙虾。"服务员诚恳周到地介绍引起了客人的兴趣。接着，服务员又坦率地告诉客人，广州龙虾的价格要稍高于澳洲龙虾，并建议客人如感兴趣，可先少要一些尝尝，感觉合口味再多要。

客人被服务员真诚的态度所感动，同意点广州龙虾，并让她继续推荐当地名菜。服务员忙把宾馆的风味菜"例牌鲍鱼"、"夏果澳洲带子"等介绍给他们，还不厌其烦地把这些菜的来历、烹制方法、配料、口味、色泽、形状和营养价值做了详尽说明，使得客人欣然接受。

餐间，客人把服务员叫过来点酒。服务员介绍了宾馆的轩尼诗，告诉客人价钱只有880元，很实惠，还符合"发"了又"发"的谐音。服务员的解释颇中客人心意。用餐临近时，服务员又向客人推荐了美国红葡萄酒和新疆哈密瓜。

这一餐客人消费很高，但十分满意，夸奖了宾馆的服务质量好。

（资料来源：程新造. 星级饭店餐饮服务案例选析［M］. 北京：旅游教育出版社，2005.）

问题： 本案例中，服务员在点菜服务环节中通过自己敏锐的观察力、判断力和较强的分析能力，取得了理想的服务效果。她的哪些职业营销经验和服务方法是值得借鉴的？

第8章 中餐宴会服务

学习目标

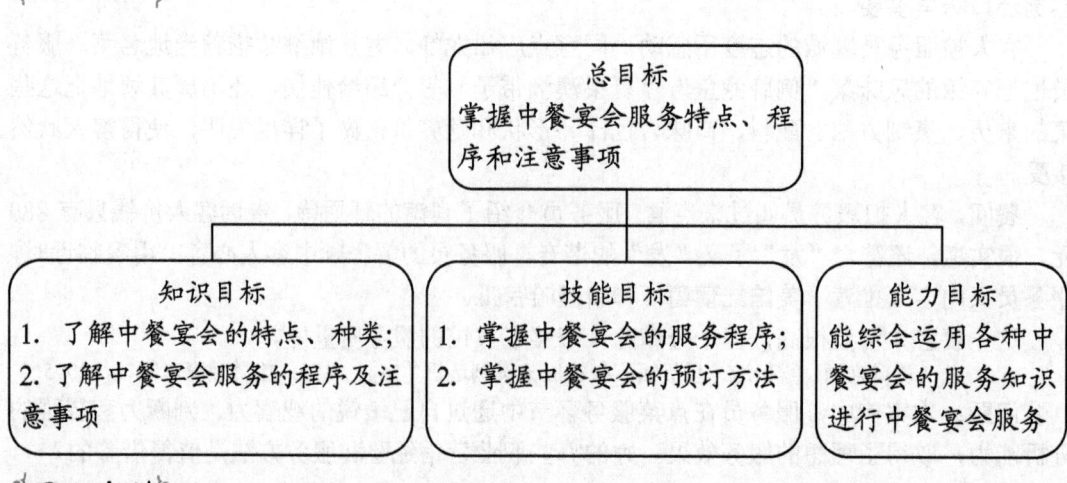

导入案例

1996年初春,一位美国老先生来到某酒店宴会销售部,自称是来自美国的学者,刚在中国的西部游历了数日,回国前想在该酒店宴请在京的160多位同行业人士及重要贵宾。老先生愿意支付很高的餐价,但非常希望酒店将宴会厅装饰出中国西部风情,因为他很留恋新疆的天山和草原的驼铃。老先生说:"我个人不能提出具体的宴会方案,因为我不是酒店专家。但我知道贵店在京城餐饮业一向享有盛誉,相信你们一定能令我满意。"

客人走后,与客人直接洽谈的金小姐及宴会部的同事们开始认真地策划。通过对几个方案的比较优选,最后决定为客人举办以"丝绸之路"为主题的晚宴。

两天后,当老先生及其数位随从人员在宴会开始一小时前来到宴会厅时,他们的惊喜无法用言语表达。

展现在他们面前的宴会厅宛如一幅中国西部有名的风景图。从宴会厅的3个入口处至宴会的3个主桌,服务员用黄色丝绸装饰成蜿蜒的丝绸之路;宽大的宴会厅背板上,蓝天白云下一望无际的草原点缀着可爱的羊群;背板前高大的骆驼昂首迎候着来宾,其造型逼真使人难以相信这是酒店美工在仅仅两天时间内制作出来的。宴会厅的东侧,西部长城烽火台象征着中国5 000年文化的沧桑,西侧有一幅天山的背板,背板下宽大的舞台上,一对哈萨克族舞蹈演员已开始载歌载舞。16张宴会餐台错落有致地散立在3条丝绸之路左右,金黄色的座椅与丝绸的颜色一致。高脚水晶杯和银质餐具整齐地摆放在白色的台布上,每张餐台上的艺术型插花使人感到了台面设计的高雅。

面对文化气氛强烈的宴会厅,老先生激动地说:"你们所做的一切大大超出了我的期望,你们是最出色的,令我永生难忘。"宴会的成功不言而喻。

几天后，酒店总经理收到了来自美国的老先生热情洋溢的表扬信。他在信中说，回国后，他已经向许多朋友谈起了这个宴会，并高度称赞了酒店宴会部的员工。他认为这些员工是全世界最优秀的，因为他们能够理解客人的期望。

现在，"丝绸之路"已成为该酒店一个非常有特色的主题宴会，多次服务于来自世界各地的客人。每一次客人们都反应强烈，非常满意。

问题

1. 宴会除了要满足客人吃的需求外，还要满足客人的哪些需要？你认为作为宴会服务人员满足客人的哪种需要更重要？
2. 该案例中，员工在宴会服务方面哪些方面做得好？哪些方面还可以做得更好？
3. 自己找一个主题，设计一个中餐宴会。

关键词

中餐宴会　服务

8.1　中餐宴会概述

中餐宴会是中国传统的聚餐形式。宴会遵循中国的饮食习惯，以品中国菜肴、饮中国酒、用中国餐具、兴中国传统礼仪为主。其装饰布局、台面布置及服务等无不体现中国的饮食文化特色。

8.1.1　中餐宴会特点

中餐宴会是酒店餐饮产品的一种重要方式，除了与一般就餐形式的共性之外，中餐宴会还具有以下特点。

1. 餐饮活动的民族性

中餐宴会遵循中国的饮食习惯，以食用中式菜肴、饮中国酒水、使用中国餐具、沿用中国传统礼仪为主。其装饰布局、台面布置及服务等都体现中国的饮食文化特色。其中最为典型的是国宴，如图 8.1 所示。

2. 宴会内容的包容性

中餐宴会以汉民族的饮食习惯为主，同时也包括中国各少数民族及不同地区的饮食及礼仪习惯，并继承了部分中国古代宫廷的饮食文化。因此，中餐宴会具有很强的包容性。

图 8.1　国宴

3. 规格、标准的差异性

中餐宴会规格、标准的差异性表现在客人身份和消费水准两方面。但不论是正式的、高标准的国宴，还是平常的友人聚会，都应该以客人的满意度为第一衡量标准。

4. 中餐宴会经营管理的复杂性

宴会及各种会议的服务和组织往往涉及酒店内部各部门、各环节，如宴会预订、确认，组织与分工，宴会设计，食品原料和用品的采购、准备，产品的生产，销售与就餐服务，收入核算，安全保卫，信息反馈等。即使一般中、小型宴会的涉及范围也比较广泛，宴会部的经营往往需要酒店各部门的通力合作。

8.1.2 中餐宴会种类

从经营活动的内容来看，宴会经营项目主要有三大类。

（1）以饮食为主的宴会活动，包括各种规格、形式的庆功宴（见图 8.2）、寿宴、中式婚宴（见图 8.3）等。这类宴会有相应的主题，宴会经营的重点是注重宴会的形式和气氛。

图 8.2　庆功宴

图 8.3　中式婚宴

（2）以会议、会展为主的中餐宴会活动，包括各种规格、形式的国际性、地区性会议，学术交流会、商务洽谈会、新闻发布会等。这类宴会除了提供餐饮服务外，还应按会议类型不同和主办者的要求，提供不同形式和内容的配套服务。

（3）以社交、娱乐为主的中餐宴会活动，包括政府、社会团体、企事业单位及个人等以社交活动为主要目的举办的宴会，这类宴会比较注意菜点、酒水和服务质量。

8.1.3 中餐宴会预订

中餐宴会预订是指中餐宴会承办单位和举办者关于中餐宴会内容的事先约定。酒店和客户对中餐宴会都会特别重视，按惯例会在中餐宴会举行前就中餐宴会的设计、布置、菜单、服务要求和收费等进行磋商。以上诸项就是中餐宴会预订的内容。

酒店一般在宴会部下面设中餐订餐部或预订部，专门承接各类中餐宴会、会议，以及其他与饮食有直接关系的业务。有的酒店为加强销售，在销售部有专门的餐饮销售和推广机构，或在餐饮部下设餐饮销售部。

中餐宴会预订是一项专业性较强的工作，对中餐宴会预订员有较高的要求。

1．中餐宴会预订员的选择

中餐宴会预订是代表酒店与外界洽谈和推销中餐宴会的一项业务。因此，必须挑选有多年餐饮工作经历、了解市场行情和有关政策、应变能力强、专业知识丰富的人员承担此项工作。具体来说，中餐宴会预订员应具备以下知识和技能。

（1）了解各中餐宴会场所面积、设施情况，并根据客户要求做出反应。

（2）清楚本酒店各类菜肴加工过程、口味特点，针对季节和人数变动，提出对菜单做出相应调整的建议。

（3）了解各个档次中餐宴会的标准售价、同类酒店的价格情况，并有相应说服客户的能力。

（4）具备本部门中餐宴会服务人员的专业素质、工作能力等。

（5）熟悉与中餐宴会菜单相配合的酒水。

（6）了解并能正确解答宾客就中餐宴会安排提出的各种问题。

2．中餐宴会预订的联络方式

所有中餐宴会活动的承接可以由营销部和中餐宴会部负责，但无论如何，中餐宴会活动的最后确认和中餐宴会厅的安排要由中餐宴会部经理批准执行。

中餐宴会预订的联络方式有以下几种。

1）电话预订

这是酒店与客户联系的主要方式。常用于小型中餐宴会预订、查询和核实细节，促进销售等。由预订员根据电话内容填写预订单。大型中餐宴会需要面谈时也可以通过电话来约定会面的时间、地点等。

2）面谈

这是中餐宴会预定较为有效的方法。可以仔细了解宾客的预订要求，共同讨论中餐宴会的细节安排，现场考察并确定中餐宴会的时间和场地，讲明付款方式，填写预订单，记录宾客信息资料等，以便以后用信函或电话的方式与客户联系。

3）信函预订

宾客通过信件、传真等通信方法进行预订的方式称为信函预订。对于信函预订，所有客户寄来的询问信都必须立即做出确认答复，并附上建议性的菜单。

4）外出预订

销售人员应及时捕捉信息，主动推销。反复走访老客户，巩固客源；注意开发潜在客源，加强宣传力度。

5）网上销售

很多酒店都建立了自己的网站，并有客房和餐饮的预订功能。应在网页上用图片清楚地描述酒店餐饮和会议设施，突出特色，及时更新页面，适时推出新产品，增加酒店的吸引力。随着网络交易活动的日益普及，中餐宴会的网络预订因其便捷和不受时空限制越来越多地被使用。尽快得到回复确认是网络预订客户的基本心理要求。

3. 中餐宴会预订常用的表格

1）中餐宴会预订表

中餐宴会销售预订部在接受客户预订时，应将洽谈事项、细节要求等填写在预订单上，以备组织实施，如图 8.4 所示。

中餐宴会预订单

中餐宴会名称：_____　　编号：_____

公司名称：_____　　地址：_____

联系人姓名：_____　电话：_____　　地址：_____

举办日期_____年___月___日，星期___时间___时至___时

中餐宴会形式：_____　餐台数____预订人数____保证人数____

收费标准：____元/桌、元/位　其他费用：_____　付费方式：_____

酒水要求 _____

菜单：　　　　　　　　　中餐宴会厅：_____　台型设计图：

烧腊部出品 _____

厨房部出品 _____

鲁菜部出品 _____

粤菜部出品 _____

点心部出品 _____

附加要求：指示牌____鲜花____桌号牌____桌面菜单____席签____

会议用具：签到席____投影仪____幻灯机____扩音器____白板____

　　　　　　讲台____笔具____录像____照相____横幅____

娱乐设备：跳舞板____卡拉 OK 机____追光灯____麻将桌____

备注：_____

_____

订金：_____

预订接待：_____　　时间：____年____月____日____时

核准签发：_____　　时间：____年____月____日____时

送至部门：

☐ 总经理室　☐ 餐饮部　☐ 客房部　☐ 前厅部　☐ 总机　☐ 公关部　☐ 销售部

☐ 财务部　☐ 管事部　☐ 工程部　☐ 安全部　☐ 厨房　☐ 中餐宴会部　☐ 酒水部

图 8.4　中餐宴会预订单

设计预订表必须包括下列项目：①中餐宴会活动的日期、时间；②计划安排的中餐宴会厅名称；③预订人姓名、联络电话、地址、单位名称；④宴请活动的类型；⑤出席人数；

⑥菜单项目、酒水要求；⑦收费标准及付款方式；⑧上述事项暂定或确认的程度；⑨注意事项；⑩接受预订的日期、经办人姓名。

2）中餐宴会合同书

中餐宴会合同书是酒店与客户就中餐宴会或会议活动的具体细节细致磋商后签订的合约，双方都有责任按照执行，如图8.5所示。

```
                    中餐宴会合同书

        本合同是由_____酒店，地址：_____
        与_____公司，地址：_____
        为举办中餐宴会活动所达成的协议条款：
        活动时间：___年___月___日，星期___，___时至___时
        活动地点：_____    菜单计划：_____
        酒水饮料：_____    娱乐设施：_____
        其他要求：_____    结帐方式：_____
        预付订金：_____
        顾客签名：_____    酒店接待：_____
        日期：_____

        说明：*中餐宴会活动须用本餐厅酒水。
              *大型中餐宴会预收10%订金。
              *所有费用请在中餐宴会结束时一并结清。
```

图8.5　中餐宴会合同书

3）中餐宴会安排日报表

中餐宴会安排日报表是体现当日中餐宴会预约情况的报表，可以清楚地显示哪些餐厅在哪一餐已有预订。另外，还要包括主办方、中餐宴会人数、标准、特别要求、联系人等内容，见表8-1。

表8-1　中餐宴会安排日报表

年　　月　　日

中餐宴会厅	时间	主办方	人数	标准	特别要求	结账方式	联系人、电话

4）中餐宴会预约月报表

中餐宴会预约月报表是阶段性反应中餐宴会厅预订情况的表格，可以清楚地反映一段时间内中餐宴会厅的利用情况，尤其在接受和查询时间跨距较大的预订时非常方便，见表8-2。

表 8-2 中餐宴会预订情况月报表

年　月

中餐宴会厅	日期					
	01	02	03	04	05	…
北京厅		午 10 位 联通公司				
上海厅			晚 20 位 三菱车队			
…						

5）中餐宴会更改通知单

中餐宴会更改通知单用来通知相关部门关于客户中餐宴会的变动事宜，以便各相关部门及时做出调整，如图8.6所示。

```
                    中餐宴会更改通知单

    中餐宴会预订单编号：_____  发送日期：_____  时间：_____
    中餐宴会名称：_____        中餐宴会日期：_____  时间：_____
    更改内容：_____
    _____
    _____
    _____

    更改确认人：_____           发送人：_____
    中餐宴会部经理签名：_____   日期：_____     时间：_____
    送至部门：_____
```

图 8.6 中餐宴会更改通知单

4．中餐宴会预订程序

（1）接受预订。使用规范语言接受面谈预订和电话预订，及时、准确地回复信函预订。熟知中餐宴会厅的有关资料和设施设备情况，熟知菜单，能为客人提供建议和帮助。

（2）填写"中餐宴会预订表"。按照"中餐宴会预订表"的内容，逐项与客户确认并正确填写。

（3）填写"中餐宴会安排日报表"。
（4）与客户签订"中餐宴会合同书"。
（5）收取中餐宴会订金，开具收据。
（6）对未确认的预订要跟踪，也可派促销人员前往联系，力争促成。
（7）再次确认并下发通知单。

在中餐宴会日期前两天，与已确定的预订客户再次确认后，下发"中餐宴会通知单"。如果预订内容有变化或预约被取消，则下发"中餐宴会更改通知单"或"取消预订通知单"，及时通知各相关部门。

（8）检查落实。
（9）征求客户意见，建立客史档案

知识链接 8—1

预订时的常见问题

1. 团队客人用餐的人数与所定的人数不符时怎么办

（1）若客人人数超过预订人数，按实际人数计算。
（2）若客人人数少于预订人数，应与陪同或领队联系以了解缘由并按预订人数计算。

2. 用餐临时预订取消时怎么办

（1）用餐预订临时取消时，餐厅经理应与预订客人取得联系问明取消原因。
（2）如确因飞机、车、船误点等不可抗拒的因素而取消订餐，则应立即通知厨房予以取消。
（3）如人为的差错，必须按规定收取适当的损失补偿费。

3. 订餐重复预订时怎么办

（1）对于这种情况，首先应自查是否属于酒店内部失误。
（2）若属于客人误订，应与客人取得联系，说明情况酌情让对方索赔。

8.2 中餐宴会服务

中餐宴会服务可分为 4 个基本环节，分别是宴会前的组织准备、宴会前的迎宾、宴会就餐服务和宴会结束工作。

8.2.1 宴会前的组织准备工作

1. 掌握情况

接到宴会通知单后，餐厅服务人员应做到"八知"，"五了解"。

（1）"八知"：知主人身份，知宾客国籍，知宴会标准，知开餐时间，知菜式品种及烟酒茶果，知主办单位或主办宾客房号、姓名，知收费办法，知邀请对象。

(2)"五了解":了解宾客风俗习惯,了解宾客生活忌讳,了解宾客特殊要求,了解宾客进餐方式,了解主宾和主客(如果是外宾,还应了解其国籍、宗教信仰、禁忌和口味特点)的特殊爱好。

对于规格较高的宴会,还应掌握下列事项:宴会的目的和性质,有无席次表、席位卡,有无音乐或文艺演出,有无司机费用等。

2. 明确分工

对于规模较大的宴会,要确定总指挥。在人员分工方面,要根据宴会要求,对迎宾、值台、传菜、酒水供应、衣帽间及贵宾室等岗位人员,都要有明确的分工;要求所有人员都有具体任务,将责任落实到人,做好人力物力的充分准备,并保证宴会善始善终。

3. 宴会厅的布置

中国的美食从来都讲究进餐环境的气氛和情调,因而在场景布置方面,应根据宴会的性质和档次的高低来进行,要体现出既隆重、热烈、美观大方又有我国传统的民族特色。

举行大型隆重的正式宴会时,一般在宴会厅周围摆放盆景花草,或在主席台后面用花坛画屏、大型青枝翠树盆景装饰,用以增加宴会的隆重、热烈的气氛。

对于婚宴,则在靠近主台的墙壁上挂双喜字,贴上对联;对于寿宴,则挂"寿"字等烘托喜庆的主题。

中餐宴会通常要求灯光明亮以示辉煌,但国宴和正式宴会则不要求张灯结彩或做过多的装饰,而要突出严肃、庄重、大方的气氛。宴会厅的照明要有专人负责,宴会前必须认真检查一切照明和应急照明设备及线路,宴会期间要有专人值班。

正式宴会设有致辞台,致辞台一般放在主台附近,装有麦克风。扩音器应由专人负责,事先要检查并试用,防止发生故障或产生噪音;临时拉设的线路要用地毯盖好。

图8.7 招待外宾的国宴

国宴活动要在宴会厅的正面并列悬挂两国国旗,正式宴会应根据外交部规定决定是否悬挂国旗。国旗的悬挂按国际惯例以右为上、左为下。由我国政府宴请来宾时,我国的国旗挂在左边,外国的国旗挂在右边,如图8.7所示;来访国举行答谢宴会时,则相互调换位置。

宴会厅的室温要注意保持稳定,且与室外气温相适应。一般冬季保持在摄氏20℃~24℃,夏天保持在22℃~26℃。

台型布置注意突出主桌,按照台型布置原则即"中心第一,先右后左,近高远低"来设计、安排。桌椅排列要整齐,并留有宾客行走和服务的通道。在台型布置中还应注意一些西方国家的习惯,如不突出主台、提倡不分主次台的做法。酒吧台、礼品台、贵宾台、工作台等要根据宴会的需要和宴会厅的具体情况灵活安排。

4. 熟悉菜单

服务员应熟悉宴会菜单和主要菜肴的风味特色,以做好上菜、派菜和回答宾客对菜点提出询问的准备。同时,应了解每道菜点的服务程序,保证准确无误地进行上菜服务。

对于菜单,应做到能准确说出每道菜的名称、风味特色、配菜和配食作料、制作方法,并能按要求准确服务菜肴。

5. 准备物品与摆台

按宴会规格和摆台要求进行宴会摆台,如图 8.8 所示。宴会菜单每桌 1 或 2 份,置于台面,重要宴会则人手一份;要求菜单封面精美整洁,字体规范。根据菜单要求准备分菜用具和各种服务用具,根据菜肴准备跟配的佐料。准备工作全部就绪后,要做一次全面的检查。及时召集餐前会,讲解宴会流程、衔接环节和注意事项,保证宴会按时顺利进行。

图 8.8 宴会

8.2.2 宴会前的迎宾工作

(1)根据宴会的入场时间,宴会的主管人员和迎宾员提前在宴会厅口迎候宾客,值台服务员站在各自负责的餐桌旁站立恭候。

(2)宾客到达时,要热情欢迎,微笑问好。

(3)将宾客引入休息室就座稍息。主动接过衣帽和其他物品,斟倒茶水或饮料,送上小毛巾。引领宾客和回答宾客问题时,注意用好敬语,言语亲切。根据宴会的具体要求,也可直接将宾客引到宴席就座。

8.2.3 宴会就餐服务

1. 入席服务

当宾客来到席前时,值台服务员要面带微笑,拉椅帮助宾客入座,先宾后主、先女后男;待宾客坐定后,帮助宾客落餐巾、取筷套。

2. 斟酒服务

为宾客斟酒水前,要先征求宾客的意见,根据宾客的要求斟各自喜欢的酒水饮料。应从主宾开始先斟葡萄酒(提前斟除外),再斟烈性酒,最后斟饮料;葡萄酒斟七成,烈酒和软饮料斟八成。

宾客干杯或相互敬酒时,应迅速拿酒瓶到台前准备添酒。主人和主宾讲话前,要注意观察每位宾客杯中酒水是否已准备好。在宾、主离席致辞时,服务员应备好酒杯,斟好酒水,用托盘托好,以备客人致辞完毕敬酒。

3. 上菜、分菜服务

根据宴会的标准规格,按照宴会上菜、分菜的规范进行上菜、分菜。可用转盘式分菜、边桌式分菜、分羹分叉派菜、各客式分菜,也可将几种方式结合起来服务。

4. 席间服务

宴会进行中，要勤巡视、勤斟酒、勤换烟灰缸，并细心观察宾客的表情及需求，主动提供服务。

（1）保持转盘的清洁。

（2）宾客席间离座，应主动帮助拉椅、整理餐巾；待宾客回座时应重新拉椅、落餐巾。

（3）宾客席间站起祝酒时，服务员应立即上前将椅子向外稍拉，坐下时向里稍推，以方便宾客站起和入座。

（4）上甜品和水果前，送上小毛巾；保留水杯，撤去所有餐具，抹净转盘，服务甜点和水果。

（5）宾客用过水果后，撤去水果盘，送上热茶。

知识链接 8-2

服务中不小心把食物或饮料溅在客人身上时怎么办

（1）在上菜和上饮品的时候，要礼貌地提醒客人，以免不小心把菜汁和饮品溅在客人身上。

（2）若不小心溅在客人身上，服务员要诚恳地向客人道歉，并立即设法替客人清理，必要时免费为客人把衣服洗干净。

8.2.4 宴会结束工作

1. 结账服务

上菜完毕后即可做结账准备。清点所有酒水、香烟、加菜等宴会菜单以外的费用并累计总数。宾客示意结账后，按规定办理结账手续，注意向宾客致谢。

知识链接 8-3

客人结账时认为价格不合理怎么办

（1）应耐心替客人对账，向客人解释账单上的每项收费。

（2）若是"回头客"，可请示上司给予适当的优惠。

（3）待客人结账后，礼貌地向客人表示感谢。

2. 拉椅送客

主人宣布宴会结束时，服务员应主动为宾客拉座椅，以方便宾客离席行走。提醒宾客带齐自己的物品并送别客人至门口。衣帽间的服务人员根据取衣牌号码，及时、准确地将衣帽取送递给宾客。

3. 结束工作

在宾客离席时，服务员要检查台面上是否有未熄灭的烟头、是否有宾客遗留的物品。在宾客全部离去后，立即清理台面。先整理椅子，再按餐巾、小毛巾、酒杯、瓷器、刀叉的顺序分类收拾。贵重物品要当场清点。

收尾工作完成后，领班要做检查。大型宴会结束后，主管要召开总结会，服务员要关好门窗。待全部收尾工作检查完毕后，全部工作人员方可离开。

知识链接 8—4

结束工作的常见问题

1. 餐厅即将收档，但还有客人在用餐时怎么办

（1）这时要更加注意对客人的服务，在整理餐具时要轻拿轻放，不可发出响声。

（2）到了临收档时应询问客人是否还需要点菜。

（3）不可用关灯、吸尘、收拾餐具等形式来催促客人，应留下专人为客人服务。

2. 当客人结账时，发现菜肴品种价格提高，客人不多付账，怎么办

（1）服务员应礼貌地向客人解释说明价格提高的原因。

（2）若客人执意坚持不愿多付账，应上报餐厅经理，由餐厅经理根据客人的情况给予适当的优惠或折扣。

（3）遇到价格提高时，应在点菜时巧妙地提醒客人，以保证服务工作的顺利。

3. 发现未付账的客人离开餐厅，怎么办

（1）服务员应马上追上前有礼貌地小声地把情况说明，请客人补付餐费。

（2）如客人与朋友在一起，应请客人站到一边，再将情况说明，这样，可照顾客人的面子而使客人不致难堪。

8.2.5 宴会服务注意事项

（1）服务操作时，注意"三轻"，即说话轻、走路轻、操作轻，以体现优质服务，严防打碎餐具和碰翻酒杯、酒瓶，以免影响场内气氛。

（2）宴会期间，两个服务员不应在宾客的左右同时服务，应有先后次序。

（3）宴会服务应注意节奏，不能过快或过慢，应以宾客进餐速度为标准。

（4）事先了解宴会举行时间，分好酒水、控制音响及做好出菜准备。

（5）服务员之间要分工协作，讲求默契；服务出现漏洞时，要相互弥补。

（6）当宾、主在席间讲话或举行国宴演奏国歌时，服务员要停止操作，迅速退至工作台两侧肃立，姿势要端正，排列要整齐，保持安静。

（7）席间若有宾客突感身体不适，应立即请医务室协助并向领导汇报。将食物原样保存，留待化验。

（8）宴会使用高档器具较多，将高档餐具清洁干净，点数后放至专用柜保管，并在使用记录薄上签上自己的姓名。

（9）宴会结束后，应对宴会服务情况进行总结，以利于不断提高服务质量和服务水平。

知识链接 8-5

宴会服务的常见问题

1. 客人在进餐过程中突发急病怎样处理

客人在用餐过程中，由于兴奋、激动、饮酒过多等原因突发急病时，餐厅服务员不要惊慌，应该根据客人的具体症状，给予适当的护理，同时，要立即打电话，请求急救中心的协助。电话号码每个餐厅服务员都应该知道以备万一。在急救车到之前，有条件的应将病人与其他用餐客人分离开，将有病的客人转移到安静、干扰较少的房间内，但要注意，如是心脏病、脑溢血之类的病症，千万不要移动病人，否则后果只会更糟。此外，对于发病客人所用的菜肴食品要留样保存，以备检查。

2. 客人用餐后要将餐具拿走，服务员应如何处理

餐厅有些餐具很别致新颖，出于好奇客人有时会擅自拿取。餐厅服务员在发现客人要将餐具带离餐厅时，应该首先了解客人要餐具的目的是什么，对于要留做纪念的客人，服务员应该立刻向经理汇报，由经理出面视情况或根据餐厅规定的价格出售，或者免费送给客人。如果客人是要使用，服务员应该婉转地讲明，从卫生角度餐具是不宜外带的。

小测验：请调查一家经营中餐宴会的餐厅，分析它在预订受理以及服务程序方面的优点及不足。如果你来当餐厅经理将如何改进？

本章小结

中餐宴会服务是我国餐饮经营的重要内容，学习中餐宴会服务对餐饮从业人员具有重要意义。餐饮从业人员应充分重视中餐宴会服务在经营中的重要作用，采用规范的服务程序和规范。中餐宴会的服务程序和规范会受到各种因素的影响，在具体工作中既要遵循中餐宴会特有的服务要求，充分考虑各种影响因素，使服务程序和方式既适合自身的条件和经营目的，同时又适应外部环境及客人的要求，还要不断创新，在保留中式服务精髓的同时，采取灵活多样的方式为客人服务，并且在服务中不断地观察客人，及时、稳妥地处理各种突发性事件。

练习题

一、不定项选择题

1. 中餐宴会预订的联络方式有（　　）。
　　A．电话预订　　　B．委托预订　　　C．信函预订　　　D．外出预订
2. 接到宴会通知单后，餐厅服务人员应做到"八知"，下列属于"八知"的是（　　）。
　　A．宾客宗教信仰　　　　　　　B．宾客禁忌和口味特点

C. 宾客进餐方式　　　　　　　　D. 宴会标准

3. 接到宴会通知单后，餐厅服务人员应做到"五了解"，下列属于"五了解"的是（　　）。
   A. 菜式品种及烟酒茶果　　　　B. 宾客特殊要求
   C. 主办单位　　　　　　　　　D. 知收费办法

4. 下列酒水中，在为客人斟酒时，应该先斟（　　）。
   A. 红葡萄酒　　B. 白酒　　C. 白兰地　　D. 果汁

5. 下列不属于宴会台型布置原则的是（　　）。
   A. 中心第一　　B. 先右后左　　C. 近高远低　　D. 先上后下

二、判断题

1. 中餐宴会预订是指中餐宴会主办单位和举办者关于中餐宴会内容的事先约定。（　　）

2. 酒店专门承接各类中餐宴会、会议以及其他与饮食有直接关系的业务，一般是宴会部下面设的中餐订餐部或预订部负责。（　　）

3. 中餐宴会服务可分为 4 个基本环节，分别是接受预订、宴会前迎宾、宴会就餐服务和宴会结束工作。（　　）

4. 宴会厅的室温要注意保持稳定，且与室外气温相适应。一般冬季保持在 22℃～26℃，夏天保持在 20℃～24℃。（　　）

5. 我国政府宴请来宾时，我国的国旗挂在左边，外国的国旗挂在右边。（　　）

三、讨论题

1. 中餐宴会的特点是什么？有哪些种类？
2. 中餐宴会预订程序有哪些？
3. 在进行中餐宴会服务接待工作前要做好哪些工作？
4. 中餐宴会服务程序有哪些？

四、案例分析题

一天晚上，某酒店的门前驶来一辆出租车，4 位台湾来的客人先后下车走进酒店，直奔二楼中餐宴会餐厅。"欢迎各位到丽园中餐厅用餐。请问先生贵姓，有没有预订？"接待小姐很有礼貌地问道。"我姓雷，3 天前电话预订了，请你查一下。"雷先生迫切地说。接待小姐查了预订记录，发现只有两个姓李的客人订了 4 人餐，一个是李永昌（海鲜宴），另一个是李明（外订"佛跳墙"）。"先生，请看这是不是您的预订？"接待小姐请客人确认预订记录。"哦，不，我叫雷铭，这外订'佛跳墙'是什么意思？"雷先生用笔更正了姓名后，不解地问道。"'佛跳墙'这道菜有 18 种原料，需要很长时间加工，其中鱼唇、金钱鲍鱼等原料我们这里今天刚进货，在接到您预订时，您说要品尝粤菜名菜"佛跳墙"，但制作时间已经不够，考虑到您对酒店的信任，我们已经为您在其他酒店预订了这道菜。"接待小姐耐心地向雷先生解释了外订的原因。"那不行。你们这么大的酒店'佛跳墙'都做不出来，还开什么餐厅！同意了我的预订就要兑现，我就要吃你们做的'佛跳墙'，其他酒店做的不要。"

雷先生突然生起气来。"十分抱歉，我们没有向您解释清楚，让您误会了。这几天预订'佛跳墙'的客人只有您一位，原料和时间都紧张，我们就派厨师到关系单位亲自为您加工，现在已经准备好了，口味绝对正宗。请您先到里面入座，先品尝其他菜，'佛跳墙'马上就上桌。"餐厅经理急忙走过来回答。"谢谢你们想得周到，但以后预订不要把人家的名字搞错。"雷先生和家人跟随领位小姐走进了餐厅。事实上，由于雷先生预订时间晚，又是电话预订，餐厅因为原料不全来不及准备，的确在外面为他预订了"佛跳墙"，一旦他来，就开车去取。当雷先生一家吃到那满堂馥郁的"佛跳墙"时不禁食欲大增，伸起大拇指连声说好。

问题：从上述案例中你受到什么启发？你认为作为一个中餐服务员除了要掌握规范的服务程序外，还应该具备哪些素质？

第9章 西餐宴会服务

> 学习目标

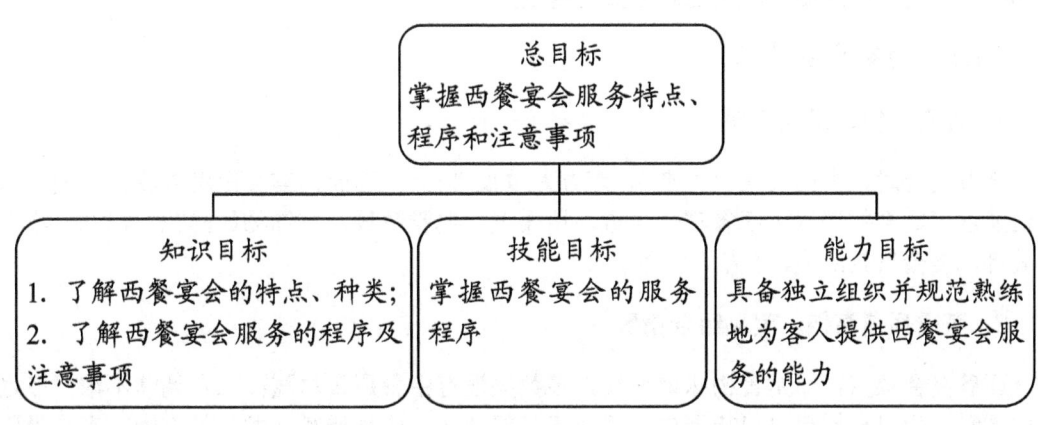

> 导入案例

西餐宴会厅要接待一个大型宴会,因为人手非常紧张,西餐经理决定临时从中餐宴会厅借调几名服务员过来帮忙。考虑到部门内交叉培训时他们都接受过西餐服务的培训,应付起来应该问题不大,再加上时间比较紧,所以就没有安排临时培训。但没想到,因为对西餐服务的要求及服务技能不够熟练,在服务的开始阶段出现了一些问题。例如,按规定,西餐服务中主菜和配菜的上菜位置是不一样的,一个在右边,一个在左边,这与中餐中的要求不一样,刚开始时有人因为不熟悉而弄混了位置。再如,在培训中讲到过当客人把刀叉并排放在盘子里就意味着这道菜吃完了,但具体摆成什么样式表示不再吃了、什么样式表示还要继续吃,有的人因为记不准确而没能及时撤换菜盘。看到这种情况,主管决定利用服务间隙,进行一对一的紧急培训,即由经验丰富的西餐服务员负责把注意事项传达给每位中餐服务员,同时大家都注意相互关照和交流,在随后的服务中,基本上没有再出现问题。

> 问题

1. 西餐宴会服务和中餐宴会服务的区别是什么?
2. 该案例中,在人员短缺的情况下,为了保证服务质量,调用对服务不熟悉的人员时应如何处理?

> 关键词

西餐宴会　服务

9.1 西餐宴会概述

西餐宴会是指采用西方国家宴请所惯用的布置形式、用餐方法、风味菜点而举办的宴请活动。宴会以西式菜肴为主,用西式餐具,行西方礼节,遵从西方习俗,讲究酒水与菜肴的搭配,提供西式服务,突出西方文化传统。

9.1.1 西餐宴会特点

1. 注重气氛,讲究格调

举办宴会时,中国人重视"宴",西方人重视"会"。因此,宴会出席人物很重要,其身份显示了宴会的档次。西餐宴会注重环境布置,典雅精致,有饰物如鲜花、蜡烛、桌布等装饰,宴会气氛活泼、轻松、愉快。

2. 菜肴质量高档,菜品组合精致

西餐宴会菜点,一是食物味道清淡,多数菜没有中餐那么油腻;二是调味不浓,多数不放调料,但可根据自己口味调放;三是多带奶油味;四是鲜嫩,尤其是吃肉,多是半生不熟的;五是时令水果和甜食必不可少。菜品原料高档,制作工艺讲究,菜肴色彩鲜艳、口味丰富、造型美观。菜品组合精致,注重荤素结合、主食与西点结合、饮料与水果结合,营养搭配合理。菜品少用或不用动物性的内脏及肥膘,所有菜品最好去骨,便于客人食用。

3. 注重菜品装饰,讲究营养卫生

西餐宴会重视菜品、展台的点缀及装饰。举办西餐宴会时,对一些特殊菜品进行客前烹制或现场表演,给客人在品尝菜品美味的同时又是一种艺术享受。

4. 餐具精美、讲究

图 9.1 西餐餐具

西餐的餐具既注重食用,又注重美观。广义的西餐餐具包括刀、叉、匙、盘、杯、餐巾等,如图 9.1 所示。其中,盘又有菜盘、布丁盘、奶盘、白脱盘等;酒杯更是讲究,正式宴会几乎每上一种酒,都要换上专用的玻璃酒杯。狭义的餐具则专指刀、叉、匙三大件。刀分为食用刀、鱼刀、肉刀(刀口有锯齿,用以切牛排、猪排等)、黄油刀和水果刀。叉分为食用叉、鱼叉、肉叉和虾叉。匙则有汤匙、甜食匙、茶匙。公用刀、叉、匙的规格明显大于餐用刀叉。

9.1.2 西餐宴会种类

西餐服务最早起源于欧洲贵族家庭的宴会服务。西餐宴会的用餐需求多种多样,有的只需要供应简单的三明治、咖啡和茶水,有的则是一顿丰盛的节日大餐。

宴会的场所也是五花八门，室内、室外、私人花园、大礼堂等均可举办宴会。由于处于不同的文化背景下，西餐服务也呈现出不同的风格和特色。

目前，西餐宴会根据菜式和服务方式不同，可分为法式宴会、俄式宴会、英式宴会和美式宴会。

9.1.3 西餐宴会预订

西餐宴会是一项具有较强专业而又有较大灵活性的工作。宴会预订过程既是产品推销过程，又是客源组织过程。因此，酒店应根据宴会举办者要求，积极推销，受理预订，并组织为完成宴会而需要的各项服务工作。

具体来讲，西餐宴会预订的操作程序与操作标准如下。

1．准备工作

按照酒店规定着装，准时到岗；参加班前会；查看交接班记录，处理未尽事宜；查看宴会、团队用餐更改通知单，并准确迅速发至各营业点；核对宴会记录，分送宴会通知单至各个餐厅、厨房、酒吧、总经理室、大堂处、前台问询处、客房及总吧台。

2．问候客人

以规范的礼貌用语问候客人，并自报部门名称；如是电话预订，要求在电话铃响 3 声之内拿起电话；无论客人来店当面预订还是电话预订，都应面带微笑、亲切地给客人介绍情况，回答客人提出的问题。

3．接待介绍

向客人介绍酒店特色，尽量满足客人的各种要求；耐心倾听客人提出的问题，适时进行介绍，当好客人的参谋，不能说"不知道"、"不行"、"没有"等，如当即回答确有困难，应马上向客人道歉，并设法在 10 分钟内弄清楚并告知客人；对当面预订的客人，除了口头介绍外，还应提供菜单和陪同客人实地考察等服务。

4．受理预订

详细了解客户的单位名称、宴会目的、用餐时间、出席人数、宴会性质、宴会标准、联系电话、结账方式等客户要求和有关信息；订餐洽谈和签约时，要明确宴会承办的各个细节，包括约定客人观看宴会厅、宴会厅的布置要求，了解客户的特殊要求；客人订餐时应避免催促，给订餐者充足的考虑时间；向客人提供宴会活动布置的平面图、菜单、预算单等。

知识链接 9—1

按客人的预订标准开好菜单，但客人却对其中的某些菜式不满意时，怎么办

（1）询问客人不满意的原因，了解客人的菜式要求。

（2）根据客人的口味提出的建议，在预订范围内，当好客人的参谋。

（3）重新开出菜单，再次征求客人的意见，直至客人满意。

5. 确认预订

客人无其他要求后，应礼貌地将预订情况向客人复述一遍，以便核对；详细填制宴会预订单，请客人签字；不论是中文还是外文的订单，书写都必须规范、清楚；客户预订大型宴会，应送交营销部经理或餐饮部经理签发宴会确认书，再交客户签字确认；收取订金，并开出收据；在宴会活动日记簿上按日期标明活动地点、时间、人数等事项，并标注是否需要确认的标记。

6. 致谢送客

礼貌地向客人致谢，并将客人送至电梯口或门口。

7. 发出通知

预订确认后应开出预订单，并发至相关部门做好餐前准备。经过认可的菜单、饮料、场地布置示意图等细节资料，应以确认信的方式迅速送交客人，附上一、二两联"宴会发出通知书"。将客人的特殊要求通知宴会厅主管和厨师长。

对于提前较长时间预订的宴会，应主动用信函或电话方式与客人保持联络，进一步确认日期及有关的细节。对暂定的预订应进行密切跟踪查询。

8. 建立档案

将预订单分为"待确定"和"已确定"两类入档按时间顺序排列在宴请活动前两天，必须设法与顾客联系，进一步确定已谈妥的所有事项。

9. 更改、督察

任何与宴请有关的变动都应立即填写"宴请变更通知单"，发送有关部门，变更通知更改、督察单上需写明原来预订单的编号并及时通知有关部门。

宴会销售预订员有责任督促检查当日大型宴会活动的准备工作，发现问题随时纠正。

10. 取消预订

如果客人取消预订，预订员应填写"取消预订报告"，送至有关职能部门，并为不能提供服务而向客人表示遗憾，希望今后能有合作的机会。

案例分析

> 一天早上刚刚上班，某酒店宴会部的预订员孟小姐接到了某公司总经理秘书赵先生打来的预订电话。对方在详细询问了宴会厅面积、餐位、菜肴风味、设备设施、服务项目等情况后，提出预订一个两天后200人规模的高档庆典宴会。孟小姐热情地向客人介绍了宴会厅的具体情况后，双方开始约定见面的时间。
>
> 赵先生提议道："孟小姐，请你下午3点到我们公司来签一下宴会合同，并收取定金。"
> "真对不起，今天我值班，不能离岗，还是请您抽空到我们酒店来一趟吧，我还可以带

您看看场地，您看这样好吗？"孟小姐答道。

赵先生思考了一下，同意当天下午来查看场地并签订合同。

放下电话，孟小姐感到十分高兴，暗自寻思：没想到今天预订的生意这么好，这已经是第 10 个预订电话了，看来完成这个星期的预订任务是没有问题了。

此后，孟小姐又接了几个预订电话，都是小宴会厅的中、低档预订。孟小姐对待他们的态度显然没有那么热情了，接电话的时间也显得拖拉起来。这些电话中有一位山西口音的李先生，要求预定当晚淮扬风味的 8 人家庭宴会，每人标准 100 元。孟小姐很不耐烦地告诉他，预订已满，请他到其他酒店预订。

下午，孟小姐一心在等赵先生的到来，没想到却只等到一个回复电话。

"对不起，孟小姐。我要取消上午的预订，我们李总不愿意在你们酒店举办宴会了。"赵先生说。

"为什么，是不是需要我亲自到你们公司去一趟？"孟小姐急忙问。

"不必了。我们李总今天在你们酒店打电话预订 8 人宴会没有成功，他对贵酒店接待 200 人的大型宴会没有信心，所以他指令我把宴会订到其他酒店。"赵先生略带歉意地解释。

"这……"孟小姐顿时感到有些茫然。

问题：预订员孟小姐的工作是否妥当？接受预订应注意哪些方面？

点评：餐饮服务需要亲切热忱的态度，它是餐厅的主要产品，更是餐厅的生命线。作为预订员不仅要正确地把握预订程序，熟悉预订业务，了解预订客户的要求，还要特别注意服务意识和服务态度。餐厅的预订员对待任何层次的客户都应一视同仁，热情对待。而对低消费客人的服务态度，更能体现一家酒店的服务质量和管理水平。

9.2 西餐宴会服务

西餐宴会服务可分为 4 个基本环节，分别是宴会前的准备工作、餐前鸡尾酒服务、宴会中的席面服务和宴会结束工作。

9.2.1 宴会前的准备工作

1. 掌握情况

接受宴会预订后，应了解宴会举办单位和宴会规格、标准、参加人数、进餐时间、来宾国籍身份、宗教信仰、饮食习惯和特殊要求等信息。了解来宾餐前在会客室用茶还是鸡尾酒。召集服务人员开会，交待布置任务，研究完成任务的具体方法，提出完成任务的具体要求和注意事项。明确各服务员的职责。

2. 布置餐厅

西餐宴会最好在单厅举行，以利于服务工作和安保工作。认真做好宴会厅、过道、楼梯、卫生间、休息室等处的清洁卫生。仔细检查这些场所的家具与设备，如发现问题，要及时整修或调换。按宴会的要求进行陈设、绿化装饰、墙饰。

3. 准备物品

根据菜单备每客必用餐具，准备占总数 1/10 的备用餐具，烟缸、牙签等物按 4 客一套准备，口布按客数准备，小方毛巾按每客两条准备。

领取、配对好酒水、辅助作料、茶、烟、水果等物品。如在宴会开始前要举办餐前酒会，更要及时准备好酒水，并调制好鸡尾酒、多色酒和其他饮料。瓶装酒水要逐瓶检查质量，并将瓶身揩干净。需冰镇的酒水要及时冰镇好。准备好红酒篮，并将红酒提前半个小时打开，斜放在红酒篮中，使其与空气接触。辅助作料也要按菜单配制。准备好足够的开胃品、面包、黄油、果酱等，在开席前 10 分钟，把面包及黄油、果酱摆放在面包篮、黄油碟中，一般是每人一盘，也有把各种开胃品集中摆在餐桌上，由宾客自取或由服务员分派。茶、烟、果要按宴会标准领取。水果要经挑选并洗涤干净，需去皮去壳的物品要准备好去皮剥壳工具。将咖啡保温杯、冰桶准备妥当，放在各服务区，并将客人事先点好的白酒打开，置放在冰桶中。

4. 台型布置

1）台型安排

正式西餐宴会的餐桌摆法与一般常规的餐厅不同，多摆放长型餐桌，餐桌的大小和餐桌的排列要视宴会的人数，宴会厅形状、大小，宾客的要求而定。通常每位宾客的餐位空间宽度在 61～76 厘米。在布置上有一字型、T 字型、U 字型、E 字型或回型台等各种不同的形式。宴会时宾主席位应按照西方礼仪习俗来安排。在餐台上还设立立式或平放式的宾客席位卡。

（1）一字型长台（纵式和横式）。一字型长台通常设在宴会厅的正中央，与宴会厅四周的距离大致相等，但应留有较充分的余地（一般应大于两米），以便于服务员操作。通常，用餐人数较少时，宜采用一字型长台。

（2）T 字型台。一般要求长度与宽度接近，不能相差太大。用餐客人人数在 15～30 人，可采用 T 字型台。

（3）U 字型台。U 字型台又称马蹄型台。一般要求横向长度应比竖向长度短一些。用餐客人人数在 20～30 人，可采用 U 字型台。

（4）E 字型台。E 字型台的三翼长度应相等，竖向长度应比横向长度长一些。通常在超过 60 位宾客时选用此台型。

（5）回型台。回型台又称正方形台，一般设在宴会厅的中央，是一个中空的台型。中央部位可布置花草、冰雕等装饰物。超过 36 位客人用餐时的台型。

2）座次安排

职位的高低是席位安排需要考虑的一个方面，另外，还要注意宴会性质、人数、来宾性别，以及是英式宴会还是法式宴会。

家庭、朋友式宴会在餐厅或家中都可以举办，参加的人相互之间比较熟悉，气氛活跃，不拘形式。在安排席位时要求不很严格，只有主客之分，没有职务之分。为了便于席上交谈，只需要考虑以下两点：男女宾客穿插落座；夫妇穿插落座。这样安排是为了便于交谈，扩大交际。

如果属于外交、贸易性质的宴会，或在国与国之间、社团之间的工作性宴会，则一般在餐厅举行。双方都有重要人物参加，气氛较之朋友、家庭式的宴会相对要正规、严肃得多，需考虑以下几种情况。

（1）参加宴会的双方各有几位首要人物。如果各有两位，第一主宾要坐在第一主人的右侧，第二主宾坐在第二主人的右侧，次要人物由中间向两边依次排开。应遵循"高近低远"的原则。

（2）双方首要人物是否带伴。法式坐法：主宾夫人坐在主人右侧，主宾坐在女主人右侧；英式坐法：主人夫妇各坐两头，主宾夫人坐在主人右侧第一位，主宾坐在女主人右侧第一位，其他男女穿插，依次坐在中间。

（3）翻译的座位安排。如双方各自带翻译，主方翻译坐主宾左侧，宾方翻译坐主人左侧。

（4）主客要穿插落座。当双方人数不等时，应尽量做到在主要位置上使主客穿插落座。

各种台型的席位安排如图9.2～图9.6所示。

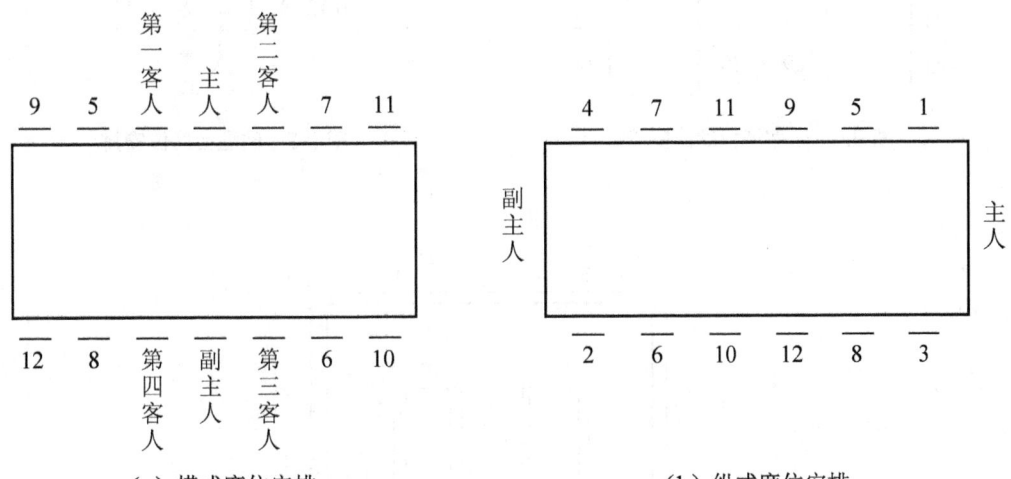

（a）横式席位安排　　　　　　　　　　　（b）纵式席位安排

图9.2　一字型台席位安排

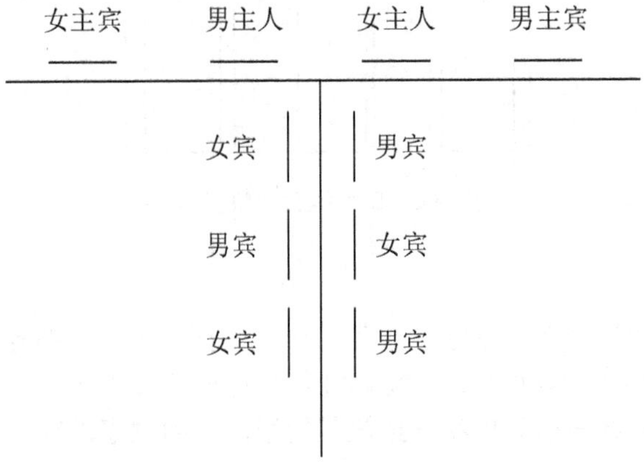

图9.3　T字型台席位安排

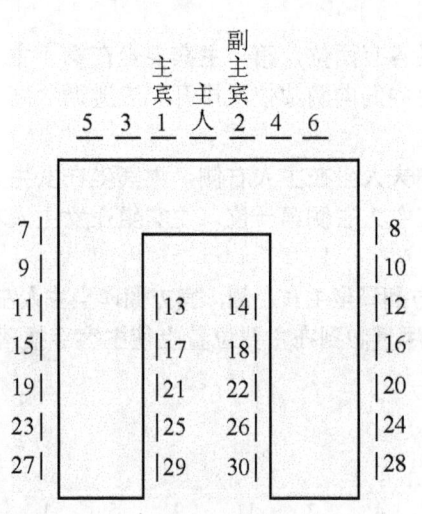

图 9.4 U 字型台席位安排

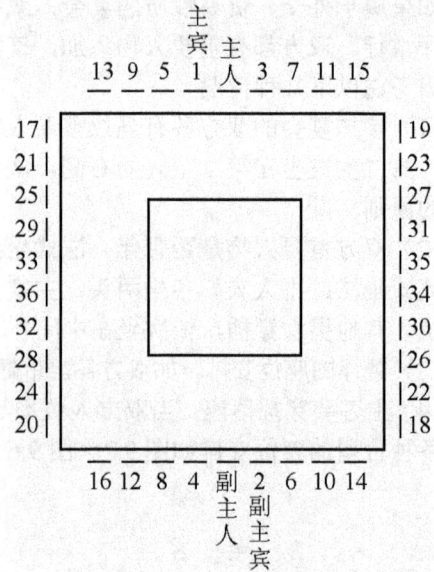

图 9.5 回型台席位安排

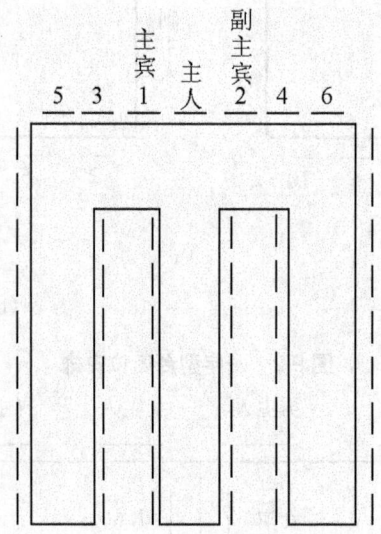

图 9.6 E 字型台席位安排

5. 台面摆设

西餐宴会摆台按"铺台布、摆蜡烛、餐椅定位—摆装饰盘（垫盘、装饰盘）—摆主菜刀、鱼刀、汤匙和头盘刀—摆主菜叉、鱼叉和头盘叉—摆水果刀、叉和甜品匙—摆面包盘、黄油刀和黄油碟—摆酒杯—摆餐巾花—摆放其他用品"的顺序进行。

1）摆台前的准备

西餐用具用品较多，不同菜式要选用不同餐具，还要根据上菜的道数和人数准备相应数量的餐具。

此外，还要准备公用餐具、盐瓶、胡椒瓶、牙签筒、蜡烛台、花瓶、火柴和烟灰缸等。

西餐宴会的餐具准备很重要。要按宾客对酒水的严格要求严格挑选酒杯，不得有丝毫破损，要擦拭得不见一丝污痕；餐刀、叉勺、瓷器等要严格消毒，并擦拭得清洁光亮。

2）铺台布、摆蜡烛、餐椅定位

（1）铺台布。先用毡、绒等软垫物按台型的尺寸铺台面，然后用布绳扎紧，再铺宴会台布。选择合适尺寸的台布，台布要烫平。台布颜色有白、黄、粉红、红和红白格子，以白色最为普遍。一场宴会只选用一种颜色的台布，配以其他辅助色彩给予点缀。台布分为圆桌台布和方桌台布，方桌台布以每边下垂约 40 厘米为宜，台布的边正好接触到椅子的座位；圆桌台布四角下垂部分相等且正好盖住桌子的四脚；由数块台布拼铺的长台面，应从里往外铺设（使客人一进门时看不到接缝，台布的接缝要错开主宾就餐的台面）。铺台面时宜两人合作。

（2）按规定铺好台布后，摆上烛台，并将椅子定位，椅子边沿正好接到台布下沿。

3）摆装饰盘（垫盘、装饰盘）

摆台时要用干净的托盘端出瓷器、玻璃杯、餐具和餐巾等，不能用手抓或洗涤筐。要拿瓷器的边沿，拿玻璃杯的底部和杯脚，拿刀、叉、勺的把柄。对餐具进行检查，把破损和不干净的餐具挑出来，退回洗涤间。

摆餐盘时，用左手垫上餐巾托住盘底，从主人位置开始按顺时针方向用右手在每个餐位正中摆放餐盘，盘的图案店徽摆端正，盘与盘之间的距离要相等，盘边距离桌边 1 厘米。

4）摆刀叉

从餐盘的右侧 1 厘米处从左到右依次摆放主菜刀、鱼刀、汤匙和开胃品刀，刀口向左，匙面向上，刀把和匙把距离桌边 1 厘米；从餐盘的左侧 1 厘米处始从右到左依次摆放主菜叉、鱼叉和开胃品叉，叉面向上，叉把与刀平行，距离桌边 1 厘米；各刀、刀叉间距 0.5 厘米。

5）摆水果刀、叉和甜品匙

在餐盘的正前方依次摆放水果刀、叉和甜品匙，刀把向右，刀口向餐盘；水果叉叉齿向右，叉把向左，与水果刀平行摆放；甜品匙与水果刀平行横放于餐盘正上方，匙把向右。

6）摆面包盘、黄油刀和黄油碟

在开胃品叉的左侧摆面包盘，面包盘中心与餐盘中心对齐，餐边距餐叉 1 厘米；黄油刀放于面包盘内右侧 1/3 处，刀口朝左，与其他刀叉平行；黄油碟摆在黄油刀刀尖正上方 1 厘米处。

7）摆酒杯

酒杯放在水果刀、水果叉和甜品匙的右侧，一般有"一"字形和"品"字形两种摆法。

（1）"一"字形：红酒杯摆放于主菜刀刀尖正上方适当位置；水杯摆在红酒杯左上方适当位置；白酒杯白玉红酒杯右下方适当位置；3 杯成一条直线，并与台边成 45°角。

（2）"品"字形：将水杯摆放在主菜刀刀尖正上方 1 厘米处；白酒杯摆于水杯右上方适当位置；红酒杯摆在水杯和白酒杯下方适当位置；3 杯杯肚间距 1 厘米。

8）摆餐巾花

将叠好的餐巾花摆在餐盘正中，注意不同式样和高度的餐巾花的摆放。

9）摆放其他用品

胡椒瓶、盐瓶和牙签筒按照 4 人一套的标准摆放在餐台中线位置；烟灰缸从主人右侧摆起，每两人之间一个；花瓶放在餐台中线位置，若只放一个花瓶，则要放在台中心位置；

菜单最好每人一份,但不得少于每桌两份,并设座位卡等。

摆台时,按照"一定盘、二餐具、三酒杯、四调料用具、五艺术摆设"的程序进行。摆放在台上的各种餐具要横竖交叉成线,有图案的餐具要使图案方向一致。

西餐宴会摆台平面示意图如图9.7所示。

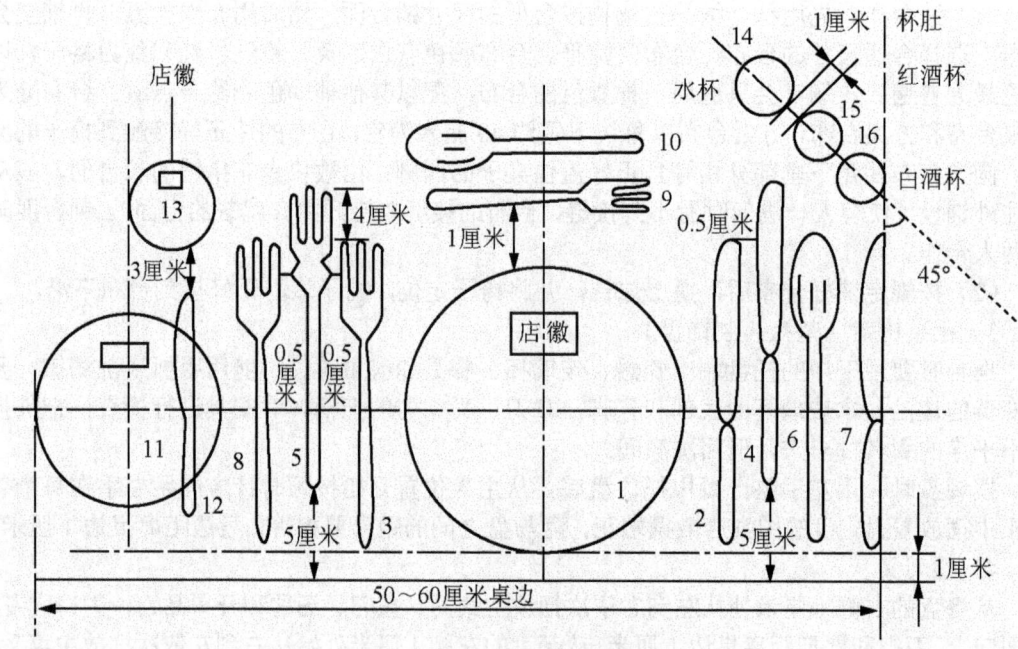

图9.7 西餐宴会摆台平面示意图

1——装饰碟　2——正餐刀　3——正餐叉　4——鱼刀　5——鱼叉　6——汤匙
7——开胃品刀　8——开胃品刀叉　9——甜品叉　10——甜品匙　11——面包盘
12——黄油　13——黄油盘　14——水杯　15——红葡萄酒杯　16——白葡萄酒杯

西餐宴会附加用具摆放示意图如图9.8所示。

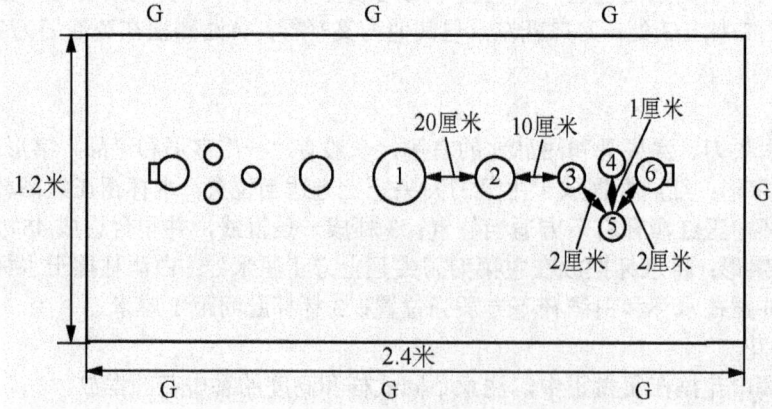

图9.8 西餐宴会附加用具摆放示意图

1——插花　2——烛台　3——牙签桶　4、5——盐和胡椒瓶　6——烟缸和火柴

6. 掌握西式宴会知识

1）熟悉宴会菜单

了解当天宴会菜单内容，了解菜肴结构。熟悉宴会菜谱、食品原料知识，当宾客对宴会菜肴知识不了解时帮助解释。

2）熟悉烹调方法

常见的西餐烹制方法见表9-1。

表9-1 常见的西餐烹制方法

方 法	要 求
烘	在烘炉中，用小火慢慢加热，直到原料成熟
煮	在100℃沸水中制作，特点是汤菜各半，汤宽汁浓，口味新鲜
焖	将经过炸、煎、炒或水煮的半加工原料，加入酱油、糖等调味汁，用旺火烧开后再用小火长时间加热成熟。特点是制品的形态完整、不碎不裂、汁浓味厚
炸	在灼热的食用油中炸煎制作，可用少量食油嫩煎，也可在大量的热油中深炸
烤	将经过腌渍或加工成半熟制品后，放入以柴、煤、碳或煤气为燃料的烤炉或红外线烤炉，利用辐射热能直接把原料烤熟
烩	将加工成片、丝、条、丁的多种原料，一起用旺火制成半汤半菜的菜肴
氽	采用沸水下拌、一滚即成的烹调方法
爆	将脆性原料放入中等油量的油锅中，用旺火高油温快速加热
蒸	在蒸汽中蒸熟
炖	在足够的水中小火炖制
煨	在汤水非沸似沸的条件下用温火慢慢地煨煮

3）熟悉加热时间

菜肴加热时间取决于厨房设备、菜肴本身烹制时间及加热方法。正确掌握烹制时间，可控制宴会上菜速度。有些菜肴可事先做好，叫"预制食品"，当宴会需要时，在微波炉中加热，只需几分钟甚至几秒钟即可。常见的菜肴加热时间见表9-2。

表9-2 常见的菜肴加热时间

原 料	加 热 时 间
鸡蛋	沸水下锅7分钟
鱼	10~15分钟
牛排	（一英寸厚）半生熟10分钟，适中15分钟，熟透20分钟
羊肉排	20分钟
猪排	15~20分钟
野味	30~40分钟
炸鸡	10~20分钟
蛋奶酥	35分钟

4）熟悉配料调味

西餐菜点的调味配料见表9-3。

表 9-3 西餐菜点的调味配料

菜 点	调 味 配 料
鱼菜	配"V"形柠檬片
鱼和海鲜类	配鞑靼调味汁（含有切碎的熟蛋黄、碎酸菜、橄榄油、干葱粒等）
汉堡包	配番茄酱和泡菜
牛排	配牛肉酱汁
热狗	配芥末汁酱
土豆薄煎饼	配苹果酱
薄煎饼	配糖酱、蜂蜜
色拉	配调味汁（3 种以上供选择）
面包	配黄油
烤面包	配黄油、果酱
汤	配咸苏打饼干
龙虾	配澄清的黄油
烤鸭	配薄饼、葱和甜酱
煎炸的鸡鸭	配椒盐和番茄酱
主菜	配欧芹以增加色彩
咖啡	配牛奶和糖
茶	配柠檬切片和糖
螃蟹、龙虾等	配洗手盅（在洗手盅里倒入五成温水，放入少许柠檬片、菊花瓣等）

7. 全面检查

宴会负责人在各项工作准备就绪后，应进行全面检查，包括清洁卫生、环境布置、席面布置、物品准备、服务员仪容仪表等。在西餐宴席服务中，服务人员应戴白手套，仪容大方。

9.2.2 餐前鸡尾酒服务

根据宴会通知单的要求，宴会开始前 30 分钟或 15 分钟左右，在宴会厅门口为先到的宾客提供鸡尾酒式的酒水服务。由服务员托盘端送各种软饮料、啤酒、鸡尾酒等巡回请客人选用，茶几或小圆桌上备有虾片、干果仁等小吃。当宾客到齐，主人表示可入席时（服务员要注意观察），服务员要立即打开通往餐厅的门，引领宾客入席，宴会即正式开始。

9.2.3 宴会中的席面服务

西式宴会多采用美式服务，有时也用俄式服务，个别菜肴采用法式服务。下面介绍美式宴会服务。

1. 面包服务

在宴会开始前几分钟摆上黄油，分派面包。将面包放入装有餐巾的面包篮内，然后从客人的左手边送到客人的面包盘内。面包作为佐餐食品可以在任何时候与任何菜肴相配，所以要保证面包篮内总有面包,一旦面包篮空了,应采用献菜服务或分菜服务立即给客人续添,直到客人表示不再需要为止。在宴会中,不管面包盘上有无面包,面包盘都需保留到收拾主菜盘后才能收掉;若菜单上有奶酪,则需等客人用完奶酪后,或在上点心之前,才能将盘子收走。

2．斟酒服务

安排宾客就座后,为客人斟酒。斟酒前,要先打开瓶盖把酒倒出少许,先让主人尝试,待主人认可后再为客人斟酒。按照先女后男的顺序为宾客斟酒,注意合适的斟酒量和适时地添加酒水,注意酒水与菜肴的搭配。

3．上菜服务

按菜单顺序上菜。每上一道菜前,应先将上一道菜的餐具全部撤下。在上每一道菜前,应为客人斟配该菜的酒。

1) 头盘服务

(1) 将头盘放在客人面前的装饰盘里。

(2) 头盘跟配料的,要逐位向客人请示所需的配料,根据客人的需要上。

(3) 客人吃完头盘,根据客人刀叉所放位置或客人不打算再吃后,撤走头盘。

(4) 撤盘时要待整台宴席上的客人全部吃完后才可以一起撤走。

2) 汤服务

将汤杯(盅)放在汤底碟上,汤底碟面上要放上餐花纸装饰垫底。客人饮完汤后,按撤头盘的同样程序和方式连同装饰碟一起撤走。

3) 副盘服务

(1) 副盘一般是中等分量的鱼类、海鲜。上副盘前,应先斟好白葡萄酒。

(2) 上好海鲜或鱼类后请示客人是否需要胡椒或芥辣。

(3) 客人吃完副盘,服务员可以从主宾右侧撤下鱼盘及鱼叉、鱼刀。

4) 主菜服务

(1) 上主菜前,服务员应先斟好红葡萄酒。

(2) 主菜如果是扒类,(主要是牛扒)上之前应事先逐位请示客人对扒制品生熟程度的意见。

(3) 根据每位客人的需要通知厨房按客人的要求进行扒制。

(4) 给客人上扒时要告诉客人几成熟,千万不能上错。

(5) 上扒的同时,要请示客人需不需要胡椒粉、芥辣等,根据客人的需要提供佐料。

(6) 待所有客人吃完扒后,根据客人刀叉所放位置或客人不打算再吃后,撤走盘碟。

4．甜品服务

上甜品前撤走除酒杯以外的所有餐具,如主菜餐具、面包盘、黄油刀、黄油碟、椒盐瓶等,清理台面,摆好甜品叉、勺,然后服务甜品。

5. 水果、咖啡（茶）、小吃服务程序

（1）客人吃完扒后一般上水果或杂果，水果的造型要美观。

（2）客人吃完甜品后，要先请示客人需要咖啡还是茶，根据每位客人的需要给客人送咖啡或茶。上咖啡或茶前，先摆好糖盅、奶盅。斟倒咖啡或茶时，先上咖啡杯具（杯、碟和匙）或茶具（杯、碟和匙），再用咖啡壶为宾客斟倒。糖和奶由客人自己取用。

（3）上最后一道小吃。小吃一般是曲奇饼干或巧克力。

（4）以上3款食品饮品每上一道就要将用过的餐具撤除。

6. 推销餐后酒和雪茄

有些高档宴会在宴会最后将餐后酒车推至餐桌前，征询主人是否用白兰地、餐后甜酒或雪茄。

7. 席间服务

（1）同步上菜、同步撤盘。在宴会中，同一种菜单项目需同时上桌。要求所有宾客都吃完一道菜后，一起撤盘，并一起上菜。小型宴会需等到所有宾客都吃完后，才可以收拾残盘，大型宴会可以桌为单位进行。撤盘时要留意客人餐具的摆放，如果将刀叉并拢放在餐盘左边或右边或横于餐盘上方，是表示不再吃了，可以撤盘；如果呈八字形搭放在餐盘的两边，则表示暂时不需撤盘。用右手从客人的右边撤盘，然后绕桌按逆时针方向顺序从每位客人的右边进行。

（2）保持清洁。拿餐具时，应手拿刀叉的柄或杯子的底部，更不可与食物触碰。上菜时应注意盘缘是否干净，若盘缘不干净，应用服务巾擦干净后，才能将菜上给客人。餐桌上摆设的物品（如胡椒罐、盐罐或杯子）干净与否。撤盘时不要在餐桌上刮盘子里的残羹剩菜，或者将盘子摆放在餐桌上。收下的餐具要收拾到服务台上的托盘里，操作时动作要轻。

（3）保持温度。盛装热食的餐盘需预先加热才能使用，加盖的菜肴等上桌后再打开盘盖。因此，服务用的餐盘或咖啡杯必须存放在具有保温功能的保温箱中，而冷菜类菜肴也绝对不能使用保温箱内的热盘子来盛装，以维持菜肴应有的温度。

（4）放准位置。摆设印有标志的餐盘时，应将标志正对着客人。菜肴上桌放准位置，主要食物（如牛排）必须靠近客人；点心蛋糕类有尖头的应指向客人。

（5）上调味酱。调味酱分为冷调味酱和热调味酱。冷调味酱如番茄酱、芥末等由服务员准备好后摆在服务桌上，待客人需要时服务；热调味酱由厨房调制好后，由服务员以分菜方式进行服务。服务方式应为一人上菜肴，一人随后上调味酱，或者在端菜上桌之际，先向客人说明调味酱将随后服务，以免客人不知另有调味酱而先动手食用。

（6）补置餐具。有客人用错刀叉时，也需将误用的刀叉收掉，务必在下一道菜上桌前及时补置新刀叉。

（7）上洗手盅。凡是食用有壳类或需用手的菜肴（如龙虾、乳鸽、蟹虾等），应提供洗手盅与香巾，盅内盛装约1/2的温水，放有花瓣或柠檬片装饰，用托盘送至客人右上方（酒

杯上方）。为防止有些客人可能不清楚洗手盅的用途，上桌时稍做说明。随菜上桌的洗手盅视同为该道菜的餐具之一，收盘时必须一起收走。

（8）上水果或甜点及时摆放整齐。上香巾、咖啡或红茶服务，均做到准确、熟练、服务规范。

8．冰水服务

在西方，人们饮用冰水已成习惯，在宴席中冰水尤其不可或缺。

冰水服务的程序及要求：①将玻璃水杯预凉；②用冰夹或冰勺将冰块盛入玻璃水杯中（绝不能用玻璃杯代替冰夹、冰勺到冰桶里取冰）；③将盛有冰块的水杯放在客人桌上，再用盛有冰块的水壶加满水，或者先加满水，再将水杯服务给客人；④水壶中长保持有冰块和水，便于需要时随时取用；⑤保持水杯外围的干净，同时避免提供微温、浑浊的冰水；⑥提供冰水时可用柠檬、酸橙等装饰冰水杯；⑦冰水应卫生，以确保客人健康。

矿泉水服务前应先冷却，使其保持在4℃左右。瓶装矿泉水应在餐桌上当客人面打开、倒入杯中，由客人决定是否要加冰块或柠檬片。

9．巡视服务

开宴过程中，照顾好每个台面的客人，各项服务均做到适时、准确、耐心、操作规范，让客人十分满意。

知识链接 9-2

服务人员在服务中把汤、汁洒在宾客身上，应如何处理

（1）首先向客人道歉。
（2）然后拿干净的湿手巾为宾客擦拭。如面积较大，要先为宾客擦拭，宾客用餐完毕请宾客把衣服留下来，并为宾客换上准备的干净衣服，同时要报告上级，免费把宾客的衣物尽快洗好，送还宾客。

9.2.4 宴会结束工作

（1）结账。宴会接近尾声时，清点所用的饮料，如收费标准不含饮料费用，要立即开出所耗用的饮料订单，交收银员算出总账单。宴会结束后，宴请的主人或助手负责结账，一般不签单，而收取现金、支票或信用卡。

（2）送宾离席。当宾客起身离座时，应为其拉椅，服务员要送宾客至宴会包厢门口。

（3）送客。取递衣帽，热情送客。

（4）整理餐厅。宴会结束后，应将宴会厅恢复原样。餐厅里的铜器、铜装饰、铜家具及设施要督促清洁人员用擦铜膏（液）擦亮，保持餐厅的洁净美观。

9.2.5 西餐宴会服务注意事项

（1）西餐，尤其是法式西餐，都是很讲究造型的，给客人以一种艺术的美感，看上去很有特色，服务时对这点很重视。上菜时，主造型的一边正对着客人。若是方台，盘子摆放的间距大致相等并成一条直线。

（2）加盖的菜上席后，每一位传菜员负责一位客人，为客人揭盖时要同时进行，动作一致。

（3）上菜时要从客人的右边上席，撤碟时要从客人的左边撤除，服务员在服务过程中要默契配合，统一行动。

（4）有些食品，如虾、蟹等海鲜食后要上洗手盅，一般在温水里放上一片柠檬片为客人洗手。

（5）西式宴会十分注重气氛，但它不同于中式宴会的热闹，而是在一种优雅文静的气氛中进行。服务员要反应灵敏，注意自己的动作，步履要轻快，动作要敏捷干脆，不得发出声响。向客人介绍菜单或征询意见以客人听得清为好。背景音乐要柔和，为客人营造一种美妙的气氛和高雅的情调。

9.2.6 西餐宴会的现场指挥

做好现场指挥是西餐宴会服务的重要工作，也是保证西餐宴会服务质量的关键环节。西餐宴会服务的现场指挥要做好以下工作。

（1）提前向宴会主办单位了解整个宴会需要的时间，以便安排宴会上菜的时间间隔，控制宴会进程。

（2）了解宴会主人开始讲话和讲话所需的时间，然后据此和厨房取得联系，防止出现主人刚开始讲话就上菜，结果主菜一上桌就凉了的情况，影响菜点质量和客人需求。

（3）掌握宴会所用的一般菜点和重要菜点烹饪制作所需要的时间，以便按照菜单和上菜顺序与厨房联系，按时、按顺序上菜，防止客人等候时间过长而影响服务质量。

（4）掌握主宾席和其他餐台进餐情况，使各个餐台和主宾席的进餐速度相照应。防止部分餐桌进餐速度过快或过慢，造成互相等候、互相观望，影响宴会服务气氛。

知识链接 9-3

客人在进餐过程中不小心损坏餐具和物品，应怎样处理

宾客在用餐过程中损坏餐具和物品时，应视情况处理。对于一般的用具可不让其赔偿，对于较贵重的餐具和物品要打入餐费之中，但应该当面对客人讲清。最好的防范措施是注意观察客人的举动，帮助其清理面前的餐具，尽量使客人面前有足够的用餐空间。

小测验：请调查一家经营西餐宴会的餐厅，分析一下它在服务流程方面有哪些优点及不足，并为餐厅经理写出书面改进报告。

本章小结

西餐宴会讲究用餐气氛，对服务人员的操作技巧和服务素质要求很高。学习西餐宴会服务对餐饮从业人员具有重要意义。餐饮从业人员应充分重视西餐宴会服务在经营中的重要作用，采用规范的服务程序和规范。在学习中，结合中西文化的对比，理解中餐宴会服务和西餐宴会服务的区别，以及存在这些区别的深层次原因，这样有助于提高自己的服务意识及灵活处理问题的能力。

练习题

一、多项选择题

1. 西餐宴会根据菜式和服务方式不同，可分为（　　）。
   A. 法式宴会　　B. 俄式宴会　　C. 英式宴会　　D. 美式宴会
2. 接到西餐宴会通知单后，餐厅服务人员应掌握宴会情况，下列属于应掌握内容的是（　　）。
   A. 宾客宗教信仰　　　　　　B. 宴会举办单位和宴会规格
   C. 来宾国籍身份　　　　　　D. 饮食习惯和特殊要求
3. 西餐宴会台型布置的形式有（　　）。
   A. 一字型　　B. T字型　　C. U字型　　D. E字型
4. 西餐宴会在座次安排上需要考虑的因素有（　　）。
   A. 宴会性质　　B. 职位高低　　C. 来宾性别　　D. 来宾喜好
5. 西餐宴会结束工作的服务程序有（　　）。
   A. 结账　　B. 送宾离席　　C. 送客　　D. 整理餐厅

二、判断题

1. 西餐宴会是指采用西方国家宴请所惯用的布置形式、用餐方法、风味菜点而举办的宴请活动。（　　）
2. 西餐宴会根据菜单备每客必用餐具，准备占总数1/5的备用餐具。（　　）
3. 正式西餐宴会的餐桌摆法与一般常规的餐厅相同，多摆放长型餐桌。（　　）
4. 西餐宴会摆台时，按照"一定盘、二餐具、三酒杯、四调料用具、五艺术摆设"的程序进行。（　　）
5. 西餐宴会上菜时要从客人的左边上席，撤碟时要从客人的右边撤除。（　　）

三、讨论题

1. 西餐宴会的服务特点是什么？
2. 西餐宴会预订的服务程序有哪些？
3. 西餐宴会服务主要包括哪几个环节？
4. 在进行西餐宴会服务接待工作前要做好哪些工作？

四、案例分析题

（1）宴会的现场指挥。装饰典雅的某酒店宴会厅灯火辉煌，一席高档宴会正在有条不紊地进行着，只见身着黑色制服的服务员轻盈地穿行在餐桌之间。正当客人准备祝酒时，一位服务员不小心打翻了酒杯，酒水洒在了客人身上。"对不起，对不起"这边歉声未落，只听那边"哗啦"一声，又一位服务员摔破了酒杯，顿时客人的脸上露出了愠色。这时，宴会厅的经理走上前向客人道歉后解释说："这些服务员是实习生……"。顿时客人的脸色由愠色变成了愤怒……第二天客人将投诉电话打到了酒店领导的办公室，愤然表示他们请的一位重要客人对酒店的服务很不满意。

问题：从上述案例中，你认为作为西餐宴会的现场指挥人员，应如何处理宴会过程中的意外事件？

（2）客人偷拿了银具。一高档西餐宴会中，资深服务员梅子为台湾客人服务。酒至半酣，客人廖先生见餐桌上的银制餐具非常精美，便顺手拿起一把主餐勺塞进自己西装内侧衣兜里。梅子看到后，没有向客人挑明，而是在宴会快结束时，手拿一套精致的、带有餐厅店徽的餐具递给廖先生，说："先生，您好！听说您非常喜欢我店的银制餐具，我们经理很高兴，特为您准备了一套，已经在您的账单上记下了。"廖先生一愣，马上反应过来，就着台阶下来："谢谢你们经理的关照，今天酒喝多了，有失礼节的地方请多包涵。"就这样，服务员巧妙地让客人买了一套小件银餐具，而且是先将与客人装入衣袋的那件相同的抽出来。服务员以自己高超的服务技巧，在不伤客人情面的情况下，巧妙地保护了餐厅利益。

问题：从上述案例中，你认为作为作为西餐宴会的服务人员应如何巧妙地处理宴会过程中宾客的不当行为？

第10章 菜单设计与制作

🎋 学习目标 🎋

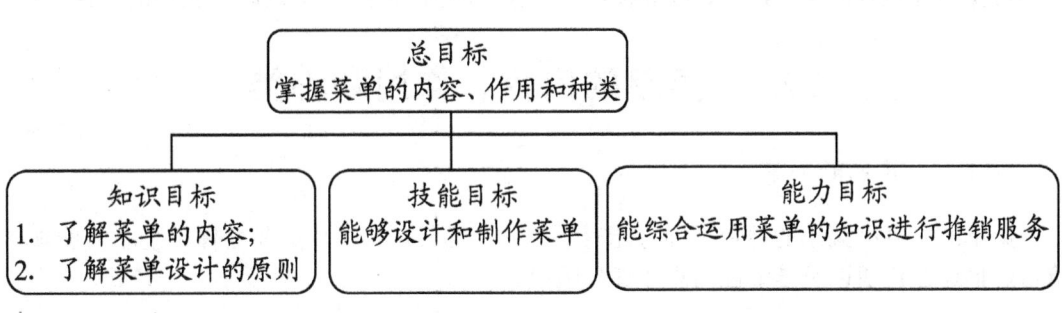

🎋 导入案例 🎋

  某大酒店刘总经常与餐饮部几位主要负责人聚在一起研究菜肴的供应情况。9月底的一个上午，在刘总的办公室里正开着一个小型会议，与会者除了刘总和总办主任外，还有餐饮部经理、厨师长和两位主管，每人手里拿着一份最近两个月的菜肴销售状况分析表。表的左面是近阶段菜单上的各种菜肴的名称，最上面一行是日期，并注明星期几，每个星期结束有个"小计"，表内主体部分是每种菜肴的销售量，表的最右面是每天平均销售量。"从本表可以看出，我们最近才推出的清炒西葫芦销售情况呈上升趋势。8月份从第一个星期的180份一直稳步上升，到第四个星期为270份，我认为在考虑新菜单的时候仍应保留此菜。"一位主管首先坦陈自己的看法。"我同意。另外，我认为砂锅肉丸子也应该保留。一方面，这是我们的看家菜，已有相当的名声；另一方面从销售情况看，每天的销售量始终保持在190份上下，变动范围在40份之内，这说明我们的客人喜欢这道菜。"厨师长接着发言。"红煨羊肉的销售状况看上去波动较大，但如果仔细分析一下的话，其中有一定的规律，每到星期六和星期日它的销售量激增，在其余日子则情况平平。因此，这道菜有保留的价值，但在用料方面需做调整，星期六和日两天多准备一些原料，以满足需求。"餐饮部经理谈了自己的意见。

  他们对每道菜进行了认真细致的分析，把销售情况呈明显下降趋势的，以及近阶段内一直居低不上的4道菜删去，餐饮部经理和厨师长提议试销葱爆腰花和蚝油牛肚等6道菜，获得一致赞同。

🎋 问题 🎋

  1. 某海鲜酒楼为招揽客人，突出本店特色，计划将菜单设计成多叶翻开的扇贝形，并点缀以小贝壳等为装饰。请根据你的理解和所学的有关知识，为这家酒楼设计一个菜单。

  2. 请设计一个西餐自助餐菜单。

> **关键词**
>
> 菜单设计　菜单

菜单是餐饮企业经营的产品目录。企业为了推销其产品，总要编制精美的产品目录，向顾客告知其所经营的产品，顾客凭借菜单选择自己喜欢的餐饮产品。菜单设计是餐饮工作中可操作性最强的工作，菜单是餐饮企业经营管理活动的总纲，反映了企业的经营方针。

10.1　菜单的内容、作用和种类

10.1.1　菜单的内容

菜单的内容因菜单的种类不同可能有所差异。通常，菜单由菜品名称、菜品的份额和价格、描述性说明以及推销性信息四部分组成。

1. 菜品的名称

菜品的名称即菜名，是菜单的主要内容。菜名直接关系到宾客对菜品的选择和购买行为。

菜名的命名方法分以下两大类。

1）写实性命名

菜名直接反映菜品的特点，这种命名方法直接、醒目，有助于宾客对菜品的了解与选择，避免了过多解释，可节省点菜时间。

（1）以主要原料命名，如辣子鸡丁、番茄虾仁等。

（2）以烹调方法命名，如水煮肉片、爆炒腰花、烤乳猪等。

（3）突出菜肴色彩的命名，如五彩鱼片、翡翠虾仁等。

（4）突出菜品味道的命名，如麻辣牛肉、糖醋排骨等。

（5）以地名命名，如德州扒鸡、北京烤鸭、西湖醋鱼、兰州拉面等。

（6）以人名命名，如麻婆豆腐、东坡肉、贵妃鸡等。

（7）以历史和典故命名，如叫花鸡、佛跳墙、过桥米线等。

2）寓意命名

根据菜肴的某一特征加以渲染、夸张，赋予寓意深长的美称或代称。多用于特色菜、名贵菜，如龙虎斗、金枝玉叶、金玉满堂等。一般用于非常正式的宴请和喜庆场合。

2. 菜品的份额和价格

宾客根据菜单选择菜品时，除了关心菜品的主要原料成分、烹调质量和风味特点外，还关注菜品的份额和价格，这直接决定了宾客的购买行为。"物有所值"的双重含义：一是品质与价格相符，二是数量与价格相符。

菜单上的菜品份额和价格应在菜品名称后面标出。菜品份额常用标明份额量多少的"例盘"、"大盘"或"一只"、"半打"、"每客"或重量单位"每500克"、"每两"等字样标出。例如，脆皮乳鸽36元/只或清蒸加吉鱼99元/500克。

需要特别注意的是，菜单标明的份额和价格必须准确无误，不能涂改，否则极容易引起客人的疑虑。

3．菜品介绍

以简洁的文字或照片说明菜品的主、辅料数量、烹制方法和风味特点，在特意推销时，还往往附上有关菜品的典故、传说和菜品的功效及食疗作用。这样不但可以节省点菜时间，提高工作效率，而且减少了跟客人之间因认定不同产生的纠纷，使客人一目了然，产生信任感，并赞赏店方的准备充分和细腻。菜品介绍如图 10.1 所示。

图 10.1 菜品介绍

4．其他信息

推销性信息包括餐厅正在进行的优惠活动内容、特价菜、推出的新菜等，一般通过制作单页宣传单、临时菜单、每日特选、厨师推荐招贴和礼仪小姐推销的方式进行。菜单上还会出现餐厅名称、位置、营业时间、订餐电话、经营特色等条目。另外，若收取服务费、有规定的限制消费等，菜单上应该注明。

5．明档展示

采用明档展示一来宣传自己的经营特色，招徕客源；二来让宾客看得清楚，吃得明白。有的餐厅推出了明厨，将烹调制作活生生地展现在宾客眼前，增强动感和吸引力。

10.1.2 菜单的作用

现代餐饮企业的经营观念首先是根据市场调研，确定客源市场，并在此基础上设计菜单。菜单设计是筹划生产的第一个环节——从建筑和餐厅的装饰布置、设施设备的配置、员工的配备到原材料采购、食品的加工和烹制、餐厅服务的规范与配套，以及产品质量的维护和赢利水平的提高都是围绕着菜单设计展开的，每一次的菜单变动都会引起上述各环节的跟随调整。菜单是餐饮经营管理和服务的总纲领。

（1）菜单是经营者和消费者之间的媒介，起着桥梁作用。菜单是沟通经营者与消费者之间的桥梁和工具。一份好的菜单既可满足宾客的饮食需求，又能刺激宾客的消费，扩大销售额，提高酒店效益。

（2）菜单反映着餐饮企业的市场定位。一份合适的菜单，就是在充分的市场调研的基础上，根据餐厅的经营方针，认真分析客源和市场需求制定出来的。菜单的质量、菜点的种类、品质、价格，表示着企业的形象和在餐饮市场中的位置。菜单一旦制定成功，该餐厅的经营目标也就确定了。

（3）菜单决定着餐厅的装饰风格和服务用品、服务的内容与方式，反映了餐厅的档次和经营水平，如图10.2所示。

图10.2　中式风格的中档餐厅菜单

餐厅的装饰及所呈现的环境气氛与菜单内容应协调一致，借以突出不同餐饮服务场所的餐饮特色。

菜单的内容不同，决定着餐饮服务用品、服务内容与方式也不相同。菜单的菜式不同，决定着有中餐、西餐、日餐等摆台要求和相应的服务用品及服务方式。不同的菜品，如涮羊肉、烤肉、烤鸭等，决定着服务也有相应的特点。

通过浏览菜单上菜品的种类、价格，以及菜单的封面设计、装帧布局，顾客很容易判断出餐厅的风味特色以及档次的高低。

（4）菜单影响着厨房与餐厅的布局及设备与用具的采购。任何一家餐厅的设备与用具的采购都不是盲目进行的。餐厅向宾客提供的餐饮食品，是由厨房按订菜单加工烹制的，厨房必须具备加工烹制菜单所展示的餐饮食品的能力。厨房配置的数量、生产能力与布局；厨房内各工序的位置、设备的地位、工具与器具的摆放；厨房加工设备、冷藏设备、加热及烹制设备等的配置，都取决于菜单的菜式品种、档次和特色，并应与菜单的内容保持一致。菜单的菜式品种、水平和特色决定了餐厅所要购置的设备用具的种类、规格数量。通常，经营菜点的品种越丰富，所用设备的种类就越多；菜式水平越高，所用设备的档次也就越高、越复杂。

（5）菜单反映餐饮企业员工的配置。餐饮企业员工配置，包括各部门、各岗位员工的素质要求、员工人数比例及合理的调配等。从餐饮产品的形成过程来看，市场开发与研究，菜单设计，设施设备的策划，服务环境的营造，食品原料的采购、验收、保管与发放，菜品的加工与烹调，餐饮服务，餐饮推销等环节或部门，都要求按岗位职责和工作量科学地进行员工配置。

（6）菜单影响食品原料的采购与储存。菜单内容决定了采购和储存的对象，菜单类型决定了采购和储存的规模、方法和要求。

（7）菜单影响着餐饮成本及利润。菜单是由不同成本，不同赢利能力的诸多菜品组成的，用料珍稀、价格昂贵的菜品必然导致菜品原料成本的上升，而制作讲究、精雕细刻的菜品太多，又必然导致劳动力成本的上升。因此，菜单设计是餐饮企业成本控制的首要环节。

（8）菜单既是艺术品又是宣传品。菜单是餐厅的广告宣传品，又是艺术品。一份设计精美的菜单不仅配有文字，往往还配有图画、照片及彩色图案，可以使顾客对所列的美味佳肴留下深刻的印象。另外，菜单内容的合理安排、菜单和餐具图片的刻意呈现会勾起就餐者的食欲，影响客人对菜肴的选择，促进菜肴的销售。有的设计精美的菜单，甚至可以作为艺术品，留作纪念，给客人以美好的回忆。

知识链接 10-1

菜单上的文字艺术

美国有一家名为"沙斯卡"的餐馆，菜单上记有一首"膳颂"，其文字妙不可言。

生活中可以没有诗歌，没有音乐，没有艺术；

生活中可以没有良知，没有心肠；

生活中可以没有书刊，没有亲朋；

没有厨师，可有人活在世上？

没有书刊，我们依然生活，知识只是忧伤；

没有希望，我们依然生活，希望只是欺骗；

没有情爱，我们依然生活，情爱只是渴望；

不吃不喝，可有人活在世上？

短短数语，就道出了饮食在生活中的必不可少。不但是菜单别具一番情趣，而且也起到了促销的作用。

10.1.3　菜单的种类

菜单种类繁多，可供分类的标志也很多。例如，根据菜式不同可分为中餐菜单、西餐菜单、日餐菜单等；根据餐别不同可分为早餐菜单、午餐菜单、晚餐菜单、宵夜菜单等；根据菜单形式可分为自助餐菜单、酒会菜单、宴会菜单、送餐服务菜单等。下面按照菜单的变换频率和功能性介绍餐饮经营中常见的菜单种类。

1. 根据菜单的变换频率分类

1）固定性菜单

这是一种经较长时间推敲，迎合大部分顾客的需求，菜式品种相对固定，适合长期使用的菜单。由于客源构成复杂、流动性大、人数众多，本着以不变应万变的原则，饭店、餐厅大都使用这种菜单。

固定性菜单的优点：①有利于控制食品原材料采购；②有利于组织生产和提供服务；③有利于质量控制和成本控制。

固定性菜单的缺点：①缺乏灵活性，难以适应市场变化，导致产品吸引力降低；②由于菜单的价格一成不变，因季节和其他供应的原因而引起的原材料价格起伏容易造成利润率水平不易掌握；③产品没有新意，重复劳动多，会使前、后台员工产生厌倦，造成创新意识降低、技能退化。

2）循环性菜单

循环菜单是饭店按照预先确定的周期制定的各不相同、循环使用的菜单。有的饭店按季节不同循环使用不同的菜单，有的按月份划分，有的以一周为单位，每天更换，循环使用。

循环性菜单的优点：①循环菜单的菜式多，相同的菜式不会重复出现，总是给人以新鲜感，产品吸引力增强；②促使厨师练就"多面手"，菜式的增多不仅要求厨师掌握更全面的技巧，而且要开动脑筋开发新产品。

循环性菜单的缺点：①采购变换快，难度大，容易造成原料利用不彻底，增加成本；②给加工生产带来难度；③前、后台协作容易出现脱节；④预期销售有时会受影响。

3）即时性菜单

即时性菜单是根据近期或时令原材料供应情况、顾客口味趋向、餐饮流行趋势制定的一种临时性菜单，使用时间很短。它没有固定模式，通常采用制作容易和快捷的小巧菜单、在固定菜单或循环菜单中加入插页、桌面立式菜牌、餐厅内或餐厅入口处设置招贴或招牌等方式。海鲜菜式就属于此种菜单，如图10.3所示。

图10.3 海鲜菜式

即时性菜单的优点：①这类菜单的供应品种少，替换简单；②有利于消化库存和剩余原料，降低食品成本；③时令性强，能够及时弥补固定性菜单的不足，有利于增强餐饮产品的吸引力。

2．按菜单的功能分类

1）零点菜单

这是餐厅中使用最广泛、最常见的一种菜单，是餐饮经营中最基本的菜单。零点菜单所提供的菜式品种丰富，价格差异大，选择余地大，能够迎合不同层次宾客的需要。

2）套餐菜单

套餐菜单又称定菜菜单或公司菜单，它以固定的价格列出整套餐饮产品，如图 10.4 所示。它的价格以一组餐饮产品为单位，而不是以单个菜式为单位。套餐菜单特别适合于会议、团队、公司午餐或其他招待。套餐菜单的制定要注意冷热、荤素、营养搭配合理，菜品的原料、制作方法不能重复。备有几套清真、素菜套餐菜单在某些时候会产生意想不到的效果。

图 10.4　套餐菜单

3）混合式菜单

混合式菜单是指将零点菜单和套餐菜单合二为一，给宾客更大的选择余地。有时会有客人只确定几个菜点，其余由店方搭配列出菜单的情况。这种情况下，需要弄清客人是按套餐方式还是零点方式结账。

4）自助餐菜单

自助餐提供的菜品种类繁多，自主选择，价格公道，无须等待，节省时间。而自助餐菜单是根据活动主题、客人成分、时令和订餐标准制定出来的，要保证数量充足、内容丰富、高低价菜肴搭配、特点鲜明。

值得注意的是，很多餐厅是将以上两种菜单的种类结合起来使用，零点餐厅的菜单可以设计成零点固定菜单、零点循环菜单与零点临时菜单。套菜菜单分为不同价位的固定菜单，或相同价位的不同菜点组合的菜单，或者干脆采用临时性菜单来处理套菜菜单，按照客人的要求在菜点库里任意选取，特别是在计算机或电子点菜系统出现后，更是收到了客人的欢饮和餐厅的尝试。

10.2　菜单的设计与制作

10.2.1　菜单的设计原则

菜单的设计、筹划，菜点的选择反映着餐厅的经营风格，是消费者就餐时的购买依据。菜单上的菜点及其品质和价格会影响营业收入和经营利润。进行菜单的设计、筹划和菜点的选择时，应考虑以下因素和原则。

1. 以客人需求为导向，迎合目标顾客的需求

菜单设计的最终目的是为了促销，是为了赢利。因此，菜单筹划前，一定要确立目标市场，要了解目标顾客的需求。以下是需要调查和了解的项目：①目标顾客的性别、年龄、职业、经济收入状况、宗教信仰；②目标顾客对各菜系的接受程度，对本地菜系的喜爱程度；③对菜肴色、香、味、形、器皿的要求和嗜好，对菜点种类、数量的要求，能接受的价格；④同行业、竞争者的市场情报等。

2．菜单应与就餐氛围和环境相协调

菜单所列的菜品并非越高档越好，而是必须和就餐氛围、环境相协调。菜单设计要根据餐厅所处的位置和餐厅的等级来决定所要提供的菜品的等级和价格。

3．菜单的菜品种类不宜过多

菜单所列的品种过多会增加储存和制作成本。最致命的是，无法突出餐厅的菜品特色和经营风格。如有新的菜品推出，可采用即时性菜单。

4．经常更换菜品，适应顾客新需求。

一张好的菜单应该能适应当前菜品的销售动态。为了使餐厅富有吸引力，菜单要不断保持新鲜感，菜单所提供的菜品品种要经常更换。

5．菜点品种要平衡

在编制菜单时要考虑菜品的价格平衡，原料搭配平衡，烹调方法平衡，口味、口感平衡，营养平衡等。

6．菜肴要有独特性，并能体现本餐厅的特色

只有突出了自己的特色，才能给顾客留下深刻的印象，才会使餐厅有与众不同之处，如北京全聚德的烤鸭，因自己的独一无二，在本地乃至全国享有盛誉。

7．厨师的烹调技术

在确定菜品时，必须考虑本餐厅厨师的特长，要选择一些能发挥其特长的菜而不能选其力所不能及的菜。

8．考虑原料成本及菜肴赢利能力

设计菜单时要重视食品原料成本，原料成本不仅包括原料的进价，还包括加工和切配的折损、剩菜和其他浪费的损耗因素。

菜单设计也要考虑菜肴的赢利能力，即对菜单进行分析。菜单分析就是对菜单上的各种菜肴的销售情况进行调查，分析菜肴受顾客的欢迎程度和菜肴的赢利能力。

菜肴销售状况定量分析如下。

只有在同类菜品中进行比较分析才有意义。因此，在设计菜单时，要先将菜单的菜品按不同类别划分出来，对直接竞争的同类菜品进行分析。中餐的菜单分析可分为 4 类，即冷盘、热菜、汤类、面点；西餐的菜单分析可分为 5 类，即开胃品、汤类、色拉、主菜、甜品等。

菜单分析的原始数据可采自于点菜单，汇总账单上各种菜的销售份数和销售额，由此算出顾客欢迎指数和销售额指数，其计算公式如公式（10-1）、公式（10-2）所示。

$$\text{顾客欢迎指数}＝\text{某类菜销售份数百分比}/\text{各菜应售百分比} \quad (10\text{-}1)$$

其中，各菜应售百分比＝100%/被分析项目数。

菜品的畅销程度用顾客欢迎指数来衡量，不管被分析的菜品项目有多少，任何一类菜的平均欢迎指数为 1，指数值大于 1，表明受到顾客欢迎，超过得越多，越受欢迎，菜品越畅销；指数值小于 1，表明菜品不受客人的欢迎，不畅销。

$$\text{销售额指数}＝\text{某类菜销售份额百分比}/\text{各菜应售百分比} \quad (10\text{-}2)$$

同样菜品的赢利可以用销售额指数衡量。任何一类菜的平均销售额指数为 1，指数大于 1，表明菜品赢利能力强；指数小于 1，表明菜品赢利能力低。指数值的大小与赢利能力成正比关系。

例如，某西餐厅汤类有 5 种，各种汤的销售份数、价格、顾客欢迎指数和销售额指数见表 10-1。

表 10-1　菜单分析表

菜名	销售份数	销售数百分比	顾客欢迎指数	价格	销售额	销售额百分比	销售额指数	评论
法式洋葱汤	60	26	1.3	5.00	300.00	16.1	0.8	畅销低利润
新鲜蔬菜汤	30	13	0.65	4.00	120.00	6.5	0.3	不畅销低利润
牛尾清汤	20	9	0.45	8.00	160.00	8.6	0.4	不畅销低利润
奶油鸡汤	80	35	1.75	10.00	800.00	43	2.2	畅销高利润
酸辣牛肉汤	40	17	0.85	12.00	480.00	25.8	1.3	不畅销高利润
总计/平均值	230	20	1		1860.00	20	1	

这样就可以把分析的菜品分为 4 类，并对各类菜品分别制定不同的产品策略，见表 10-2。

表 10-2　菜品销售策略

销售特点	表 10-1 的例子	产品政策
畅销、高利润	奶油鸡汤	保留
畅销、低利润	法式洋葱汤	作诱饵或取消
不畅销、高利润	酸辣牛肉汤	吸引高消费客人或取消
不畅销、低利润	新鲜蔬菜汤、牛尾清汤	取消

表 10-2 的分析显示，畅销、高利润菜既受顾客欢迎又能赢利，是餐厅的赢利项目，在计划菜单时应该保留。

畅销、低利润的菜一般可用于薄利多销的低档餐厅中，可以起到吸引顾客的作用。顾客到了餐厅就还会订别的菜，所以这样的畅销菜有时甚至赔一点也值得。但是，如果这些菜明显的影响赢利高的菜品的销售，就应该果断取消。

不畅销、高利润菜可用来迎合一些愿意支付高价的客人。高价菜毛利额大，如果不是太不畅销的话，可以保留。但是，连续较长时间销售量一直很小的菜应该取消。

不畅销、低利润的菜一般应取消。但有的菜如果顾客欢迎指数和销售额指数都不算太低，接近 0.8，又在营养平衡、原料平衡和价格平衡上有需要的仍可保留。

9．不断创新以适应新形势

菜品创新是历史发展的必然，没有菜品的创新，就没有饮食文化的发展。任何一家餐厅在菜单设计时，都要不断地开发新品种，创本店名菜，树立本店形象。有不少餐厅以其创新菜冠名，这是一个值得借鉴的做法。

10．形势美观大方

菜单不仅是餐厅的宣传工具，它也是艺术品。所以菜单的式样、大小、颜色、字体、纸质、版面安排需要与餐厅的等级和气氛相协调，要与餐厅的陈设、布置、餐具及服务人员的服装相适应。大众化的餐厅尽管无需装饰精美的菜单，但美观大方的菜单，对增加菜品的销售是有帮助的。菜单设计式样如图 10.5 所示。

图 10.5　菜单设计式样

10.2.2　菜单的制作

菜单的制作，应考虑以下方面。

1. 菜品的名称与价格

菜品名称应该好听，但更应真实，不应太离奇。只有那些世代流传、约定俗成的传统菜、经典菜的菜名可以沿用世代相传的富有传奇色彩的菜肴名称，如粤菜中的"龙虎斗"，川菜中的"麻婆豆腐"、闽菜中的"佛跳墙"等。向大众开放的餐厅应该采用顾客熟悉的菜名，要朴实、易懂和便于记忆。

（1）菜肴的质量应真实可靠。包括原料的质量和规格要与菜单的介绍相一致，此外菜肴的数量也应该按照菜单的注明如数提供。

（2）菜品的价格应准确无误。

（3）外文翻译应准确无误。

案例分析 10-2

华东沿海某城的一家餐馆里正一派忙碌的气氛，但坐在餐厅正中央一张小方桌前的几位宾客却闷闷不乐。这一切被服务员小王看在眼里，她估计可能是客人对刚刚递过去的账单有意见。小王微笑着对客人走去，亲切地寻问道："先生，需要我做些什么吗？"客人见状说出了不愉快的原因，他们原估计今天的就餐价格约在200元上下，可账单上却写着503元，他们不明白这是什么原因。小王认真地听完后，先是安慰客人让他们不要着急，接着又到账台去查询。原来问题出在大盘醋溜黄鱼上，菜单上写明22元/50克，而客人误以为一盘菜22元，那条黄鱼实际重750克，计价330元。

问题：如果你是小王，你会怎么做？对餐饮管理提出自己的意见。

点评：首先应该向客人道歉，耐心地向客人解释，委婉地请求客人付账。为避免此类现象再次发生，应要求服务人员在客人点菜时向客人说明具体情况，使个人可以根据自身需要进行点菜。此外，在设计菜单时，应着重表明此类菜品的收费标准。

2. 菜品介绍

菜品介绍包括菜品的描述性说明和彩色照片等。

1）描述性说明

以简洁的文字描述出该菜品的主要原料、制作方法和风味特色可以帮助客人确定选择，同时减少了服务生的推销难度，避免了因推销时解说不一而造成的麻烦。

菜单的描述性说明应包括以下内容。

（1）主要原料、配料以及一些独特的浇汁和调料。

（2）菜品的烹调与服务方法。

（3）菜品的分量大小。

（4）菜品的烹调准备时间。

应该注意的是，描述性说明必须恰如其分、实事求是。

2）彩色照片

菜单中的大菜、特色菜、创新菜等可配以彩色照片作为文字说明的补充，以显示菜品的品质，唤起客人的注意，诱导客人选择菜品。菜单中的彩色照片如图10.6所示。

值得注意的是，一方面，重点介绍高利润菜点、名牌菜、看家菜和滞销菜等。另一方面，菜点的介绍不宜过长，言简意赅，妙趣横生，惟妙惟肖。此外，现在一些菜单为了能做到感性上更加吸引客人，增强客人的信任感，往往将风味特色菜配上图片，虽然图文并茂的菜单印刷成本高，不利于菜点的调整，但是对促销却能起到积极的作用。

图 10.6　菜单中的彩色照片

3．促销信息

除菜肴名称、价格等这些菜单必不可少的核心内容外，菜单还能提供一些宣传性的促销信息：饭店、餐厅的名称、风味、特色、历史、背景、地址、电话和标记、营业时间、系列促销活动等。

10.2.3　菜单的制作材料与规格

1．菜单的制作材料

菜单的制作材料的选择主要取决于餐厅使用什么样的菜单。餐厅使用的菜单可以分为一次性菜单和固定性菜单两种。

一次性菜单的使用寿命周期非常短，只供顾客一餐使用。很多快餐厅将一次性菜单放在垫盘上，既方便了顾客点选，又可作为垫纸使用。一次性菜单可以选择轻巧、单薄、吸水性好、相对便宜的纸张，但不可粗制滥造。事实上，轻巧、单薄的纸张通过精巧排版和色彩的运用，同样可以制作出精致和吸引力强的高品质菜单。

提供餐桌服务的餐厅大都使用寿命较长的固定性菜单。在材料选择上，要采用质地精良、厚实、光亮、不易褶皱的高档纸质，最常用的是高克数的凸纹纸。尽量避免使用绸、绢、塑料的材质，因为以上材质易污染、易留污渍。

2．菜单的规格

菜单的样式和规格应与餐厅风格和菜品样式相协调。常见的菜单规格有 3 种：①单页菜单，25 厘米×35 厘米；对折菜单，20 厘米×35 厘米；三折菜单，18 厘米×30 厘米。

菜单尺寸的大小要与餐厅销售的食品、饮料品种的多少相适应。一般说来，一页纸上，字与空白各占50%为好。字太多会使人眼花缭乱，不易选择，影响翻台率；空白过多则给人以菜品不足、选择余地少的感觉。

10.2.4 菜单的装帧与布局

1．插图与色彩的运用

1）插图

插图能对食品、饮料起促销作用。彩色照片上的菜肴和饮品应该是餐厅欲销售的、并期望顾客注意和选择的。另一类常用彩照排版制作的是形态美观、色彩丰富的菜肴。

彩色照片的印刷要尤其注重品质，不能偏色，否则便是弄巧成拙。

2）色彩

菜单的颜色的作用如下。

（1）具有装饰作用，使菜单更有吸引力，使顾客产生兴趣。

（2）通过色彩的组合，更好地介绍重点菜肴。

（3）显示餐厅的风格和气氛。

一般来说，鲜艳的大色块、五彩标题和插图较适合快餐厅；天蓝、淡绿适合于海滨、原野和度假村；浅褐、墨绿、淡蓝、浅灰、淡粉的基调能烘托餐厅的格调。

知识链接 10-3

色彩对饮食的影响

国外的实验机构曾经做过这样一个有意思的实验。他们将参加实验的人员分为两组，A组的人全部蒙上眼睛，B组的人不蒙眼睛，请他们吃同样的美味食品，但把食品全部染上了和原来不同的颜色。把红色的果子酱染成黑色，把白色的牛奶染成红色，面包染成蓝色，未蒙眼睛者一口牛奶还没吞下就全部吐了出来，果子酱和牛奶更是难以下咽。而蒙着眼睛的一组很快地就把东西吃完了，一顿美餐，没觉得有什么异样。这个实验可以说明色彩对人们的感觉和饮食的影响是极大的。

2．菜单程式

菜单程式是指菜单上各类菜式的排列次序。不论哪种菜单，其程式必须根据进餐程序来安排。

西餐正式菜单的程式如下：开胃菜—汤—色拉—副菜—主菜—奶酪—甜品。午餐菜单相比之下要简单一些，可以这样排列：开胃菜—汤—色拉—主菜—甜品。

中餐菜单的程式一般是冷菜—热菜（其中包括海鲜类、淡水水产类、家禽类、肉类、豆制品类等）—汤类—面食类—点心类。不过，有时汤类可以排在冷菜类之后、热菜之前。

菜单的基本程序如图10.7所示。

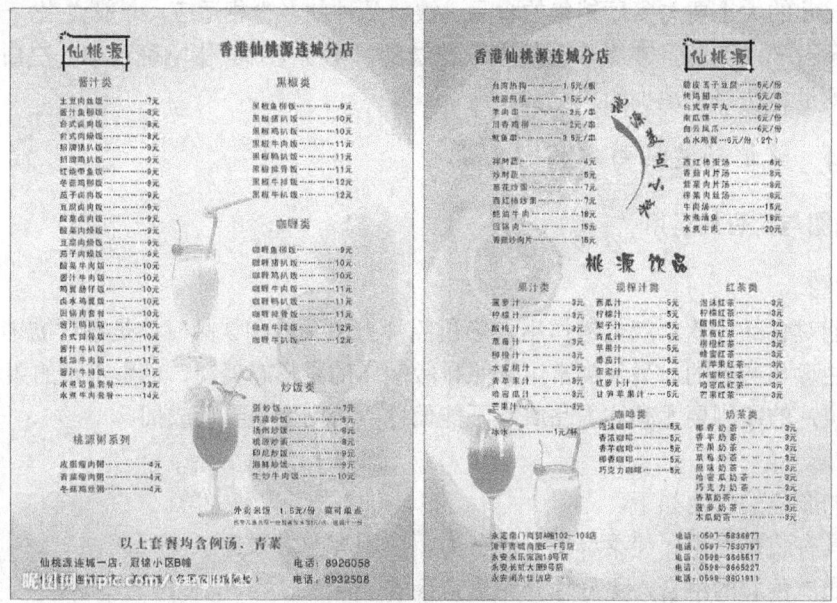

图 10.7 菜单的基本程式

3．突出主要菜式

单页菜单的中间部位、对折菜单的右页中上部以及三折菜单的中心部位，最受顾客的注意。因此，在设计菜单时，应设法把那些高利润的菜式或重点推销的菜式安排在以上提到的最显眼的地方。如果由于菜单程式的限制而不能做到时，可以将这些菜式加以框边或饰纹，也可以使用不同的字体、字号加以区别，以引起顾客的注意。

4．临时菜品的推销

对于需要推销的菜式，可以采用小卡片的形式附在菜单上。这种形式很醒目，也能引起顾客的兴趣。

5．清晰可读，不得随意涂改

菜单的字体要为餐厅营造气氛，反映餐厅的环境。它与餐厅的标记一样，是鉴别餐厅的重要特征。应使用容易辨认的字体——仿宋体、黑体等较多地被用作菜单的正文，而隶书则常被用作菜肴名称。

菜单的字型，即字的型号。一般标题类用二号字，说明性文字用三号字，小的注解用五号字。当然，中餐的宴会菜单和临时菜单也可以手写，但字迹必须娟秀、易认。

菜单的内容，包括价格，应避免涂改。菜单封面、封底要选用耐用、耐磨、表面光滑、质地细腻的材料。

10.2.5 菜单设计制作中常见的问题

虽然大部分餐厅的经营者或管理者都花费了很大心思和精力去设计菜单，但还是有很

多餐厅的菜单不尽如人意,以致出现很多问题,给餐厅经营造成很大的影响。其常见的问题主要有以下几个。

1. 制作材料选择不当

有的餐厅为了节省成本,采用各色簿册制品,其中有文件夹、讲义夹,也有用信邮册和影集本来充当菜单,而不是专门设计的菜单。这样的菜单与餐厅的风格格格不入,显得不伦不类。

2. 规格和装帧不当

很多小餐厅的菜单正文都是以 16 开普通纸张制作,这个尺寸无疑过小,造成菜单上菜肴名称等内容排列过于紧密,主次难分,有的菜单甚至只有练习本大小,但页数竟有几十张,无异于一本小杂志。绝大部分菜单纸张单薄,印刷质量差,无插图,无色彩,加上保管使用不善,显得极其简陋,肮脏不堪。

3. 字体选择不当

不少菜单是打字油印本,即使是铅印本,也大都使用一号铅字。坐在餐厅不甚明亮的灯光下,阅读 3 毫米大小的铅字菜单,其感觉会很不轻松,而且油印本的字迹容易被擦得模糊不清。同时,大多数菜单字体单一,忽视了使用不同大小、不同字体等手法来突出、宣传重要菜肴。

4. 随意涂改菜单

随意涂改菜单是菜单使用中最常见的弊端之一。涂改使菜单显得极不严肃,很不雅观,引起顾客的极大反感。

许多中小餐厅的菜单除了有上述常见问题外,有时还会出现文字介绍过于简单、菜单与菜品不符、人为省略或粗心遗漏某些信息等问题。这些对餐厅的经营都带来了不大不小的影响,所以餐厅的管理者或经营者一定要注意对其查缺补漏,避免上述问题的出现,使菜单的设计和制作做到尽善尽美。

案例分析 10-4

孙先生请几位朋友到 A 城新开业的一家西餐厅就餐。看过菜单后,孙先生被菜单上的"果木烟熏牛排"的图片所吸引。通过服务员得知这是该餐厅的招牌菜之后,孙先生果断地点了 3~4 人份的牛排,并点了红酒和其他一些菜品。服务员上菜和上酒的速度比较快,看着诱人的食物,孙先生和几位朋友都感到饥肠辘辘,于是快速地吃光了桌上的菜。此时距离点菜已有 20 分钟,主菜"果木烟熏牛排"还迟迟未上,经询问后才得知该菜品由于做法独特所以需要 30 分钟的等待时间。不一会,牛排被服务员端上桌后均匀地分到了几位客人的盘中。结账时,孙先生发现账目不对,服务员连忙解释,原来,"该菜品需加收 15% 服务费"的字样的确添加在牛排照片下方,但是由于字号太小、颜色又太接近菜单底色,所以被忽略了。孙先生百口莫辩，付完账后怏怏不快地离开了。

问题：你从上述案例中得到什么启示？制作一份菜单需要注意哪些问题？

点评：在设计菜单时，特殊菜品的烹饪时间及收费方式应特别标明，使客人一目了然，避免在结账时出现此类尴尬。这种情况将极大影响餐厅信誉和形象，并直接影响客源。

10.2.6 宴会菜单的编制

（1）实训目标：掌握宴会菜单的编制方法。

（2）实训要求：熟悉中西宴会菜单的不同形式和内容，并能根据不同的宴会形式编制相应的菜单。

（3）实训方法：采取模拟实训的方法。

（4）准备工作（列出实训所需物品等）。

制作简单型菜单所需的物品：一个文件夹，几张 A4 白纸，一支笔。

实际上顾客希望看到的不仅仅是一张印有字的纸，更希望感受到一种餐厅的文化和特色。可尊重学生的设计理念，让其根据个人创意准备所需物品。以下对所准备的物品提几点建议（仅供参考）：①透明塑料薄膜加上质地厚实的条纹纸，薄膜重在一个薄字上，不会让人觉得塑料感很强就行，条纹纸重点在质感上，根据不同的修饰材料，适合范围很大；②本色木片、竹片，特色的传统宴会特别推荐，木片、竹片的质地会给人一种自然、古朴的感觉；③比较薄的强化玻璃，水晶一样的质地，无论是谁拿着这样一份菜单都会感到尊贵的感觉。

图 10.8　齐天楼

菜单制作的基本步骤：①根据需要，列举菜色；②删除问题项目；③分析限制及缺失，删除无法完成或不易达成的项目；④建立标准食谱，通过试做、试吃，建立每道菜正确的标准食谱；⑤选择纸张，表面设计；⑥修改、完善形成菜单。

（5）菜单欣赏。已制作好的菜单如图 10.8 所示。

本章小结

菜单的设计与制作是饭店餐饮部经理的主要职责之一。它要求餐饮部经理根据目标市场客人的饮食需求和同行业竞争者的产品，结合本饭店客观条件来计划和设计自己的特色产品。菜单是确定餐厅主题的决定因素，是餐饮生产和服务的计划书，菜单的计划对餐厅经营效益的高低具有极其重要的影响。本章对菜单设计的一般概念、菜单内容和制作进行了讲述，使餐饮管理人员能够掌握菜单设计与制作的基本知识和技能，提高饭店的菜单制作质量。

小测验：尝试自己制作菜单，并与酒店菜单做比较，找到自己的不足之处并改进。

第10章 菜单设计与制作

练习题

一、选择题

1. 在饭店中，使用最广泛的菜单形式是（　　）菜单。
   A．固定　　　　B．零点　　　　C．套餐　　　　D．混合式
2. 下列几种菜肴，一般作为装饰性菜单的是（　　）。
   A．虽畅销但低利　　　　　　　B．既畅销又高利
   C．不畅销但高利　　　　　　　D．不畅销又低利
3. 菜单的字体是餐饮企业的一个标志，字号以（　　）为最佳。
   A．初号、一号　B．二号、三号　C．三号、四号　D．四号、五号
4. 任何菜单形式上必须出现的要素是（　　）。
   A．菜名　　　　B．菜价　　　　C．分量　　　　D．烹饪方法
5. 属于菜单所提供的告示性信息范畴的是（　　）。
   A．餐厅历史背景　　　　　　　B．菜肴介绍
   C．餐厅名字　　　　　　　　　D．餐厅的质量

二、判断题

1. 循环菜单的特点是菜单菜品不固定，菜单使用时间短或天天更换。　　　　　　　　　　　　　　　　　　　　　　　　　　　　（　　）
2. 即时性菜单变化快，菜品变化大，不利于原料采保、餐饮生产及质量控制的标准化管理。　　　　　　　　　　　　　　　　　　　　　　　　　　（　　）
3. 不畅销低利润的菜品一般应该予以取消。但是有时餐饮企业对少部分在营养平衡、风味平衡和价格平衡上有一定意义的品种在一定时期内也予以保留。（　　）
4. 总的来说，菜单的内容一般按照价格顺序排列。　　　　　　（　　）
5. 严格来说，宴席菜单也属于套菜菜单，只是由于人们举行宴席的目的、档次、规模、季节、宴请对象及地点各不相同，要求宴席菜单在规格、内容、价格方面同其他套菜菜单区别开来。　　　　　　　　　　　　　　　　　　　　　　　　（　　）

第11章 酒吧、咖啡厅服务

学习目标

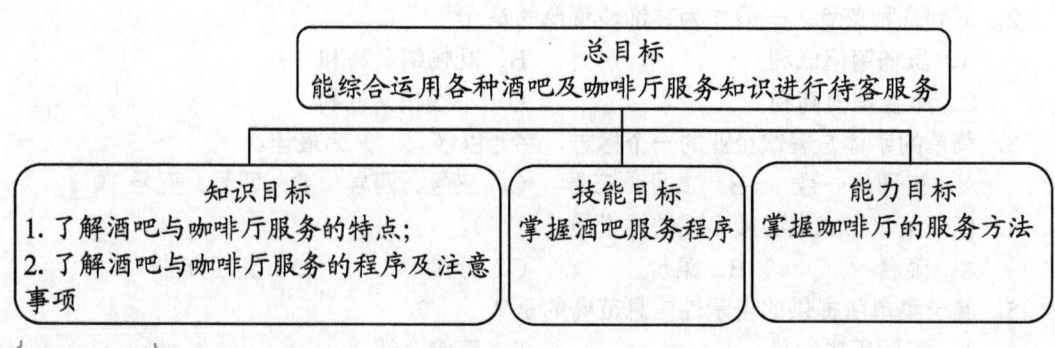

导入案例

某日下午,李教授和他的一位朋友来某大宾馆大堂咖啡厅,坐定之后等服务员前来点要饮料。两人对坐闲聊了一会儿,此时服务员端来一壶现磨咖啡,外加两茶盅牛奶和数块方糖,朝着李教授说:"我送来了您喜欢喝的咖啡。"(李教授是这里的常客,服务员几乎都很熟悉他的爱好)谁知那天是李教授的朋友做东,他从来不喜欢喝现磨咖啡,而习惯雀巢速溶咖啡加知己。

李教授的朋友面露愠色地对服务员说:"今天是我请李教授来此叙谈休息一下,您怎么如此不懂得待客的道理,竟自作主张要我们喝什么?!"服务员不肯认错,对李教授的朋友说:"我了解李教授平时喜欢喝现磨咖啡,我料想您不会是忌喝咖啡的客人。"

李教授听服务员这样讲,觉得对他的朋友有失尊重,于是批评这位服务员道:"你不应当没有弄清主客之前就主观地下结论,即使今天我是主人,你也应当请问客人需要什么饮料嘛!"李教授的朋友接着讲:"我恰好是向来不喝现磨咖啡,而是喝惯了雀巢速溶咖啡加知己的人。"服务员讨好不成,反而遭到没趣,准备继续争论下去。这时大堂副理闻声趋前,弄清情况后要服务员赔了不是,并答应现磨咖啡按一杯计价,另外补送一杯雀巢咖啡加知己给李教授的朋友才算了结此事。

问题

1. 上述案例中的服务员尽管出发点并无恶意,但她犯了什么错误?
2. 咖啡厅的服务程序是怎样的?你认为什么是旅游规划?进行旅游规划有什么意义?旅游规划同其他规划之间是什么关系?

关键词

酒吧服务　咖啡厅服务

第11章 酒吧、咖啡厅服务

11.1 酒吧服务

酒吧以销售各种酒类和饮料为主,兼营各种佐酒小食品,同时也是宾客谈生意、聊天、消遣娱乐的场所,如图 11.1 所示。在酒店内,酒吧多为餐饮部的下属部门,也是酒店增加收入、利润较高的一个部门。酒店为适应客人的需要,可视其规模在不同场所设多个酒吧,如可以大堂内、屋顶上、游泳池旁、花园里,还可以在中(西)餐厅、中(西)宴会厅中设置。酒吧无论设在什么位置,都以轻松愉快的音乐调节气氛,以别具一格的吧台造型来吸引顾客。

图 11.1 酒吧

11.1.1 酒吧概述

1. 酒吧分类

世界各地的酒吧不计其数,但从服务方式上看大体可分为 4 种类型,即主酒吧、服务型酒吧、鸡尾酒廊与宴会酒吧。每一类型的酒吧都有自己的特点和功能,但无论何种酒吧,其经营目的都是相似的,即为客人提供酒水和服务,并赢得利润。

1) 主酒吧

主酒吧也称站立式酒吧,是酒店最常见、最普通的酒吧,以提供名酒、鸡尾酒和混合饮品为主。其特点是客人直接面对调酒师坐于吧台前,当面欣赏调酒师的操作,将调酒师从准备材料到酒水的调制和服务过程尽收眼底。因此,要求调酒师具有良好的仪表仪容,热情的服务态度,娴熟的调酒技术及灵活的协调能力。

2) 服务型酒吧

服务型酒吧常见于酒店餐厅及较大型的社会餐馆的厨房中,其布局一般为直线封闭型,但由于服务型酒吧不需要有酒类陈列柜,因此,站立式酒吧中酒柜的位置在服务型酒吧中往往由各式冷柜占据,而在吧台或叫作柜台的上方安装一个柜子用以存放各种原料用酒。

一般来说,服务型酒吧的服务员并不与宾客发生直接的接触,而是由餐厅值台员开单,凭酒水单到吧台领取酒水,再用托盘送到客人的餐桌上。服务酒吧的服务员不直接收取现金,由餐厅收银员负责此项工作。因此,要求酒吧服务员要懂得各种酒类有关知识,准确提供各种酒吧服务工具。服务型酒吧主要为餐厅就餐宾客服务,因而提供更多的酒品,供应的酒以佐餐酒为多,同时,与其他类型酒吧相比,服务型酒吧供应的混合饮料的品种较少。在营业高峰期,餐厅服务员有义务帮助酒吧服务员对各种饮料进行最后点缀加工,如给鸡尾酒加上樱桃、柠檬等。

3) 鸡尾酒廊

鸡尾酒廊也称鸡尾酒座,通常带有咖啡厅的形式特征,格调及其装修布局也近似。酒吧内设有桌椅及雅座,一般比站立式酒吧宽敞,也有钢琴或小乐队演奏,有的设小舞池及其他娱乐形式,环境较立式酒吧优雅舒适,气氛较为安静、节奏缓慢,宾客逗留时间长。

这类酒吧有两种形式：一是大堂酒吧，在酒店的大堂设置，主要为酒店客人服务，让客人可以暂时休息、等人、等车；二是音乐厅，其中也包括歌舞厅和卡拉 OK 厅。鸡尾酒廊除供应各种鸡尾酒和清凉饮料外，还备有精美的小食品，但不供应主食。鸡尾酒廊接待客人的面较广。为了提高酒廊的档次，有的开始实行会员制的方法，采用灵活的营业时间，为繁忙的公司职员提供休息和商洽业务的场所。由于鸡尾酒廊的特殊性，往往比其他种类的酒吧需要更多的服务员。

4）宴会酒吧

宴会酒吧又称临时性酒吧，是为宴会业务专门设立的酒吧，具有灵活性，一旦宴会结束，可以随时撤卸、移动，也可以固定地安装在宴会厅。

宴会酒吧以结账方式不同又有以下几种类型。

（1）现金酒吧。即宴会主办人不负责客人在酒吧取用的酒水饮料的费用，客人需要酒水，自己付款。此种酒吧适用于大型宴会。

（2）赞助者酒吧。在宴会中，客人需要饮料、酒水不用付费，有时凭券领取饮料，所有费用由赞助者付清，适用于私人或公司举行的招待会。

（3）一次性结账酒吧。客人在宴会上可以随意取用酒水，所有的费用由东道主与酒店进行结账。

宴会酒吧的业务特点是营业时间较短、客人集中、营业量大、服务速度快。有的酒店要求调酒员每小时能服务 100 名客人，因而宴会酒吧的调酒员、服务员必须头脑清醒，工作有条理，具有对付大批客人的能力。要求调酒人员和服务人员事先做好充分的准备工作，各种酒类、原料、配料、冰块、工具等必须有充足的储备。由于宴会酒吧要求快速服务，因此，供应的酒水种类往往受到限制，通常只有啤酒和各式软饮料，以及少数几种大众化的混合饮料。

知识链接 11-1

酒吧的由来

酒吧是酒馆的代名词，英文名叫 Bar，它起源于美国西部大开发时期。最初，在美国西部，牛仔和强盗很喜欢聚在小酒馆里喝酒。由于他们都是骑马而来，所以酒馆老板就在门前设了一根横木，用来拴马。后来，汽车取代了马车，骑马的人逐渐减少，这些横木也多被拆除。有一位酒馆老板不愿意扔掉这根已成为酒馆象征的横木，便把它拆下来放在柜台下面，没想到却成了顾客们垫脚的好地方，受到顾客的喜爱。其他酒馆听说此事后，也纷纷效仿。很快，柜台下放横木的做法便普及开来。由于横木在英语里念作"Bar"，所以人们索性就把酒馆译成"酒吧"，正如把糕饼"Pie"译成"派"。

2．酒吧的特点

1）销售单位小，服务频率较高

酒吧产品销售常以杯为单位，且客人流动性较大。因此，酒吧服务频率较高。客人到酒吧不仅为了饮用酒水，还为了享受酒吧的气氛和满足心理方面的需求。因此，酒吧的环境与气氛、调酒师与服务员的服务态度对酒吧的经营起着非常重要的作用。和谐的气氛与优质的服务会使客人的人均消费额增加。调酒师和服务员必须树立优质服务的观念和意识，不厌其烦地为客人提供每一次服务。

2）酒水利润高，资金周转快

酒吧经营的毛利率通常高于餐厅的毛利率，可达到销售额的60%～70%，有的甚至高达75%以上，同时，酒水服务还可以刺激餐厅客人对菜肴的消费，从而增加经济效益。酒品的销售一般以现金结账，不需占压许多资金，资金周转快。管理人员在选定酒水品种时，必须根据本企业目标客人及酒水销售情况做出合理的选择。此外，酒水成本控制是酒吧管理的重要内容，只有严格的成本管理，才会达到理想的利润。

3）知识广泛，技术性强

酒吧服务特别讲究气氛高雅、技术娴熟。调酒师的操作具有表演色彩，动作应潇洒大方，姿势优美。调酒师服务与员必须经过酒水知识、酒水服务及外语培训，掌握较高的服务技能，并注意礼节礼貌、仪容仪表及各种服务设施的整洁卫生。

知识链接 11-2

酒吧服务员的职责

酒的调制不仅仅是一个酒吧服务员的简单工作而是一门艺术。一名称职的酒吧服务员的工作可与一名主厨的工作相媲美，像依照菜谱烹制出佳肴一样，酒吧服务员可根据配方调制出令人兴奋的美酒。

酒吧服务员还肩负着管理职责，他们必须以职业标准，以及与他们工作环境相适应的风度为客人服务。要成为一个好的调酒员和酒吧服务员，就要研究比如何调制饮料多得多的学问。酒吧服务人员要研究并了解怎样才能使人们从日常生活的烦恼中摆脱出来。

对服务员来说，酒吧只是一个普通环境，因为他们每天都在其间工作。但对一个被日常生活中的烦恼所困扰的客人来说，酒吧是逃避今日社会种种喧闹的天堂。了解这一点，酒吧服务员才可知道如何去创造一个与之适应的环境气氛。酒吧服务员必须有很高的个人素质和技巧，热爱他们的工作，乐意并主动为客人服务。

11.1.2 酒吧服务程序

酒吧服务不仅是吧台上调酒、配酒的服务，而且包括开吧前的准备工作和关吧后的结束工作。在整个服务过程中，要求服务员有很高的素养和技术，有良好的职业素质，并且有一定的管理能力，这样才能很好地履行酒吧服务程序。酒吧服务程序由准备工作（酒吧卫生和设备检查、原料准备、收款准备）、饮料调制和关吧后工作（清理酒吧、工作报告）等环节组成。

1. 准备工作

准备工作俗称"开吧"，主要有个人卫生及仪表仪容准备、酒吧内清洁工作、领货、酒水补充、酒吧摆设与调酒准备工作等。

1）个人卫生和仪表仪容准备

酒吧服务员与宾客的接触十分频繁，良好的个人卫生和整洁的仪表就显得十分重要。酒吧服务员在开吧前要做到服饰整洁，着淡妆，在平时要养成良好的个人卫生习惯。

2）酒吧内清洁工作

（1）酒吧与操作台的清洁工作：擦洗污迹、喷蜡上光、干燥台面等。

（2）冰箱清洁：冰箱内常由于堆放罐装饮料和食物，使底部形成油滑的尘积块，网隔层也会由于果汁和食物的翻倒粘上滴状和点点污痕，大约3天必须对冰箱彻底清洁一次，从底部、壁到网隔层，先用湿布和清洁剂擦洗干净污迹，再用清水擦干净。

（3）地面清洁：拖洗地砖、地毯吸尘等。

（4）酒瓶与罐装饮料表面清洁：擦洗酒瓶灰尘、残留酒液遗迹等。

（5）酒杯、工具清洁：按照清洁与消毒规程实行，要求无水渍、无缺损。

3）领货

（1）领酒水。每天将酒吧所需领用的酒水（参照酒吧存货标准）数量填写酒水领货单；送酒吧经理签名（规模较小的酒店由餐饮部经理签名），拿到食品仓库交保管员取酒发货，此项工作要特别注意在领酒水时清点数量及核对名称，以免造成误差。领货后要在领货单上收货人一栏上签名以便核实查对。食品（水果、果汁、牛奶、香料等）领货程序大致与酒水领货相同，只是要经行政总厨或厨师长签名认可。

（2）领酒杯和瓷器。酒杯和瓷器容易损坏，领用和补充是日常要做的工作。领回酒吧后要先清洗消毒才能使用。

（3）领百货。百货包括各种表格（酒水供应单、领货单、调拨单等）笔、记录本、棉织品等用品。一般每星期领用一到两次。领用百货时需填好百货领单交酒吧经理、餐饮部经理和成本会计签名才能拿到百货仓库交仓管员发货。

4）酒水补充

（1）啤酒、果汁、牛奶等应迅速放入冷藏柜冷藏。

（2）瓶装酒一般应存入酒柜或在陈列柜上陈列。瓶酒陈列时，应注意两点：一是要分类陈列，如开胃酒、烈性酒、利口酒等分开摆放；二是要将贵重酒和普遍酒分开陈列，即贵的和便宜的同类瓶酒应分开摆放。另外还要注意酒瓶之间的距离，并根据瓶酒的使用频率来决定其摆放位置。

（3）补充酒水一定要遵循先进先出的原则，即先领用的酒水先销售使用，先存放进冷柜中的酒水先卖给客人，以免因酒水存放过期而造成浪费。

5）酒吧摆设

酒吧摆设主要是指瓶装酒与酒杯的摆设，要美观大方、有吸引力、方便工作和专业性强。酒吧的气氛和吸引力往往集中在瓶装酒和酒杯的摆设上。

摆设要让人一看就知道这是酒吧，是喝酒享受的地方。瓶装酒的摆设要分类摆，开胃酒、烈酒、餐后甜酒分开；价钱最贵的与便宜的分开摆。瓶与瓶之间要有空隙，可放进合适的酒杯以增加气氛，使客人感觉到满足与享受。经常用"酒店专用"散卖酒与陈列酒要分开，散卖酒要放在工作台前伸手可及的位置以方便工作。不常用的酒放在酒架的高处，以减少从高处拿取酒的麻烦。酒杯可分悬挂与摆放两种，悬挂的酒杯主要是装饰酒吧气氛，很少使用，因为拿取不方便，必要时，取下擦净，消毒后再使用；摆放在工作台上的酒杯要方便操作,加冰块的杯放在靠近冰桶的地方,不加冰块的酒杯放在其他空位,啤酒杯、鸡尾酒杯可放在冷柜内冷冻。

6) 调酒准备

(1) 备好调酒工具和酒杯。按取用方便的原则将洁净的调酒工具和各式酒杯整齐地摆放在操作台上,鸡尾酒杯、啤酒杯等应放入冷藏柜冷藏。

(2) 制备冰块。从制冰机中取出冰块放在操作台上备用,同时备好冰块夹或冰铲放在旁边。

(3) 配料准备。包括辣椒油、胡椒粉、糖、盐、豆蔻粉、鲜牛奶、淡奶、各种果汁等。

(4) 水果装饰物准备。包括橄榄、柠檬、柑、橙、樱桃等。

(5) 更换棉织品。包括餐巾、毛巾等。

(6) 电器、灯光、空调、音响检查;设备如冰箱、制冰机、咖啡机等检查;家具、吧台、椅桌、墙纸及装修环境检查。

(7) 单据表格准备。

7) 收款准备

营业前要备足找零备用金。如果用收银机,要清点收银机中的钱款,核对收银机记录,做到交接清楚。

2. 营业中的服务工作

1) 热情迎客

客人来到酒吧时,要主动、面带微笑地向客人问好,并用优美的手势请客人进入,带领客人到合适的位置入座,遵循女士优先的原则。

2) 递送酒单

酒吧服务员在呈递酒单时要先向客人问候,然后将酒单放在客人的右边。如果是单页酒单,应将酒单打开后递上,若是多页酒单,可合拢递上,同时将今日特色菜特别介绍推荐给客人参考。听候点酒点菜,记录每位客人的需要。给客人开票时,略弯腰站在客人右边记录,不可把票簿和笔放在客台上书写,写完后,要把客人所点饮料食品等复述一遍并表示感谢。

3) 接受点酒

服务员可从餐厅的某个席位开始,沿顺时针方向依次准确地为每位客人开饮料单,记下首位客人的特征,以确保上饮料时位置正确。开单后要向客人重复一遍所点酒水的名称、数目,以免出错。酒水单一式三联,填写时要写清日期、经手人、酒水品种、人数、客人的特征或位置及特殊要求。点酒水的服务程序见表11-1。

4) 调酒服务

客人到吧台前,调酒师应主动热情招呼,根据客人的要求斟倒或调制各种饮品。为不失礼节,一般不背向客人,转身取背后的酒瓶时,也要斜着身子取。在吧台内操作时注意清洁卫生,随时清洁好调酒壶、调酒杯、滤网、调酒匙、棒等用品。摇晃调酒的动作不要过大或做作,要使各种动作做到恰到好处。从调酒壶或调酒杯中倒饮品时,吧台前的客人应倒满一杯,席座客人的可斟八成满。若要斟一杯以上的酒,应先将酒杯整齐排列在吧台上,由左至右,再由右至左反复斟倒,使各杯的酒水浓度均匀。调酒服务工作见表11-2。

5）送酒服务

首先要呈递酒单。酒单一般包括酒水种类名称、容器、杯价或瓶价。有些酒还标出产地和酿酒年份。接受客人点酒或饮品后要复述一遍，并表示谢意，然后到吧台将订单交给调酒师。为客人送酒或饮品时，一般采用木制托盘，有女宾时，先从女宾开始，顺时针从客人的右侧送上。放下酒杯前要在台面上摆放杯垫，然后将酒杯置于其上。每递送或斟倒一份酒水时，应逐一说明名称，以澄清订单中的错误。

6）席间服务

服务员要注意观察台面，看到客人的酒水快喝完时要询问客人是否需要添加；及时清理席面上的空瓶、空罐、酒杯，当烟灰缸内有 2 个或 3 个烟头时应及时更换；经常为客人续斟酒水；吧台调酒员要将用过的酒瓶放回原处或收藏起来。酒杯、滤网、匙、调酒壶等用后要立即清洗，保持吧台的整齐、干净。

7）结账服务

客人打招呼要求结账时，调酒员或服务员要立即有所反应，不能让客人久等。许多客人的投诉都是因结账时间长而造成的。调酒员或服务员需仔细查一遍账单，核对酒水数量品种有无错漏，这关系客人的切身利益，必须非常认真仔细，核对完后将账单拿给客人，客人认可后，收取账单上的现金（如果是签账单，那么客人清晰地填写房号、签名，信用卡结账按银行所提供的机器滚动填单办理），然后交收款员结账，结账后将账单的副本和零钱交给客人。

表 11-1 点酒水的服务程序

点酒水服务工作程序图	工作目标
开始 ↓ 给客人递酒水单 ↓ 给客人介绍酒水 ① ↓ 按客人要求填写酒水点单 ② ↓ 复述客人所点酒水 ↓ 将酒水点单交予吧台 ③ ↓ 结束	1．快速高效地提供点酒服务； 2．在为客人进行点酒服务时，完成高档酒及调酒师推荐酒的销售工作
	关键点
	1．向客人介绍酒水的特点，使客人了解酒水的独特之处及制作方法；介绍时，要有巧妙的推销意识，及时推销高档酒水与调酒师推荐的酒水； 2．填写酒水单时，字迹要清楚，并逐项填写，同时，注明客人的特殊要求； 3．酒水单一式三联，第一联交收银台记账，第二联由收银员盖章后交吧台取酒水，第三联由调酒师保存

表 11-2 调酒服务工作

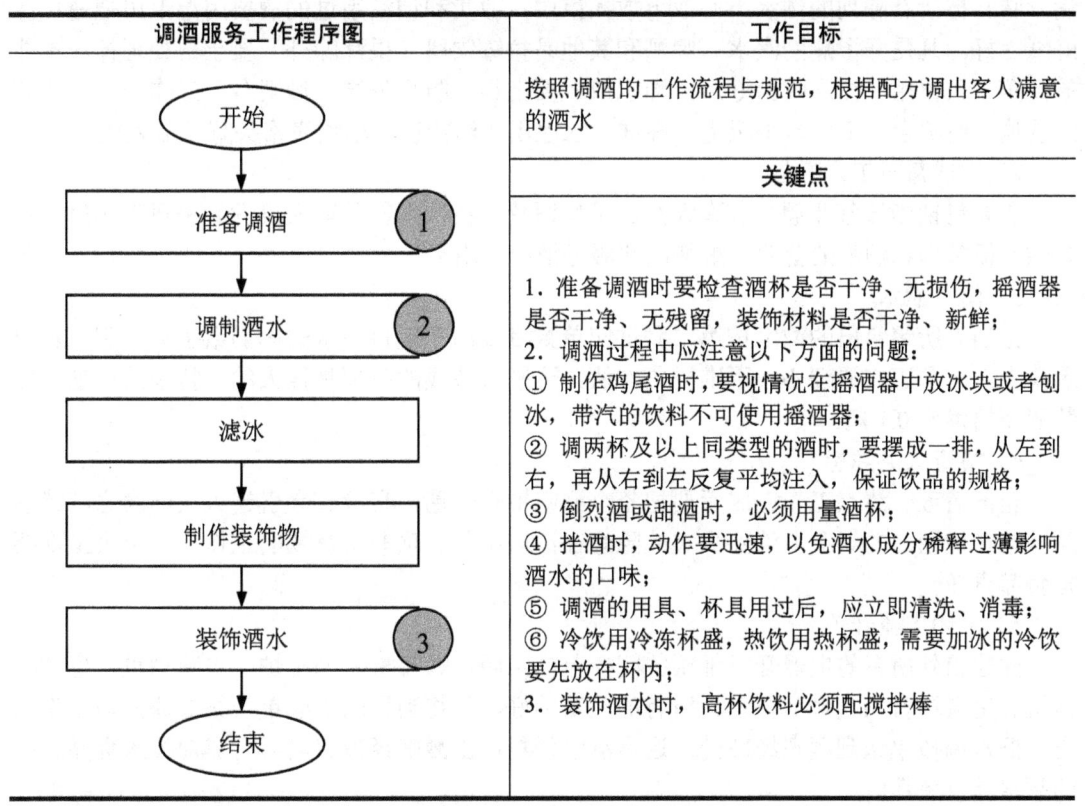

知识链接 11-3

夜场服务中的先知先觉、后知后觉、不知不觉

（1）先知先觉是指在夜场服务中，客人没告诉你应该怎么做，你看见了，第一时间没等客人开口已经圆满完成。也就是说各项服务在客人没提出之前，称之为"醒目"。

（2）后知后觉是指在服务过程中，客人要求的服务，客人发现或提出的，而告知你后才去完成的服务。

（3）不知不觉是指在服务过程中，客人要求的服务告诉你，你后来知道而又没去做的服务。

3．营业后的工作程序

营业后工作程序包括清理酒吧、完成每日工作报告、清点酒水、检查火灾隐患、关闭电器开关等。

1）清理酒吧

营业时间到点要等客人全部离开后，才能动手收拾酒吧，绝不允许驱赶客人。先把脏的酒杯全部收起送到清洗间，必须等清洗消毒后全部取回酒吧才算完成一天的任务，不能到处乱放。垃圾桶要送垃圾间倒空，清洗干净，否则第二天早上酒吧就会因垃圾发酵而充满异味。把所有陈列的酒水小心取下放入柜中，散卖和调酒用过的酒要用湿毛巾把瓶口保鲜纸封好。凡是开了罐的汽水、啤酒和其他易拉罐饮料（果汁除外）要全部处理掉，不能放到第二天再用。酒水收拾好后，酒水放柜要上锁，防止失窃。酒吧台、工作台、水池要清洗遍。酒吧台、工作台用湿毛巾擦抹、水池用洗洁精洗，单据表格夹好后放入柜中。

2）完成每日工作报告

主要包括当日营业额、客人人数、平均消费，特殊事件及客人投诉。每日工作报告主要供老板掌握各酒吧的营业详细情况和服务情况之用。

3）清点酒水

把当天所销售出的酒水按第二联供应单数目及酒吧现存酒水的确切数字填写到酒水记录簿上。这项工作要细心，不准弄虚作假，否则所造成的麻烦是很大的。特别是贵重的瓶装酒要精确到 0.1 瓶。

4）检查火灾隐患

全部清理、清点工作完成后要把整个酒吧检查一遍，有没有会引起火灾的隐患，特别是掉落在地毯上的烟头。消除火灾的隐患在酒店中是一项非常重要的工作，每个员工都要担负起责任。

5）关闭电器开关

除冰箱外所有的电器开关都要关闭，包括照明、咖啡机、咖啡炉、生啤酒机、电动搅拌机、空调和音响。最后留意把所有的门窗锁好，再将当日的供应单（第二联）与工作报告、酒水调拨单送到酒吧经理处。通常酒水领料单由酒吧经理签名后可提前投入食品仓库的领料单收集箱内。

知识链接 11-4

当客人不满意食物或饮品时，应怎样处理

（1）上前询问客人意见，找出问题所在，如果食物或饮品有质量问题，应马上跟客人道歉："不好意思，我马上帮您换。"撤走东西，然后通知楼层领班退回吧台检查。

（2）如果食品只是口味问题，应该跟客人解释："对不起，我们吧台的出品是这样的，如果您不满意，我会向经理汇报，希望下次能够使您满意。"然后设法补救，必要时可请上司出面。

11.1.3 酒吧服务注意事项

服务也是决定酒吧生意好坏的重要因素，酒吧的服务员和调酒师在服务过程中必须做到以下几点。

（1）养成良好卫生习惯。随时清洁好调酒壶、调酒杯、搅拌杯、滤网等用品。用过的酒瓶放回原处或收藏起来，酒杯、搅拌杯、滤网、匙子等用后要立即洗净。手不要触摸酒杯上部、边缘。

（2）严格按配方调制各种鸡尾酒和饮品，若客人有特殊要求，可按其要求调制。调制时控制好各饮品的质量和用料数量。

（3）对所有客人都要热情服务。如遇单个客人，为不使其感到寂寞，可适当与之漫谈，但谈话内容要顺着客人的思路进行，既不能打断，也不能中间插话。

（4）男女结伴而来，不得只同女客一方搭话聊天。同客人谈话只能从酒店服务的角度出发。

（5）客人之间讲话时不要侧身细听，也不要插话。不可催促客人饮酒，也不可因客人饮得过多、或太少、或时间太长而流露出不耐烦的情绪。

（6）在吧台服务时，不能使用客人用的杯子饮水，在服务时间内，不能将胳膊肘支在柜台上。保持正确的站立姿态。不要当着客人喝水、吃食物。不要做与工作无关的事情，即使无客人也不得读书看报。

（7）情绪激动或喝醉酒的客人，往往因失常而弄翻器具、桌椅，遇到这种情况时，服务员应提醒一下，客人喝醉了也不能采取轻慢态度，任何情况下都要以礼待人。酒醉客人离桌，应暂留其食物原样，以备核查。对醉酒客人应及时提醒，如客人继续要求售酒时服务员应婉转地予以拒绝。

（8）控制好各饮品的质量和用料数量，在操作程序方面加强训练，统一服务标准，保持酒吧的良好声誉。

（9）对常来的客人要记住其爱好，热诚为他们提供喜爱的饮品。对熟客要注意自己的言语和态度，在其他客人面前不应显得过分亲热，要时刻注意客情，给所有客人以平等热情的服务。

（10）酒瓶内的酒水不满一杯时不能卖给宾客，要另换一瓶。

（11）服务中要牢记"女士优先"的原则，但要注意不要只同女宾或漂亮女宾聊天而冷落他人，甚至引起误会。

（12）如果在上班时间必须接听电话，谈话应轻声、简短。当有电话寻找客人，即使客人在场也不可告诉对方宾客在此（特殊情况例外），而应回答请等一下，然后让客人自己决定是否接听电话。

（13）认真对待并处理客人对酒水或服务的意见或投诉，如客人对某种酒水不满，应设法补救或重新调制一杯。

（14）凡变质的酒或饮料不能出售，填写酒水通知单报损。

（15）要严格地按配方调制各式鸡尾酒，若宾客有特殊要求，可按宾客要求调制。

知识链接 11—5

发现假酒，但酒已打开，应怎样处理

（1）应认真和吧台讲清楚是否有假。

（2）如发现卖的是假酒，应马上向客人道歉，立即通知主管到吧台换取另一瓶新酒给客人，亲自在客人面前开启及让客人亲自尝试该酒，然后到酒吧把该酒情况稍做书面报告，留到第二天把酒交给供应商换取新酒。

（3）酒吧应注意供货商来货质量。

11.2 咖啡厅服务

11.2.1 咖啡厅服务概述

咖啡厅（coffee shop）早期只供应咖啡。喝咖啡在欧美各地是日常生活的一部分，其习惯如中国人饮茶一样。随着社会的发展进步，人们的时间越来越宝贵，人们的生活节奏加快，咖啡厅也随之发展成为人们用早餐的地方，也成为业余好友、同事聊天和谈生意的好地方。随着行业的竞争，旅游酒店餐饮服务与管理及社会发展的需要，进而又提供简单的午、晚餐。在三星级以上酒店提供24小时服务。咖啡厅的早餐可开设自助餐，午、晚餐多采用美式服务以提高服务效率。

咖啡厅的位置一般选择在酒店大堂附近。咖啡厅客流量大，要求服务快捷简便，在食品品种上以半制成加工及简易制法的食物为主。餐牌外形设计多为纸张式放在餐桌上，方便客人就座后即可看牌点菜，以缩短客人占用座位的时间。厨房设计、所使用的用具和机器等都要有助于食物出品快捷的效果。服务方式多采用既简单又快捷的美式服务。咖啡厅如图11.2所示。

图 11.2 咖啡厅

1. 咖啡厅的特点

咖啡厅的特点在于其供应品种较简单，适合大众口味，服务迅速，方便客人，价格较便宜，服务时间长，有的是通宵服务。早晨供应西式早点，午、晚餐供应简便菜肴，夜间供应菜点小吃。营业时间与餐厅的开放时间有机地配合，互为补充。咖啡厅成本低、利润高、效果好。

1）主题鲜明，风格迥异

咖啡厅主题通常反映欧美传统或新潮的文化艺术。欧陆式咖啡厅的主题一般比较清新、活泼和隽永，常以大自然作为主题，如花园、森林等。通常一日三餐提供种类丰富的自助餐和风格各异的西餐美食，是一种饮食多元化的场所，大多利用自然采光，装饰以西洋油画和装饰画为主，风格抽象。美式咖啡厅主题体现了不同文化艺术形式之间的相互渗透，较适合年轻人的品味和追求，带有浓厚的休闲娱乐性质。向客人提供风靡世界的美式扒类、烧烤类菜肴和美酒佳酿外，灯光较暗淡，激发人的怀旧之情。装饰不拘泥于一定的形式，充满生活气息。

2）讲究效率，服务快速简便

咖啡厅最明显的特色是服务快捷、方便。餐厅通过快捷有效的服务，增加客流量而提高利润，既能节省宾客的用餐时间，又能提高餐位周转率，降低人工成本费用。轻松、愉快的咖啡厅的服务大多采用自助餐或美式服务，自助餐服务在客人进餐厅后立即可以享用丰富的美食。零点采用美式服务，菜肴在厨房分盘装好，直接端给客人，等候时间大大缩短。餐厅餐位周转大大提高。因为环境活泼、服务简便，也使得客人就餐气氛轻松愉快，很受客人欢迎。

3）餐娱结合

消费经济随着社交的日益频繁，各种文化的融合，使得咖啡厅也成了交流文化的场所，如在节日和特别活动时间，咖啡厅常将餐饮与娱乐紧密结合，达到文化交流和促进销售的目的；另外，咖啡厅的消费相对于高级西餐厅来说，价格经济实惠。

4）菜单形式多样

菜单有固定式的零点菜单、合页式菜单、纸垫式菜单、招贴式菜单等。菜肴价格相对偏低，经济实惠。菜单的设计符合餐厅快捷、方便的经营方针。菜肴品种以简便西餐为主，辅之以当地的各种风味小吃、甜点、咖啡和各种饮料。为了体现快捷服务的特点，咖啡厅菜肴采用较多的半制成品和简易制法的品种。菜单的制作也比较简便、轻巧，项目不太多，色彩和图案等和餐厅主题与气氛相协调，更有一种纸张式的菜单放在餐桌上，方便客人入座后即可看菜单点菜，服务也更加快捷。

2．咖啡厅的装饰

咖啡厅属于西餐厅中的一种，在布置和气氛的设计上，具有典型的欧美特色，设计主题一般比较清新、活泼。色彩通常以明快、开朗为主，多用大自然色彩，给人以赏心悦目、心情为之一爽的感觉，能够帮助解除旅途疲劳。咖啡厅装饰上以简单明快为主，多采用自然光线，装修大面积玻璃墙面，讲究典雅、恬静、舒适。灯光柔和，色调优雅，伴以音乐，体现本酒店的特色。

家具较简单，台面多采用大理石或木质材料。餐具直接摆放在简易的纸垫或餐具垫上，较少使用台布。餐台多为方形，可以随意拼装，供3～4人就餐。椅子也比较简便、轻巧，桌、椅、柜等排列整齐有序。餐桌摆放餐牌，方便客人就座后即可点菜，从而能提供快捷服务。酒水陈列橱窗标价醒目，处处给人以简洁明快的感觉，以独特的文化内涵吸引宾客。

咖啡厅服务员的服装颜色通常比较鲜艳，与现代特色的整体布局相适应，和总体布置的基本色调相协调。在式样上，一般比较精干、活泼，常用西式短裙，有时在前面加一小围兜。选料要挺括、不易起皱，服装要干净、整洁。

知识链接 11—6

咖　啡

咖啡是热带常绿植物，其果实为一种类似于樱桃的咖啡豆，一年中可成熟3或4次，由阿拉伯语"Kaffa"得名。Kaffa 是埃塞俄比亚西南部的一个省份，也是在那里，咖啡最早被作为饮料使用。

关于咖啡的发现有一个传说，在阿拉伯传说中，有一个叫卡尔迪（Kaldi）的阿比西尼亚牧羊人，发现他的羊吃了一种植物的果实后变得十分兴奋，并能持续一段时间。于是卡尔迪也尝了这种豆，并兴奋了很久。最后此事传开，僧侣们将这种豆子用热水泡泡，然后服用，这样就发现了咖啡，时间约在公元850年。

咖啡的种类因产地的不同以及长期的育种改良，于是便有各种的咖啡产生，有的香醇，有的浓苦，各有特色。而咖啡的名称也是以产地和品种来加以区分的。一般餐饮业常见的有下列几种。

（1）蓝山：为咖啡圣品，清香甘柔滑口，产于西印度群岛中牙买加的高山上。

（2）牙买加：味清优雅，香甘酸醇，次于蓝山，然而却别具一味。

（3）哥伦比亚：香醇厚实，酸甘滑口，劲道足，带着一种奇特的地瓜皮风味，为咖啡中之佳品，常被用来增加其他咖啡的香味。

（4）摩卡：具有独特的香味及甘酸风味，是调配综合咖啡的理想品种。

（5）曼特宁：醇度特强，浓香苦烈，单品饮用为无上享受。

（6）危地马拉：甘香芳醇，为中性豆，带有哥伦比亚咖啡风味。

（7）巴西圣多斯：轻香略甘，焙炒时火候必须控制适宜，才能将其特色发挥出来。

11.2.2　咖啡厅服务程序

1. 咖啡厅的早餐服务程序

欧美人非常重视早餐，开餐时间一般为上午 6:00～10:00。西式早餐的类型一般有 3 种：欧陆式、美式、英式。

欧陆式早餐较简单，包括果汁或水果、牛角面包或丹麦甜饼、各式面包配黄油或果酱、咖啡或茶。不同于欧陆早餐面包加咖啡的简单搭配，英式早餐以菜点丰富著名，包括果汁或水果、冷或热的谷物食品、各式鸡蛋或香肠、咸肉、吐司配黄油及各式果酱、咖啡或茶。美式早餐包括果汁或水果、冷或热的谷物食品、糖胶煎饼或各式蛋类配以肉食（咸肉、小香肠、火腿等）、吐司配黄油及果酱（有时还加炸薯条）、咖啡或茶。美国人还喜欢喝冰牛奶或在麦片等谷物食品中加入冷牛奶。

1）餐前准备

（1）早餐摆台。大部分餐厅在前一天晚上就布置好了餐台。咖啡厅早上摆放的餐具较少，通常为一刀、一叉、一水杯，餐巾折叠后放在正中，左叉右刀，餐刀上方 2 厘米放水杯、烟缸、鲜花及调味瓶放在餐台中间规定的位置，整个台面要整洁清新。在客人用餐时，可根据客人的菜点及时增加调整餐具用品。

（2）准备食品。开餐前准备好果酱、黄油、果汁、热咖啡、茶、鲜奶、面包、水果等。

2）迎接宾客

客人进入咖啡厅，服务员应微笑道："早上好！"，主动上前问清人数后带客人到适当位置安排座位，拉椅让座。

3）就餐服务

（1）询问客人需要何种果汁饮料，如不需要，则替宾客倒冰水。问清客人是否先饮茶或咖啡。

（2）呈递菜单，并介绍当日新鲜水果。记录客人所点品种时，要问清楚生熟程度。例如，当客人点蛋类时，要问清需要怎样烹调；煮蛋需要煮几分钟；煎蛋是单面煎还是双面煎；蛋类是配香肠还是熏肉或火腿等，并在点菜单上注明。根据菜单，如有同类品种可供选择的，要问清客人的要求。点菜完毕后，应复述一遍。

（3）落单。将订单第一联交收银处，第二联送厨房，与厨师配合，把握出菜时间，不要让客人久候。

（4）按菜式准备用具、配料。迅速把食物的配料放在餐桌上，如烤面包应备有果酱、黄油，法式烤面包需备有黄油、糖和酱等。

（5）送食品。先上谷类食物，次上蛋类、吐司，再送威芙饼、班戟类食物。

（6）送咖啡或茶。

（7）撤下不需要的用具。

（8）随时为客人添加咖啡或茶，按杯出售的咖啡则不需要添加。

（9）征求客人对食物的意见，以示关怀。

（10）当客人吃完饭后，要及时清理台面的东西，但在客人尚未离座时，不要拿走他们未饮用完毕的饮料杯，每位客人至少应留有一只杯子。

（11）客人未叫结账时，不可催促，应问客人还需要什么服务。

（12）客人付账起身离去时，服务员要拉椅送客，谢谢客人光临，欢迎下次再来。

（13）客人付账后，服务员要拉椅送客，并向客人致谢。

4）餐后整理

客人离开餐桌后，要清理台面，重新摆位，准备迎接下一批客人。

咖啡厅早餐服务程序如图11.3所示。

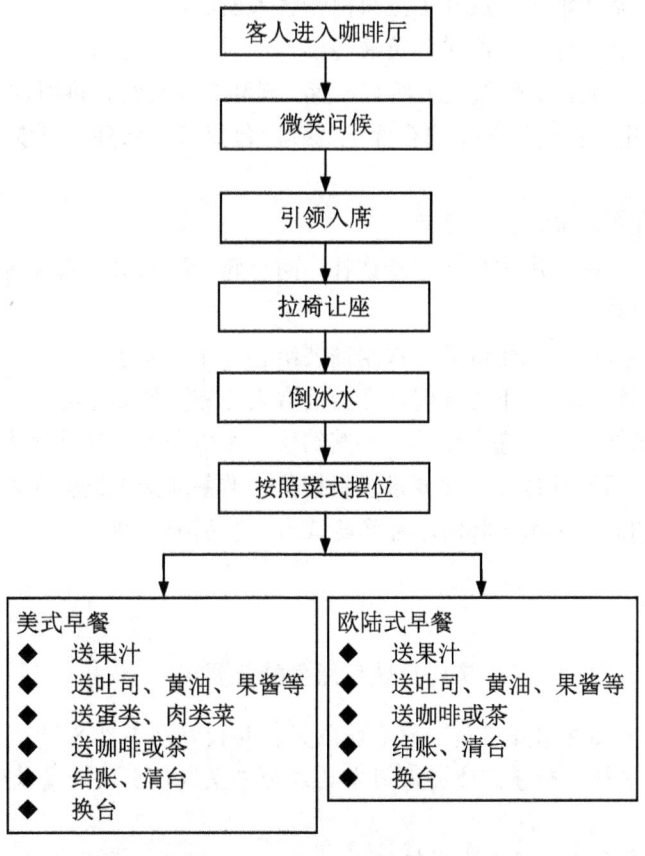

图 11.3　咖啡厅早餐服务程序

2. 午、晚餐服务程序

（1）客人进入咖啡厅后，服务员应微笑问好，待问清人数后引领客人到合适位置，拉椅让座。

（2）首先向客人介绍鸡尾酒或其他的饮料，并接受客人点餐前鸡尾酒或开胃酒。

（3）为客人送上鸡尾酒或其他饮料。

（4）递呈菜单，介绍当日特选菜肴。

（5）接受客人点菜，按点菜菜式摆餐具。

（6）询问客人是否还需要第二杯鸡尾酒或者饮料，根据订单及时调整客人面前的餐具。

（7）为客人送上面包、黄油。

（8）如果有客人点用了开胃冷盘，应先送上。

（9）按冷盆、汤、色拉、主菜的顺序依次上菜，用完依次撤盘。等客人吃完头盘后，收回脏盘和头盆刀叉；然后上沙拉；当客人吃完沙拉后，撤下沙拉盘、碟和叉；送上主菜，将盆中肉食摆在靠近客人的前边，蔬菜和配菜在上端，如果客人还未吃完沙拉，应将沙拉钵移向左边，让出更多的地方摆放主菜，根据西餐习惯，沙拉常常作为主菜的配菜同吃。

（10）如果客人点了酒水，应在上主菜前给客人斟酒。

（11）应及时给客人添水、面包和黄油等。

（12）当客人吃完后，清除餐桌上所有的盘、碟和剩余食物，将用过的餐具拿到附近工作台上的托盘里，用干净的服务巾将台面上的碎面包屑等扫除到一只碟子里，并收去餐桌上的调味品。

（13）向客人介绍甜品，并下订单。

（14）上冷饮、甜品，用完后撤下冷饮杯、甜点碟、甜点叉、匙等餐具。

（15）上咖啡或茶。

（16）随时给客人添加咖啡或茶。根据需要给客人添加冰水。

（17）客人未叫结账时，不可催促，而应问客人还需要什么服务。

（18）客人要求结账时，递上账单，为其结账。拉椅送客，欢迎客人再次光临。

（19）客人离开后清理台面，按要求重新摆位，准备迎接下批客人。

（20）酒瓶内的酒水不满一杯时不能卖给宾客，要另换一瓶。

知识链接11—7

咖啡厅优质服务技能要求

酒店咖啡厅属于西餐零点性质，它的特点是，餐饮产品小型多样、用餐客人多，消费水平较低，服务要求快捷优质。咖啡厅目前已成为三星级以上酒店餐饮销售中很受客人欢迎的一种服务方式。

咖啡厅优质服务和西餐零点餐厅相似，但也有区别，提供优质服务重点要注意3个方面。

（1）餐厅装饰 餐厅装饰要简洁、明快、开阔，给客人以轻松、自由的感觉。例如，墙

面可以采用森林、海洋、天空、原野等大自然壁画或墙饰，餐厅顶部可以采用图案或波浪式吊顶，颜色以明快、自然为宜。餐桌以方台或长台为主，一般不设大餐台。台布、墙饰、地毯的色调要协调，突出主色调。

（2）菜牌设计 菜牌设计要美观，方便客人点菜。咖啡厅都采用零点销售方式，菜点品种要小型多样，以小吃、点心和一般西餐热菜为主。菜牌多采用纸张立体式，放在餐台上，造型美观、取用方便，也有采用其他形式的。

（3）桌面服务 桌面服务要快速、礼貌。咖啡厅客人用餐时间较短，大多要求快速服务。其优质服务的操作方法和西餐厅基本相同，不同的地方主要表现在3个方面：①客人进入餐厅后一般自由选座，服务员只起引导作用，客人入座后，马上点菜；②客人点菜速度较快，所点菜点品种一般不多，所以服务员要尽快询问客人，提供快速点菜服务；③上菜速度要快。服务员要尽快将点菜单送厨房，以便及时出菜，客人所用的餐茶具一般也比较简单，桌面服务同样要热情、主动、礼貌。

知识链接 11—8

客人投诉咖啡的口感，服务员应如何应对

（1）马上道歉。
（2）给予更换。
（3）通知领班，确认满意度。
（4）感谢客人的提醒。
（5）若客人投诉太淡，提供意见更换。

咖啡厅午、晚餐服务程序如图11.4所示。

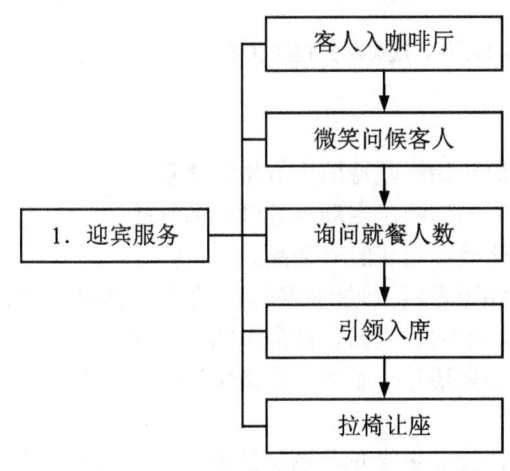

图11.4 咖啡厅午、晚餐服务程序

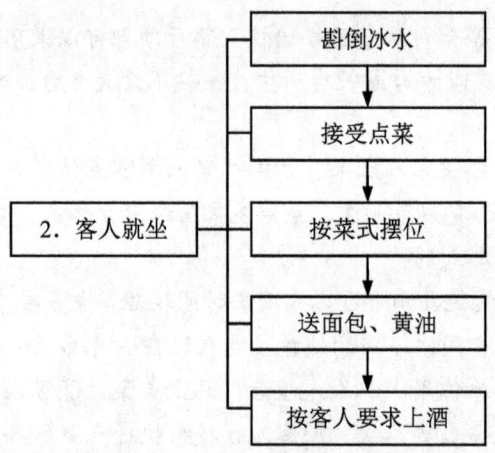

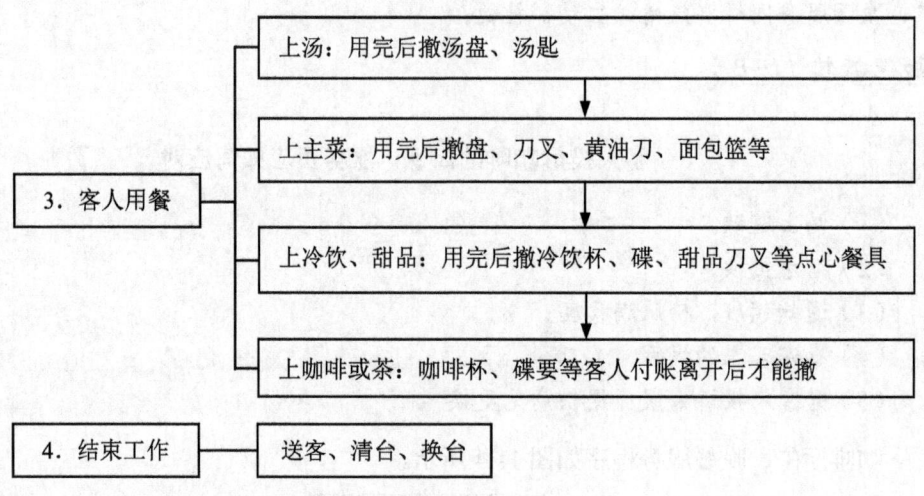

图 11.4 咖啡厅午、晚餐服务程序（续）

11.2.3 咖啡厅注意事项

（1）尽快提供快速热情的服务，但要始终坚持服务规格和质量。
（2）不断摸索客人爱好，研究客人的口味，主动推荐酒类和饮品。
（3）不要忘记摆放食品配料、调味品和烟灰缸等物品。
（4）开市前做好一切准备工作，如准备清洁过的咖啡杯、茶杯、水杯、盘、碟、刀、叉、匙、面包篮，准备好咖啡、鲜奶、牛油、果酱、盐盅、胡椒盅等。
（5）客人未叫结账前，要问客人还需要什么服务，尽量做好推销工作。
（6）与客人说话时，要使用敬语。
（7）咖啡厅亦是人们活动的场所，如业务会见、商务洽谈、交朋会友、情人幽会等。对于不同类型的客人都要细心服务好，不可有不满和不友好的表示。

对于消费低、时间长的客人，可以多征询几次客人还需要什么帮助或问"您还要加点什么吗"等，待客要同样热情周到。

第11章 酒吧、咖啡厅服务

对赶时间的客人，服务一定要快，千万不可让客人等的时间太长，最好能符合客人的要求，尽快为客人服务。

对悠闲自在的客人，要认真地给他们点菜写单，食品要有节奏地一个个地上，给他们营造一个良好的气氛，让他们享受这美好的情调。

对睡眼惺忪的客人，由于他们的神态还没有完全清醒过来，对他们的服务一定要细心。他们所点的食品要复述清楚，让他随来的人也知道，避免产生误会。

知识链接 11—9

咖啡厅员工服务态度的基本要求

（1）在任何时间要向客人问候"您好、先生/小姐"；电话铃声不能响过3声接电话。
（2）给客人点饮品不让客人等待超过5分钟；所有的菜单不能破损，不得有污点。
（3）烟缸里的烟头不能超过两个。
（4）给客人添冰水不能超过杯口一英寸。
（5）热的食品出品一定要热；所有的咖啡都要温杯。
（6）使用的桌子都不能有污点和坏的；不可以使用破的桌布。

小测验：在酒吧服务中，酒吧调酒师应掌握哪些技能？

本章小结

酒吧与咖啡厅服务是餐饮服务中的重要内容。餐饮从业人员应熟悉酒吧及咖啡厅服务的程序及规范，熟知酒吧及咖啡厅服务中的注意事项，在实际接待工作遵循酒吧及咖啡厅特有的服务要求，使服务程序与方式既适合自身的条件及经营目的，同时又要适应外部环境及顾客的要求，做到标准化与个性化的统一。

练习题

一、单项选择题

1．（　　）的特点是客人直接面对调酒师坐在酒吧台前，当面欣赏调酒师的操作。
　　A．主酒吧　　　B．酒廊　　　C．服务酒吧　　　D．宴会酒吧
2．（　　）在中餐厅、西餐厅中设置。
　　A．主酒吧　　　B．酒廊　　　C．服务酒吧　　　D．宴会酒吧
3．酒吧常用的玻璃器皿数量最多的是（　　）。
　　A．烟灰缸　　　B．调酒壶　　　C．酒杯　　　D．酒瓶
4．如遇（　　）客人，调酒师可适当陪其聊天。
　　A．单个　　　B．活泼型　　　C．抑郁型　　　D．稳重型

二、讨论题

1. 酒吧可分为哪几种类型？
2. 咖啡厅服务的特点是什么？
3. 酒吧调酒服务主要是什么？
4. 在进行酒吧服务接待工作前要做好哪些工作？
5. 咖啡厅服务应注意什么？

三、实训题

1. 模拟酒吧服务接待。
2. 模拟咖啡厅午餐接待服务。

第3篇

餐饮经营管理

第12章 餐饮服务质量管理

学习目标

总目标
了解餐饮服务质量管理的标准化、程序化、制度化

- **知识目标**：了解服务质量的定义及餐饮服务质量的内容
- **技能目标**：掌握餐饮服务质量的基础及内容
- **能力目标**：能综合运用餐饮服务质量管理的知识进行餐饮服务质量地有效控制

导入案例

1998年的一天，正在吃饭的客人把服务员叫了过来说："这个菜好像和我上次在山东净雅吃的口味不太一样。"这一问题引起了集团领导层的重视，在干部会议上张永舵总裁说："肯德基和麦当劳成功的秘诀之一就是标准化，让顾客在任何地方都能吃到相同口味的美食。"

与会干部都认为：炒菜这一行，是人掌勺，由于主观性和习惯性的因素制约，很难达到标准化。

"净雅要成为中国餐饮的第一品牌，就必须实行标准化！"张永舵斩钉截铁地接着说："一定要让客人无论在哪家店都能吃到相同口味的菜品！"此言一出，净雅"标准化"战役拉开了帷幕。

会后，集团专门成立质量小组，与山东省认证中心合作，开始导入质量体系。质量小组用了一年的时间编制出两万多字的质量体系标准版，菜品采购、制作工艺、制作流程、产品研发等都有明确规定和严格的量化标准。

1999年开始导入质量管理体系，所有厨师必须经过培训合格后才能上岗。净雅的管理层把质量管理体系作为企业发展的头等大事，统一管理与动态更新。几年的实践使净雅逐渐形成和完善了菜品的制作标准体系。

问题

餐饮服务质量管理除了要做到标准化外，还有哪些方面的内容？

关键词

餐饮服务质量　餐饮服务质量管理

餐饮消费是以食物为基本依托，顾客在满足生理需求的基础上，追求整洁、轻松、优雅、愉悦的就餐环境及周到、细致的服务。餐饮企业之间的竞争，本质上是服务质量的竞争，服务质量是餐饮企业生存与发展的基础，是餐饮工作的生命线。任何餐饮企业要想在激烈的

餐饮市场竞争中占得一席之地,就要不断提高餐饮服务质量,靠质量求生存,靠质量求信誉,靠质量求效益。随着餐饮业竞争的日趋激烈,宾客对餐饮服务质量的要求也越来越高。因此,餐饮企业必须不断探索提高与完善自身服务质量的途径及方法,以取得良好的经济效益和社会效益。加强餐饮服务质量管理,首先要对服务质量的内涵有清晰的认识。

12.1 餐饮服务质量概述

12.1.1 服务质量的含义

服务质量按国际化标准组织(International Organization for Standardization,ISO)的定义,是指服务所具有的、能够满足宾客明确或隐含需求能力的特征与特性的总和。这里所讲的"明确需求"是指行业规定的质量要求或宾客提出的明确的要求,如宾客在预订宴会时提出的台形设计要求及环境布置要求就是明确的需求。而"隐含的需求"则指宾客对服务的期望或宾客潜在的、尚未明确意识到的需要,如一位患感冒的客人到餐厅用餐,服务员为客人端来一碗热姜汤,客人会深表感谢,这便是宾客隐含的需求。

餐饮服务质量是在餐饮服务实践中从业人员向宾客提供的可以被感知、评估的餐饮服务及产品的优劣程度。餐饮服务是通过适应需求的有形设施、质价相符的有形产品与服务员热情周到的无形服务相结合来体现其特性与价值。餐饮服务的一系列行为之间互相影响,共同作用于宾客,最终形成了对餐饮服务质量的总体评价。

知识链接 12-1

餐饮部客人投诉的主要方面

(1)餐厅服务员将客人所点菜的菜单与客人所在桌席号搞错,最后出现上桌菜点与客人所点菜点不符,引起客人的极大不快。

(2)宾客订餐或宴会预订,没有存档记录客人的订餐,更没有按时按日提供客人的订餐需求,从而造成客人的极大不满和投诉。

(3)在客人所点菜点佳肴中发现外来脏物。

(4)客人只是被告知所点菜点由于某些原材料暂缺,一时无法供应,但并没有再次被服务,也没有被问明或被建议再改点其他什么菜点,被置于无人服务的冷遇境地。

(5)由于服务不认真,向客人提供不洁净的酒杯、饮料杯、餐具和用品,从而引起客人的不快和投诉。

(6)餐厅服务员没有按客人所点项目上菜,最后客人拒付费用以示不满。

(7)餐厅服务员忘记问明客人是否需要酒水饮料,使宾客感到自己是不受欢迎的低消费的客人,令人看不起,引起客人的极大不满,造成投诉。

(8)服务员或清洁员没有认真、仔细地清桌,餐桌上仍然留有菜点脏物、水渍、面包碎屑等。

(9)餐厅服务效率低,不能为宾客提供快速敏捷的服务,如厨师不能按时出菜或餐厅服务员较少而客人较多,客人所点菜点久等不能上桌,因而引起客人的投诉。

（10）送餐服务怠慢。从客人电话点菜开始，送餐服务效率标准限定时间为早餐30分钟，午餐35分钟，晚餐35分钟。超出此限定时间者，被列为冷遇客人或低劣服务。

（11）厨房备菜员没有及时通报当班主厨或厨师长有关食品原料的变化情况或短缺问题，从而造成不能及时提供某些菜点，前后台脱节，使客人的点菜不断更换，客人久候菜点不能到桌，引起客人情绪低落，最后导致不满、抱怨、烦躁和投诉。

（12）在宾客视线之内清理餐桌时，操作粗野，弄出很大声音，不按清桌规程工作，客人对这种杂乱无章的所谓服务也会进行投诉。

12.1.2　餐饮服务质量的内容

服务质量是指服务能满足服务需求的特性的总和。这里所说的服务是包含由餐厅为顾客所提供的有形产品及无形产品，而服务需求是指顾客的需求。餐厅顾客的需求既有物质方面的，也有精神方面的，具体反映在顾客对食品饮料的价格、质量、卫生与服务是否及时、周到、热情、礼貌等要求上。

餐饮产品是由餐饮实物与劳务服务即烹饪技艺、服务态度、服务技能、环境、氛围等因素组成的有机整体，它不仅能满足宾客物质性、生理性的需求，还能满足宾客心理上、精神上、感情上的需求。餐饮服务质量主要有环境质量、菜肴质量与服务质量组成。从功能和市场的不同角度，可划分为岗位服务、程序服务及环境服务等类型。

1．岗位服务质量

岗位服务强调餐饮企业领班、预订员、服务员、厨师、调酒师、出纳员等不同岗位中的职务职能，其中包括各工种的岗位职责与技能。可进一步分为前台服务和后台服务，如领班、领位员、服务员等直接接触客人，面对客人服务，属于前台服务；而厨师、调酒员等生产餐饮实物产品的岗位，很少与客人见面，属于后台服务。前台服务需要语言、表情、动作、心理、环境等多种综合因素所组成的表现形式来体现；后台服务则将烹饪加工的技巧艺术化地体现在餐饮实物产品当中。相比较而言，前台服务要直接面对顾客的审视与监督，代表餐饮岗位服务水平的成分显得多一些。

1）礼节礼貌

餐饮服务中的礼节礼貌通过服务人员的语言、行动或仪表来表示。同时，礼节礼貌还表达谦逊、和气、崇敬的态度与意愿。餐厅服务员必须着装整洁规范、举止优雅大方、面带笑容。要时时、事事、处处表现出彬彬有礼、和蔼可亲、友善好客的态度，为宾客创造一种宾至如归的亲切感，将礼貌服务贯穿于服务过程的始终。

2）良好的服务态度

从迎宾、开餐到送走宾客，整个餐饮的销售过程自始至终伴随着服务员的服务性劳动。因此，服务人员要用良好的服务态度去取得顾客的信任与好感，从双方一开始接触就建立起友善的关系。良好的服务态度是进一步做好服务工作的基础，是贯彻"宾客第一"和员工有无"服务意识"的具体表现。

3）服务技能与技巧

服务员的服务技能与技巧是服务水平的基本保证与重要标志。服务员没有过硬的基本功、服务技能水平不高，即使态度再好、微笑得再甜美，顾客也会礼貌地拒绝。服务技能的掌握是一个由简单到复杂，经过长期磨炼、逐步完善的过程。

4）服务效率

服务效率是服务工作的时间概念，是服务员为顾客提供某种服务的时限。餐厅应该尽量消除就餐宾客等候服务的现象。这不但反映了服务水平，而且反映了管理水平及服务员的素质。为保证服务效率，必须对菜肴烹制时间、规程，翻台作业时间、顾客候餐时间等做出明确的规定并将其纳入服务规程之中，并作为员工培训的指南与操作的标准。有了量化的标准，就有了评估考核的依据，这对提高餐饮服务质量和管理水平、提高餐饮服务人员的素质等提供了较好的培训考评依据。

2. 程序服务质量

程序服务主要是从餐饮服务实际运作角度将餐饮服务划分为预订、摆台、领位、点酒、点菜、生产加工、进餐服务、结账、撤台等服务程序。由于程序服务直接牵涉到餐饮文化背景，反映出客人的需求与口味，集中了餐饮服务的各种特点，比较结合实际。因此，从餐饮程序服务的实例中分析和总结一些常见的问题，对于完善服务程序、提炼心理服务等高级的服务方法具有重要的意义。服务质量好的标志是为顾客提供使人心情舒畅的服务态度、高于他人的服务技巧、服务规范及幽雅的服务方式。

3. 环境服务质量

环境服务是从就餐环境与氛围角度强调餐饮服务过程的场地条件、消费气氛、优质设备、卫生安全等服务环境。良好的环境服务可提升餐饮服务的质量与等级。满足客人的物质享受与精神享受需要是提高餐饮服务质量的基础条件。

餐饮设施设备齐全、先进、方便、舒适，各种设备的摆放地点与通道尺度适当，运用对称与自由、分散与集中、高低错落对比与映衬、借景、延伸、渗透等装饰布置手法，形成美好的空间构图形象。同时，美化环境，如装饰布局的色彩选择运用，窗帘、天花、墙壁的装饰，盆栽、盆景的选择及运用，达到餐厅空间宽敞、色调柔和、家具舒适、功能齐全、温度分布要均匀，空气清新等效果。

家具的选用应考虑客人舒适、服务方便、空间合理。各类餐厅家具摆放便于客人进餐行走与服务员操作服务。家具选择与室内装饰要协调，桌椅牢固、光滑，式样、高度、色彩、质地协调一致。桌椅配套，并备有儿童座椅。

各种餐具要配套齐全，种类、规格、型号统一；质地优良，与餐厅营业性质、等级规格及接待对象相适应；新配餐具与原配餐具规格、型号一致，无拼凑现象。餐巾、台布、香巾、口纸、牙签、开瓶器、打火机、火柴等各种服务用品配备齐全；酒精、固体燃料、鲜花、调味用品要适应营业需要。筷子要清洁卫生，不能掉漆、变形，没有明显磨损的痕迹。

照明装置和控制器要符合国家质量要求，室内光线柔和，灯光亮度适应工作需要，适合客人阅读菜单。高档餐厅灯光照度应可以调节。音乐音量要适中，曲目要合适，餐厅内噪音最好控制在 45 分贝。

4. 菜肴服务质量

餐饮产品质量的实物价值可能在下面几方面有所需求。

（1）菜肴、面点的原料配制更趋于营养搭配的合理化，要与人体对各种营养素的需求量相一致。

（2）注重菜肴食品的卫生安全。无污染、无公害、营养优质的"绿色食品"、"环保食品"将成为未来餐饮产品质量的重要内容。

（3）食品的保健功能将被越来越受到重视。人们将希望通过就餐对实现身体的各种保健作用，如延年益寿菜肴、益智健脑菜肴、减肥瘦身菜肴、养颜美容菜肴等。通过餐饮食品的保健功能，使人们变得更聪明、更漂亮、更健康长寿。

（4）审美功能愈加成为菜品不可缺少的内容。美观好看的菜肴能振人食欲，能使人兴奋不已，给人以享受。因此，增加菜肴食品的艺术魅力业会成为实物餐饮质量的要素。

（5）科技含量在餐饮食品中将日益增加，包括多方面的最新研究成果在食品中的运用，尤其是营养学方面。

知识链接 12-2

全面质量管理的含义

全面质量管理(total quality management，TQM)的理论在 20 世纪 50 年代由美国的戴明（Deming）博士提出，而日本人则把这种观念广泛地应用于制造业，成就了其"质量大国"的美誉。

1. 全面质量管理的核心是"三全"

（1）全方位，指餐饮企业的每一个岗位(包括前后台所有岗位)都要参与质量管理。

（2）全过程，指餐饮企业的每一项工作从开始到结束都要进行质量管理。

（3）全体员工，指餐饮企业的每一个岗位从事每一项工作的员工都要参与质量管理。

2. 实施全面质量管理要做好的工作

（1）标准化工作：餐饮企业应制定严格的产品质量标准，包括标准菜谱与酒谱及标准服务程序。

（2）质量培训工作：对员工灌输质量意识并进行本企业的产品质量知识教育。

（3）质量信息工作：餐饮企业应及时掌握本行业的质量动态与本企业的产品质量情况，以此作为不断改进服务质量的依据。

（4）质量责任制度：建立质量责任制度，落实质量责任人。

（5）质量检验：根据餐饮产品的各生产及服务阶段与其中的各环节确定餐饮产品的质量检查点，对产品质量实行严格检查。

12.1.3 提高服务质量的意义

餐饮服务是餐厅工作人员为顾客提供食品、饮料的一系列行为的总和，集生产、销售、服务、消费于一体。只有精美的菜点，没有高质量的服务，餐厅经营难以取得预期的效果。因此，只有美味佳肴配以热情礼貌而周到的服务，才会受到顾客的欢迎；只有把精湛的烹饪技术与完善的服务技术有机地结合起来，才是提高餐饮服务质量的根本所在。可以说，餐饮服务工作能否满足顾客的需求，很大程度上取决于提供服务工作的员工的水平及能力的发挥。

1. 高质量的餐饮服务是餐厅成功经营的保证

一个在经营上获得成功的餐厅，除了管理水平高、地理位置好、就餐环境优美、经营规模适度、经营策略灵活、食品饮料适销对路等因素外，更重要的是该餐厅的服务质量好。为了吸引宾客，增加经济收益，餐饮企业竞争激烈，其中又以质量竞争为首。谁能够为宾客提供全面的最佳服务，谁就能取得优势地位，谁就能招徕更多的顾客。因此，不断提高服务质量，不仅是竞争的需要，而且是在激烈的竞争中取胜所必备的重要条件。

2. 服务水平影响餐厅效益

一个餐饮企业经营的成功与否，与餐饮企业的服务水平直接相关。一般来说，规范、热情、周到、细致的服务能使顾客在餐厅消费中得到满足，成为餐厅的回头客，同时高水平的服务能够提高座位周转率。国内外许多餐饮企业的良好声誉及经营成功，无一不是靠企业自身的服务质量创造出来的。服务质量关系到企业的声誉，关系到客源，关系到企业经济效益及经营的成功。只有在服务质量上下功夫才能使企业经营走上良性循环。

3. 服务人员的素质影响餐厅经营成本

高素质服务人员能够正确、合理地使用设备，能提高设备设施的使用寿命，提高其使用效率，为餐饮企业节约资金，如高素质服务人员能够减少餐具的破损。餐厅中的多数餐具，如碗、盘、杯等大多是容易破损的，这些餐具又是由服务人员来操作的，学会如何正确的摆放、搬运、清洗及使用餐具就能减少餐具的破损。

4. 服务质量的优劣是判断管理水平的重要标志

餐饮管理的目标是利用其人力资源、物力资源与信息资源为顾客提供一流的服务，取得一定的经济效益。顾客是企业生存与发展的基础和条件，而有良好的服务才能招徕并留住顾客。要提高服务质量，必须充分发挥管理的各种职能并互相配合才能达到目的。服务质量的提高有赖于计划、业务、设备、物资、人事、财务等方面的工作配合，所以说服务质量是餐饮管理的综合反映，从服务质量的优劣上可以判断酒店管理水平的高低。

知识链接 12—3

如何实现餐饮企业预期的经营目标

为实现餐饮企业预期的经营目标，餐饮管理者须运用计划、组织、指挥、协调、控制和激励等手段，合理调配人、财、物、技术、信息等资源，实现其最佳配置。

（1）餐饮选址与布局：确定餐饮企业的地段位置并对企业的设施布局进行合理化设计与配置。

（2）菜单计划与销售分析：根据目标市场的需求与餐饮生产内在要求，设计并确定企业的产品目录——菜单，并结合销售状况进行分析，发现消费规律，用以指导生产与服务。

（3）餐厅服务及日常管理：合理组织和配置餐厅服务人员，做好其日常工作安排，抓好服务质量管理，并实施对餐厅用品、设备设施的控制与管理。

（4）餐饮人事管理与培训：做好餐饮生产服务人员的招聘、面试、录用、培训、考核、薪酬工作，特别要抓好各类人员岗前及在岗培训，提高员工素质。

（5）厨房生产与管理：根据菜单计划的要求，建立适合的厨房生产系统，合理组织厨房工作人员，抓好菜肴质量和成本控制，并做好与此相关的原料采保工作。

（6）信息技术与餐饮管理管理：引入信息技术和设备及相应的管理方式，提高生产服务系统的工作效率，提高对市场需求变化的反应速度。

（7）投诉管理：妥善处理顾客投诉，提供及时、有效的补救服务，挽回由于生产服务失误而引起的企业声誉的损失。

12.2　餐饮服务质量管理内容

概括地说，建立与执行餐饮服务质量标准的途径和方法就是要求实现标准化、程序化、制度化，并完善餐饮服务质量原始记录。

12.2.1　标准化

标准化工作是餐饮经营的重要成功关键因素之一。标准化包括材料的标准化、食物处理提供的标准化、店面布置的标准化、人员服务的标准化及各种行政作业的标准化等。

1．内涵

标准化是指企业向顾客提供各种产品时必须达到的一定的质量标准。主要分为硬件标准与软件标准，前者可以用一定的技术数据指标来确定，后者一般用工作内容、岗位、职责、服务守则来约束，如客人在点菜时不能判断菜品的数量是否够吃，服务人员要及时提醒，以免造成浪费，这种提醒服务就属于软件标准。

标准服务程序是一个酒店、餐厅或酒吧对本企业所销售的各种菜肴或酒水所规定的各项服务质量的管理文件。包括各项服务的程序、服务项目的名称、服务项目的标准。标准服务程序既可以控制各项服务的顺序，又可以控制各项服务的标准。

餐饮服务的标准化管理是指餐厅制定各项餐饮服务的程序及标准，并严格执行这些标准的活动，如托盘服务标准、铺台布与换台布服务标准、叠餐巾花标准、摆台服务标准、斟酒水服务标准、上菜服务标准、分菜服务标准、撤餐具服务标准、整理餐桌服务标准、撤换烟灰缸服务标准、客房送餐服务标准等。同时，餐饮服务的标准化管理还包括每个餐厅每一餐的服务标准管理，如咖啡厅早餐的服务标准、午餐的服务标准与正餐的服务标准，中餐厅早餐的服务标准、午餐的服务标准与正餐的服务标准，扒房早餐的服务标准、午餐的服务标准与正餐的服务标准，宴会厅服务标准等。

餐饮企业服务质量标准的制定必须注意以下事项。

（1）必须符合企业的等级与管理目标。

（2）必须适应餐饮目标客源市场的需求。世界上没有放之四海皆准的服务规程，有的餐厅盲目地借用别人的服务规程，这种生搬硬套的做法往往脱离了目标客源的实际需求。

（3）必须适应餐厅的经营特色。

（4）必须考虑零点、团队、会议、宴请等各类餐饮产品的不同特点。

（5）必须注意迎宾、引座、看台、跑菜、酒水、收银等不同岗位内容及操作要求，并注意各环节的协调与衔接。

知识链接 12-4

餐饮服务质量的"黄金标准"

（1）凡是客人看到的必须是整洁美观的。

（2）凡是提供给客人使用的必须是有效的。

（3）凡是提供给客人使用的必须是安全的。

（4）凡是企业员工，对待客人必须亲切礼貌。

2．内容

为保证餐饮产品的质量达到餐饮企业规定的标准，并保证产品质量具有稳定性，通常，餐饮部管理人员与厨师长对销售的各种菜肴制定标准食谱，餐饮部管理人员与调酒师对销售的酒水制定标准酒谱，餐饮部管理人员、餐厅经理及主管制定标准服务程序。餐饮企业服务质量标准的内容大致包括八大类。

（1）设施、设备质量标准。根据企业等级规格规定设施设备的数量、质量，包括前台服务设施与后勤保障设施等。经营中重点考核设施及设备的舒适程度、完好程度、损坏程度。

（2）产品质量标准。以饮食产品为主，根据饮食产品的花色品种与成本消耗，制定生产工艺流程、烹饪技术要求，保证色、香、味、型俱佳，满足客人的需要。

（3）服务标准。根据就餐客人的活动规律，规定从客人进店到离店过程中提供各项服务的具体要求、程序、操作规程。

（4）安全卫生标准。安全卫生是服务质量高低的重要体现，要通过制定操作规程、劳动纪律来保证。安全包括客人的人身安全、财产安全、隐私安全与就餐过程中的安全感。卫生包括客房卫生、食品卫生、餐厅卫生、环境卫生等各个方面，要根据各部门、各环节的具体情况制定卫生标准，标准内容要具体准确，便于检查。

（5）服务操作标准。餐饮服务质量的高低都是由服务人员的具体劳动创造的。因此，要根据各部门、各环节、各岗位的具体劳动特点规定服务人员操作规程，这些操作规程的制定为服务人员的行动提出了具体的要求，也为提高服务质量提供了基本条件，同时为检查服务质量与指导服务人员的具体劳动提供了客观依据。

（6）礼节、仪表仪容标准。规定餐饮企业员工必须懂得恰当运用礼貌礼节、着装、仪表、仪容，创造良好的服务气象，给客人以舒适、大方、朴素、美观的感觉。

（7）语言动作标准。规定服务人员必须掌握的礼貌用语、语音语调、微笑服务与坐立行说的姿势、动作、风度等。

（8）工作效率标准。要根据各种服务劳动的具体要求规定完成时间，提高工作效率。

总之，餐饮服务是餐饮产品中的无形产品，是餐饮产品重要的组成部分。尽管餐饮服务不像菜肴与酒水那样容易从产品外观评估其质量。但是，它的确很容易被顾客感知，其质量影响着餐饮总体产品质量。因此，只有制定餐饮服务的标准，严格执行服务标准并对有不同餐饮服务需求的顾客采取适当的服务程序及服务方法才能全面保证餐饮产品的质量。不仅如此，餐饮服务代表着餐厅的形象，与餐厅的声誉紧密联系。因此，餐厅服务质量不容忽视，必须加强管理。

12.2.2 程序化

1. 含义

程序化是指接待服务的先后次序。它以标准化为基础，按已制定出来的各项具体服务质量标准，制定服务规程，通过服务程序使餐饮企业的各项服务工作有条不紊地进行，为提高服务质量提供客观准则。程序化是服务质量工作的准线，但程序化不等于公式化，也不是最优秀的服务水平，服务工作面对顾客，情况千变万化，常会出现意想不到的事。因此，程序化要与灵活性相结合，因人、因时、因地、因条件而异。

2. 要求

服务接待程序的制定，应做好下列基础工作。

（1）要研究餐饮服务工作的客观规律，即在制定标准程序的同时，要分析各项工作的先后次序，使之形成一个整体。

（2）要考虑餐饮企业的人力、财力、物力等因素，扬长避短，突出本店特色。

（3）分析宾客的风俗习惯与生活需求，根据不同接待对象及服务项目来制定，如中餐服务的主菜程序与西餐不同，零点餐厅与宴会厅服务程序不同。

（4）各项服务工作程序的制定及执行要有一个过程。

（5）程序化是规范化而不是公式化，在实行程序化管理的过程中，要提倡与实际结合，根据需要予以变通而有一定的灵活性。

（6）各项服务工作程序的制定与执行要以客人感到舒适方便为优选原则，而不能仅从服务人员自身的方便与轻松出发。

（7）制定服务程序必须结合各项服务工作的具体特点，在标准化的基础上，采取因时、因地制宜的原则。

（8）服务规程中应指明本规程与上下环节之间的衔接，如餐厅值台与跑菜规程的衔接、迎宾与引座之间的衔接等。

总之，服务程序要经试行，并逐步修改使其完善，最后达到科学合理、提高服务质量的目的。

12.2.3 制度化

1. 含义

制度化是指企业要用规章制度的形式把餐饮服务质量的一系列标准及各项服务规程固定下来，并使之成为餐饮质量管理的重要组成部分。制度化是确保标准化与程序化管理得到贯彻执行以达到服务质量目标的制度保证。餐饮质量管理制度要符合企业自身的实际情况,过严、脱离企业及职工的实际,难以实施执行;过低、过松则起不到约束的作用;另外,要简明实用,要让全部员工都理解,使服务工作能正常运转。

2. 分类

餐饮服务质量管理的制度分为两类。

(1)直接为宾客服务的各项规章制度。例如,餐饮产品检验制度,餐具更新、补充制度等,这些制度全面而具体地规定了各项服务工作必须遵循的准则,要求餐饮工作人员共同执行;这些制度应责任明确、分工清楚,便于贯彻执行和检查考核。

(2)间接为宾客服务的各项规章制度。例如,餐饮交接班制度、工作记录制度、客史档案制度、考勤制度、奖罚制度、质量统计分析制度等,这类规章制度主要用以维护劳动纪律、保证直接对客服务制度的贯彻执行,要求全体员工共同遵守。

3. 加强餐饮服务质量的监督检查

餐饮服务质量的监督检查必须落到实处,在合理的组织基础上进行有效的控制。应建立上对下的工作指令系统与下对上的逐级反馈系统,将部门所制定的具体质量目标分解到班组及个人,由质量管理办公室或部门质量管理员协助部门经理负责对餐饮服务质量实施监督检查。

(1)制定并负责执行各项管理制度和岗位规范,抓好礼貌待客和优质服务培训。

(2)通过反馈系统了解服务质量情况,及时总结工作中的正反典型事例并及时处理投诉。

(3)组织调查研究,提出改进与提高服务质量的方案、措施及建议,促使餐厅服务质量与经营管理水平的提高。

(4)分析管理工作中的薄弱环节,改革规章制度,整顿纪律,纠正不正之风。

(5)组织定期或不定期的现场检查,开展评比及优质服务竞赛活动。

(6)重视餐厅服务人员的培训。

知识链接 12—5

盘餐服务的服务标准

(1)上菜时,报上正确的菜名,并给相对的客人。

(2)从厨房取菜时要注意以下各项:取的菜是否正确,如是热菜盘子是否热,菜是否拿齐;核对菜单。同时上桌的盘子必须同时撤下;根据点菜单,服务员要把菜正确的放在客人的面前。

(3)上菜时食品要保持温度,并把配菜和小料同时放在桌上。

(4)上热菜时盘子也要保持热度。

① 如有可能只用一手拿盘子。

② 一个服务员不能同时拿3个盘子。

③ 手指不能触到盘子的正面,只能拿盘子的边缘。

④ 上菜前应检查桌上的餐具是否与菜相对称。盘子必须干净,否则禁止使用。

⑤ 烟灰缸一定要干净，否则禁止使用。
⑥ 当烟灰缸内有烟头时必须马上更换，把干净的烟灰缸放在脏的上面，同时从桌子上拿下放在手中后，把干净的放回到桌上。
⑦ 客人妨碍了你，你应提醒客人："对不起，先生/女士。"这样做同时可以向客人展示你的风度。
⑧ 配料要从左边为客人服务，特殊情况除外。
⑨ 上菜时应报菜名(除非不得打搅客人)上菜时应注意将主要食品面对客人。
⑩ 将菜放在桌上后配料必须立即服务，并放在盘子的正确位置。
⑪ 如配料是客人点的应报名。
⑫ 如配料是厨房配的应问："您需要加点配料吗？先生/女士。"
（5）点单后应 10 分钟内上菜。
（6）如超过 10 分钟应通知客人。上每道菜时服务员要说："请享用您的开胃菜、午餐、晚餐等。"不要等客人投诉——总要提前通知客人。任何问题要立即报告主管。
（7）在撤餐盘时，应问一下客人的感受。"您是否喜欢今天的新加坡妙面？""希望您能喜欢今天的新加坡妙面。"

12.3　餐饮服务质量管理内容

12.3.1　餐饮服务质量控制的基础

餐饮服务质量控制的目的是使餐厅的每一项工作都围绕着为宾客提供满意的服务。开展有效的餐饮服务质量管理，餐饮企业必须具备以下 3 个基本条件。

1．建立餐饮服务质量的标准规程

服务规程是餐饮服务应达到的规格、程序及标准。餐饮服务质量标准就是服务过程的标准。为了提高与保证餐饮服务质量，应把服务规程视为员工应当遵守的准则及内部服务工作的法规。管理人员的任务是执行与控制规程，特别要抓好各套规程之间的薄弱环节，用服务规程来统一各项服务工作，从而使之达到服务质量标准化、服务岗位规范化与服务工作程序化、系列化。

在制定服务规程时，不要照搬其他餐饮的服务程序，而应该在广泛吸取国内外先进管理经验、服务接待方式的基础上，紧密结合本企业大多数顾客的饮食习惯与本地的风味特点，推出全新的服务规范与程序。制定服务规程时，先要确定服务的环节与顺序，如迎宾环节、引座环节、点菜环节、上菜环节、结账环节、添加酒水环节、更换骨盘环节、派菜环节等。再确定每个环节服务人员的动作、语言、姿态、质量、时间及对用具、手续、意外处理、临时措施的要求等。为确保服务工作的连续性，应在每套服务程序的首尾规定与上一服务程序和下一服务程序衔接的要求。

旅游酒店的餐饮服务规程，必须根据发达国家旅游者生活水平较高、对服务的要求也高的特点来制定。西餐厅的服务规程更要适应欧美宾客的生活习惯。另外，还要考虑到市场需求、酒店类型、酒店等级、酒店风格、国内外先进水平等因素的影响，并结合具体服务项目的目的、内容与服务过程，来制定出适合本酒店的餐饮标准服务规程与服务程序。

2. 抓好员工的培训工作

餐饮企业之间服务质量的竞争主要是人才的竞争、员工素质的竞争，没有经过良好训练的员工不可能提供高质量的服务。服务规程是餐饮企业内部的质量法规，而这一法规的落实依赖于科学的培训体系。应对每一个餐饮服务人员进行系统、严格的岗前培训，培训的重点是要求服务人员掌握基本的餐饮服务规程，借助员工的行为将其转化为具体的服务动作。在职员工虽然在上岗前经过了一定的培训，但企业面临的环境在不断地变化，客人的餐饮需求在不断地发展，餐饮服务在不断地创新，餐饮从业人员的素质也就必须相应提高。因此，应树立持续培训理念，利用餐前会或其他的淡季、空闲时间对所有的在职员工进行继续培训，及时更新观念、强化知识，以保证餐饮服务质量水平的不断改进与提高。

目前，餐饮行业员工流动率过大，除了餐饮行业属劳动密集型行业、全行业薪酬水平过低等因素外，缺乏人力资源规划管理也是重要的因素。许多员工看不到自己的职业前景，带着不满甚至抱怨的情绪为顾客提供服务，其服务质量水平可想而知。因此，除了对服务员进行严格的岗前基本功训练与全面的业务知识及技能培训与继续培训外，还应注意采取适当的奖励、晋升甚至参与股份等激励措施，从物质与精神两个方面奖励优秀的员工，提高员工满意度，再通过员工积极地将对工作的满意转化为更好地为顾客服务，进而保证餐饮服务质量水平的稳定提高。

3. 收集质量信息

餐饮服务是一个动态的工作过程，每时每刻都在发生着变化，餐厅管理人员必须随时掌握服务的质量结果如何，了解顾客的满意度，从而及时采取改进措施，提高服务质量。因此，要根据餐饮服务质量的目标及服务规范，通过巡视、定量抽查、统计报表、听取顾客意见等方式来收集服务质量信息，并认真分析这些信息，总结其优点与不足，作为改进服务质量、制定相应措施的依据。

12.3.2 餐饮服务质量控制的内容

餐饮服务质量控制是以满足餐饮消费者的物质需求与精神需求为目的而实施的针对人、设施、材料、工作方法与环境等五大因素进行的控制。其主要环节包括需求调研、菜肴设计、服务准备、加工制作、质量检验、服务接待、信息反馈等环节。其中人与工作方法构成的劳务质量的控制是餐饮服务质量最经常、最重要也是最困难的控制领域。劳务的质量控制是服务现场质量控制的重点，可以通过制定各种服务标准或规范，落实岗位责任制，加强对劳务的质量监督来不断改进与提高劳务的质量，实现对劳务的质量控制。

1. 确定餐饮服务质量目标

餐饮服务质量目标应从企业的实际出发，依据其发展规划、质量目标、市场需求情况、资源状况与接待能力来确定，以保证餐饮服务质量目标能够实现。

2. 建立需求调研分析机制

需求调研分析是有效提供餐饮服务、保证餐饮服务质量的前提。通过需求调研分析，可根据服务对象来确定餐饮服务项目与服务方法，并提供符合顾客需求的、高质量的餐饮服务，从而获得较高的顾客满意度。建立科学周密的需求调研机制，了解客人需求，并对客人的需求保持高度的敏感，既要发现与识别客人的需求，又要对客人的需求做出敏捷的反应，并努力记住客人的需求。分析的内容包括顾客的类型、特征、需求心理、期望及个性化要求等。

3. 建立服务质量标准化系统

餐饮服务的质量标准化系统主要包括服务工作标准、服务管理标准及服务技术标准等方面。

以落实质量职能为中心，建立服务工作标准。服务工作标准包括部门服务工作标准、岗位服务操作标准，明确部门、班组、岗位之间的职责与权限等。

以质量管理为中心，建立服务质量管理标准。服务质量管理标准包括餐饮服务设施设备质量控制与管理标准、烹饪人员及服务人员的质量控制与管理标准、服务信息的质量控制与管理标准。

以强化规范服务为中心，建立服务技术标准。服务技术标准主要包括原材料、食品采购与验收质量标准、烹调加工与服务运作标准、设施设备运行规范与技术标准3个方面。

4. 加强现场控制与服务过程的协调与沟通

餐饮服务的现场控制主要表现在厨房生产的现场控制及餐厅楼面服务的现场控制两个方面。厨房生产的现场控制可实行厨师长把关制，保证菜品质量。厨师长每日对菜品质量进行抽查，填写质量记录表，现场指导与控制菜品在投料、烹调方法、刀口成形、口味等方面的技术要求，控制菜品质量。

餐厅楼面服务的现场控制应实行领班、主管、经理负责制。领班、主管控制厅面的人员活动、设施设备运转以及其他情况，对服务人员的服务行为进行技术指导，及时发现接待服务过程中出现的问题，并对宾客提出的投诉进行协调处理。

主管、经理应关注厨房与餐厅服务人员之间的协调与沟通，使餐厅中顾客的消费需求能及时反馈给厨房，保证厨房生产的菜肴能够满足宾客的需要。同时，厨房应将当日的时令菜及因原材料采购问题而无法烹饪的菜品告诉厅面服务员，使服务员在点菜时能及时告知宾客，从而保证餐厅服务的及时性与准确性。

5. 加强餐后的质量评估，建立灵敏的信息反馈系统

餐后的质量评估是餐饮部门改进菜品与服务质量的关键。餐饮部门应通过现场访问、电话访问、察看顾客留言、顾客投诉资料等方式对其用餐感受进行调查，了解并分析顾客对餐饮产品质量的评价，根据分析结果采取相应措施提高菜肴及服务质量。因此，质量信息是质量控制的基础，应建立灵敏的餐饮信息反馈系统，及时对宾客的餐饮需求做出反应。餐饮部应根据信息的轻重缓急程度把信息划分为A、B、C3类，并通过建立常客档案，将

宾客的兴趣、爱好、口味等信息记录在案，以减少服务过程中的疏漏与失误，提高餐饮服务质量。

6. 强化员工的质量意识，开展质量评比活动

餐饮部应加强员工的质量意识培训、服务规范培训、业务技术培训、外语培训等，提高员工的质量意识与业务素质。结合餐饮服务质量中的问题，建立 QC（quality control，质量管理）小组，开展质量攻关活动，并通过服务质量评比活动的开展，提高餐饮服务质量。

总之，餐饮劳务质量由服务态度、服务技巧、服务方法、礼貌仪表、服务工作效率及安全卫生等方面组成，而人是劳务的主体，所以要实现劳务质量控制，首先要控制人的质量，即人的素质与积极性。服务者的素质包括思想素质与技术素质。思想素质是指有理想、有目标，热爱服务工作，有责任心与进取心；技术素质是指达到本职工作的应知应会的标准，具有一定的服务艺术，灵活地开展服务工作。

12.3.3　餐饮服务质量控制的方法

餐饮服务质量控制包括餐饮服务的预先控制、现场控制及反馈控制。预先控制包括人力资源预先控制、物资预先控制、卫生预先控制及突发事故的预先控制等；现场控制包括服务现场监督、沟通与互动管理、意外事件处理等；反馈控制是通过质量信息的反馈而进行的后过程控制，包括意见征询、损失弥补、经验教训总结、预防措施制定等方面的内容。

1. 预先控制

为使服务结果达到预定的目标，在开餐前所做的一切管理上的努力，其目的是防止开餐服务中各种资源在质与量上产生偏差。

1）做好信息沟通

开餐前，餐厅的管理人员必须与厨师长联系，核对前后所接到的客情预报或宴会通知单是否一致，以避免因信息的传递失误而引起事故。同时，还必须了解当天、当餐的菜点供应情况，掌握缺货菜点及原因、需特别推荐的菜点，以便在服务中采取相应的措施，降低客人的不悦程度，提高餐饮的经济效益。

2）做好人员安排

餐厅管理人员应注意工作的预见性，要根据客情预报及餐饮业务的规律与本餐厅的经营特点，合理安排班次及上班的人员，保证在营业时间有足够的人力资源，力求避免闲时无事干、忙时疲劳战的状况。同时，要注意各尽所能，优化群体结构，根据每个员工的业务水平、身体状况等因素，合理分配任务。

3）做好物资准备

开餐前餐厅管理人员应根据当天的营业预测开好领料单，督促指导有关人员准备好开餐过程中的物资用品，如酒水饮料、摆台及翻台用品等，并需对其规格、质量等方面进行检查，做到万无一失。

4）做好餐前检查

（1）开餐前，餐厅管理人员必须对开餐前的准备工作进行全面检查。

(2) 设施设备的完好状况。

(3) 餐车、托盘、点菜单、开瓶器、抹布、口布、餐巾纸、刀叉、火柴、牙签、烟灰缸等用品、工具的数量及质量。

(4) 餐台布置规范。

(5) 各种装饰陈列规格。

(6) 卫生质量标准。

(7) 安全可靠程度。

5) 开好餐前例会

在服务人员用完工作餐、餐厅开门迎客前，应有餐厅管理人员召集服务员开好餐前例会。其内容主要有以下几个方面。

(1) 检查服务员的仪表仪容。

(2) 简单总结前一餐的服务情况，肯定表扬优秀行为，提出存在问题和不足。

(3) 说明当餐的任务及注意事项，包括重要客情、缺货的菜点、需要推荐的菜点等。

(4) 给每个员工具体分配任务。

知识链接 12-6

餐饮服务质量的特点

1. 构成的综合性

餐饮服务质量构成的综合性要求质量管理工作必须具有系统观念，既要重视直接为顾客提供服务的前台各部门的服务质量，又要重视餐饮企业后台各部门的工作质量。

2. 评价的主观性

餐饮服务质量不能像一般商品那样用仪器来衡量，并判定出数量化标准，它是以顾客满意程度为标准的。由于顾客的兴趣、爱好、需求及各地风俗习惯不同，顾客对服务质量的评价常常带有很大的主观性。这就要求餐饮企业必须重视学习和运用心理学、民俗学等方面的知识，研究顾客的不同需求，既要注意顾客的共同需求，制定基本服务规程，又要注意顾客的个人需求，提供满足个人需求的附加服务。

3. 体现的一次性

餐饮服务就是向顾客提供餐饮产品的生产过程，即餐饮的生产、销售、消费是同步进行的。服务过程一完结，服务质量便消失了，仅给顾客留下一种心理感受和印象。服务质量的显现是短暂的，是一次性的，这就要求餐饮服务质量管理必须重视每一次具体的服务活动，以赢得顾客的满意。

4. 内容的关联性

餐饮企业的每一次服务活动都不是独立存在的，餐饮企业规模越大，服务活动之间的联系就越广泛。各个服务环节之间和各个服务链内部的衔接与协调要以顾客的活动规律为线索，互为联系、互相依存、互为条件，形成一个服务链。例如，锅巴虾仁这道菜制作出来后，如果服务员不能及时送上桌，就会影响锅巴的质量。因此，餐饮服务要环环相扣，任何一个环节出现问题都会影响整个餐饮服务的质量。

2．现场控制

现场控制就是餐饮管理人员在服务现场指挥、督促服务员的工作，加强与顾客的沟通、协调同厨房等部门的关系，以保证餐饮服务活动的顺利进行，并达到理想的效果。其实施是作用在正在进行的计划执行过程中，是一种主要为基层主管人员所采用的控制工作方法。主管人员通过深入现场亲自监督检查、指导及控制下属人员的活动。例如，向下级指示恰当的工作方法与工作过程；监督下级的工作以保证计划目标的实现；发现不合标准的偏差时，立即采取纠正措施等。

为了实现服务现场质量控制，必须找到关键因素，即控制点，这是需要重点控制的质量特性、关键部位或岗位以及薄弱环节，如餐厅在接待重要客人时，要把菜单设计、质量检验与备菜工作作为质量控制点。

确定控制点的原则如下：①从顾客最关心的质量特性出发；②从满足顾客需要的关键部位或岗位出发；③从顾客的"敏感点"出发；④从服务全过程的薄弱环节出发。控制点确定以后，要对其加以管理。

1）加强对客交流

"再忙也不能忘了客人"，餐饮管理人员必须熟知这一黄金准则。开餐过程中，餐饮管理者的工作可谓千头万绪，但始终不能忘记关注你的客人。因此，餐饮管理人员现场管理的首要任务就是热情问候客人，及时征询客人的意见，适时提供必要的服务，帮助客人解决一些特殊的需要，使客人有受尊重、受关照的感觉。

2）控制服务标准

开餐期间，餐厅的管理人员应始终站在第一线，通过观察判断，指挥和督促服务人员按标准规程提供服务，发现偏差，必须迅速采取弥补措施，及时纠正，以防事态扩大，更不能影响客人的用餐情绪，同时，要及时同厨房保持联络，掌握好各餐桌的出菜速度，既不能太慢而让客人久等，又不能太快而出现压台，客人来不及用而影响菜点质量。此外，还必须时刻注意并及时处理如客人不小心摔倒、醉酒、碰翻酒具等突发事件，有效控制餐厅的气氛。

3）上菜时机的控制

根据宾客用餐的速度、菜肴的烹制时间，掌握好上菜节奏。

4）关注重点服务

分清主次，抓住重点，这是管理的基本方法之一。管理人员在开餐过程中，同样必须关注重点服务。餐厅管理人员需要特别关注的重点服务客人有以下几种。

（1）重要客人。餐厅管理人员必须通过参与服务，现场指挥，保证接待的规格与水平。

（2）爱挑剔难以伺候的客人。要么员工因缺乏对其服务的经验常导致客人不满，要么惧怕或厌恶这些客人而不愿接待或冷落客人而导致客人投诉。因此，餐厅管理人员必须关注这些客人，并帮助指导服务人员做好各项接待工作。

（3）曾经对餐厅的菜点和服务投诉过的客人，或在用餐前在酒店遇到过不愉快的客人。

第12章 餐饮服务质量管理

此时的餐饮服务对客人的情绪与对企业的印象至关重要,所以餐厅管理人员必须要提供特别用心、精心、细心的服务,以化解客人心中的疑虑。

(4)低消费的客人。这类客人可能是因为身体不适、赶时间、囊中羞涩或有节俭的习惯。无论何种原因,都是需要特殊关照的,绝不能使客人有受冷落、受怠慢之感。

(5)独自一人进餐的客人。这类客人因无交谈的对象,等待过程中会有一种孤独无聊之感。因此,餐厅管理人员必须注意与这类客人加强交流。

(6)临近营业结束来用餐的客人或超过营业时间进餐的客人。因为此时已到或快到下班时间,服务员大都身心疲惫,容易产生急躁,所以餐厅管理人员必须特别注意控制,保证最后一桌客人乘兴而来,满意而归。

5)意外事件的控制

由于各种主客观原因,客人对餐饮环境、菜点、服务、价格等产生不满意的现象是难以避免的。客人不投诉并不等于客人都满意,他在餐厅不说,并不意味着他在外面不说,所以餐饮管理人员必须要随时注意客人的表情和情绪,主动征求客人的意见,及时把客人的不满情绪消灭在萌芽状态,对于客人的投诉,则应给予足够的重视并注意处理的技巧,要迅速采取弥补措施,以防止事态扩大,影响其他顾客的用餐情绪。

6)做好人力的调度

开餐期间,服务人员虽然实行分区看台责任制,在固定区域服务(一般是按每个服务人员每小时能接待 20 名散客的工作量来安排服务区域)。但是,开餐过程中,客人的分布及抵达时间往往不以人们的意志为转移,所以必然会出现忙闲不均的状况,这就需要餐厅管理者现场调度,进行第二次、第三次分工,做到人员的合理配置,以保证接待服务质量。另外,客人的用餐有高峰和低谷,当用餐高潮过后,餐厅管理人员应适时安排部分员工休息,以节约劳动力。

3. 反馈控制

反馈控制是指通过质量信息的反馈,找出服务工作的不足,总结餐饮服务质量管理的规律,制定质量改进方案与防范措施,以便做好餐饮质量的预先控制与现场控制,提高服务质量。在餐饮服务系统中,部门和班组是执行系统的支柱,岗位责任制与各项操作程序是保证,其共同的目的是给顾客提供优良的服务。反馈控制既可以用来控制餐饮经营活动的最终结果,如利润、销售收入毛利率、利润率等,也可以用来控制餐饮经营的中间结果,如服务质量、酒吧酒水的贮存等,后者称为局部反馈。通过各种局部反馈,可以及时发现问题,排除隐患,避免造成严重后果,如服务规范检查、月度检查、季度检查等就属于局部反馈,它们对于保证最终产品的质量与保证年度计划的实现无疑起着重要作用。

餐饮质量信息由内部信息和外部信息组成。内部信息则是指来自员工的自我表现评价和看法;外部信息则是指来自客人的质量评价。餐饮部门应通过建立一定的制度,保证质量信息的有效反馈,并应注意对信息的分析、处理,建立相应的质量档案。在此基础上,寻找到质量问题发生的规律性,从而做好质量预报,达到防患于未然的目标。

小测验:分析餐饮服务质量的重要性。怎样才能做好餐饮服务质量的管理?

本章小结

餐饮产品质量的控制是餐饮企业管理工作的重要内容。餐饮产品质量包括有形产品质量与无形产品质量两大部分。在有形餐饮产品高度同质化的今天，提高餐饮服务无形产品质量成为餐饮企业在激烈的市场竞争中获胜的一个重要法宝。餐饮服务质量内容涵盖范围较广，需要在餐饮服务的全过程进行追踪监控。了解服务质量的构成与控制方法是有效提高餐饮服务质量的前提和基础。

练习题

一、判断题

1．餐饮服务质量包括有形产品质量和无形产品质量两个方面，提高实物产品的质量比提高餐饮服务的质量要难。（　　）
2．饭店中无形产品质量是有形产品质量的凭借和依托。（　　）
3．服务环境质量属于无形产品质量部分。（　　）

二、简答题

1．什么是餐饮服务质量？
2．餐饮服务质量的内容是什么？
3．餐饮服务质量控制的基础是什么？
4．餐饮服务质量管理的主要内容有哪些？
5．如何控制餐饮服务质量？

三、案例分析题

小张即将从某旅游学校毕业，现在北京一家餐厅作实习服务员。有一次，她正在餐厅实习，看到邻桌服务员将一大碟冷盆递给两位广东客人时，其中像是主人的一位皱了皱眉头，拿起筷子却没有吃，只是不时地看着身旁一个餐桌上的另一种什锦冷盆。她马上走上去问客人道："先生，你喜欢这个菜，还是那个菜？"一边指着他身旁餐桌上的那盘冷盘。客人忙答："那一个。"她一看，原来他想要的什锦冷盆不是有熏鱼的那种，而是有大明虾的那种，客人已点了菜，既不愿吃前一种，又不好意思向服务员提出换后一种。小张看出了他的矛盾心理，觉得客人的要求应尽量满足，况且服务员在介绍菜肴时不够周详也有欠缺，便主动为客人换了菜。当她给客人端上一盘有大明虾的什锦冷盘时，客人立即站起来，翘起大拇指说："谢谢你，你的服务太出色了！"

接着，服务员又给两位广东客人陆续上了3道菜后，最后一道菜汤客人等了半天还没上来，就到账台把账给结了。正在这时，服务员把那道汤给端上来了。客人见了哭笑不得，气呼呼地说："我们已结账了，你怎么才把菜端上来？"服务员把一碗汤往餐桌上一搁，理也不理，一声也不吭就走开了。这令人难堪的场面又被在另一餐桌服务的小张看在眼里，连忙走上前去问明了情况后，她赶紧道歉道："两位先生，实在抱歉！由于我们工作上的疏

第12章 餐饮服务质量管理

忽，给你们带来了麻烦和不快，请多原谅！"她想，账已结了，账单都已打入电脑，不便打扰账台改账。她又看了看菜单，最后是道例汤，价格 15 元(外汇券)，便灵机一动对客人说："先生，我给你们 20 元人民币，作为损失补偿，你们看如何？"两位客人脸色顿时多云转晴，笑着回答："不必了，你们的服务做到这种程度，我们已心满意足了，谢谢你了！"她又说："先生，要不我为你们免费提供一瓶啤酒，如何？"客人非常感动地说："谢谢，不必了。你的心意我们领了。难为你这么为我们着想，下次来一定还请你为我们服务。"听到客人由衷的赞扬，小张心里甜滋滋的。

问题：从上述案例中你受到什么启发？作为一个餐厅服务员除了要掌握规范的服务程序外，还应该具备哪些素质？

第13章　厨房运营管理

学习目标

总目标
掌握厨房管理相关核心内容

知识目标	技能目标	能力目标
1. 了解厨房原料的管理； 2. 了解厨房生产的管理； 3. 了解厨房卫生的管理	在服务工作中能够更好地与厨房配合，为顾客提供更好的服务	通过对相关知识的学习，能够分析问题，指导实践

导入案例

小王大学毕业一直在酒店行业从事管理工作，几年以后在多方协助和自己的努力下，终于开了一家精致的小餐馆。小王觉得凭自己几年来的积累，管理一家不大的餐馆应该不在话下。然而，餐馆真正运转起来以后，小王却发现了不少令他苦恼的问题，其中突出的一个就是"菜品质量不稳定"。同样一道菜，不同的厨师炒出来的味道往往不一样，即使同一位师傅来做，味道也不尽相同，甚至在菜肴配料的数量和种类上，也存在同样的问题。

"上次来吃的这道菜很好吃，这次慕名而来，怎么和上次的味道却不一样了？"，"我们上次吃的这道菜比这次可实惠多了，怎么一下子少了不少？" 顾客的抱怨与日俱增，小王意识到这是一个严重的问题。小王心想，在每一家麦当劳吃到的汉堡都是一样的，人家是怎么做到的？通过虚心请教和认真学习，小王终于明白这其实是"菜品制作程序和质量标准精细量化"的问题。中餐制作虽然品种繁多、工艺复杂，但要做到菜品质量的稳定也必须这样去做。而且这已经有了行之有效的方法，那就是制定标准菜谱，将每一道菜的制作程序和质量要求充分量化，严格执行。许多大型餐饮企业早已采用这种方法，证明在稳定菜品质量方面卓有成效。虽然这需要一道菜一道菜地进行推敲、实验、确定，还要制定相关的规章制度和管理方法以保障标准菜谱能够被认真执行，耗费大量的人力物力，但小王还是完成了这项艰巨的工作。

现在，标准菜谱工作法已经实行一年多了，小王没有再听到顾客的抱怨。虽然这种对各方面要求较高，一般应用于大型餐饮单位的方法给小王增加了不少工作量，但是看到菜品质量一天天稳定，客源稳定增长，小王还是感到很值得。

问题

1. 中餐为什么容易出现菜品质量的不稳定？
2. 标准菜谱和普通菜谱有什么区别？
3. 想一想，如果你经营一家小餐馆，如何进行有效的厨房管理？

> **关键词**
>
> 厨房管理　厨房生产管理　厨房生产效率

厨房管理是指厨房的经营管理者依照一定的规律、原则、程序和方法,对厨房内的各种资源(人员、原材料、能源、资金、设备、时间、程序等),进行有效的计划、组织、指挥、监督和协调,充分发挥下属员工的积极性,以实现企业经营目标的活动过程。

厨房管理包括诸多方面内容,本章重点选择厨房原料的管理、生产管理和卫生管理加以说明。

13.1　食品原料的管理

餐饮产品的生产,从总体上看可以分为三大环节:第一是原料的进存环节;第二是厨房生产的环节;第三是销售环节。本节所要论述的食品原料的采购、验收、储存和领发,是三大环节中的首要一环,也是控制餐饮产品质量的前提。

13.1.1　食品原料的采购管理

1. 食品原料的采购形式和方法

1) 采购形式

我国大多数的饭店中的食品原料采购,大致有以下几种形式。

(1) 饭店专设独立的采购部。负责整个饭店所有物品的采购,属财务部管辖。厨房所需各种烹饪原料都是由采购部负责购买。这种形式适用于大型饭店。

(2) 餐饮部附设采购部。采购部是专门负责餐饮部所需物品的采购,由餐饮部经理领导。这种形式适用于中、小型饭店。

(3) 厨房设立食品采购组。这种采购组专门负责各厨房内所需食品的原料的采购,由总厨师长或餐饮部经理领导。采购人员一般由餐饮部经理或总厨师长来决定人选。这种形式适用于中、小型饭店或商业性餐馆。

2) 采购方法

(1) 即时购买法。市场即时购买,就是按照当时(当日)的市场行情,对所需的食品原料进行选择性购买的一种方法。这种形式适用于一些价格起落频繁、不宜储藏的食品原料,即新鲜的肉类、禽类、水产品、蔬菜、豆制品、水果等。其优点是原料新鲜、当日购买、当日使用,能较好地保证原料的质量。缺点是货源和供货价格不稳定,特别是价格往往会受到市场的货源、天气、交通、节假日等因素的影响。

(2) 预先购买法。所谓预先采购,就是在预先确定了经营需要后,提前购买储存备用。这种方法适用于餐饮规模较大的厨房。预先采购的优点是可使餐饮的销售价格和成本控制做到相对稳定,缺点是食品仓库所需的面积加大,存货成本提高,流动资金相对周转慢。并不是所有的食品原料都可采取预先购买,这一般适用于半易腐原料和不易腐原料的采购,如经宰杀后的鸡、鸭、牛肉、猪肉、干货制品、罐头食品、调味品等原料。

2．食品原料的采购程序

食品原料的采购程序可分为递交请购单，处理请购单，征集价目表、确定供货商，实施采购，处理票据、支付货款，信息反馈。

由上可知，采购程序的运行和操作主要遵循以下规则。

1）递交请购单

无论是厨房还是仓库，凡需要购买物品均需填写请购单，如图 13.1、图 13.2 所示，然后将请购单交给采购部进行采购。厨房具体订货的步骤是，各厨房以部门或以生产岗位为单位，将隔天所需的原料填写请购单，交到厨师长处，经厨师长审阅后签字，然后交采购部门采购。仓库订购，是根据仓储各类物品的库存量达到规定数量时，提出请购，补足必要的存货量。

采购申请单 （采购申请单样本一）								
申请部门　　　　　　　　　　年　　月　　日　　　　　　　　　　No.0001								
编号	品名	规格型号	单位	数量	单价	金额	需要日期	采购要求
用途								
审批意见	总经理		财务部经理		采购部经理		申请部门经理	
制表人								

图 13.1　采购申请单（一）

此单一式五联。一联交采购部，一联交验收处，一联交采购员，一联交财务部，一联申请部门自留。此申请单一般用作大宗物品、贵重物品的采购，如鱼翅、燕窝等名贵原料。申请单必须由上述人员签字后，才能采购。

注：此申请单限于一料一单，即一张申请单只能填写一种商品或某一类商品。

采购申请单（采购申请单样本二）							
类别　　　　　　　　　请购日期　　　　　　　　　年　　月　　日							
品名	规格	单位	数量	参考价	要求进货日期		备注
采购部经理＿＿＿＿＿＿　　　　　　　　　　　　　　采购员＿＿＿＿＿＿							
餐饮部经理或厨师长＿＿＿＿＿＿＿＿＿＿							
申请部门＿＿＿＿＿＿　　　　　　　　　　　　　　申请人＿＿＿＿＿＿							

图 13.2　采购申请单（二）

此表一式四联，一联交采购部，一联交验收处，一联交餐饮部或厨房中心，一联交财务部。此申请单一般可用于常用料的采购，对于申请单中的空格数可根据企业通常订料的多少来确定。

2）处理请购单

采购部接到各厨房、仓库送来的请购单以后，组织人力将请购单进行归类、分工，然后制定订购单。有些饭店采购部将各种请购单进行处理后，直接就在请购单上签署意见实施采购。

3）征集价目表，确定供货商

采购部在采购物品之前，应把本企业的采购规格书发放给供货商，再从不同的供货商手中获取原料的报价单，采购人员根据不同的报价，根据供货商的资金实力，供货商的供货信誉及职业道德，选定最佳供货商。

4）实施采购

当采购部门决定向哪一位供货商或供货单位订购原料时，采购部要制定正式的订购单或订货记录向供货商订货，同时将交一份订货单给验收处，以备收货时核对。当供货单位或供货商将货物送上门后，则交于验收部门进行验收，当验收完毕后，凡厨房订的鲜活原料，直接交与厨房，由厨房开出领料单。仓库订的货则交与仓库进行储藏。

5）处理票据、支付货款

当验收完毕，验收人员必须做到以下几点：一要开具验收单；二要在供货发票上签字；三要将供货发票、原料订购单、验收单一起交于采购部，再由采购部转到财务部审核，经审核无误后，支付货款。

6）信息反馈

信息反馈包含两个方面：一是将市场的供货行情反馈给厨房；二是将厨房使用原料后的意见反馈给供货商。这样，厨师长就能及时掌握市场的货源情况和价格行情，便于在工作中进行有效的成本控制和新产品的开发。

知识链接 13-1

如何控制食品原料采购的价格

采购价格的控制是采购工作的重要任务之一，成功的采购就是要获得理想的采购价格。食品原料采购价格的控制一般有以下方法。

（1）限价采购。

（2）竞争报价。

（3）规定供货单位和供货渠道。

（4）控制大宗和贵重食品原料的购货权。

（5）根据市场行情适时采购。

13.1.2 原料进货验收管理

1. 原料验收程序

1）根据订购单或订购记录检查进货验收

首先是依据订购单或订购记录来检查货物，对未办理过订购手续的物品不予受理，以防止盲目进货或有意多进货的现象。

2）根据供货发票检查货物的价格、质量和数量

通常供货发票是随同货物一起交付的，发票是付款的重要凭证，验收时，一定要逐一检查，要先核对价格再验质量，最后验数量。在验质量、数量时，要做到以下几点。

（1）凡可数的物品，必须逐件清点，记录下正确的数量。

（2）以重量计数的物品，必须逐件过秤，记录下正确的重量。

（3）对照采购规格书，检查原料的质量是否符合要求。

（4）抽样检查箱装、匣装、桶装原料，检查是否足量、质量是否一致。

（5）发现原料重量不足或质量不符需要退货时，应拒收退货。

3）办理验收手续

当送货的发票、物品都经验收后，验收人员要在供货发票上签字，并填验收单，如图13.3所示，以表示已收到了这批货物。

验收单样本					
供货单位_____				年　　月　　日	
供货发票号	品名	数量	单价	金额	供货部门
金额（大写）					
验收人：_____		送货人：_____		采购人：_____	

图 13.3　验收单样本

验收单一式三联，第一联交财务部，第二联交仓库，第三联留存。

4）分流物品，妥善处理

原料验收完毕，需要入库进行保藏的原料，要使用双联标签注明进货日期、名称、重量、单价等，并及时送仓库保藏。一部分鲜活原料直接进入厨房，由厨房开领料单。其成本记入当天食品成本的原料。

5）填写验收日报表和其他报表

验收人员填写验收日报表的目的是保证购货发票不会发生重复付款的差错。可作进货的控制依据和计算每日经营成本的依据。区分当日进货中，哪些是直接进货，哪些是仓库进货，哪些是杂项进货。

知识链接 13-2

验收场地的要求

验收场地的大小、验收的位置好坏直接影响货物交接验收的工作效率。理想的验收位置应当设在靠近储藏室至货物进出较方便的地方，最好也能靠近厨房的加工场所。这样便于货物的搬运，缩短货物搬运的距离，也可减少工作的失误。验收要有足够的场地，以免货物堆积，影响验收。此外，验收工作涉及许多发票、账单等，还需一些验收设备工具，需要设有验收办公室。

2．验收控制

验收工作虽然是由验收人员来完成，但作为负责餐饮产品质量控制的部门经理和厨师长，应不定期地对验收工作进行督导，以便验收工作能符合管理的目标。

为了避免验收工作出现问题，经营管理者应做到以下几点。

（1）指定专人负责验收工作，不能谁有空谁来验收。

（2）验收工作应与采购工作分开，不能由同一个人担任。

（3）对于兼做其他工作的验收员，验收时间应与其他工作时间分开。

（4）验收要在指定的验收处进行。

（5）货物一经验收，应立即入库或进入厨房。

（6）尽量减少验收处进出人员，以保证验收工作的顺利进行。

（7）发现进货的原料有质量问题，应予退货。

知识链接 13-3

验收人员应具备的素质

食品原料的验收人员应该是受过专业培训的，或从厨师中推选责任心较强，有较丰富的专业知识的人来担任。验收人员应具备以下素质。

（1）身体健康，讲究清洁卫生。

（2）熟悉验收所使用的各种设备和工具。

（3）熟知本企业物品的采购规格和标准。

（4）具有鉴别原料品质的能力。

（5）熟悉企业的财务制度，懂得各种票据处理的方法和程序，能加以正确处理。

（6）具有保护企业利益的意愿，有良好的职业道德，有坚持原则的公心。

（7）做到验收后的物品项目与供货发票和订购单项目相符，供货发票上开列的重量和数量要与实际验收的物品重量、数量相符，物品的质量要与采购规格相符，物品的价格与企业所规定的限价相符。

（8）忠于职守，秉公验收。

13.1.3　原料的储存与领发控制

良好的储存与领发控制，能有效地控制食品成本，如果控制不当，就会造成原材料变质、腐败、账目混乱、库存积压，甚至还会导致贪污、盗窃等严重事故的发生。因此，储存和领发的管理应明确职责，尤其重要的是制定切合实际的管理制度。

1．储藏的职责与要求

1）分门别类地进行储存，确保原料的质量

分门别类，就是根据原料的种类、特性等分成若干类，然后按原料的性质及在储存时所需的温度和湿度等，实行分区分类固定存放，并对每个货区中存放的货位进行统一编号、定位。其优点如下：①有利于食品原料的安全储存和减少损耗；②有利于原料的堆放，提高仓容；③方便存货和取货，易于查找，出入库快。

2）控制库存的数量和时间

合理储存的数量，是以满足餐饮生产的正常需求为前提的，仓储数量并非越少越好，确定存货量时应考虑到以下几个因素：①该原料的耗用量大小；②原料采购所需时间；③原料的物理、化学属性，是否适宜久存和多存；④企业流动资金的多少等。

原料的合理存量必须与合理的储存时间相配合。储存时间也应考虑到生产周期、采购周期和原料储存的有效期。加速库存周转，尽量缩短原料的储存时间，这是仓库保管员的一大职责。

3）遵守仓管制度，确保储藏安全

为了正确反映库存物品的进、出、存动态，仓库要建立严格的管理制度，要做到账（保管日记账）、卡（存货卡）、货（现有库存数量）相符。食品仓库的账要以每个品种为单位，分批设立账户，设立明细而完整的账单。一物必有一卡，存货卡要与账单相符，与存货相符。只有这样，才能防止差错、防止被窃与丢失。仓库控制的另一种方法是，定期或不定期地进行盘点，发现有误差或有失效物品时要追查责任。

严格的仓管制度，还包括了仓库无关人员不得进入。仓管员也不得委托他人看管库房，更不能将库房钥匙交与他人保管，即使有事，也应将库门锁好后才能离去。仓库的钥匙在工作结束时应交饭店安全部，并办理钥匙保管手续。另外，仓库还应装上防盗监视系统及防火设备。

2．领发控制的职责与要求

领发控制，就是要在保证厨房用料得到及时、充分供应的前提下，控制领料手续和领料数量，并正确记录厨房用料的成本。

1）领料及领料单的控制

当厨房需要从储藏室领取各种原料时，必须填写领料单，如图13.4所示。

领料单

领用部门＿＿＿＿＿＿＿							No.0007	
存货编号＿＿＿＿＿＿＿						年 月 日		
品名	规格	单位	数　量		金　额		金额	
			请领数	实发数	单位	金额		
保管员＿＿＿＿＿			领用部门负责人＿＿＿＿＿				领用人＿＿＿＿＿	

注：此单一式四联。

图 13.4　领料单

领料单的使用能有效地控制成本，也能较快地计算出当日食品成本。领料单在使用时应注意以下几点。

（1）字迹工整、清楚，不得随意涂改领料单。

（2）各项内容应填写完整，写明领用品名、数量、领用部门、领用岗位、领用时间、领用人。

（3）领料单一式四联。

（4）审批签字。各岗位、各部门在填写好领料单后，要经专人审批签字。审批人员一般由各部门厨师长负责，贵重的物品要经总厨师长或餐饮部经理等人签字。

2）发料的职能与要求

发料工作不仅仅是从仓库中取出原料发给领料部门，而且还需对发出的食品原料进行控制。因此，在发料时必须做到以下几点。

（1）任何原料的发放都必须通过规定的手续进行，发料人要坚持原则，做到"五不发货"，即没有领料单不发货，领料单没有经过审批不发货，领料单上有涂改或不清楚的不发货，手续不全的不发货，腐败变质的原料不发货。

（2）储藏室的发货人员，必须熟悉本饭店管理者签名笔迹，也可将各部门审批人的签名笔迹张贴在墙上，以便核对。发料人必须在领料单上签字，如有发料差错可迅速查出。

（3）发料应做到按时、准确。饭店做出领料时间的规定，保管员按时发放，而不是整天都提供原料，使保管员在满足合理领料的前提下，有充分的时间整理仓库。

（4）在发放时，如遇到储藏室缺货时，应在领料单上这种原料的旁边注明"缺货"二字，发料人员不得随意涂改领料单。

（5）根据领料单做好食品原料的发放记录和存货记录，使库中的实物与账目中一致，使仓库的账目与成本控制员或成本会计手中的账目一致。

13.2　厨房的生产管理

厨房的生产管理，就是对餐饮产品的生产成本、产品质量、制作规范进行检查指导，避免一切生产性误差，保证产品始终如一的质量标准和优良形象，达到预期的成本要求。同时，加强厨房生产效率的管理，以形成最佳的生产秩序和流程。

13.2.1 厨房生产的成本控制

厨房生产的成本可分为两个部分：一是可控成本，如食品原料的成本和厨房生产过程中的各种费用等；二是不可控成本，如租金、财产折旧、贷款利息等。厨房生产的成本控制主要是对前者的控制。

1．菜单的定价控制

菜单是厨房生产活动的总纲，是厨房生产成本控制的依据和指南。它不仅规定了厨房生产的品种范围，还规定了菜点销售的价格。因此，对菜单的价格进行控制，是厨房生产成本控制的第一步。菜单定价常用的方法有以下几种。

1）仿效定价法

这是一种最简单的方法，即仿效具有竞争力同行的菜单上的价格，作为自己菜单上各项菜点价格的参考。这种方法在实际工作中经常使用。使用仿效定价法要注意以成功的菜单为依据，避免把别人不成功的定价搬为己用。

2）系数定价法

系数定价就是利用企业所规定的销售成本率算出计价系数，然后用产品成本乘以计价系数，即可得出产品的售价。其计算公式为

$$计价系数 = 1/销售成本率 \qquad (13-1)$$
$$产品销售价格 = 计价系数 \times 产品成本 \qquad (13-2)$$

【例 13-1】某饭店销售成本率为 40%，一份辣椒炒肉的成本是 8 元，那么它的销售价格应是多少？

解：产品销售价格＝计价系数×产品成本

$1/40\% \times 8 = 2.5 \times 8 = 20$（元）

答：一份辣椒炒肉的销售价格是 20 元。

3）毛利率定价法

根据餐饮企业确定的毛利率为产品定价的方法，分为销售毛利率法和成本毛利率法。

（1）销售毛利率法。

销售毛利率就是毛利与产品销售价格的比率，其计算公式为

$$产品销售价格 = 产品成本/(1 - 销售毛利率) \qquad (13-3)$$

【例 13-2】某饭店销售毛利率是 40%，一份红烧鲤鱼的成本总计是 12 元，它的销售价格应是多少？

解：产品销售价格＝产品成本/(1－销售毛利率)

$12/(1-40\%) = 12/60\% = 20$（元）

答：一份红烧鲤鱼的销售价格是 20 元。

（2）成本毛利率法。

成本毛利率就是毛利与产品成本的比率，其计算公式为

$$产品销售价格 = 产品成本 \times (1 + 成本毛利率) \qquad (13-4)$$

【例 13-3】 某饭店成本毛利率是 100%，一份红烧鲤鱼的成本总计是 12 元，它的销售价格应是多少？

解：产品销售价格＝产品成本×（1＋成本毛利率）

12×（1＋100%）＝12×2＝24（元）

答：一份红烧鲤鱼的销售价格是 24 元。

销售毛利率与成本毛利率之间可以相互换算，换算公式为

$$销售毛利率＝成本毛利率/（1＋成本毛利率） \quad (13-5)$$

4）综合定价法

综合定价法是根据菜点的成本，销售量和赢利等情况，经综合分析而得出产品的价格。把菜单上所列的菜点品种，根据其畅销程度及其所耗用的成本进行分类，一般可得出下列 4 种类型：①高销售量、高成本；②高销售量、低成本；③低销售量、高成本；④低销售量、低成本。

实际中一般的菜单都包含上述 4 种类型，而对于这些类型其毛利率（或成本率）的要求也应有所不同。第一类的菜肴毛利应适中；第三类和第四类菜肴的毛利降低一些，以求拉低价格，扩大销售量；第二类菜肴的毛利加高一些，以避免企业某些菜点因利润过低而畅销，导致总利润额下降。

综上所述，菜单的定价控制，既要使厨房生产能完成目标利润，又要能为消费者提供合理的价格。

知识链接 13-4

菜单定价的原则

（1）价格应反映其价值。
（2）价格必须适应市场的需求。
（3）价格既要适时变化，又要相对稳定。
（4）价格要服从国家物价政策，接受物价部门的督导。

2．食品原料的成本控制

食品原料的成本控制，主要是对原料的购买、验收和储存以及领发等环节进行控制。控制的目的是力求降低原料购买的价格，减少购买过程中的各项费用，提高原料质量，保证厨房生产的正常供给，防止食品原料在进出过程中的各种浪费及损耗。食品原料成本控制的具体内容已在 13.1 节叙述过，这里不再赘述。

3．厨房生产过程中的成本控制

厨房生产过程主要包括原料的初加工、配份和烹调及成品销售 4 个过程。

1）初加工过程的控制

烹饪原料的初加工控制，就是要求做到标准化、规范化，合理地加工原料，努力提高净料率，减少加工过程中的各种浪费，使加工半成品的成本得到有效的控制。

（1）制定初加工控制标准。原料初加工规格标准，包括初加工原料的名称、加工数量、加工时间、加工方法、加工质量指标等内容。加工厨房涨发加工标准见表13-1。

表 13-1 加工厨房涨发加工标准一览表

原料名称	加工方法	加工规格标准	涨发率	备注
干蹄筋	油发水泡	油发后，色泽微黄，整齐、蓬松、孔密，水泡洗后，有弹性，不散碎，无油腻	350%～450%	
干鱿鱼	碱水发	鱿鱼柔软完整，色乳黄，无裂纹	300%～400%	干鱿鱼需提前3天涨发
干贝	蒸发	干贝蒸至用手指能捻成丝状为好，去老筋	200%～250%	

（2）规范初加工程序，提高专业技能。制定了初加工标准，还需要进一步规范初加工程序，以便督促和指导加工人员的工作。加工程序是否规范、正确，直接关系到生产成本和产品质量。

（3）初加工控制的方法。为了保证控制的有效性，除制定加工标准，规范操作程序外，还必须采取有效的控制方法。常见的控制方法有以下两种。

① 责任控制法。首先要明确每一位加工人员的工作职责，并要求每个人必须对自己的生产质量负责，责任到人。其次是加工厨房的管理者必须对本厨房的生产质量进行监督和检查，并承担责任。

② 重点控制法。初加工中应对干货涨发、海鲜品等价格昂贵、容易出现技术性误差的地方，进行重点控制。当然，重点控制的关键是防范控制，并不是等出了问题以后再进行控制。重点控制就是要抓住生产过程中的薄弱环节，做到有针对性的管理。

2）配菜和烹调过程中的控制

配菜和烹调工作是厨房成本控制的关键，尤其是配菜工作，它决定着菜肴成本的高低。

（1）制定标准菜谱，规范生产过程。标准菜谱卡（见表13-2）是食品生产控制的重要工具。使用它可节省生产时间和精力，避免食品的浪费，有利于成本的控制，提高产品质量的稳定性。产品质量的稳定性对于客人来说，就代表着质价始终如一；对生产者来说，无论是谁来制作，都能较好地保持着菜肴色、香、味、形、器的一致。因此，制定标准菜谱卡，对厨房生产与管理都有极其重要的意义。

表 13-2 标准菜谱样本

菜名	白玉虾圆	用于宴会或零点	总成本56元	成本率35%
		规格10英寸圆盘	售价92.4元	
		制作程序		备注
主料	新鲜河虾仁500克	虾仁洗净沥水，斩成茸，肥膘和马蹄也同样斩成茸		马蹄可粗一些
配料	熟肥膘100克，新鲜马蹄100克，蛋清100克	虾茸放入盛器内，加入调味料拌上劲，再分别放入蛋清、干淀粉、肥膘、马蹄拌匀		肥膘和马蹄要最后拌入
调料	精盐3克，味精1克，生粉15克，沙司25克	砂锅上火，放入清油，待油温2～3或成热时，挤入虾圆，待虾圆成熟后捞出，装盘，带沙司调味蝶上桌		油温不可太高，否则虾圆表面易结壳
质量要求		色泽洁白，光润饱满，大小均匀，质地脆嫩		

知识链接 13-5

菜点质量不稳定的原因

厨房生产的产品的不稳定性主要表现在以下几个方面。

（1）菜点必须因人因事、因地点、因季节等因素变化而变化。

（2）菜点生产具有一定的协作性，因为一道菜或一道点心，并不是一个人所能完成的，它需要由数人来完成。如果上一道工序不合格，就会影响到下一道工序，以至于影响产品的质量。

（3）由于产品生产是手工操作，每一位厨师的手艺有差异。即使是同一位厨师，在生产制作中也会因体力、情绪、环境等因素，而造成产品质量的差异。

（4）同样的烹饪原料，由于产地的不同、季节的不同，在烹饪生产中也会发生不同的变化。

制定标准菜谱卡的步骤

（1）确定菜谱卡的式样。例如，卡片尺寸大小、纸张质量、版面设计等。

（2）确定菜谱卡的内容、项目。菜谱卡的制定不是一次能完成的，需逐步完善。对常用的生产量较大的，成本较难控制的菜点可先制成卡。菜谱卡的内容有菜点名称、主料、配料、调料的名称、数量、制作方法、制作要求、菜肴特点、用途、总成本、成本率、售价、盛器规格、菜点标准照片等。有些内容各饭店可根据需要进行增删。例如，有的饭店在标准菜谱卡上还标明菜系、烹调方法、味型、菜点类别、适用季节，可供用餐人数等内容。

（3）确定菜谱卡的成本。菜谱卡中的成本应做到相对精确，对有些原料要进行反复测试（如涨发率、出料率、加热损耗等），以求出较准确的标准成本。有时原料成本还会因原料的进价高低有所波动。因此，在确定成本时，最好是依据原料的常年价来计算。

（4）拍摄标准菜点的照片。照片是最直观、最易掌握，也较易保管的控制工具。标准菜点的照片是用于控制装盘规格及盘饰要求的。

编写过程中，应请有关富有经验的厨师共同参与，对菜谱卡的内容，如制作程序、用量、制作要求等方面进行试验、分析、记录，使菜谱卡真正达到标准。

（2）制定投料标准，控制调味成本。投料标准也是在标准菜谱卡的基础上制定的。其主要包括各种调味品的投料标准和原料挂糊上浆投料标准。有了这些标准，能有效地规范菜肴的质量，稳定菜肴烹制的味型，节约调味成本。投料标准在制定过程中，需请有经验的厨师反复试验，反复称量，得出一个标准数据，并让其他生产人员遵照执行。

3）成品销售控制

通过厨房各道生产工序出来的菜肴成品，必须进入餐厅销售，才能获取利润。如果成品在销售上失去控制，那么在此之前所做的一切控制成本的努力就会被抵消。因此，必须加强对成品销售的控制。

（1）客账单的控制。客账单又称订单、取菜单。它是服务员接受客人点菜的记录，是销售控制的核心成分。

① 客账单的用途。客账单通常一式三联，一联送交收银台作收款依据，一联送交厨房

作为配菜、烹调依据，一联由服务员保管或交与出品检查员作为取菜的凭证。

② 客账单的控制措施。使用本饭店、本餐厅专用客账单（定制的）。如果使用购买的客账单，那么任何人都能买到，并带到企业内使用。因此，饭店最好的办法是定制不易伪造的客账单。

服务员需使用圆珠笔或无法擦掉字迹的笔填写客账单，如果写错，应当划去，而不能擦掉。

各餐厅和酒吧须使用不同颜色的客账单。

客账单必须编号。如果服务员或出纳员不诚实，或者顾客逃账，客账单就会缺少。经管人员须立即查出原因，并采取措施。

妥善保管空白客账单。客账单不能随便乱扔，而应放在安全的地方由专人保管。

（2）出菜、领菜程序控制。出菜、领菜程序是指厨房烹制出菜肴成品和服务员领取菜肴成品的两个过程。具体程序如图13.5所示。

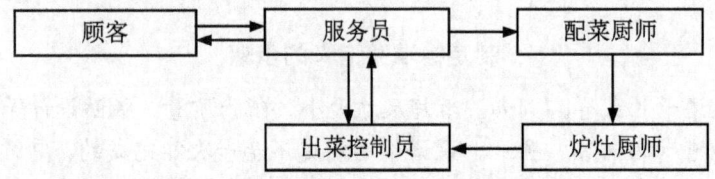

图 13.5　出菜、领菜程序

① 客人点菜，服务员在客账单上做详细记录。
② 服务员将客账单发至厨房。
③ 厨房配菜员按客账单配菜，并交给炉灶烹制。
④ 烹制完毕，按标准装盘，菜肴成品由出菜员通知服务员出菜。
⑤ 服务员向出菜员出示客账单。
⑥ 出菜员核对客账单，确认无误后发菜。
⑦ 服务员按客账单给客人上菜。

知识链接 13-6

出菜控制员的作用

在出品过程中为了加强前后台的联系，防止在客账单上可能出现的各种差错，可设置出菜控制员（又称食品检查员和发菜员），岗位在厨房紧靠通往餐厅的出口处，对每一道离开厨房的菜点，在外观上、分量上、装盘造型上等进行检查监督，帮助协调出菜工作，负责核对客账单。还有些饭店要求出菜控制员负责菜肴销售的记录工作。出菜控制员的设置，能有效地堵塞各种漏洞，减少前后台的矛盾。

13.2.2　厨房生产的质量控制

1. 质量控制的基本要求

实行厨房生产的质量控制，必须制定相关的质量标准，并对影响菜点质量的各种因素进行分析研究和全面系统的综合性控制。为此，必须做到以下几点。

1）制定菜点生产的操作规程和质量标准

合理的操作程序是创造优质餐饮产品的重要保证，具体的菜点质量标准，是达到优质菜点的条件。在制定菜点质量标准和菜点操作规程时，要根据各饭店、各厨房的现状及生产特点，制定出菜点的制作过程到销售过程的每一个环节的操作程序和质量标准。

2）提高厨房人员的技术水平

不断提高厨房生产人员的业务知识和技术水平，是提高餐饮产品质量的关键。要提高餐饮产品的质量，就必须要进行多层次、多种类型、多途径的技术培训。

3）建立餐饮产品质量检查制度

质量检查是优质餐饮产品生产的重要保证。为了确保产品质量，必须制定餐饮产品质量检查制度，建立质量检查小组，设立专职的质量检查人员，把好菜肴生产和出品的质量关。

4）加强生产设备管理

厨房生产需要一定的设备。先进、优良的厨房设备是厨房生产质量的保证。为了使设备经常处于良好的技术状态，就必须进行有效的设备管理。

2．质量控制的过程

厨房生产的质量控制过程包括生产前的控制、生产过程中的控制以及生产结束后的控制。

1）生产前的控制

生产前的控制是对筹备阶段的工作质量进行控制。所谓筹备阶段的控制，是指在厨房正式生产前，需要对厨房的设计、布局、设施和设备，厨房各岗位的人员配备等方面控制。它是基础性和规划性的，是质量控制中最为关键的一个环节。

2）生产过程中的控制

（1）加强对食品原材料的质量鉴定。食品原料的质量通常是指原料的食用价值、原料的成熟度、原料的清洁卫生以及原料的新鲜度这 4 项指标。

① 食用价值是原料本身固有的品质，如营养价值的高低、质地的优劣等。

② 原料的成熟度与原料的培育、饲养或种植时间、上市季节有密切关系。在一般情况下，原料成熟度在恰到好处时，往往也是原料品质或食用价值最高的时候。

③ 原料的清洁卫生，烹饪原料必须符合食品卫生指标，凡腐败变质、受污染或本身带有致病菌或含有毒素的原料，都是不符合卫生质量要求的。

④ 原料的新鲜度是鉴定原料质量最基本的标准。只有使用新鲜优质的原料，才能烹制出色鲜味美、富有营养的佳肴。鉴别原料新鲜度的质量标准是形状、色泽、水分、重量、质地、气味等。原料不同，鉴别方法各异。

（2）严格控制初加工质量。

① 保证原料的清洁卫生。有些烹饪原料带有不能食用的部分和污物杂质，在初加工过程中，要进行认真、仔细的挑拣、刮剥、冲洗、剔除等处理，使加工后的原料符合卫生要求。

② 保持原料的营养价值。餐饮产品质量的最基本功能就是要具有营养价值，所以在初加工过程中，应尽量缩短鲜活原料的存放时间，保持原料的新鲜度，合理加工，减少营养成分的损失。

③ 按照标准要求加工原料在初加工过程中,必须根据每一道菜点的要求,合理使用原料。各种初加工标准就是为了保证菜肴质量,厨房统一加工规范而制定的。因此,在初加工过程中,必须严格按加工规格、加工标准进行工作。

(3) 严格控制烹调质量。

① 必须按标准菜谱进行操作。标准菜谱实际上是一种质量标准,是饭店对菜点质量控制的有效工具。厨师只有认真按标准菜谱规定操作,才能保证菜肴质量的一致性。

② 要使各项生产标准充分发挥作用,还必须建立质量检查制度,抓好工序检查、成品检查和全员检查这3个环节,使烹调质量控制工作真正落实到实处。

③ 注重厨艺的提高。菜肴质量的高低几乎完全决定于厨师的责任感、经验、烹调知识和技术水平。因此,在日常的工作中,除了要求员工遵守操作规程、按标准菜谱进行烹调外,还要严格培训和培养厨师的技艺和基本功训练。

3) 生产结束后的控制

生产结束后的质量控制,主要应注重以下两个方面:一是厨房在生产过程中对各种烹饪原料使用后就质量问题反馈的信息处理;二是消费者或餐厅对菜点成品在销售过程中有关质量问题的信息反馈,经过这些信息的反馈处理,可以及时地改进工作。

13.2.3 厨房生产的效率管理

1. 厨房生产效率的概念

厨房生产效率可以解释为企业利用现有资源生产食物和提供服务的能力。厨房生产效率实际上是指厨房人员将食品原料转变成饮食产品的生产能力。

2. 影响厨房生产效率的因素

影响厨房生产效率的因素很多,归结起来可分为内在因素和外在因素两个方面。

1) 内在因素

一名员工的生产效率取决于若干相互联系的因素,主要是心理因素,包括人的动机、情绪以及与其他员工和上级领导的关系等等。

2) 外在因素

外在因素主要包括以下几个。

(1) 餐饮的销售量变化大,影响厨房的工作量。餐饮的销售量不稳定,会导致厨房的生产量忽高忽低,因而影响到生产效率。

(2) 厨房生产的特殊性。一般的产品生产是先生产再销售,而餐饮产品的生产是先销售后生产,且生产时间短,在生产时间内忙闲不均;生产的产品品种多,且单个生产,给生产效率的提高带来困难。

(3) 厨房人员的技术力量不足,厨房设备不能满足厨房生产的需要,这也是影响生产率的主要因素。

(4) 厨房的设计与布局。厨房的设计与布局是否合理,直接影响厨房生产效率。

3．提高厨房生产效率的方法

1）改变厨房的生产方式

传统的厨房生产方式工作效率低，工作量不均衡，生产的成本较难控制。随着时代的发展，出现集约化厨房，大大提高了厨房生产效率。集约化厨房成为大型餐饮企业厨房发展的趋势。

2）购置和使用高效率的厨房设备

先进的机械化厨房设备，能在很大程度上替代厨师的工作，如厨房的一些加工设备：和面机、压面机、切片机、粉碎机、搅拌机、锯骨机、去皮机等。这些机械设备的运用，不仅降低了劳动强度，而且还保证了原料的加工质量，提高了生产效率。

3）合理地编排人员班次

厨房工作时间较长，劳动强度较大，厨师长应根据企业经营的具体情况，合理安排人力资源，既保障企业的正常经营，又保证员工有足够的休息时间，从而能够精力充沛地投入到工作中，提高厨房生产效率。

4）充分做好餐前准备

充分的开餐前准备，能有效地缩短开餐工作时间，降低开餐时劳动强度。开餐前的准备工作，可以有效地利用开餐前相对空闲的时间，将准备工作有计划、有组织地做细、做足，养成员工科学的工作方法和工作习惯，提高厨房生产效率。

13.3 厨房的卫生管理

"民以食为天，食以洁为本"，厨房卫生是厨房生产首要需要遵守的准则。厨房卫生就是要保证食品在选择、生产和销售的全过程中，都处在卫生安全的状态。

13.3.1 厨房整体环境的卫生管理

（1）厨房工作人员应养成良好的卫生习惯，做到"五勤"，即勤洗澡、勤理发、勤剪指甲、勤换洗衣服被褥、勤洗手。工作时不戴戒指、不染指甲、不吸烟。

（2）确保所有从业人员均取得有效健康证和培训合格后上岗。

（3）厨房实行卫生责任制，划分清扫区域，把每个岗位的清扫内容分配给每个人，然后将其书面表格化（清扫卫生责任表），并作为制度贴在相应的墙上。每人负责一个区域的卫生清扫。责任区域必须保持清洁，不可存在没人负责的卫生死角。

（4）厨房的规划布局、设计装修、设施设备设置应符合厨房生产的特点，给厨房卫生的清理和保持提供方便条件。

（5）厨房应设置良好的排烟系统，确保空气流通，无闷热感觉，无异味，使厨房员工有一个舒适的工作环境。

（6）厨房要有消除苍蝇、老鼠、蟑螂和其他有害昆虫及其滋生条件的有效措施。

（7）厨房应与厕所及其他不洁处所有效隔离，厨房内不应有厕所，且厨房的门与窗均不得面对厕所。

厨房设计效果如图 13.6 所示。

图 13.6　厨房设计效果

13.3.2　厨房各作业区的卫生管理

1．炉灶作业区

（1）烹调前应认真检查待加工食品，变质食品不得进行烹调加工。
（2）每日开餐前彻底清洗锅、手勺、笊篱、抹布等用品。
（3）检查调味罐内的调味是否变质。淀粉要经常换水。油钵要每日过滤一次。酱油、醋、料酒等调味罐不可一次投放过多，常用常添，以防变质及挥发，烹调结束后要加盖。盐、食糖、味精等要注意防潮、防污染。
（4）切配和烹调要实行双盘制。配菜应使用专用配菜盘、碗，当原料下锅后应当及时撤掉，换用消毒后的盘、碗盛烹调熟后的菜肴。
（5）不用未经消毒的容器盛熟食，不用抹布抹盆。
（6）烧煮食品充分加热，烧熟烧透，不外熟里生。
（7）隔夜、隔餐及外购熟食要回锅彻底加热后才能供应。
（8）烹调后的成品应与半成品、原料分开存放。需要冷藏的熟制品，应尽快冷却后再冷藏。
（9）在烹调操作时，尝试口味应使用小碗和汤匙，尝后余汁切忌倒入锅内，用手勺尝味时，手勺须清洁后再用。
（10）营业结束后，做好工具、容器、吸烟罩、灶上灶下、地面墙面的清洁卫生工作。

2．配菜间

（1）切配前检查原料质量，腐坏变质、过期、有毒有害的原料不切配。
（2）食品生熟用具、容器、盛器有明显标志，做到生熟分开，荤素分开。
（3）配料、小料要分别盛装，摆放整齐，配料的水盆要定时换水。
（4）在开启罐头食品时，首先要把罐头表面清洁一下，再用专用开启刀打开，切忌用其他工具，避免金属或玻璃碎片掉入。
（5）配菜过程中，随时注意食品原料的新鲜度及卫生状况，认真配菜，严格把关。
（6）工作工具做到刀不锈，砧板不霉，加工台面、抹布干净。砧墩用后及时刮净，不留血污，洗后刮净竖起晾干。抹布经常搓洗，保持洁净。

（7）营业结束后，各种用具要及时清洁，归位放置，剩余的原料按不同的储藏要求分别储存。

3．冷菜间

（1）冷菜间要做到专人，专用具，专用冰箱，并要有紫外线消毒设备。防蝇、防尘设备要健全、良好。

（2）每日清理所属冰箱，注意食品的卫生状况，生、熟食品要分别放置。

（3）刀、砧板、抹布、餐具等用具要彻底清洗，消毒后再使用，抹布要经常搓洗，不能一布多用，以免交叉污染。

（4）要严格操作规程，做到生熟食品的刀、砧板、盛器、抹布等严格分开，不能混用。尤其在制作凉拌菜、冷荤菜时一定要用经过消毒处理的专用工具制作，防止交叉污染。

（5）营业结束后，各种调味汁和食品原料要放置在相应的冰箱内储藏，用具彻底清洗，归位摆放，工作台保持清洁、光亮、无油污。

（6）一些机械设备如切片机要拆卸清洗，彻底清除食物残渣，以防机械损坏和设备污染。

4．点心间

（1）保证各种原料和馅料的新鲜卫生，定时检查所属冰箱。

（2）刀、砧板、面案要保持清洁，抹布白净，各种花色模具、面杖，随用随清洁，以防面粉油脂等残留物腐败，而影响使用寿命和污染食品。

（3）营业结束后，清洗各类用具，归位摆放。清理烤箱、蒸箱及相关用具。清理灶面调料和用具，清洁灶面、吸烟罩。各类馅料、原料半成品及生坯按不同储藏要求分别合理存放。

5．粗加工间

（1）加工前对领用的食品原料进行认真检查，腐败变质或者性状异常的，不得加工和使用。

（2）原料解冻，一是要采用正确的方法，二是要迅速解冻，三是各类食品的原料应分别解冻，切不可混在一起解冻。不得用长流水解冻料。

（3）蔬菜瓜果按一拣（拣去腐烂的、不能吃的）、二洗、三浸（必须浸泡半小时）、四切（按需要切形状）的顺序加工。加工后的蔬菜瓜果必须无泥沙、杂物、昆虫。

（4）肉类加工后无血、无毛、无污物、无异味。

（5）禽蛋在使用前应对外壳进行清洗，必要时消毒处理。鸡蛋先打在小容器内，确认新鲜卫生后再打入大容器，不可直接打入大容器。

（6）水产洗净后，无鳞、无鳃、无内脏。

（7）宰杀家禽放血完全，除净毛和内脏，病、死家禽不宰杀、不加工。

（8）切配好的半成品应避免污染，与原料分开存放，并应根据性质分类放在层架上。

（9）工具、容器冲洗干净，荤素分开使用。

（10）粗加工场地应设有层架，加工场所防尘、防蝇、防鼠设施齐全并正常使用。加工肉类、水产品与蔬菜的操作台、用具和容器要分开使用，并有明显标志。

（11）加工结束后将地面、水池、加工台、工具、容器清扫洗刷干净。

13.3.3 食品卫生管理

（1）采购人员必须对所采购的物品负责。保证食品原料处于良好的卫生状态，没有腐败、污染和其他感染。食品的来源必须符合有关卫生标准和要求，凡不是正式食品加工机构加工的罐头、袋装或密封的食品，禁止购买，禁止使用。对无商标、无生产厂家、无生产日期的食品也应禁止采购。

（2）建立严格的验收制度，指定专人负责验收，当发现有不符合卫生要求的原料时，应拒绝接受，并追究采购人员的责任。

（3）合理储藏，保证原料质量。储藏室的卫生要做到"四勤"，即勤打扫、勤检查、勤整理、勤翻晒；"五无"，即无虫蝇、无鼠害、无蟑螂、无蜘蛛网和灰尘、无污水；"二分开"，即生熟分开、干湿分开，防止污染。

（4）厨房人员要做到不领用、不加工腐败变质的食品原料，烹调时严格遵守卫生要求，保证菜点质量。原料加工场地要与生产和销售场地隔离，杜绝交叉污染

（5）用具、餐具、炊具都必须进行严格的消毒。要求做到"一刮、二洗、三冲、四消毒、五保洁"。一刮就是要刮去残羹剩料；二洗是要用洗涤剂洗去油污；三冲是用清水冲洗；四消毒是要用沸水、蒸汽、电子消毒箱或药物进行消毒；五保洁是指清洁好的器皿要做好防尘、防污染。

（6）禁止闲杂人员进入厨房。

案例分析

2008年10月4日晚，浙江省绍兴市某五星级大酒店，有3对新人分别在1、2、3楼举办婚宴，共计90桌，就餐人数860人左右。婚宴结束后，许多参加婚礼的宾客感到身体不适，出现呕吐、腹痛、腹泻等胃肠道症状。人们纷纷去医院就诊，约计有200多人，一时间医院急诊室人满为患，经确诊94人为食物中毒，其中一些重症患者住院治疗。后经检验证实，导致多人食物中毒的原因是该酒店提供给婚宴的凉菜被"副溶血性弧菌"污染。

事件发生后，引起广泛关注，成为人们热议的焦点话题。市卫生监督部门进行了取样化验，明确了事故责任方，并对该酒店进行了处罚。酒店向患者公开致歉，3对新人的婚宴费用做了免单处理，并向每位患者依病情状况，赔付800～2 500元不等。然而，部分患者并不满意该酒店的赔偿方案，表示希望酒店方以更积极的态度促成事情的早日解决，给消费者一个满意的答复。

问题：作为一家五星级酒店，为什么会发生大规模食品中毒的恶性事件？应该从中吸取什么教训？如何有效进行厨房卫生管理？

点评：近年来，各省各地酒店中发生食物中毒的案例屡见不鲜，本案就是一个具有代表性的此类事件。从这一案例中我们看到，此类恶性事件一旦发生，不仅给消费者身体健

康造成损害，也会给酒店带来巨大的损失，除了经济损失，更重要的是对酒店声誉、品牌形象及今后的发展都带来难以弥补的，无法估量的巨大损失。可见，食品安全无小事，厨房卫生管理任重道远。

厨房卫生管理制度，每一家餐饮企业都有，像本案中的五星级酒店，厨房卫生管理制度一定非常完备。但是，要做好厨房卫生管理，仅停留在制度上是不够的，重在落实，重在细节。以本案为例，致病菌污染食品，在很多环节都有可能发生。它可能是食源行的，存在于食品原料当中，也可能发生在食品的烹调和储存环节中，甚至有可能由食品加工者带来。本案在调查过程中，就发现该酒店冷藏间3名厨师的肛拭样品中检测出了副溶血性弧菌。因此，厨房卫生管理要把各项制度落到实处，既要严，更要细。

在做好厨房日常卫生卫生管理的同时，逢大量人员聚餐的活动，如会议、婚宴等，更要做好重点防范，确保万无一失，因为事态比较严重。人类对于食品安全卫生的要求，是高于其他各种要求的首要要求，我们对于厨房卫生管理的重要性要有深刻的认识。

小测验：请调查一家餐馆的厨房，分析一下它在厨房管理方面存在哪些优缺点。如果你来当厨师长将如何改进？

本章小结

厨房管理是餐饮经营中的核心管理内容之一，对经营成败具有举足轻重的作用。因厨房工作的专业性较强，使厨房管理也具有了鲜明的特点，同时又和其他各部门有广泛的联系，作为一名餐饮服务人员，了解和掌握厨房管理的相关知识，对于搞好餐饮服务工作不可或缺。

厨房管理内容繁杂，自成系统，本章因篇幅所限，选取了其中重点的内容，以点带面，加以说明，力求逻辑清晰，体系完整。大家在学习过程中，也应注意掌握知识的系统完整，同时应本着知识服务于实践的原则，活学活用，指导实践。

练习题

一、名词解释

1. 厨房管理
2. 预先购买法
3. 领发控制
4. 厨房生产效率
5. 客账单

二、选择题

1. 饭店专设独立的采购部负责整个饭店所有物品的采购，属财务部管辖。厨房所需各种烹饪原料都是由采购部负责购买。这种形式适用于（   ）。

    A. 小型饭店   B. 中型饭店   C. 大型饭店   D. 任何形式饭店

2. 验收时，一定要逐一检查，要先核对（ ）再验（ ），最后验（ ）。
   A. 数量　质量　价格　　　　B. 价格　质量　数量
   C. 质量　价格　数量　　　　D. 价格　数量　质量
3. 销售毛利率就是（ ）的比率。
   A. 成本与毛利　　　　　　　B. 成本与产品销售价格
   C. 毛利与成本　　　　　　　D. 毛利与产品销售价格
4. 标准菜谱卡的使用它可节省生产时间和精力，避免食品的浪费，有利于成本的控制，提高产品质量的（ ）。
   A. 质量　　　B. 效率　　　C. 稳定性　　　D. 艺术性
5. 烹制完毕，按标准装盘，菜肴成品由（ ）通知服务员出菜。
   A. 厨师　　　B. 服务员　　C. 出菜员　　　D. 厨师长

三、判断题

1. 厨房工作人员应养成良好的卫生习惯，做到"五勤"，即勤洗澡、勤理发、勤剪指甲、勤换洗衣服被褥、勤洗手。（ ）
2. 为方便工作人员如厕，厨房内可在适当位置设置厕所。（ ）
3. 在烹调操作时，尝试口味应使用小碗和汤匙，尝后余汁切忌倒入锅内，用手勺尝味时，手勺须清洁后再用。（ ）
4. 验收工作和采购工作可由同一人担任，以利于工作的协调。（ ）
5. 厨房设计与布局是否合理，直接影响厨房生产效率。（ ）

四、简答题

1. 冷菜间的卫生管理有什么要求？
2. 初加工成本控制的方法有哪些？

五、讨论题

1. 试述提高厨房生产效率的方法。
2. 试述配菜和烹调过程中的成本控制。

第14章 餐饮人力资源管理

学习目标

```
总目标
掌握餐饮人力资源管理的内容，餐饮人力资源招聘、培训与激励
```

- **知识目标**：了解餐饮人力资源管理的基本概念和内涵
- **技能目标**：掌握餐饮人力资源的招聘方法与程序、培训和激励方式
- **能力目标**：能够把握餐饮人力资源管理的招聘、培训和激励工作

导入案例

一家经营瑞士菜肴的美国餐馆开张有7个月了，生意一直很好。餐馆的老板是凯希，她出生在法国，多年来都在学习烹饪，终于学到了一套本领。

当凯希来到美国，她决定在达拉斯经营餐馆。凯希热爱达拉斯这个地方，并且感到达拉斯人会喜欢上她的饮食及服务方式，凯希决定把重点放在饮食质量和服务态度上。

凯希按照欧洲的方式提供顾客饮食和服务，一开始就大获成功。餐馆的职员穿着极为整洁，并且有一套严格的服务制度。凯希甚至要求他们在服务顾客时说法语。所有的酒都是从欧洲进口的，而牛排是经过仔细挑选的得克萨斯牛排，凯希所标出的价格是很高的，并且她还在继续涨价，但她的销售还在不断上涨。凯希没有打广告，她也不必这么做。她的名声就是她最好的广告。

最初，凯希亲自做所有的菜，但是，她后来再无法这么做了，她不得不训练和监督其他人来做菜。凯希想从法国雇用她的一些学烹饪的厨师朋友来帮她忙，承诺给其高薪，有房子，但没有人愿意来。凯希努力要求她的每个职员做到最好，提供最好的服务，做出最好的菜肴。

有几个职员拒绝学做法国菜，凯希只好开除他们。凯希不在乎开除人，因为她要求是完美，无论饭菜，还是服务，在她看来都应完美无缺。

有几个烹饪组的管理人员答应按她所要求的方式去干，但随后，又改变了一些具体的东西，并未完全按凯希所说的去做。

凯希的另一个麻烦就是她的几个服务员，他们总是想和顾客套近乎。凯希不准任何职员收小费。这既包括提供饮食的职员，又包括提供服务的服务员。职员的薪水是每小时10美元，顾客的账单没有小费，顾客不必付小费。有时，顾客要给服务员小费，但凯希会告诉他们，在这里不必付小费。服务员对此很有意见，他们已习惯收小费，而凯希的做法让他们不舒服。

凯希还有一个麻烦，就是她的职员的穿着问题。每一个组的管理人员有责任检查这个组的每一个职员的穿着，要保证衣服绝对整洁，并且穿着要按规定，手套应是洁白的。每个管理人员手中都应有清洁布，以保证随时清洁衣服、鞋子和手套。凯希的这项措施还未完全实施，就听到了一些抱怨。

凯希也开始听到顾客的一些抱怨，如饭是冷的，服务员加快了上菜和饮料的速度。并且还有人向她抱怨调酒师不适宜地把酒混在一起，有意想让一些人醉。凯希竭尽全力试图加强她所有职员的服务水平，但是他们并不与她合作。另一个困难来自于烹饪。其中有这样一件事，凯希亲自烹制的生日蛋糕居然会被搞错。凯希不得不免收顾客的钱，并还向顾客道了歉，最后，凯希只得把这记为亏损。

各种工作都堆在凯希身上等她去处理，凯希知道这样下去是不行的，她必须做出一些改变。

问题

1. 请你站在凯希的立场上，从人力资源管理的角度出发，提出整改方案。
2. 你认为在推进改革时在内部协作与沟通以及人力资源管理创新方面还需要注意什么问题？如何解决这些问题？

关键词

人力资源　招聘　培训　激励

14.1　餐饮人力资源管理概述

14.1.1　餐饮人力资源管理的概念

1. 人力资源的概念

彼得·德鲁克（Peter Drucker）1954年在《管理的实践》一书中引入了"人力资源"这一概念。他指出，人力资源和其他所有资源相比较而言，唯一的区别就是他是人，并且是经理必须考虑的具有"特殊资产"的资源。概括地讲，人力资源是指有能力并愿意为社会工作的经济活动人口。

2. 人力资源管理的概念

人力资源管理是管理学中的一个崭新的、重要的领域。它作为对一种特殊的经济性和社会性资源进行管理而存在。人力资源管理是根据组织的战略目标制定相应的人力资源战略规划，并为实现组织的战略目标进行人力资源这一特殊资源的获取、使用、保持、开发、评价和激励。

3. 餐饮人力资源管理的概念

餐饮人力资源管理是指运用科学的运用现代管理学中的计划、组织、指挥、协调、控制等职能，对餐饮业人力资源进行开发、利用和激励，使其得到优化的组合和积极性得到最大发挥的一种全面管理。

餐饮人力资源包括数量和质量两个方面。餐饮业从业人员（主要指前台服务人员与后台生产制作人员）的多少，构成了餐饮企业人力资源的数量；餐饮业从业人员的体质和智力等方面组成了餐饮企业人力资源的质量。

14.1.2 餐饮劳动的特点

餐饮人力资源管理，是对餐饮员工劳动过程的组织。但由于其特殊性，也使餐饮人力资源管理有了特殊性。

1. 间歇性

餐饮劳动并不是连续性的劳动，具有时断时续的间歇性特点。只有在用餐时间，餐厅才会有很多的客人。也正是如此，餐厅服务人员的工作时间与一般大众的工作时间是不一致的。餐厅的工作强度也和客流量有着很大的关系，客流量大则工作强度大；客流量小工作则比较清闲。针对餐饮业员工工作时间呈明显的间歇性特点，在企业的人力资源管理上需要调配好其忙闲不均的工作时间，提供良好的休息环境。

2. 差异性

餐饮服务是由服务人员所提供的，不同的餐饮服务人员所提供的餐饮服务有一定的差异性。由于员工存在着个体上的差异，如性格、脾气等，而其技术水平和熟练程度亦不相同，因此，在对客服务时，创造出来的劳动成果也不相同，生产出来的产品质量也会有差异；同一位员工由于所处的时间、环境的不同，其个人心态也有不同，所提供的同一产品仍然存在着质量上的差异。

餐饮服务具有一定的差异性是正常现象，餐厅管理人员需要关注的就是这个差异到底有多大。为了保证餐厅的服务质量，应当对服务人员进行培训，努力减少差异，提供统一的高质量服务。

3. 综合性

餐饮劳动不是某个单个的完全独立的个体劳动，而是分工与协作并存的集体性劳动。对劳动效率的评价也是一种综合性的评价。餐厅管理人员要做的就是协调大家的关系，形成积极向上的氛围，提供高质量的综合服务。

14.1.3 餐饮人力资源管理的内容

人力是餐饮企业中最活跃的因素。餐饮人力资源管理的根本目的就是调动员工的积极性，用尽可能少的劳动消耗，生产出更多的劳动产品。餐饮人力资源管理的内容包括以下几个方面。

1. 员工的招聘

根据餐饮企业的要求，制定相关的招聘员工的标准和条件，挑选招聘新员工，不断补充和更新员工队伍。

2. 岗位的定额和定员

根据国家有关的法律法规，结合本企业的实际情况，确定各部门的劳动定额和员工的工作量，将每一位员工安置在合适的岗位上，保证企业经营活动的正常进行。

3. 员工的激励

首先，根据按劳分配的原则和国家有关法律法规的要求，确定员工基本的工资及福利等报酬的形式、数量等，从物质上对员工进行激励；其次，真正站在员工的角度出发，保护员工的应得利益，关心员工的日常生活，从精神上对员工进行激励。

4. 员工的培训

为了不断提高员工的素质水平，提高餐厅的服务质量，应不断对员工进行培训。一方面，从思想政治上对员工进行培训，使其树立起良好的为宾客服务的思想；另一方面，对员工的业务素质和技能技巧进行培训，提高服务质量。

5. 员工的监督

应当建立劳动检查制度，对员工的工作完成情况进行监督，保证不做出违反国家法律法规的事情，不违反店规，保证餐厅正常经营活动的进行。

14.1.4 做好餐饮人力资源管理的意义

1. 科学的人力资源管理是充分利用人力资源的前提

任人唯贤、唯才是举、人事配合、按劳付酬是利用人力资源的原则。餐饮企业只有建立了科学的人力资源管理系统，采用科学的管理制度与手段，才能真正重视人力财富、利用人力资源，为企业创造最大经济效益。

2. 科学的人力资源管理是提高员工素质的重要保证

员工的素质决定着企业的效益。现代人力资源管理通过科学的培训手段，使广大员工增长知识、提高技能和职业道德水平，从而使整体素质得以提高。餐饮人力资源培训的实践证明：经过员工培训，损耗和成本会大幅度下降，安全事故能够减少，员工的就业能力、经济独立感和自尊心都得到增强。

3. 科学的人力资源管理是服务质量的保证

服务质量是服务业的生命，而服务质量的保证则需要依靠科学的人力资源管理手段。员工的社会道德意志、职业道德意识和主观能动性是决定服务质量的关键。有效的人力资源管理是要能够使员工树立起正确的道德观和职业观，使之在工作中达到人前行为与人后行为的一致性，并且通过激发员工的内驱力，使之心情舒畅、自觉向上，以热忱的态度对待本职工作。

4．科学的人力资源管理是增强员工凝聚力的重要手段

劳动保护和福利待遇是餐饮管理中不可忽视的内容。改善工作条件，保证员工身心健康，不断改善员工生活水平，是餐饮企业义不容辞的职责，也是增强员工凝聚力和调动其工作积极性的重要手段。餐饮管理者不仅要把餐厅当作"宾客之家"，而且要使之成为"员工之家"。

14.2 餐饮员工的招聘

招聘是餐饮企业首先要做的一件非常重要的事情。在具体实施中，应当制定一整套人员选择的方法和程序，将最合适的人选安排在最适当的岗位上。当前，餐饮业人才短缺在全国已成普遍现象。中国酒店协会最新发布的《2009中国餐饮企业调查报告》显示，餐饮企业员工流动率较高，平均达到了56%，影响了企业服务品质和持续发展的能力。[①]这已经成为制约整个餐饮行业持续经营和发展的首要问题。

14.2.1 餐饮员工流失问题分析

1．餐饮员工流失的原因

作为一个劳动密集型行业，人员流动问题在餐饮业是普遍存在的。适度的人员流动，可以优化企业的人员结构，提高员工的整体素质，增强企业活力。但过于频繁的、不必要的人员流动却会给企业发展带来诸多问题。一个员工流动率在5%左右，"留优汰劣"的餐厅是人员良性流动的餐饮企业。将人员流动率控制在良性范围内，保持餐厅活力的同时留下优秀人才，是餐饮人力资源管理的重要目标之一。

员工流失率高是多数餐饮企业不得不面对的现实。调查显示，2006年以来我国餐饮企业从业人员的平均离职率达到了32.66%，餐厅员工（即服务员）的离职率为27.14%，厨房员工离职率为37.9%。近两年，受金融危机及"90后"新生代进入劳动力市场的双重影响，餐饮企业员工离职率进一步提高，一线员工的离职率一般在40%左右，大大超过了离职率的警戒线。员工队伍的不稳定对餐饮企业而言不仅仅是成本的上升，还有服务质量和菜品的不稳定。

通常，餐饮员工流失的原因有以下几个方面。

1) 招聘不力，人才选用不当

餐饮行业是劳动密集型行业，服务质量与人手多寡直接相关。可是目前许多餐饮企业都饱受"餐饮人才荒"的困扰，几乎常年处于招工状态。迫于营业的需要，许多餐饮企业经常仓促招聘，对前来应聘的人员也来不及仔细甄选，基本上"是人就用"，这就在无形中降低了选聘标准或忽略了应聘者的一些负面信息。再加上餐饮业的整体人力资源管理水平不高，又缺乏科学的人员选聘技术，难以有效甄别不同性格、能力、品德的员工，这些都

---

① http://lywb.lyd.com.cn/html/2010-07/12/content_650146.htm.

在很大程度上埋下了员工流失的隐患。

2）薪酬水平低，福利差

据中国居民收入分配年度报告显示，2006年我国餐饮业员工平均工资水平在所有行业中排在倒数第二位，只有全国平均工资的78%。餐饮企业的薪酬缺乏竞争力是导致员工流失率高的重要原因。许多餐饮企业只有固定工资，而没有奖金，即使个别企业有奖金，奖金的发放也缺乏客观的考评依据，大都是由上级主管根据主观印象来判定。在做多做少、做好做坏都一样的情况下，员工自然就丧失了工作热情。还有餐饮企业的福利也缺乏吸引力，表现为福利项目少、形式单一，甚至不少餐饮企业连社会保险都未给员工提供。在这种短期利益不高、长期利益又无法保障的情况下，员工就很容易流失。

3）工作时间长，劳动强度大且不受尊重

餐饮行业属传统服务行业，营业时间因需满足顾客就餐的需要而相对较长，休息日和法定节假日也要正常营业，而且越是节假日就越忙，劳动强度较大。在人们的传统观念里，服务工作就是"低人一等的伺候人"的工作，社会认同度低，服务人员也较少受到尊重，这就造成餐饮从业人员在心理上有种自卑感。再加上某些管理者缺乏尊重人才的意识，采用的管理方式也简单粗暴，致使员工情感上受挫，易对工作产生不满，一旦碰到合适的机会就会跳槽。

4）工作单调，员工缺少发展平台

餐饮企业大部分岗位都是单调的重复性劳动，员工长期高强度地在一个岗位上重复简单的工作任务很容易就会因厌倦本职工作而离开企业。同时，许多餐饮企业不能为员工提供发展的空间，也缺少职业生涯规划，加之大部分管理人才都是外聘，很少有一线员工能够参与决策并成长为管理者。一旦员工发现自己在企业里的发展空间很小，难以实现自我价值，就容易见异思迁，选择离开。

5）缺乏企业文化导引，企业凝聚力差

企业文化具有凝聚力，能把企业的各个群体、各位员工不同的理想信念融入企业整体的理想信念中，形成价值观共识，从而加强员工的向心力。很多知名企业都是以自身独特的企业文化来留住人才的。但是，不少餐饮企业管理者眼睛只盯着营业额、利润等数字，并不看重企业文化，也不重视员工的精神文化需求，最终企业没有形成员工普遍认同的价值观和行为规范。因缺乏企业文化的导引，员工缺乏共同的价值观念，对企业的认同感不强，个人的价值观念与企业理念往往会错位，对企业的向心力不足，员工流失现象自然也会频发。

2. 餐饮员工流失的影响

员工的流失会给餐厅带来非常大的损失，主要表现在以下几个方面。

1）成本损失

成本的损失是餐饮业员工流失带来的非常直接的影响。从员工的招聘到培训成为一个优秀的餐饮服务人员，餐厅都付出了成本。随着员工的离开，这一部分成本可以说是再也收不回来了，而且为了维持餐厅的正常经营活动，在员工离开后，需要重新寻找合适的人选来填补空缺的职业，从而对员工进行招聘和培训，又要支付一定的成本。

2）利润受损

按照正常情况的推断，在员工决定离开该餐厅后，就不会再将心思放在工作上了，对待自己手头的工作不会像以往一样认真负责了，势必造成餐厅服务质量的下降；另外，当员工离开后，一时之间也较难找到合适的人选，当新的替代者到来之前，其他员工不得不增大自己的工作量，工作量增加势必带来劳动强度的加大，这样便很难保证服务质量，即使很快找到人来填补空缺，这位新员工也不一定会在短时间内就适应和胜任工作，还需要老员工对其进行培训。

总之，员工的离职会造成餐厅服务质量的下降这是在所难免的，质量的下降势必又会造成宾客的不满，甚至会影响到餐厅的客源，引起利润的下降。同时，如果餐厅服务人员跳槽到其他餐饮企业，特别是高层管理人员的转职，很有可能带走一些商业秘密，这就更加危险了。

3）军心动摇

部分员工的流失对其他在岗人员的情绪及工作态度会产生非常不利的影响，可能会刺激更大范围内的员工流失。人员流动率过高会造成人员的习惯性流动，一旦员工对企业不满，便会计划离开，而不会试图从其他方面来解决问题。而且员工流动的同时会给其他员工形成有其他选择机会的心理暗示，当本店在岗员工看到离职的员工得到了更好的发展机会或因人员流出而获得更多的收益时便会心猿意马，致使工作积极性受到影响。

3. 餐饮员工流失的控制

1）提高薪酬与福利待遇

首先，餐厅可以考虑制定比外部同行业相比更有竞争力的薪酬和福利水平，既可以稳定企业内部的人员，还能吸引外部优秀人才的加盟，促进餐饮企业经济效益的提升；其次，从餐厅内部而言，员工所考虑的还有其待遇是否公平、其付出与回报是否平衡，因此，餐厅应当严格遵循按劳分配的原则，多劳多得，少劳少得，不劳不得；最后，除了员工期望的基本薪金待遇外，要考虑员工在其他方面的生活保障是否合理，如养老保险、住房公积金等项目。

2）明确企业的发展目标

员工可能会因看不到未来的发展而缺乏安全感而离职，所以餐厅应当制定一个清晰明确的发展目标，并告知所有员工，让其明白自己与餐饮企业远景的关系，以及自己在餐厅实现远景的过程中将起到的作用，这样给员工以满足感和希望。同时，将员工的个人进步也融入餐厅的长远规划当中，让员工在餐厅有自己明确的奋斗目标，感到自己在餐厅里的发展前景和价值，从而留住员工。

3）创造优秀的企业文化

创造与培养一个良好的企业文化环境对稳定员工队伍，减少员工流动具有重大意义。开放的用人制度与工作气氛对一个新入职的员工来说是非常重要的，而科学的管理制度与和谐的工作环境也是员工愿意在餐厅长久工作的一个重要原因。餐厅管理人员在企业文化建设上应注意企业文化的统一与均等，在餐厅内部建立一个统一的良好的风气，用企业独特的文化魅力与文化机制吸引和留住员工，使员工建立起对工作的自豪感。

4）健全任用制度

餐厅各级管理者的能力与领导风格对个人的去留影响很大。员工对管理者的满意程度与员工流动存在必然联系，主要表现为管理者能力不足或品德恶劣，难以令员工信服；管理者不讲究工作方法，对于不会工作的员工不予指导，却只在其犯错误之后加以指责，使员工感到紧张或产生反感情绪。当员工压力过大、将工作当作一种负担时，便会考虑离开企业。要提高管理者的能力和素质，企业应健全管理层的任用制度。

5）确立以人为本的管理思想

以人为本的管理思想简单地说就是以人为中心的人性化管理，它要求餐饮企业把员工看作企业最宝贵的财富和最重要的资源，其中心思想是充分尊重每一名员工。餐厅向客人出售的是服务产品，服务产品质量的高低直接取决于服务的提供者——员工的服务技能和服务热情的高低。

实施以人为本的管理思想应是餐饮业的必然选择。人本管理要求管理者必须尊重员工，必须把员工当作渴望得到关怀、理解和尊重的有血有肉的人来看待，充分遵守其劳动，维护其权益，为其工作创造良好的氛围。这样做既能增强员工的自信心，激发他们的工作热情，又能提高他们对餐厅的满意度和忠诚度，从而大大降低员工的流动率。

14.2.2 餐饮员工招聘的原则

在进行员工招聘时，应遵循一定的原则，这样有利于人才的优选。

1. 公平的原则

在招聘员工时，应当面对社会大众，给大家一个平等的机会，避免暗箱操作。在人员选择时，仅仅以其才能、以其智慧取胜，而不能拉帮结派、走关系，否则很难招到真正有实力的员工。

2. 自愿的原则

在招聘时，还要遵循自愿的原则。招聘过程实际上是一个双向选择的过程，餐厅在挑选员工，员工同样在挑选餐厅。应本着自愿的原则，让员工自愿报名，而不能采取暴力等手段强迫其接受餐厅的安排。

3. 择优的原则

餐厅的岗位是有限的，但可能会有超出餐厅岗位数量的人员报名。这时，要对每一位报名者进行全面的考察，不仅仅是考查其专业素质、业务能力如何，还要考查其基本素质。只有德才兼备的人，才是真正的人才。选择员工并不是挑选最优秀的员工，而是选择最适合这一岗位的人员。

14.2.3 餐饮员工招聘的方法

人力资源管理中最为关键的一项是能够招到并留住有才能的员工。依据来源不同，企业可以通过外部内部提升和外部招聘两种方式来选择和填补缺失的岗位。

1. 内部提升

当餐饮企业处于规模扩张期时，员工的内部提升是填补缺失岗位的有效手段。一方面可以在企业内部形成良好的激励机制；另一方面实现了人力资源的内部连续性规划，即内部提升的员工对企业各方面的运作情况和企业文化有较好的掌握和理解。但需要注意的是，在提供个人发展机会方面，应保持公正，评判标准应尽可能保持中立，不要对某一部分的人有特别的倾向，否则会造成内部不和谐的气氛。

2. 外部招聘

当内部的员工不能满足餐饮企业发展的需要时，外部人才市场就成为补充人力资源的重要渠道。

（1）大中专毕业生。大中专毕业生是餐饮企业招聘的重点对象。这些学生，尤其是旅游院校、旅游专业毕业的学生，他们通过正规的系统学习和培训，已经掌握了有关餐饮经营的知识，初步具备了餐饮服务及管理的技能，个人素质水平较高，经过培训后，上手很快，容易见到成果。

（2）餐饮业同行在职人员。这些人已经具备一定的实践经验，能够很快进入角色，并且能够带来新的管理理念和方法，为餐厅注入新鲜血液。

（3）社会人员。社会人员规模庞大、结构复杂、良莠不齐，在从社会人员当中进行招聘时，一定要特别注意，需要花费大量的精力去判别是否合适。

14.2.4 餐饮员工招聘的程序

招聘主要是为吸引一批候选人应聘空缺的工作岗位。招聘的过程需要企业承担成本和费用，所以采取正确、有效的招聘和选拔方式就显得非常必要。同时利用外部的招聘与相关的外部联系，如潜在的员工、客户和其他外界人士等进行沟通和交流，对树立旅游企业的良好形象是十分重要的。

1. 信息沟通

餐饮企业对空缺岗位的要求及员工应具备的素质有了总体的了解之后，接下来要通过合适的途径向劳动力市场传递信息，目前常用的方法是广告招聘。需要注意的是餐饮企业提供的信息一定要规范、准确，对岗位的界定要清楚，这主要是为了有效控制候选者的数量。过多的候选人将使后续的筛选工作花费很多的人力、物力和财力；候选人过少，企业的选择余地太小。

2. 全面考核

对报名人员进行全面的考核，看其是否符合条件，将不符合条件的及时删除，对一些符合条件的人员安排笔试。通过笔试，可以找到比较合适的人员，进入下一轮的面试当中。

面试是招聘过程中很重要的步骤。面试的意义在于，通过面对面的全面接触，深入了解应聘者，决定其是否符合要求。

餐饮行业与其他一般行业具有一定的不同之处，它需要员工进行体检，若患有传染性疾病，则不能在本行业工作。

在考核过程中，要关注员工的关键能力，如个人交往的能力、服务现场解决问题的能力、成为和谐团队的能力及自我调节的能力等。

3. 择优录取

在经过初试、笔试和面试阶段的人员，符合餐厅行业要求，即可签订劳动合同。一般而言，企业都会给新员工3~6个月的试用期。试用期结束后表现仍然良好的员工，即可与之签订正式合同，使其成为企业的正式员工。

案例分析 14-1

岗位缺乏吸引力　中小餐馆招工难

最近，洛阳街头的很多中小餐馆的门外都贴上了招工启事。中小餐馆特别缺人。餐饮一条街成了"招聘一条街"。在珠江路商业街，众多餐馆的门外都贴上了"急聘服务员、传菜生……"的海报，有的招工海报上还注明"此招聘广告长期有效"。

一川餐馆的老板表示，从春节到现在，他的餐馆一直在招人，但一直没招够："服务员一个月工资750元，还有全勤奖等；杂工月工资700元，管吃管住……"

在珠江路附近，有2/3以上的餐馆都贴出了招聘服务员的海报。"这条餐饮一条街，快成招工一条街了。"一名附近的居民感叹，"招服务员比招经理还难。"

在南苑路附近的一家川菜馆里，我们见到了两名连菜名也不知怎么写的女服务员。服务员怎么会不知道菜名？原来，这两名女服务员原来是餐馆的迎宾小姐，由于店内缺服务员，她们临时来帮忙。

"月初，四五名服务员辞职不干了，现在我们是一个人顶3个人干。"餐馆服务员小王无奈地表示，虽然老板承诺将月工资从600元涨到800元，但是活儿太累，所以他也想辞职。

"现在招服务员比招大堂经理还难。"九都路一酒店的老板说，他经营的餐馆在牡丹花会后进行了重新装修，现在就等着开业，"大堂经理和领班早就招到了，但是招不到足够多的服务员。"

洛阳市餐饮协会负责人认为，近年来，洛阳市餐饮业得到很大发展，各个餐馆的用工规模不断扩大，这在客观上加剧了用工短缺现象。另外，近年来，农村青年择业观念的改变，也是导致中小餐馆招人难现象出现的重要原因。

据了解，在中小餐馆中，80%以上的从业人员来自乡村，他们大都有这样的想法：从事餐饮行业既辛苦又没前途，一有机会肯定要跳槽。

问题：你认为当前餐饮业应如何解决人才短缺的问题？

点评：要解决人才短缺的问题，餐饮企业应从以下几方面入手。

（1）培训专业化人才，提高员工素质。

（2）提高员工待遇以及福利标准。

（3）优化企业用人制度和用人标准。

14.3 餐饮员工培训

面对日益激烈的竞争环境，餐饮企业必须重视内部组织的完善，培训工作从提高人力资源的素质出发，为餐饮企业提高竞争力奠定了基础。

14.3.1 餐饮员工培训的内容

（1）职业道德、仪容仪表、礼节礼貌、团队精神等。
（2）餐厅的基本概念、基本专业知识以及本餐厅的特点。
（3）基本的餐厅服务技能以及基本行为规范。
（4）员工守则、岗位职责和行为规范。
（5）餐饮服务工作所需要知道的各种知识，如卫生知识、食品安全知识、酒水知识、政策法规知识、菜肴知识及有关菜肴的一些民族风俗习惯等。
（6）设施设备的维护保养知识。
（7）对客服务技巧，遇到突发事件时的处理，人际沟通等。

14.3.2 餐饮员工培训的分类

1. 入职培训

入职培训也叫岗前培训，是新员工在上岗前所必须进行的培训，主要是由人力资源部门对员工进行培训，培训的内容包括以下几个方面。
（1）餐厅的概况及规章制度。
（2）工作时间安排，如上下班时间、就餐时间、休假制度、考勤制度、薪酬福利情况等。
（3）基础生活设施情况，如洗手间、食堂、寝室、更衣室等情况。
（4）组织结构。
（5）对基本职业道德、仪容仪表、礼节礼貌等。

2. 在岗培训

在岗培训是指员工在岗位上进行的不脱产培训，其目的是为了提高餐厅员工的工作效率和服务质量。这种有针对性的反复训练，有助于受训者的业务素质得到更高层次的提升。

餐饮员工在上岗前经过考核，已经具备了工作的能力，但是，随着时间的推移和环境的变化，餐饮服务规范和操作方法等也有了新的内容，也需要对服务人员进行再培训。在岗培训贯穿于员工工作的全过程，是一项需要长期坚持的任务。

3. 转移培训

转移培训就是将餐饮服务人员转移到另外一个岗位的培训。长期在一个地方工作，很容易使员工产生厌倦等不良的感觉。因此，调整环境，再次挑起员工的兴致，也是一种很好的转移员工注意力，降低员工流失率的措施。

此外，在工作过程中，可能会出现各种各样的问题，如工作环境与性格不适应，人际关系出现问题或者人员的调动升迁等，都需要进行岗位转移。人员的调动升迁还需要对其进行管理知识、管理技能技巧的培训。

4．脱产培训

脱产培训是让员工暂时离开工作岗位进行系统的、有计划的培训，如将员工送至国内外大专院校进行进修。

14.3.3　餐饮员工培训的实施

1．制定培训目标

要对员工进行培训，首先要明确的就是为什么要进行培训、培训要达到什么样的目标。只有确定了培训的目标，才能选择相应的参加培训的人员，才能确定培训项目，才能确定培训的方法。

2．确定培训项目

对员工进行培训，其目的就在于使员工更加适合餐饮企业的工作。对餐饮员工培训项目的确定，主要是依据员工的表现、客人的投诉、设备的更新及营业情况的变化等，也就是要根据餐厅的经营情况确定培训项目。

3．确定培训人员和培训方式

由谁对员工进行培训以及如何进行培训是至关重要的环节，直接影响培训的效果。

1）培训人员的确定

一位优秀的培训者，除了要具备专业知识，还要具备专业的教师素质。在培训人员的选择上，可以选择外聘教师，也可以是餐饮企业内部素质较高的管理人员和业务骨干。在培训时，要注意以下几点。

（1）明确培训的目的和要求，有的放矢。

（2）善于发现受训者的不足之处，强化训练。

（3）能够对培训效果进行监督。

2）培训方式的确定

（1）课堂讲授。直接由培训人员向受训者培训知识，采用课堂讲授的方式。对于一些理论性的教学，可以采用这种方式，可以获得比较好的效果。

（2）情景培训。情景培训就是提出一些具有代表性的问题，假设几种解决该问题的方法，让受训者进行讨论和选择，最后做出综合分析。

（3）角色扮演。这是一种非常具有趣味性的培训方法。培训者将一些问题总结提炼，编排成剧本，让受训者分别扮演其中的角色，演示正确的和错误的服务方法，在情景再现中，给受训者留下深刻的印象，从而牢固掌握正确的工作方法。

（4）实践教学。所谓实践教学就是通过借助一些教具，手把手地教给受训者一些基本的服务技能技巧等，如摆台、铺台布、折叠餐巾花等。

4. 培训效果评估

培训效果评估主要包括反应层次、学习层次、行为层次、结果层次 4 个层次，见表 14-1。

表 14-1　培训评估表

评估层次	评估内容	评估标准	是否达标
反应层次	培训内容、教师和教学活动、培训保障	多数受训人员感到满足	
学习层次	受训人员知识、技能和综合能力的提高情况	多数受训人员的知识和技能获得了提高和改善，达到了预期目标	
行为层次	受训人员能否将获得知识、技能和行为规范转化为良好的工作表现	多数受训人员优化了工作表现，运用了培训的内容	
结果层次	受训人员的工作绩效	达到或超过组织绩效提高的预期标准	

14.3.4　餐饮员工培训的注意事项

1．注意培训的持续性

培训并不是一蹴而就的事，必须长期坚持，不仅包括企业新员工的入职培训和管理人员的晋职培训，还包括老员工的轮岗培训、知识技能的更新培训等。

2．注意整体差异性

餐饮企业的员工具有不同的特点，如其知识结构、文化程度、性格特征、品质修养、智商等都有不同，一定要因材施教。在培训中，势必会有人更出色，要想全部都取得优异的成绩，那是不可能的。当员工没有达到预定目标时，要仔细分析原因，采取下一步措施，使培训更有效。

14.4　餐饮员工的激励

14.4.1　激励的概念

激励，在管理学的一般教科书中，通常是和动机连在一起的。美国管理学家罗宾斯（Robbins）把动机定义为个体通过高水平的努力而实现组织目标的愿望，而这种努力又能满足个体的某些需要。因此，无论是激励还是动机，都包含 3 个关键要素：努力、组织目标和需要。一般而言，动机是指诱发、活跃、推动并指导和引导行为指向一定目标的心理过程。

所谓激励，是指人类的一种心理状态，它具有加强和激发动机，推动并引导行为指向目标的作用。通常认为，一切内心要争取的条件，如欲望、需要、动力等，都构成对人的激励。

激励作为一种内在的心理活动过程和状态，不具有可以观察的外部状态。但是，由于激励对人的行为具有驱动和导向作用，因此，可以通过人的行为表现及效果来对激励的程度加以推断和测定。

激励在管理中的作用包括：①有助于激发和调动员工的工作积极性；②有助于将员工的个人目标导向实现组织目标的轨道；③有助于增强组织的凝聚力，促进组织内部各组成部分的协调统一。

14.4.2 餐饮员工激励的方式

餐饮企业管理者应该针对员工的不同特点采用不同的方法。在实践中，主要有以下几种方式。

1．物质激励

物质激励是指以物质作用为手段的激励，激励用以满足员工的最低需求，是最基本的激励形式。物质激励的方式很多，主要包括薪酬、利润分配、奖金、福利等。

1）绩效工资

企业突出绩效工资意味着员工是根据他的绩效贡献而得到奖励的，所以这种工资一般又称为奖励工资，因为增加工资是和工作行为挂钩的。

2）分红

分红是员工和管理人员在特定的单位中，当单位绩效打破预先确定的绩效目标时，接受奖金的一项激励计划。这些绩效目标可以是细化了的劳动生产率、成本、质量、顾客服务或者利润。和绩效工资不同的是，分红鼓励协调和团队工作，因为全体员工都对经营单位的利益做了贡献。绝大多数公司都采用了某种精确的指定绩效目标和奖金的核算方法。

3）弹性福利

除了工资部分外，对员工影响最大的就是福利。我国旅游餐饮企业首先要按照劳动法要求保障员工的法定福利部分，另外，根据企业的实际情况制定相应的福利，如节日慰问金。餐饮业的女员工比较多，"三八"节为大家发放慰问金，员工会感到很温暖；祝贺员工结婚生子，送上纪念品，员工会感到很受尊重；年休假制度。餐饮业的员工休息时间是很不正常的，大部分餐饮企业都采用轮休制，可以采用工作满多少年，就可以享受多长时间的带薪假，工作年限越长，休假时间越长。

2．精神激励

随着经济水平和员工素质的提高，人力资源管理应该把激励工作的重心转到以满足较高层次需要的精神激励上。精神激励从人性关怀的角度出发，注重员工精神层面的追求，它是指精神方面的无形激励，包括向员工授权，对其工作绩效的认可，公平、公开的晋升制度，提供学习、发展和进一步提升自己的机会，实行灵活多样的弹性工作时间制度，以及制定适合每个人特点的职业生涯发展道路等。精神激励是一项深入细致、复杂多变、应用广泛，影响深远的工作，它是管理者用思想教育的手段倡导企业精神、调动员工积极性、主动性和创造性的有效方式。

1）情感激励

情感是影响人们行为最直接的因素之一，任何人都有渴望各种情感的需求。这就要求领导者要多关心群众生活，关心群众的精神生活和心理健康，提高员工的情绪控制力和心理调节力，努力营造一种相互信任、相互关心、相互体谅、相互支持、互敬互爱、团结融洽的氛围。

2）授权激励

人人都想实现自我价值，授权体现了管理者对员工的信任和能力的肯定。

3）榜样典型激励

人们常说榜样的力量是无穷的，绝大多数员工都是力求上进而不甘落后的。如果有了榜样，员工就会有努力的方向和赶超的目标，从榜样成功的事业中得到激励。

4）目标激励

目标激励就是通过设定适当的目标，诱发人的动机和行为，达到调动积极性的目的。

5）参与激励

一般而言，员工对于参与与自己的利益和行为有关的讨论有较大的兴趣。通过参与，可培养员工对企业的使命感、归属感和认同感，满足其自尊和自我实现的需要。让员工恰当地参与管理，既能激励职工，又能为企业的成功获得有价值的知识。参与也是一种赏识手段，他能满足归属的需要和受人赞美的需要。

餐饮企业管理者对员工所实施的精神激励需要随着员工工作性质、技术水平和家庭条件的不同适时调整、合理选择。精神激励通常与物质激励共同采用，它是物质激励的有力补充。

3．新型激励方式

1）培训激励

培训激励主要是要体现对员工重视，让员工参与一些能提高员工个人素质的、对实现个人价值有利的培训，并且通过培训，此类员工素质得到提高，对个人人生价值的实现有所帮助。这样的培训在我国旅游餐饮企业中比较少，餐饮企业管理人员应该在员工中选取合适的人选，积极为这些员工提供参与高等培训并接受职业教育的机会。例如，进行有计划的晋升这种培训，让员工了解到从基层服务人员到领班主管，后又到部门经理，到经理都有怎样的晋升条件，这就要求员工在每层工作岗位上都能做好工作，并时刻以这些条件要求自己。企业应建立开放式的培训平台，让员工自主选择培训的内容，既考虑满足企业未来发展的需要，又满足不同人才发展的需要，为培养高素质的员工提供平台。

2）职业发展激励

激励机制理论认为，将组织和个人的互动发展需要相结合才是激励机制的关键。因此，餐饮企业在期望员工为企业的发展努力工作的同时，也应为员工个人的发展考尤其是帮助员工进行职业生涯的设计。企业既要为员工提供共同远景，将企业的目标与员工的期望结合在一起，又要实现员工职业生涯设计的个性化，不能千篇一律，要根据员工的实际情况来设计。例如，企业中的现代人力资源管理知识型员工具有强烈的职业发展欲望，开展职业生涯管理，可以使知识型员工清楚地看到自己在企业中的发展道路，从而有效地降低知识型员工的流失率；又如，采用内部招募策略，员工就会清楚地看到自己的发展方向，增强了员工的工作积极性，这样的职业生涯规划就起到了对员工的激励作用。另外，还应倡导建立多元化的职业生涯通道，为同一个员工提供职务等级和职能等级两种不同的职业生涯通道，即一位员工既可以选择成为企业中的管理者，也可以选择成为企业中具有核心专长和技能的专家，专家在企业中也可以获得和管理者同样的报酬待遇、权限、地位和尊重。值得注意的是，企业每位员工都需要职业生涯规划。除了中高层管理者外，企业必须主动为基层服务岗位的员工提供多通道发展环境，使基层员工感到受重视，有利于稳定基层员工。职业生涯管理是旅游餐饮企业留住人才的秘诀。人是企业最重要的资源，在日益激烈的市场竞争中，有比对手更优秀、更忠诚、更具有主动性和创造力的人是企业立于不败之地的重要的保证。企业进行职业生涯管理实际上是营造了一个培训人才、吸引人才的氛围。

14.4.3 餐饮员工激励的注意事项

1. 抓住激励的最佳时机

管理者在激励员工时，如果错过了时机，即使花同样的代价也达不到同样的效果。管理者在分配任务之前，需要先激励员工，把员工的斗志激发出来，在执行任务的过程中就会收到非常好的效果。有的员工在遇到困难时，管理者要及时地帮助他，给予他关怀。这样在以后的工作中，员工会更加怀着感恩的心情来努力工作。因此，管理者在平时的工作中，除了对员工进行日常的管理，严格按照规章制度激励员工外，更应该关心爱护员工，掌握员工的需要，把握好对员工进行激励的时机。

2. 掌握激励的适当力度

激励的力度主要包括两方面的含义：一方面，对员工激励的程度适宜；另一方面，激励措施与餐饮企业实际情况相适应，遵循激励的原则，遵守企业的规章制度。员工的情况千差万别，员工对各种激励的反映程度是不一样的，所以采取激励措施时，应考虑员工各自的情况，分别对待。有些员工经济比较宽松，对荣誉比较看重；有的员工比较注重实惠，更在乎物质。人事管理部门应根据需要，因人而异，力图提高每位员工的应激程度。重视对核心员工的激励，但不忽视对普通员工的激励，对两类员工都要采取合适的力度，才有利于员工队伍的稳定。采取激励措施，还必须分析员工目前所处的状态，当员工尚有许多潜力可挖时，激励措施最为有效，员工的应激反应比较强烈。相反，当员工的积极性已得到充分发挥时，采取激励手段并不会产生明显效用。对突出贡献的要予以重奖，对造成巨大损失的要予以重罚。奖励不到位，力度不够还不如不奖励，惩罚也是一样。

3. 特殊情况下宜采取灵活的激励手段

餐饮业在经营过程中不免受到宏观、微观环境的影响，如2003年的"非典"、2008年的四川汶川地震、由美国次贷危机引起的新一轮的经济危机等，这些重大的事件无疑对中国的旅游餐饮业造成了影响。这些事情虽然已经过去，但将来还有可能出现。那么在这些重大的、严重影响中国的旅游餐饮业发展的事件发生时，企业就要把握好时机，进行有效的激励。例如，成立于1988年的华为技术有限公司，先后在创业期、网络经济泡沫时期、"非典"时期和新一轮经济危机实施了4次股权激励，这4次股权激励运用的非常成功。这些措施的实施不仅使华为顺利渡过了难关，更使它迅速地成长壮大。华为成功激励的重要原因在于在合适的时间采取了适当的激励方式。我国的餐饮企业也应根据自身的情况，考虑宏观、微观环境，认真分析所处的阶段，尤其是在特殊时期，更应采取果断、灵活的措施，对员工进行及时有效的激励，使企业在特殊情况下，保持良好的经济增长。

案例分析 14—2

在某酒店曾采取这样的激励方式，在经营杭帮菜的餐厅分大厅、小厅和包间经营，在前两者消费的顾客比较注重经济实惠，而在包间消费的则要求服务质量较高，顾客消费水平也比较高。酒店管理人员不考虑工作实际，对员工进行每台次营业额超过多少给予奖励的激励方案，这时大厅、小厅的服务人员可忙活了起来，把二十几元一壶的龙井、三十几元的果盘、上好的鲍鱼推销给顾客，当时前几日还不错，可没几天大厅、小厅出现了几乎没有客人的场面。可见这家酒店管理人员未考虑实际情况对员工进行激励，没产生正推动，而产生了负效应。

问题：酒店视顾客为上帝，怎么把上帝得罪了？

点评：大厅的客人都是经济型消费人群，高档的菜品推销使客人觉得很不舒服，有的觉得很没面子，有的觉得该酒店消费档次太高，不适合自己消费，所以客人不来了。管理者正是没有考虑到员工工作的实际情况，造成激励方案没有起到提高酒店经营效益的作用，反而影响到酒店的正常运营。因此，企业管理者在制定激励的方案时，一定要考虑员工工作的实际，否则就会适得其反。

小测验：请调查一家经营的餐厅，分析它在人力资源管理方面哪些优点及不足。如果你是餐厅经理将如何改进？

本章小结

人力资源是餐饮业一种关键的资源，对餐饮业核心竞争力的培养具有深远的意义。通过对劳动的合理组织，对员工的不断培训和有效的激励，达到充分调动员工积极性的目的，保证服务质量，提高劳动效率。

练习题

一、选择题

1. 餐饮人力资源管理的内容有（　　）。
    A. 员工的招聘　　　　　　　　B. 岗位的定额和定员
    C. 员工的激励　　　　　　　　D. 员工的培训
2. 下列不属于餐饮员工招聘原则的是（　　）。
    A. 公平原则　　B. 最优原则　　C. 择优原则　　D. 自愿原则
3. 下列属于餐饮人力资源外部招聘途径的是（　　）。
    A. 大中专毕业生　　　　　　　B. 餐饮业同行在职人员

C．社会人员　　　　　　　D．人才市场

4．通过借助一些教具，手把手地教给受训者一些基本的服务技能技巧等，如摆台、铺台布、折叠餐巾花等属于（　　）。

A．课堂讲授　　B．角色扮演　　C．情景培训　　D．实践教学

5．下列不属于物质激励方式的是（　　）。

A．薪酬　　　　B．奖金　　　　C．授权　　　　D．福利

二、判断题

1．餐饮人力资源管理，是对餐饮员工劳动过程的组织。（　　）

2．员工的内部提升是填补缺失岗位的有效手段，可以为企业提供新鲜血液。（　　）

3．入职培训又称岗前培训，是新员工在上岗前所必须进行的培训，主要是由人力资源部门对员工进行培训。（　　）

4．员工培训必须长期坚持，不仅包括企业新员工的入职培训和管理人员的晋职培训，还包括老员工的轮岗培训、知识技能的更新培训等。（　　）

5．参与激励就是通过设定适当的目标，诱发人的动机和行为，达到调动积极性的目的。（　　）

三、讨论题

1．餐饮劳动有哪些特点？对餐饮人力资源管理提出了哪些要求？

2．餐饮员工流失的原因是什么？

3．餐饮员工培训的类别有哪些？

4．如何对餐饮企业员工进行有效的激励？

四、案例分析题

王某在 A 酒店的餐饮部工作已经有好几年了，大学一毕业他就在这里工作，也曾经在餐饮部的不同部门工作过，非常熟悉餐饮部的运作。工作也使他进步非常大，最终成长为餐饮部的一名主管。

王某的人际关系非常好，大家都很喜欢他，也都认为他的工作能力很强。王某也很喜欢自己的工作，他每周大概要工作 45 小时，即使他的妻子刚刚给他生了一对双胞胎女儿也不例外。当然，对他来说，现在最难的就是既要把家里照顾好，又不能耽误工作。

星期五，王某觉得他的同事们都怪怪的，大概在 16：00，餐饮部经理张某请他和她一起去一楼会议室。会议室的门一打开，他就听到同事们对他大声地祝贺。张某也告诉他，她已经接到通知被安排到集团的另一家酒店工作，酒店决定要王某来接替她的职位，成为餐饮部经理。今天的聚会，实际上就是为他举行的。

听到自己被提拔的消息，王某有点不知所措。他对这一消息的第一反应就是高升意味着他要拿出更多的时间与精力、要承担更多的责任。在外面的大厅里，王某告诉张某，这次聚会和自己被提拔的消息，都非常令人感到意外。他很犹豫，不知道要不要接受这个职务，能不能承担起这份责任。

张某安慰他，说她非常高兴，这一次王某提升她也做了很多努力。于是她简单地把工作的大致情况向王某做了介绍，并反复强调，她非常相信王某的工作能力。她还告诉王某，新的岗位肯定要付出更多的精力，可是他的报酬也会随之增加。

王某表示，他很感激张某为他做的一切，但是，他很担心一旦接受了这一工作岗位，和家里人在一起的时间就更少了。而且到目前为止，他没有看到任何有关这一新岗位的工作的具体说明，不知道有多少工作要做，到底会给他多少加班费用。听到他的话，张某皱起了眉头，她直截了当地问他："你到底要如何，不会是要告诉我，你不想干吧？那我们干脆把聚会也取消好了吧！"听到张某这样说，王某感觉到他们的谈话将陷入僵局。于是他提议他们回去和大家一起好好地高兴高兴，具体的问题等到星期一早晨再在办公室谈。

张某同意了他的建议，但是在聚会上，王某对同事们的祝贺都没听进去，脑子一直处于嗡嗡作响的状态。在临进房间时，张某还对他说："我希望你能够做出正确的决策。"

问题：
1．你认为这一案例中哪个环节出了问题？
2．酒店怎样做才能避免这种情形的发生？

第 15 章 餐饮营销管理

学习目标

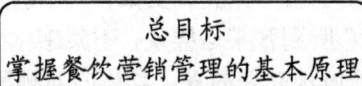

总目标
掌握餐饮营销管理的基本原理

知识目标
1. 了解餐饮产品定价目标、定价方法与定价策略;
2. 了解餐饮外部营销和内部营销

技能目标
1. 掌握中餐饮产品的定价方法;
2. 掌握中餐饮内部营销和外部营销的技巧

能力目标
能综合运用各种餐饮营销技巧进行餐饮产品的营销活动

导入案例

1989 年,玛丽在不同的公司工作了 10 年之后,想创办自己的产业。玛丽 1979 年在布雷克顿大学得到了食品管理学位,但对于当地的少数民族居民而言,管理工作岗位十分有限,而下层的工作岗位则较多。因此,玛丽只好在零售行业找了一份工作。尽管她的工资待遇不错,但也只能做个营业员。

玛丽在此工作了 4 年,后来去了一家大的零售公司在牛津街的分店,还当营业员。正是在分店工作期间,玛丽萌生了开餐馆的想法。这要归功于她与外国顾客,特别是西非顾客的接触。这些顾客除了购物外,总要问玛丽在哪儿能买到非洲食品。玛丽告诉他们她所知道的伦敦北部的一两个非洲加勒比民族餐馆,有些回头客因此而专门表示感谢。到 20 世纪 80 年代中期,玛丽看到快餐业虽在全城迅速发展,但非洲加勒比民族餐馆却仍旧很少,这部分市场几乎还是一片处女地。于是,玛丽开始考虑建立自己的非洲餐馆。1989 年,她在伦敦北部的托特纳姆——自己家附近,获知有个产业要出售,此处以前是个面包房,房屋地点很合适,也不用进行大的装修和翻新,玛丽就把它租了下来。1989 年 7 月,玛丽用自己的 3500 英镑储蓄开张了茶馆。地方政府同意为她装修翻新,还免了一年的租金。玛丽为此购置了 20 套桌椅板凳,还增加了一个柜台。玛丽对制定营销策略、如何开发产品、如何一炮打响有清醒的认识。她采取了以下行动以实现自己的目标。

玛丽从一开始就把餐馆定位于非洲餐馆,供应尼日尔餐饮。餐馆名字的选择体现了其根源和菜肴的特色,这也是该地区的茶饮特色。为了保证地道的非洲风味,玛丽决定直接从尼日尔购买大部分鱼类和其他食品,还要严格遵循原来的烹调配方和工艺。为了增强非洲风味,玛丽为两个兼职的女服务员设计了典型的非洲裙式服装。为了确保高质量和新鲜的餐饮,每位顾客在走进餐厅时被告知菜品都是现做的,需要等待稍长一些时间。为了保持非洲风味,餐馆还专门向顾客推荐开胃的辣椒汤。

餐馆用竹制弓箭、棕榈树叶和非洲物品装饰,餐具也是非洲原产,如盘汤用的小加拉巴木餐具。这使餐馆充满了非洲特色。位于伦敦哈里恩盖镇的托特纳姆是大量非洲后裔聚居的地区，玛丽餐馆所在的这条大街，位置挨着居民区和主要商业中心，坐车、开车到此都比较方便。这个地方有足够的车位，不会因停车问题而影响客源。对于价格，玛丽认为应该让顾客感到物有所值并且能够承受。她以自己和好友的收入为基础进行了测量，并对其他餐馆的价格进行了研究。根据从尼日尔批量购买原料的成本，她粗略制定了价格。在价格中她仅计算了总成本，加上预期收益，并没有计算各单项成本。这种定价方法最初很有用，因为她可以很方便地从尼日尔得到大部分原料。后来，由于某些原料很难买到，玛丽不得不找其他供应商，以浮动价格支付原料费。尽管如此，玛丽也只是稍微调整了价格，因为她怕提高价格而赶跑顾客，特别是这条大街上麦当劳和肯德基都是直接的竞争者。

玛丽很相信口碑的效果，她认为，只要顾客传播的是正面信息，其乘数效应是很大的。餐馆快开业时，玛丽尽可能多地给朋友打电话，让他们把餐馆开业的日期传递给亲朋好友。尽管开业时罕有人至，但玛丽并不灰心。接下来的一周，玛丽印了些传单，在餐馆附近四处分发。传单上亲切地邀请人们来"尝尝非洲佳肴"。一有机会，玛丽还到处发放自己的名片，包括给她的非洲朋友和大学同学。开业时，玛丽就计划餐馆只吸引非洲人，特别是尼日尔人。玛丽知道他们喜欢在家庭式的气氛中用餐，并且很在乎吃什么。很多尼日尔人不愿尝试其他食物，认为他们的食品才是最好的。西印度人与非洲人又有很大的文化差异，所以非洲人不愿去西印度人的餐馆用餐。玛丽正是要把非洲人和尼日尔人作为餐馆的目标市场，在价格、菜肴和餐厅的气氛等方面突出特色。

玛丽的整个策略都获得了成功。开业不到4个月，她不得不加工预制食品以加快食品的周转速度，满足外卖订单的需要。每当周末还要另雇帮工，70%的营业额都是在周末实现的。餐馆的收入还使玛丽加添了桌椅板凳。为了营造气氛，她将柜台变成厨房的延伸部分，女主人可以从这里直接向客人提供餐饮。在1990年4月餐馆开业9个月的时候，玛丽感到应当进行更准确的财务记录，从中获得重要的财务信息。为此，玛丽找到了当地一家小的会计事务所帮忙。事务所的经理阿卜杜勒与她共同计算出餐馆每周的收入近2 000英镑，如果定价再合理一些，每周的收入可能还会高。由于在伦敦北部布四五家非洲餐馆开业，竞争不断加剧，玛丽一直没有改变餐饮的价格。她调查了其中的一两家，相信自己的价格和餐饮质量非常有竞争力。尽管1990年其他餐馆每位顾客的平均消费是10.50英镑，而玛丽的餐馆顾客平均消费是4.50英镑左右，玛丽仍然不愿大幅度调价。

1991年，玛丽和阿卜杜勒订婚，阿卜杜勒成为餐馆的合伙人。他认为要增加营业额，有必要在当地的媒体做广告，并设计更好的宣传品广泛地散发。果然，餐馆的业务量因此而翻了一番，到1991年底，每周的营业额已达4 250英镑。食品的种类没有变，但经过对单项成本的核算，餐饮的价格已更接近行业价格，竞争也更激烈了。

通过劳力奋斗并与顾客融洽相处，到1992年，玛丽的餐馆空前繁荣，收入已达到每周6000英镑，雇佣了大约10个全日制工和临时工。玛丽和阿卜杜勒开始考虑在伍德格林再开分店。玛丽的妹妹跟玛丽学烹饪，她将成为新开分店的厨师和老板娘。为了寻求地方当局的支持，获得银行贷款，餐馆准备制定一份业务计划，并因此而调整了整体目标。此外，阿卜杜勒迈进行了行业前景和公众对餐馆的态度的调查，特别是对非加茶馆的态度使他们尤为重视。最后，新餐馆选择的地点在伍德格林。1992年5月，尼日尔餐馆2号分店开业了。玛丽和阿卜杜勒自己投资大约两万英镑；又从当地银行贷款2.5万英镑，分5年偿还。

新餐馆更豪华，突出了很多在市场调查中客人的需求特征。目标市场定位主要是年轻人和富人，价格也相应做了一些调整，使新餐馆与竞争者区别开来。

新餐馆做了很多广告和营销活动，很快就成为年轻的职业黑人、非洲外交官及来访商人们经常光顾的地方。新餐馆有75个餐位，还可以安排一些集体聚会活动，并鼓励非洲年轻的艺术家们在周末进行演出，这也吸引了不少顾客。1992年11月，新餐馆每周营业额达到2万英镑，雇佣了12个员工。

问题

1. 玛丽成功的关键是什么？
2. 玛丽在餐馆开业之初为餐馆制定的营销组合策略是怎样的？
3. 在餐馆发展的中后期，玛丽和阿卜杜勒又采取了哪些营销策略来促进餐馆的发展？

关键词

餐饮　营销

15.1　餐饮产品定价

餐饮产品的价格是否合理，对产品的销售、企业在市场中的竞争力及市场占有率、企业的营业收入和利润等都会产生极大的影响。因此，价格历来是企业经营管理中最敏感的问题，必须引起餐饮企业管理者的高度重视。

15.1.1　定价目标

餐饮定价目标是指餐饮企业在制定餐饮产品价格时所要达到的目标。餐饮产品的定价目标在市场营销活动中的地位体现为，一方面必须符合餐饮企业的市场营销目标，与市场营销目标达到协调一致；另一方面，定价目标又是选择餐饮定价策略的依据。餐饮定价可以有很多不同目标，但常用的定价目标一般有以下几种。

1. 以企业的经营利润作为定价目标

利润是考核和分析企业市场营销工作好坏的一项综合性指标，是企业最主要的资金来源。以利润为定价目标有3种具体形式：预期收益、最大利润和合理利润。

1）获取预期收益目标

预期收益目标是指餐饮企业以预期利润（包括预交税金）为定价基点，并以利润加上餐饮直接成本和费用构成价格出售产品，从而获取预期收益的一种定价目标。预期收益目标有长期和短期之分，大多数餐饮企业应采用长期目标。预期收益高低的确定，应当考虑餐饮产品的质量与特色、同期的银行利率、消费者对价格的反应，以及企业在同类竞争者中的地位和在市场竞争中的实力等因素。

2）获取最大利润目标

最大利润目标是指餐饮企业在一定时期内综合考虑各种因素后，以总收入减去直接成本与全部费用后的最大差额为基点，确定餐饮产品的价格，以取得最大利润的一种定价目标。最大利润是餐饮企业在一定时期内可能并准备实现的最大利润总额，而不是单位餐饮产品的最高价格，最高价格不一定能获取最大利润。当餐饮企业的产品在市场上处于绝对有利地位时，往往采取这种定价目标，它能使企业在短期内获得高额利润。

3）获取合理利润目标

合理利润目标是指餐饮企业在补偿正常情况下的社会平均成本基础上，适当地加上一定量的利润作为餐饮产品价格，以获取正常情况下合理利润的一种定价目标。企业在自身力量不足，不能实行最大利润目标或预期收益目标时，往往采取这一定价目标。这种定价目标以稳定市场价格、避免不必要的竞争、获取长期利润为前提，因而价格适中，顾客乐于接受，政府积极鼓励。

2．以竞争为目的的定价目标

价格是调节市场供求关系的经济杠杆，餐饮产品进入市场就意味着开始了市场竞争，产品的定价目标也要适应这种竞争的需要。餐饮企业往往运用价格差异使其在竞争中处于有利地位，所以在定价之前，应广泛收集资料，将本企业产品同竞争者类似的产品进行比较，根据其经营战略来做出选择。

对于拥有垄断技术或实力雄厚、美誉度和产品知名度都较高的餐饮企业，可以选择高于一般竞争产品的定价目标；而在竞争者实力相当、市场容量宽松的条件下，可以采取随行就市的定价目标，以免两败俱伤。

3．以企业生存为定价目标

在市场不景气或竞争激烈的情况下，餐饮企业为了能够生存下去，在定价时只求保本经营，待市场好转、需求回升或餐厅已打响知名度后，再提升价格。这是餐饮企业遇到危机时的基本定价目标。

4．注重销售数量的定价目标

在有些情况下，餐饮管理人员从经营的角度考虑，在定价时力求增加客源及菜品的销售数量。例如，在有些餐厅所处的地点过于僻静，或餐厅的知名度较低，管理人员为吸引顾客，增强菜单的吸引力，往往在一段时间内将价格定得比同行低，以增加竞争力，吸引更多的客源，以此来提高餐厅的知名度，吸引回头客。也有一些餐饮企业在遇到激烈竞争时，为了扩大或保持市场占有率，甚至为了控制市场，也会用低价来吸引客源。餐饮企业因为低价可能会失去一些利润，但也会因为低价而生意兴隆，从而依靠卖"量"及酒水销售，仍有利润可赚。

5．以刺激其他消费为目的的定价目标

刺激其他消费的定价目标是指为实现餐饮企业的总体经营目标，将某一种或几种具有诱饵效应的餐饮产品价格定得很低，以此来刺激顾客对其他产品的购买。通常使用较多的诱饵产品并不是完整的餐饮产品，而是具有吸引力的菜品，以此吸引顾客增加对其他菜品

或完整产品的消费。这种诱饵产品称为"亏损先导产品"。例如,在我国许多酒店中,餐饮部在定价时往往考虑整个酒店企业的利润,以较低的餐饮价格来吸引商务客人、会议客人及旅游团队客人,以此提高客房出租率,使酒店的整体利润提高。有的酒店甚至是以"客房养餐厅"的方式进行餐饮定价。

餐饮经营中,经营者们往往还会推出"特价菜",以此来刺激其他产品的销售。例如,某餐厅将鲜活基围虾定价为 18 元一斤,食客们为基围虾而来,但不可能只吃一斤基围虾,必然还会点其他的菜肴、酒水及主食。

6. 以企业形象为导向的定价目标

有些大型的餐饮企业在产品的定价目标上,以树立自己在社会上的形象为主导,不会轻易随着市场行情的变化而涨价或降价,以此来保证自己在客源定位消费群体中的形象和信誉,如北京凯宾斯基酒店提出绝不降价——五星酒店五星价。

15.1.2 定价方法

定价方法是餐饮企业为实现其产品的定价目标所采取的具体方法,不同的定价目标决定了不一样的定价方法。餐饮企业的定价方法可以根据定价时侧重考虑的因素不同,分为成本导向定价法、目标收益定价法、需求导向定价法和竞争导向定价法。

1. 成本导向定价法

成本导向定价法是指以餐饮产品的成本为基础加上一定的利润来制定价格的方法。这种定价法简便易行,是我国现阶段最基本、最普遍的定价方法。由于利润一般按成本或售价的一定比例计算,故将一定的期望利润率,又叫成本率,加在成本上。因此,成本导向定价法常被称为成本加成计价法。此方法的优点在于,所定价格如能被接受,则能保证企业全部成本得到补偿,企业成本量自己掌握,计算方便,同时在成本没有大的波动的情况下,有利于价格的稳定,并给消费者一种可靠成本定价——"将本求利"的印象。其缺点在于不能反映是市场需求状况和竞争状况。

成本加成定价法包含不同的具体种类,其中主要有以下几种。

1)完全成本加成定价法

完全成本加成定价法是按照产品单位成本加上一定比例的提成(毛利),定出售价,这是成本加成定价法的最基本的形式。这种方法主要用于制定食品和饮料的价格,可分为 3 个步骤。

(1)计算出产品成本。

(2)估计产品成本率。这主要有经营人员根据过去的经验,结合直觉来判断决定。

(3)利用公式计算出价格:

$$商品售价 = 完全成本 \times (1 + 成本加成率) \quad (15\text{-}1)$$

例如,某菜肴的原料成本为 10 元,餐饮经理确定成本加成率为 40%,那么改菜肴的价格为

$$P = 10 \times (1 + 40\%) = 14 \text{(元)}$$

完全成本加成定价法的优点是计算简便，而且在市场环境诸因素基本稳定的情况下，采用这种定价方法可以保证各行各业获得正常的利润率。另外，若整个行业都采用这种定价方法，各酒店的成本和加成率都比较接近，定出的价格相差不大，则相互间的竞争就不会太激烈。最后，这种定价方法在心理上给人一种公平合理的感觉。但是，它毕竟是一种典型的生产导向观念的产物，只考虑了成本因素，而没有分析市场需求弹性和消费心理，这就很难令酒店获得最高额利润。

2）因素定价法

因素定价法是成本加成定价法的一种简单的变化形式。因素定价法是根据产品所包含的组成因素确定产品的价格。这种方法适用于餐饮部门。这是由于高档餐厅在产品定价时，不仅考虑餐厅的地理位置、声誉、气氛、菜肴的外观等，还根据多因素来制定的。它的缺点类似于完全成本加成定价法。

3）实际成本定价法

实际成本定价法主要是针对餐饮部门设计的。这种方法只是为餐厅产品的成本确定一个上限，定价人员根据这个上限来制定适当的价格。实际成本定价法可以按一下 5 个步骤进行：

（1）估计销售收入。

（2）确定目标利润，可用销售收入的百分比表示。

（3）详细算出除食品原料成本以外的所有其他成本费用。

（4）计算出食品成本上限 [（1）－[（2）＋（3）]，即

$$\text{食品成本上限}＝\text{销售收入}－（\text{目标利润}＋\text{其他成本}） \quad (15\text{-}2)$$

（5）根据食品原料成本来设计菜品价格

4）收支平衡定价法

收支平衡定价法是运用损益平衡原理实行的一种保本定价方法。它以盈亏分界点的总成本为依据来确定产品价格。盈亏分界点是指酒店在收支平衡、利润为零时的销售水平。

收支平衡定价法用途广泛，能帮助定价人员找出理想的价格和最理想的赢利机会，是定价人员分析餐饮产品价格的一种十分有效的工具。但是，由于产品销售量和产品单价的估计存在一定的难度，加上产品成本费用有时不易掌握，因此，这种方法带有一定的局限性。

2．目标收益定价法

成本加成本定价法的缺陷之一就是不考虑酒店的投资回报其情况，而有些定价法却能弥补这一不足，如目标收益定价法。目标收益定价法是酒店按预期获得的利润量来确定餐饮产品价格的方法。餐饮产品价格是由目标收益率决定的。其定价步骤如下。

（1）确定目标收益率。其计算公式为

$$\text{目标利润总额}＝\text{投资总额}\times\text{目标收益率} \quad (15\text{-}3)$$

（2）预测销售量或客人需求量。

（3）计算餐饮产品价格。

目标收益定价法的优点在于它同时考虑了投资消费水平、收入、价格和利润等因素，

可以保证实现既定的目标收益率。但这种方法依然存在缺陷，即未考虑价格与需求的关系，所以计算出的价格不可能保证销售量的实现，尤其是针对需求弹性大的产品，该问题更加突出。

3. 需求导向定价法

需求导向定价不再是以成本为基础，而是以宾客对产品的理解和认识程度为依据。需求导向定价法是市场导向观念的产物，包括理解价值定价法和需求差异定价法。

1）理解价值定价法

理解价值定价法是企业根据消费者对产品价值的感觉而不是根据卖方的成本制定价格的办法。各种商品的价值在消费者心目中都有特定的位置，当消费者选购某一产品时常会与其他类商品进行比较，通过权衡相对价值的高低而决定是否购买。因此，企业向某一目标市场投放产品时，首先需给这种产品在目标市场上"定位"，即企业要努力拉开本产品与市场上同类产品的差异，并运用各种营销手段来影响消费者的价值观念，使消费者感到购买该产品比购买其他产品获得更多的相对利益。然后，企业就可根据消费者所形成的价值观念大体确定产品价格。

2）需求差异定价法

需求差异定价法是根据需求的差异，对同种产品制定不同的价格的方法。它主要包括以下几种形式。

（1）对不同顾客采取不同价格。例如，同种产品对购买量大和购买量小的采取不同价格；对贵宾、会员用餐价格打折优惠。

（2）相同的产品在不同地区销售，其价格可以不同。例如，同样地餐饮产品在沿海和内地的价格是有差异的。

（3）相同的产品在不同时间销售其价格可以不同。例如，需求旺季的价格明显地高出需求淡季的价格，有些餐饮企业下午两点以后用餐比正点用餐价格低。

4. 竞争导向定价法

竞争导向定价法是一种以同类餐饮产品的市场供应状态为依据，以竞争对手的价格为基础的定价方法。这种方法是以竞争为中心，同时结合餐饮企业自身的实力、发展战略等因素的要求来确定价格。由于不同的餐饮企业对餐饮市场竞争有不同的判断，这种定价方法就可大致分为两类。

1）率先定价法

率先定价法是一种主动竞争的定价方法，一般为实力雄厚或产品独具特色的餐饮企业所采用。在制定价格时，餐饮企业首先将市场上竞争产品价格与企业估算价格进行比较，分为高于、一致、低于3个层次；其次将企业产品的性能、质量、成本、产品等与竞争企业进行比较，分析造成价格差异的原因；再次根据以上综合指标确定本企业产品的特色、优势及市场定位，在此基础上按定价所要达到的目标，确定产品价格；最后要跟踪竞争产品的价格变化，及时分析原因，相应地调整本企业的价格。这种方法所确定的餐饮产品的价格若能符合市场的实际需要，率先定价的餐饮企业会在竞争激烈的市场环境中获得较大的收益，居于主动地位。

2）追随核心定价

追随核心定价是根据餐饮市场中同类产品的平均价格水平，或以竞争对手的价格为基础的定价方法。在餐饮市场营销活动中，由于"平均价格水平"易被旅游消费者接受，被认为是合理的价格，而且也能保证企业获得与竞争对手相对一致的成本利润率，使许多企业倾向于与竞争者保持一致的价格，尤其在少数实力雄厚的企业控制市场的情况下，大多数中小旅游企业市场竞争力有限，无力也不愿与生产经营同类旅游产品的大企业"硬碰硬"的正面竞争，就跟随大企业同类产品的价格，从而制定大致相仿的价格并随其价格变化而相应地调整本企业的价格。

15.1.3　定价策略

餐饮产品定价策略是企业根据餐饮市场的具体状况，从定价目标出发，灵活运用价格手段进行定价，以实现企业的营销目标。在现代餐饮业竞争十分激烈的今天，市场变化多端，机遇稍纵即逝。餐饮经营者只有根据不同的市场状况，采取富有针对性的经营策略，方能在竞争中立于不败之地。一般说来，餐饮企业的产品定价策略主要有新产品定价策略、心理定价策略、折扣定价策略和差别价格策略等。

1．新产品定价策略

新产品定价策略既包括新开业餐厅的产品价格策略，也包括已开业餐厅推出新产品的价格策略。对于餐饮新产品的定价，经营者可以根据具体的情况，采取以下3种策略。

1）撇脂定价策略

撇脂定价策略是一种高价格策略，是指餐饮新产品在上市初期，市场上还没有竞争者，属"独家经营"，此时产品没有可比性，餐厅可以将价格定得高些，以便在较短的时间内获得最大利润。这种定价策略因类似于从牛奶中撇脂奶油而得名。随着市场上别的餐饮企业也模仿制作出了这种产品，再把价格降下来，这样较为符合消费者对价格从高到低的心理预期。而且因为事先得到了利润，甚至可以把价格定的比别人更低些，使产品仍然具有竞争力。采取这种策略能在短期内获得尽可能多的利润，尽快收回投资成本。餐饮产品没有高科技而言，利润高的产品很快被同行模仿，因而会很快形成激烈的竞争，从而导致价格下降。

2）渗透定价策略

渗透定价策略是一种低价格策略，即在新产品投入市场时，价格定得较低，以便消费者容易接受，迅速打开和占领市场，从而获取较高的市场份额，尽早在市场上取得领先地位，扩大市场销售量，增加赢利。由于此策略价格较低，竞争者觉得无利可图，因此，还能有效地排斥竞争者进入市场，从而在较长时间内居市场主导地位。

3）满意定价策略

满意定价策略是一种介于撇脂定价和渗透定价之间的定价策略，所定的价格比撇脂价格低，而比渗透价格要高，是一种中间价格。撇脂定价策略定价过高，对消费者不利，既容易引起竞争，又可能被消费者拒绝具有一定得风险；渗透价格策略定价过低，对消费者有利，对餐饮企业最初的收入不利，资金的回收期也较长，若企业实力不强，将很难接受。

而满意定价策略采取适中价格,吸取了上述两种价格策略的长处,能使生产者和消费者都比较满意,有时又称"君子价格"或"温和价格"。

知识链接 15—1

离谱的满汉全席

据《大连晚报》的转载报道:西安某酒店为 12 名客人精心准备了一桌价值 36.6 万元的满汉全席,创下西安宴席之最。一时间各大媒体、报刊竞相报道,西安的这家酒店成为焦点。但 3 天后的报道却出人意料,《大连晚报》以"一桌饭 36 万出恶名——酒店营业额跌到最低"为标题进行了后续报道,文章分析了生意下滑的原因:由于消费者误认为该酒店属于那种"没有数万元甭想进"的酒店,那些想花几百元吃饭的顾客不敢进门。老板因架不住媒体的采访要求而藏身他处,而税务部门也特别留意那天的 36.6 万元的营业款。因此,一种定价策略有可能会出现预料不到的结果,离谱的定价会导致适得其反的效果。

2. 心理定价策略

心理定价策略就是经营者在制定餐饮产品价格时,不但要考虑消费者对餐饮产品的理性分析,而且更注重消费者在心里情绪上对餐饮产品价格的反应。因此,在定价时利用消费者对价格的反应心理制定适宜的价格,可以刺激消费者对餐饮产品的消费。一般常用的有以下 3 种方法。

1)吉利数定价策略

根据我国餐饮企业的经营经验,中国消费者有吉利数的偏好,会倾向于购买使其产生积极联想的吉利数定价的商品而放弃购买使其产生消极联想的不吉利数定价的商品。消费者在首次购买决策以及再次购买决策等消费者行为方面更容易接受 6、8 等较为激励的数字,同时对吉利数定价商品产生高的期望,反之,对那些非吉利的数字,在定价时要慎用,如 4、250、314 等。因此,餐饮企业在具体定价时必须充分考虑这些吉利数字。

2)尾数定价策略

尾数定价策略是指在确定餐饮产品的价格时,利用消费者求廉的心理,制定非整数价格,以零头数结尾,使消费者在心理上有一种便宜的感觉,从而激起消费者的购买欲望,促进产品的销售。利用尾数定价,可以使消费者产生特殊的心理效应:首先是感觉便宜,标价 99.95 元的商品和 100.05 元的商品,虽仅相差 0.1 元,但前者给购买者的感觉是还不到 100 元,后者却使人认为 100 多元,因此前者给消费者一种价格偏低,商品便宜的感觉,使之易于接受;其次是精确,带有尾数的定价可以使消费者认为商品定价是非常认真、精确的,连几角几分都算得清清楚楚,进而产生一种信任感。

3)声望定价策略

声望定价策略是针对消费者"便宜无好货"、"价高质必优"的消费心理的一种定价策略。因为价格的高低常被当作产品档次的直观反映,消费者在识别高档产品时,这种心理尤为强烈。高价与高档次比较协调,能显示出产品的高层次,给消费者留下高档的印象,甚至使消费者感到购买此产品可提高自己的声望、档次。

因此，这种定价方法主要抓住了消费者崇尚名牌的心理。该定价方法的主要有两种目的：第一，能提高产品形象；第二，能满足某些消费者对地位和自我价值的欲望。

3．折扣定价策略

折扣定价策略是指餐饮企业在既定的产品价格基础上打折优惠消费者，目的是吸引、鼓励消费者积极消费。这是一种以实惠针对顾客、适应需求、灵活经营的策略，对提高餐饮企业的竞争能力、扩大销售、增加利润都有很大的作用，为餐饮企业普遍采用。常用的折扣定价策略有以下几种。

1）数量折扣

数量折扣是指餐饮企业的生产经营者为了鼓励消费者大量购买，根据购买者所购买的数量给予一定得折扣。数量折扣游客分为以下两种。

（1）累积数量折扣。累积数量折扣是指在一定时间内，消费者购买总数超过一定数额时，餐饮企业按消费总数给予一定得折扣。一般情况下是消费者消费数量越大，折扣越多。这种定价策略有利于加强餐饮企业与消费者之间的联系。

（2）一次批量折扣。消费者一次购买数量达到企业所规定的数量，就可得到一定得折扣优惠，超过数量越多折扣越大。这能刺激顾客多消费，增加利润，又能减少交易时间，节约开支，如团体用餐优惠，餐饮经营着为促进销售，提高本企业在社会上的知名度，往往对旅游团队、会议用餐等大批量用餐的客人给予折扣。尽管团体客人每人消费标准并不高，但由于量大，起到了薄利多销的作用。

2）现金折扣

现金折扣又称付款期限折扣，是指对现金交易或按期付款的消费者给予价格折扣。具体操作方法是，若在卖方规定的付款期限以前若干天内付款，卖方就给予一定得折扣。其目的是鼓励买方提前付款，以便尽快收回货款，加速资金周转。

4．差别定价策略

在激烈的市场竞争中，餐饮企业采取相同的餐饮产品以不同价格出售的策略，其目的是通过形成数个局部的市场而扩大销售，增加企业赢利来源。

1）地区差价策略

地区差价策略是指餐饮企业以不同的价格在不同地区营销同一种产品。形成这种差价主要是不同地区的消费者具有不同的爱好和习惯，因而各地市场就有不同的需求曲线和需求弹性，如沿海地区与内陆地的消费者的饮食习惯和偏好有很大的不同点。对同样的海鲜菜品的需求有明显的不同，价位也存在不同。

2）时段差价策略

时段定价策略是根据客人就餐的不同季节、日期、时间等采取不同层次的优惠价格策略，主要包括的内容有季节优惠、周末优惠、时段优惠等。

时段优惠一般多用于生意较好的餐厅，这种做法既可以将餐厅的利用率大大提高，将顾客分流，使生意较淡的时间段被充分利用，同时又能调节菜式结构，保证菜肴的新鲜和优质。

知识链接 15-2

"幸福鱼"的分时段消费

"幸福鱼"是隶属于云南天天集团的一家以经营风味快餐为主的连锁餐饮公司，该公司在昆明首次推出"分时段价格消费"，在当地餐饮界引起了一场不小的震动。

"幸福鱼"餐饮超市"分时段价格消费"的具体做法：餐饮超市分4个时段分别定价，每个时段的价格固定，周一至周四上午 10:30～下午 3:30 为一个时段，这期间，每位顾客只需花 10 元钱即可品尝到 200 多种美味风味小吃；下午 4:30～晚 8:30 为一个时段，每位顾客只需花 19 元即可以尽情享受到各种风味小吃、自助火锅和酒水；而每周六和星期日及其他国家法定假日的上午 10:30～下午 3:30 又为一个时段，每位顾客只需花 19 元就可享受到小吃、火锅、酒水、饮料、海鲜、扎啤等。

3）地点差价策略

地点差价策略是一种最近流行的优惠策略，也叫分价消费，即把包厢与大厅的消费价格分开，店堂与外卖的消费价格分开。

这种新兴定价策略是店家考虑到顾客的消费能力及消费环境而采取的手段。大厅往往是酒店的一块"鸡肋"——摆设虽然够不上档次，但不设会失去婚宴市场；设了多数时候没生意。如果用大排档的消费价格去经营大厅，容易赢得更多的大众消费者；用星级酒店的消费价格去经营包厢，则能争夺高档的消费群。由于目前多数酒店的高档消费注重私密性，更注重优质的服务与优雅的环境，价格的高低不太受关注，所以即使比大厅消费水准高，消费者也不会在意。

15.2 餐饮营销原理

餐饮营销是餐饮企业管理的一项重要职能。在目前餐饮市场竞争日趋白热化的状态下，了解餐饮营销原理的相关内容，是掌握餐饮营销功能、发挥餐饮营销职能的基础。

15.2.1 餐饮营销的定义

餐饮营销是指餐饮经营者为使顾客满意，或招徕更多的宾客，并为实现餐饮经营目标而展开的一系列有计划、有组织的活动。它包括餐饮的市场调研、目标市场的选择、餐饮产品的开发、餐饮产品的定价，以及销售渠道的选择和组织各种促销活动等。所以说它是一个完整的过程，而不是一些零碎的推销活动。

餐饮营销包含以下几层意思。

（1）满足顾客需要是餐饮市场营销的起点和终点。

（2）实现交换是餐饮市场营销的核心。

（3）计划、组织整体营销活动是餐饮市场营销的保证。

（4）获得利益是餐饮市场营销的目的。

15.2.2 餐饮营销的意义

营销强调的重点是产品和服务所能给予人们的满足及利益，而不仅是产品与服务的本身。美国一位酒店营销学家指出："我们这个行业的产品并不是客房、食品和饮料，也不是空间。说得确切一点，事实上，我们并不推销什么物品，人们并不是为了购买什么物品或其持性，他们购买的是'利益'。"

（1）让客人知晓，也就是要通过各种形式的营销，让消费者知道某餐厅的存在，知道其提供的产品和服务；还要提高他们对其形象和内容的认知程度，这也要通过各种形式的推销来实现。

（2）让客人喜爱，这就要求餐厅所提供的产品和服务首先必须是能满足客人所要求的。如果餐厅的产品和服务有不少不足之处，就应先提高质量，然后再向消费者推销和介绍。

（3）让客人偏爱，餐厅要着重宣传自己的菜肴质量、价值、绩效和其他优点，提高餐厅的美誉度，增强行业竞争力，使消费者青睐你的餐厅。

（4）让客人信服，信服是导致购买的前奏，也是促使其反复光顾你的餐厅的基础。因此，餐厅要通过推销和事事亦友的经营管理，使就餐客人对光顾餐厅所获得的质量、价值深信不疑。

（5）促使客人光顾，餐厅通过各种营销活动让客人喜欢光顾和重复光顾，为酒店赢得经济效益和社会效益。

15.2.3 餐饮产品与服务的营销组合

营销组合是市场营销观念发展的重要概念。随着市场营销观念的发展，餐饮营销组合也相应发生着变化。

所谓餐饮产品与服务的营销组合，就是指以目标市场为中心，通过综合运用各种营销因素，达到企业的营销目标，并获得最佳效益。

1. 餐饮产品与服务的组合

1980 年，美国著名酒店营销学家 C. 杜威特·考夫曼（C. Dewitt Coffman）在《酒店销售学》一书中，将营销因素组合概括为 6 个 P。

（1）人（people），主要指顾客或需求市场。

（2）产品（product），不仅指酒店或餐饮企业所提供的有形的食物产品，还包括无形的服务。

（3）价格（price），一方面要适应顾客的需要，另一方面要满足酒店对利润的要求。

（4）促销（promotion），促销的任务是使顾客深信本酒店的产品就是他们的需要，并促使他们来消费。

（5）绩效（performance），它是指产品的传递。这是使顾客重复购买和大量购买酒店产品的方法，并使顾客在离店后为本酒店进行宣传。

（6）包装（package），酒店的"包装"与商品的包装不同。酒店的"包装"是指把产品和服务结合起来，在顾客心目中形成本酒店的独特形象。酒店的"包装"包括外观、外景、内部装修布置、维修保养、清洁卫生、服务人员的态度和仪表、广告和促销印刷品的设计以及分销渠道等。

2. 餐饮产品与服务的营销组合策略

1）扩大或缩小经营范围

扩大经营范围的策略是指扩大产品与服务组合的广度,以便在更大的市场领域发挥作用,提高经济利益和利润,并且分散投资风险。

缩小经营范围的策略是指缩减产品和服务项目,取消低利产品和服务项目,从经营较少的产品和服务中获得较高的利润。

2）高档或低档产品与服务组合策略

所谓高档产品与服务组合策略,就是在现有产品的基础上增加高质、高档、高价的产品和服务,逐步改变餐厅仅供应低档产品的形象。

所谓低档产品与服务组合策略,就是在高价的产品和服务中增加廉价的产品与服务。

上述两种策略均有一定风险。"高档"不大容易被顾客相信可能会遭到拒绝;"低档"可能会影响原有高档产品与服务的形象。因此,要切实分析餐饮的市场地位和市场变化情况及自身实力,以便有的放矢地推行相应的策略。

3）餐饮产品和服务的差异化策略

产品和服务的差异化策略的理论基础是消费者的爱好、愿望、心理活动、收入、地理位置等方面存在差别,所以为其提供的产品与服务也必须有差别。

4）发展新产品策略

餐饮企业应根据市场需求的变化,随着顾客的爱好、社会时尚等方面的变化,不断推陈出新,向市场提供新产品和新服务。这是餐饮业制定最佳产品策略的重要途径之一,也是餐饮经营具有活力的重要表现。

餐饮经营管理人员应深入调查,不断创新。经常以新产品或名产品更换包装等方式向市场展示自己的形象,显示自己的实力,可采取如下形式:①更新装潢,调换餐具和桌椅;②组织专题周和食品节以及各种文娱活动;③更换服务人员服饰;④菜单多样化,烹饪灵活化;⑤调整价格,技质论价和按需论价;⑥策划新的宣传品、纪念品;⑦改善服务,不断修改服务项目,提高人员的素质和修养;⑧最大限度地保证服务质量。

15.2.4 餐饮营销的影响因素

要做好餐饮营销工作,首先必须了解真正影响餐饮营销的重要因素,才能有针对性地开展营销活动。

1. 顾客对餐饮营销的需求

顾客对餐饮的需求,决定了他选择什么样的餐饮产品。从总体上来说,顾客对餐饮的需求有两个方面:一是生理方面的基本需求;二是由于受到社会影响产生的各种心理方面的需求。

1）生理需求

生理需求主要包括营养、风味、卫生、安全等。这些是顾客在餐饮消费活动中最基本的要求。

（1）营养。现在的人们都非常注重健康，强调要吃出健康。人们外出就餐，强调的是营养，要能够给其健康带来好处。

（2）风味。很多客人到餐厅来消费，目的是品尝特殊的风味。这个风味是在家里做不出来的，特别是一些有地方特色的风味产品，他们更是趋之若鹜。这是一种求新求异的心理需求。

（3）卫生。现在的消费者都非常讲究卫生。这里的卫生既包括菜肴产品本身的卫生，也包括就餐环境的卫生，还包括餐器具和员工的个人卫生等。没有人愿意去一个不干净的饭馆吃饭。环境高雅、菜品卫生、服务人员整洁是客户首先在意的。

（4）安全。安全包括食品卫生的安全、就餐环境的安全，如地面不要太滑、墙上挂的字画不能往下掉砸到人等。这些要求包含了一些表象和深层次的内容。

2）心理需求

心理需求即消费者的精神需求，这一类需求往往是看不见、摸不着的。这也是很多的经营者在经营过程中觉得比较棘手的问题。因为人的心理需求不太容易发现，而消费者自己也不太愿意将其心理需求表露出来。这就需要在服务过程当中要十分关注消费者，去发现和研究他们的需求变化。

心理需求有以下5个方面。

（1）受欢迎的需求。客人到餐厅以后，要有员工去问候他、迎接他，让他觉得受到了欢迎。受欢迎有一个最基本的要求，那就是被尊重。

（2）受尊重的需求。受尊重的需求，实际上包含了几个方面的意思。

第一，对客人人格的尊重。这个是最基本的需求。顾客的人格被尊重，他才找到被当成上帝的感觉，就餐过程才愉快，他才愿意来。

第二，对客人消费口味的尊重。这是目前很多酒店在经营中都会碰到的一个问题，实际上就是强调要去研究消费者的口味特征，了解消费者的消费需求，做到有针对性地介绍餐饮产品，然后由客人做出选择，而不是在服务过程中强买强卖。

第三，对客人宗教信仰的尊重。不同的宗教信仰在食品的选择上有其特殊性。因此，很多餐馆的服务员会问客人：有什么口味要求？有没有忌口？这就是一种宗教信仰的尊重。

（3）物有所值的需求。现在的客人在餐饮消费过程中，已经从盲从转向理性，要求花的每一分钱都能够实实在在地得到回报，非常注重物有所值。这也是餐饮经营者在设计产品、价格的时候，必须认真思考的一个关键问题。

（4）显示气派的需求。很多客人到餐厅来吃饭，除了用餐以外，还有一个重要的目的就是，显示自己的身份和气派。有些客人经常在朋友面前讲，这个餐厅很上档次，非常好，我经常到这个餐厅来吃饭。他这么说的目的无非有两个：第一，显示他有钱；第二，到这里来消费，档次高，说明他有品位。

顾客往往不是直接告诉餐饮经营者他要显示气派，要追求档次，要在朋友面前有面子，而是在消费过程当中，通过一些简单的语言表述，潜移默化地体现出来。

另外，在显示气派、讲究身份的过程中，有的客人经常会以专家的口吻、专家的眼光来对菜品做点评。这种点评，有时候说得对，有时候不一定对，这就需要我们引起重视了。如果客人以美食家的口吻来评价产品，即使评价不在点子上，也不要去纠正他、批评他。

如果你去纠正他、批评他，会让他觉得很没面子，尤其是在朋友面前很丢面子，那他下次不会再来了。这是我们在服务当中要十分注意的一个问题。

（5）方便的需求。现在的客人到餐厅吃饭，追求的是方便、快捷。要满足这种方便、快捷的需求，需要餐厅的服务要尽量地简洁、明了，不要太烦琐、复杂。这样客人在用餐的过程中会觉得很愉快。

2．影响宾客饮食喜好的因素

影响宾客对饮食喜好的因素很多，主要分为内在因素和外在因素两个因素。

1）内在因素

内在因素是指与食品的色、香、味、形、温度、质量等直接联系在一起的因素，如装盘的方式、食品供应时的温度、服务方式等都会对顾客的消费产生影响。

2）外在因素

外在因素是指消费者在餐饮产品的消费过程中，可能受到的外界因素的影响，如环境因素、顾客情绪、广告效应、就餐时间、就餐季节变化等。

（1）环境。这里的环境是指整个大的环境，如社会经济环境、社会习俗，当地人是习惯在外面就餐，还是喜欢在家里做饭，这些都是环境因素。

（2）顾客情绪。宾客的心情好不好，也是影响他就餐的一个因素。人们对食品质量的期望与用餐时的情绪有关，如人们在社交、典礼等场合希望食品质量高，服务质量好。而在一般的朋友聚会时的要求则要低得多。

（3）广告效应。一个餐厅经常做广告促销或者口碑较好的话，会吸引来很多的顾客，这就是广告效应。

（4）就餐时间和季节变化。某些季节性食品特别是蔬菜和水果，对人们选择食品的方式有很大影响。此外，餐饮营业时间、就餐时间、用餐时间的长短等都能影响宾客对食品的选择。

3）生理和心理因素

生理机能失调会对人们的饮食爱好产生极大的影响，而这些变化又常和心理因素的影响有关。在各种人口因素中，年龄和性别是影响饮食的主要因素，如年轻人比较喜欢快餐，而年长者则更喜食素食等。

4）个人因素

个人因素是指消费者自身的一些因素，包括以下几个。

（1）期望标准。人们对食品或餐饮服务的期望会影响饮食爱好和食品选择。到餐厅就餐时，一般来说客人的期望标准比较高，如果食品质量比预期的差，就会影响人们对食品的爱好程度。

（2）考虑的重点。这个因素和期望标准有直接联系。例如，人们在乘机旅行或因病住院时，同时需要餐饮服务，但他们优先考虑的是何时抵达旅行目的地，或何时恢复健康。因此，其他因素就有可能比食品更加重要。

（3）熟悉程度。对菜单内容的描述，使用顾客熟悉的术语，顾客更容易接受菜单上的食品，当然描述性的菜单还能增强食物的吸引力。

(4）他人的影响。人们的餐饮爱好与家庭、朋友的影响有关。例如，在自助餐厅里，排在前面的人挑选什么食品，对后面的人会产生一定的影响。一般说来，人们愿意接受专家和亲友的建议。

（5）食欲和心情。顾客如果心情好，对餐饮的欲望就强，对服务人员的过错能给予谅解，反之，若心情不佳，对食品就越挑剔。

（6）家庭结构。年轻的家庭注重消费能力，而45～60岁的夫妇则关心减少热量和胆固醇。

（7）文化水平。文化水平也影响人们的饮食爱好和食品选择。接受过营养学方面教育的宾客，对饮食爱好和食品选择与不具备营养学知识的人有很大的区别。前者不受他人影响，在选择菜肴时注重营养成分搭配。

5）社会经济因素

社会经济因素决定了人们的消费能力，人们选择的菜肴食品与其经济收入有密切的联系。

6）文化宗教因素

了解文化传统和宗教信仰对人们饮食爱好的影响，是餐饮营销活动中的一项极其重要的工作，要尊重传统习俗和宗教信仰对人们饮食的禁忌和制约。

知识链接 15-3

香积厨：把文化运用到极致

香积厨本来是称谓佛教寺院中的厨房。客人一进门就能看见花和尚鲁智深这样的旧时僧人，"大块吃肉，大碗喝酒"的豪气扑面而来。碗是粗碗，杯是斗大的粗瓷杯，酒幌、对联，甚至餐巾纸杯上敞开肚皮吃的重庆"老汉"也在告诉顾客要"大块吃肉，大碗喝酒"。

登堂入室之后，客人会发现桌上有一本小册子，不是菜谱，而是"香积厨纪事"，副标题是"关于吃喝拉撒"的现代玩本，封面常换，内容常新，时而是升斗小民的"吃事"，时而是和"香积厨"有"染"的名士的吃喝逸闻。共同特点都是在"论吃"，而且论调常常令人喷饭。

对于初次来此的朋友，还可以在纪事中了解香积厨的各个机构：厨房叫"创作室"，洗手间叫"欢喜间"，也叫"洒脱间"。

菜谱中有"水浒牛肉""花花肠子"这般奇妙的菜名。服务员还会告诉顾客，诸如"海魔烧冬瓜"这样的菜是食客的贡献。如果有兴趣，也可以贡献几道自己拿手菜。一旦被认可，就上牌推出，提供者可以终生免费享用这道菜。等到酒足饭饱的时候，香积厨的惊喜还没有完。食客还可以根据消费数目，到餐厅四周满墙的书中随意挑选一本带回家，作为到此一吃的留念。在香积厨吃饭从不打折，只送书。这个规矩在食客中间已经传得很响了。香积厨只是善用环境文化做出自己特色的一个例子而已。

3．环境气氛在餐饮营销中的作用

环境气氛在餐饮的营销当中起着非常重要的作用。气氛是指经过精心设计的消费环境。

这种消费环境往往对消费者的消费情绪产生某种影响。这种影响主导了客人对餐饮产品的选择，要么增加其购买的可能性，要么降低其购买的可能性。

1）环境气氛对消费行为的影响

环境气氛对消费行为的影响，表现在以下3个方面。

（1）能够引起宾客的注意和好奇。例如，现在一些餐厅开始推出主题餐厅，即通过一些文化元素的结合，来形成一种特定的文化氛围。这种特定的文化氛围，往往能够勾起客人的好奇，引起客人的注意。

（2）向宾客传递某种信息。环境气氛能够向宾客传递某种信息。这种信息可能是多方面的，它既可能是产品消费方面的信息，也可能是文化元素方面的信息，还可能是其他消费方面的信息。总之，环境气氛的营造会对消费者的餐饮消费活动产生影响。

（3）创造某种感觉。气氛能够创造某种感觉。现在的客人到餐厅吃饭，是为了追求某种特殊的经历，这种经历的最终结果是一种感觉。这种感觉，绝大多数是一种心理体验和心理表现。

2）影响宾客接受餐饮环境气氛的因素

影响宾客接受餐饮环境气氛的因素有很多，如客人的期望值、对环境的选择、情绪、视觉、嗅觉、听觉、触觉、价值等，这些因素都可能会影响客人对餐厅环境的接受程度。

15.3 餐饮内部营销

内部营销是指采取措施使前来就餐的宾客最大限度的消费。行之有效的内部营销可以产生多种良性效果：节省外部营销宣传的费用；从现有的客人身上获取更高的收入；提高利润率；提高相关产品和服务的销售额。

15.3.1 菜单推销

菜单作为餐厅最重要的"名片"，是餐厅一项十分有效的推销工具。一份精心编制、内容得体、实际动人、洁净闪亮的菜单不仅其外表能使顾客赏心悦目、心情舒畅，还能增加顾客对餐厅经营和烹调产生好感，并引导顾客消费餐厅高利润的菜品，增加餐厅收入。因此，要十分重视菜单的推销作用。

1. 菜单的内容及安排

1）菜品的名称

菜名是菜单最重要的内容，它直接影响顾客对菜品的选择。菜名的制定要满足以下要求：首先，菜名要真实，要真实反映菜肴的主要原料构成、烹制工艺、口味或质地等，如清蒸鲈鱼、水果沙拉等；其次，菜名读起来文字要优雅，简单易懂。优雅的菜名听起来充满情趣，让人产生好感，如芙蓉干贝、佛跳墙，而言简意赅则让人一目了然，从而增强吸引力，如小葱拌豆腐、红烧海参。

2）菜品的价格

大多数顾客对菜品的价格都比较敏感，所以菜品的价格一定要准确、真实，菜单应明码标价。加收服务费的必须在菜单上说明，价格变动的应重新印刷，不要留有涂改痕迹。

3) 菜品的介绍

必要的说明和简单的介绍有利于引导客人消费。介绍的内容主要有原料、烹调及服务方法、菜品的份额、菜品的营养功效、名菜的来历、特殊菜品的烹调时间等。现在一些菜单为了能从感性上更加吸引客人，增强客人的信任感，往往将风味特色菜配上图片，虽然图文并茂的菜单印刷成本高，不利于菜点的调整，但是对促销却能起到积极的作用。

4) 推销性信息

菜单上的推销性信息主要有餐厅的名称、标示及所属企业介绍，餐厅的主题风格和风味特色，餐厅的地址、电话、网址，餐厅的营业时间。这些信息既是告示性信息，又能起到广告促销的作用。

2．菜单的装帧与布局

1) 设计要精美

菜单是一种推销工具，也是一种对外宣传品，它代表餐饮企业的档次和文化品味。精美的菜单能唤起消费者的美感，增加就餐的情绪。菜单的封面与里层图案均要美观而且与企业的档次、经营特色、餐厅的环境乃至餐具、餐桌的色调相协调，给客人留下一个鲜明的印象。

2) 篇幅要合理

菜单要有合理的规格尺寸。一般餐厅使用 30 厘米×40 厘米的单面或 25 厘米×35 厘米对折。美国餐厅协会对顾客的调查表明，菜单最理想的尺寸为 23 厘米×30 厘米，这样的尺寸顾客拿起来舒服。现在很多快餐厅或早餐厅的菜单为一页，直接铺在桌上，既是菜单又是垫纸，尺寸比较大。

菜单的文字安排上应留有一定的空白，另外，字体应选用标准字体，使客人能很容易看清楚，切忌使用草书或美术字。

3) 布局要合理

菜单的布局首先要注意菜单品种的排列顺序及菜单的程序。菜式的排列应按照用餐习惯进行，再结合原料分类排序。同时应将主要菜式安排在最显眼的位置。一般单页纸的菜单，视觉中心在中间正方，最能引起客人的注意。

4) 表面要清洁

由于翻阅菜单的人很多，菜单容易被弄脏、损坏。一般应选用质地精良，厚实的纸张，如胶版纸、铜版纸等，同时还必须考虑纸张的防污、防折和耐磨等性能；若是一次性菜单应选用比较轻巧、便宜的纸张。

知识链接 15—4

卡片式菜单

大凡去过饭馆、酒店的人都有一种共同的体会：菜单总是日复一日一成不变的。但是某些菜常因没有原料或已经卖完，结果出现顾客点好菜后，服务员又说"对不起"的尴尬局面。有时候缺少的某道菜恰恰是顾客爱吃的，令顾客内心大为不悦，甚至因此失望离去。

菜单上的这种小小缺陷，反映出了服务上的大大不周，可是餐饮业的经营者却普遍长久失察。对此，广州一家酒店见微知著，打破菜单"终身制"，实行了一种"卡片式菜单"，每道菜"能上能下"，可随时根据"菜情"做调整，故而从根本上避免了"点菜的尴尬"。现今餐饮业竞争越演越烈，许多商家都在打出自己与众不同的"特色牌"。"卡片式菜单"的启示是，特色特在细微处。明显的地方谁都会注意并努力去做好，相反，越是细小的地方就约容易被人们忽视，而越是细小的地方做得尽善尽美，就越能显示出自己的优势，越能收到"细节最感人"的艺术效果。

3. 特殊菜品的推销

一张设计合理的菜单应使某些需重点促销的菜肴得到"特殊处理"，以引起顾客的特别注意。从餐厅经营的角度出发，有以下几类特殊菜品应得到特殊处理。

（1）能使餐厅扬名的菜品。一家餐厅总要有意识的计划几种菜品使餐厅出名，这类菜应有特色且价格不能太贵。

（2）特色烹调菜。餐厅以独特的烹调方法来推销一些菜。例如，有的餐厅推出主厨特色菜系列，如主厨特色汤、主厨特色色拉、主厨特色主菜等。

（3）愿意多销售的菜品。价格高、毛利大、容易烹调的菜是管理人员最愿意销售的菜。西餐中的开胃品菜、主菜、甜品一般赢利较大并容易制作，应列在显目的位置。

（4）特殊套餐。推销一些特殊套餐能提高销售额，增强推销效果。

（5）每日时菜。有的时令菜单上留出空间，已加上每日特色菜和时令菜来增加菜单的新鲜感。

特殊菜品的推销主要有两大作用：一是对畅销菜、名牌菜宣传；二是对高利润但不太畅销的菜进行推销，使其成为既畅销利润又高的菜。

15.3.2 人员推销

餐厅的每一个员工都是推销员，其外表、服务质量和工作态度都是对餐饮产品的无形推销。

（1）制服。员工制服会给人以清洁感、统一感；同时还可以起到广告的作用。

（2）个人卫生。员工良好的个人习惯和清新的精神外表，能感染客人使其乐意接受服务并经常光临。

（3）举止和言谈。主要包括员工的走姿、站姿、手势、目光、言谈、微笑6个方面，它体现员工内在素质和精神面貌。

（4）服务质量。主要体现在员工服务技巧和服务态度等方面，以优质服务吸引更多的客源。

15.3.3 餐厅推销

餐厅的每一位员工既是服务员又是推销员，应该明白餐饮服务的过程就是餐饮推销的过程。餐厅推销是一门实用而灵活的学问，是餐厅利于不败之地的秘诀。

1. 主动招呼

主动招呼对招揽顾客有很大的意义，如有的顾客进餐厅后，环视一下餐厅四周就转头走了。这时，如果有服务员主动上前招呼"欢迎光临"，同时引客人入座，顾客即使对餐厅环境不是很满意也不会退出。

2. 熟悉产品，适时介绍菜品

熟悉菜品是做好推销的前提，服务员要熟悉餐厅的每个菜品，熟悉各菜品的主料、配料、烹调方法和味道。菜品的介绍要能调动顾客的点单的欲望，服务员在向客人介绍时，除介绍菜品的配料外，要注意强调菜品的烹调特点，强调菜品由哪位名厨烹调，这样会使客人产生品尝的欲望，如果菜品带有典故和来历，服务员一定要结合菜品典故，做有声有色生动介绍，以引起顾客兴趣，从而达到更好的推销效果。

3. 适时推荐高价菜品

在服务过程中如果看到顾客在点菜时犹豫不定，服务员可适时介绍，推荐高价菜品或高利润菜品。一般来说，高价菜品和饮料，其毛利较高，同时这些菜品和饮料的确质量好，有特色。因此，服务员的推销技巧在于宣传菜品和饮料的质量和特色，使顾客购买高价菜品和饮料。

4. 主动服务，抓住销售机会

无论在餐前、餐中或餐后，都有很好的销售机会。客人点菜时是服务员推销的最好时机，客人看菜单时，服务员不可置之不理、一言不发，而是要与客人进行关于菜单内容的必要沟通，主动向客人提出各种建议，使客人对菜单上所列的产品感兴趣，从而接受服务员的推销。在客人就餐时，服务员要注意观察客人有什么需要，主动上前服务。

5. 要有针对性的进行推销

服务员应了解顾客的就餐目的，面对不同的用餐客人，不同的用餐形式，不同的消费水准，进行有针对性的推销，如家宴要注意老人和孩子们的选择，对情侣则一般要侧重与女士的选择。

6. 要正确使用推销语言

服务员应具备良好的语言表达能力，善于掌握客人的就餐心理，灵活巧妙地使用推销语言，使客人产生良好的感受。服务用语要简洁、短小、精悍，同时又能吸引顾客，有助于餐饮的推销，如服务员常用"您需要果汁还是酸奶"来代替"您需要什么饮料"，引导顾客迅速做出消费决策。

15.3.4 特殊活动推销

餐饮企业出于销售的需要，根据目标顾客的特点和爱好，在不同的场合下，举办多种类型的特殊推销活动。

1. 特殊活动推销的时机

1）节日特殊推销活动

节日是人们庆贺和娱乐的时光,是餐饮工作人员举办特殊推销活动的大好时机。在节日搞餐饮推销,需要将餐厅装饰起来,烘托节日的气氛。并且餐饮管理人员要结合各地区民族风俗的节庆传统组织推销活动,使活动多姿多彩,使顾客感到新鲜。

在一年的各种节日里,如春节、圣诞节、国庆节、情人节、中秋节等都可以举办各种活动。

2）清淡时段的推销活动

餐饮企业为增加清淡时段的客源和提高座位周转率,促进其餐饮产品在清淡时段的销售,可在这段时间举办各种推销活动。例如,有些餐厅将清淡时间段的推销活动称为"快乐时光"活动,在这段时间中对饮料进行"买一赠一"的销售活动;还有的餐厅进行限时折扣活动、抽奖活动、赠送活动等,这些都可以增加餐饮企业在清淡时段的销售。

3）季节性推销活动

对不同的季节,餐饮企业可以结合该季节的特点,进行多种推销活动。由于季节的原因,消费者的就餐习惯和上市的新鲜原料不尽相同,企业可根据这些变化,适时地推出适应顾客就餐习惯的产品和服务。在季节性推销中,最常见的就是时令菜的推销。

4）餐饮企业认为可利用的其他时间

进行特殊活动推销应该结合餐饮企业和目标消费者的实际情况,可以利用各种能够促销餐饮产品销售的机会来开展特殊活动推销。

2. 特殊推销活动的类别

特殊推销活动的形式要多样化,要吸引人。常见的有以下几种。

1）演出型

餐厅往往聘请专业文艺团体或者人员来为就餐者演出,增加消费者购买产品的附加值,刺激消费者的购买愿望。演出的内容多种多样,如卡拉 OK、爵士音乐、轻音乐、钢琴演奏、民族歌舞等。

2）艺术型

在餐厅举办如绘画、书法、雕塑等形式的展览或拍卖活动,来吸引消费者。

3）娱乐型

为活跃餐厅气氛吸引客人,餐厅常举办一些向消费者参与的娱乐活动,如猜谜、抽奖、游戏等,还可以在餐厅内设置娱乐设施,吸引消费者前来就餐。

4）实惠型

餐厅利用消费者追求实惠的心理进行一系列如赠送、折扣推销、免费礼品等活动,使客人得到实惠。能使客人得到实惠的推销通常是很有吸引力的。

15.3.5 赠品推销

利用赠品进行推销是餐饮企业可使用的一种重要的推销手段。赠品推销的关键是赠品种类的选择和赠送方式的采用，在赠品选择上应有创造性和新颖性，在赠送方式上尽可能突出参与性和趣味性。

1．赠品的类型

依据推销的目的不同，餐饮企业的赠品一般可分为4种类型。

1）商业性赠品

餐饮企业为了鼓励一些消费额较大的顾客来消费，常赠送一些商业礼品。

2）个人赠品

为了鼓励顾客来餐厅消费，餐饮企业免费赠送顾客一些小礼品，特别是节日或者顾客生日的时候向顾客赠送礼品或纪念卡以表示祝贺。

3）广告性赠品

这种赠品主要起到宣传餐厅、使更多人了解餐厅、提高餐厅知名度的作用。管理人员要选择价格便宜，可大量派送的物品作为赠品，礼品上要印上餐厅的推介性介绍文字，赠送给前来就餐的客人，如一次性打火机、火柴、购物袋等，这些物品能够起到提高餐厅知名度，使更多消费者了解餐厅的作用。

4）奖励性赠品

为了鼓励消费者更多地消费餐饮产品，餐饮企业可以选择价值较高的礼品，依据消费者的消费金额、消费次数等向消费者赠送。这样可以刺激消费者在餐厅中多消费菜品和增加就餐的次数。

2．赠品推销的要点

赠品的选择和赠送时机直接影响着赠品推销活动的效果，餐饮企业在进行赠品推销活动时，需要特别注意赠品和赠送场合的选择及赠送方式的设计。

赠品推销应注意以下几点。

（1）赠品应符合不同年龄消费者的心理需要。

（2）礼品必须符合餐饮企业的形象。赠送给消费者的礼品应该与餐饮企业的形象相符，赠品能够沟通消费者和餐饮企业的关系，应该选择能够代表餐饮企业特色的、符合企业形象的赠品来招徕顾客。

（3）赠品应采用精美的包装。包装精美的赠品能够提高消费者对赠品价值的认知。因此，赠品尽量使用精致、美观、特别的包装。

（4）赠送的气氛要热烈。在赠送顾客赠品时，应该结合赠品的特点进行一定的策划和设计，加深顾客的印象，同时也可以感染其他顾客。

15.3.6 展示推销

在现代餐饮业中，展示推销是一种有效的推销方式。这是一种利用视觉效应，诱发顾客的消费欲望，吸引顾客购买餐饮产品，并刺激顾客增加购买的一种销售促进形式。展示推销是无形产品有形化思想的具体体现。

1. 原料展示推销

餐饮企业在餐厅中展示其菜品使用的原料，使顾客相信说消费的菜品的原料都是新鲜的。陈列原料一般是要向顾客强调"鲜"、"活"。例如，餐饮企业可以在餐厅门口摆设水缸，养殖鲜鱼活虾，供顾客挑选，然后由厨师加工烹调。这样，顾客知道原料是鲜活的，会对餐饮产品产生信任。同时，原料的展示要注意视觉的舒适，一些让消费者反感的原料不仅不会促进销售，还会适得其反。

2. 成品展示推销

餐饮企业可以将外观精美的成品菜肴展示在陈列柜里，给消费者直接的视觉刺激，使顾客通过视觉直接观察来选择菜品，因为实物的展示往往胜于很多文字的描述。在确定陈列的菜品种类时，应注意选择外形美观、不易变色变形的菜品。例如，将甜点、色拉陈列在玻璃冷柜中，会取得较好的推销效果，餐厅陈列的一些名酒也会增加酒水的销售机会。

3. 推车服务展示推销

许多餐厅将一些价格不高，放置一段时间质量不易下降的菜肴、点心等置于手推车中，由服务员推车巡回于餐厅向客人推销。顾客在需要加菜又不愿意等待时，这些菜品可以满足顾客的需求；有时顾客虽然已经点够了菜，但看到车上诱人的菜品，会发生追加购买的行为。这种推销形式在方便了客人就餐的同时，还增加了餐饮企业的额外销售。粤菜的早茶都是采用这种方式进行推销服务的。

4. 现场烹调展示推销

在客人面前表演烹调，会使客人产生兴趣，引起客人想品尝的欲望。现场烹调能减少食品烹调后的放置时间，使客人当场品尝，味道更加鲜美。现场烹调还能利用食品烹调过程中散发出的香味和声音刺激客人的食欲。一些餐厅还让客人选择配料，按客人的意愿进行现场烹调，这样能够满足客人不同口味的需要。

进行现场烹调推销时，要注意选择食品原料外观新鲜漂亮的、烹调时无难闻气味、烹调速度快而其简单的菜品。例如，对烧烤类、铁板类等菜品展示制作过程，可以促进消费者对餐饮产品的购买。

15.3.7 其他推销

1. 美食节推销

美食节是一些有一定实力的餐饮企业为推销本企业的菜品而采取的具有一定规模的系列促销活动。也可以说美食节是企业精美食品的展示会。

美食节不同于其他的营销手段，它可以给餐饮经营者提供一个全面展示自己实力的机会。首先，美食节是企业经营菜系的整体推销，有助于改进现有菜品的质量，发展拳头产品和"拿手"菜。其次，有利于扩大餐饮企业的声誉和影响，使企业树立良好的社会形象。

顾客可通过美食节了解企业、认识企业。企业可以由此争取新客户，巩固老主顾，获取竞争优势。

2．优惠推销

1）优惠券

优惠券是餐饮企业常用的促销方式之一。在举行特殊活动期间或新产品推广期间，餐厅事先通过一定的方式将优惠券发到顾客手中，顾客持券消费时，可以得到一定的优惠。

优惠券的种类很多，常见的有普通优惠券、贵宾卡、特殊优惠券和回赠券等。

2）抽奖销售

抽奖销售通常是餐厅对消费额达到一定标准的就餐客人给予抽奖的机会。通过设立不同等级的奖励，刺激顾客的即时消费行为。抽奖可采用逐级增加奖品的贵重程度，同时使抽奖幅度增加的方式。

3）其他优惠

为当天过生日的消费者免费在当地报纸上刊登生日祝贺词，就餐过程赠送生日礼品等，都属于其他优惠活动。

3．针对儿童的推销活动

针对儿童的推销活动主要有以下几种。

（1）提供儿童菜单和儿童份额的餐饮品，多给儿童一些特别的关照。

（2）提供为儿童服务的设施。

（3）赠送儿童小礼物，尤其选送他们喜欢的与餐厅宣传密切联系的礼品。

（4）娱乐活动。

（5）儿童生日推销。

（6）赞助儿童事业，树立餐厅形象。

15.4　餐饮外部营销

所谓餐饮外部营销，是相对于酒店内部而言的，即促销的地点可能在酒店以外的任何场所，营销的对象面更为广泛等。

15.4.1　餐饮销售人员推销

餐饮销售人员推销是指餐饮销售人员通过面对面与客户洽谈业务，向顾客提供产品或信息服务，诱导顾客光临餐厅，购买餐厅产品和服务的过程。

1．餐饮销售人员推销的优势

餐饮业的销售人员直接向顾客推销商品和服务具有以下几点优势。

1）具有很强的针对性

因为推销人员可以直接接触顾客，所以有机会把产品卖给愿意购买的顾客。

2）具有很大的灵活性

餐饮人员推销与顾客保持着最直接的联系，可以根据顾客需求或动机及顾客的反应来调整自己的推销策略和办法，可以随时回答顾客的提问，有助于交易的实现。

3）具有公共关系的作用

餐饮销售人员留给客户的良好形象有助于加深顾客对餐饮产品和服务的印象。餐饮销售人员有机会纠正顾客对产品和服务的偏见，树立企业良好的形象，这样既可以留住老客户又可以开拓新市场。

2. 餐饮销售人员推销的程序

1）收集信息

收集信息的主要工作包括明确推销对象、了解推销对象的需求偏好及支付能力等。餐饮销售人员要建立各种资料信息簿，建立宴会客史档案，注意当地市场的各种变化及本市的活动开展情况，寻找销售机会。特别是那些大公司和外商机构的庆祝活动、开幕式、产品获奖、年度会议信息等，都是极有意义的。

2）计划准备

在了解了相关情况之后，推销人员应做好推销计划，确定访问的目的、访问的对象、推销方式和辅助工具，如推销用的各种餐饮资料、菜单、照片和图片，以及推销过程中容易出现的一切问题等。

3）销售访问

访问时一定要守时，注意自己的仪容和礼貌。自我介绍并直截了当地说明来意，尽量使自己的谈话吸引对方。

4）介绍餐饮产品和服务

着重介绍餐厅餐饮产品和服务的特点，针对所掌握的对象需求来介绍，以引起对方的兴趣，突出餐厅所能给予客人的利益和额外利益，还要设法让对方多谈，从而了解对方的真实要求，再证明自己的产品和服务最能适应客人的要求。介绍餐饮产品和服务还要借助于各种资料、图片、场地布置图等。

5）处理异议和投诉

碰到客人提出异议时，餐饮推销人员要保持自信，设法让顾客说出怀疑的理由，再通过提问的方式让他们在回答中自己否定这些理由。对顾客提出的投诉和不满，首先应表示道歉，然后请求对方给予改进的机会，千万不要因自己的一次争论而得罪客人。

6）商定贸易和跟踪推销

要善于掌握时机，商定交易，签订预订单。这时要使用一些技巧，如代替客户下决心，给予其额外利益和优惠等来争取订单。一旦签订了订单，还要进一步保持联系，采取跟踪措施，逐步达到确认预订。即使不能成交，也应通过分析原因、总结经验，保持继续向对方进行推销的机会，以便于日后的合作。

3. 餐饮销售人员推销技巧

人员推销具有较强的灵活性。它是推销人员与顾客面对面的交谈，需要根据推销对象的特点和餐饮产品及服务的特点巧妙运用推销策略。常用的推销策略有以下 3 种。

1）试探性策略

试探性策略又称"刺激-反应"策略，即餐饮企业推销人员用试探的问话等方式刺激顾客做出购买行为。推销人员在不很了解顾客需求的情况下，用事先设计好能刺激顾客购买欲望的推销语言，对其进行小心谨慎的试探，认真观察其反应，然后根据其反应采取相应具体的推销措施。

2）针对性策略

针对性策略又称"配方-成交"策略，即推销人员用事先准备好的有针对性的话题与顾客交谈，说服顾客，达成交易。这种策略适用于推销人员事先已掌握顾客的基本需求。推销人员在与顾客接触前需要做大量的准备工作，收集相关的有针对性的材料、信息，熟悉产品满足顾客要求的性能，设计好推销语言和措施。

3）诱导性策略

诱导性策略又称"诱发-满足"策略，即顾客在与推销人员交谈之前并没感到或强烈意识到某种需求，推销人员运用刺激顾客需求的手段或方法激发其潜在的购买需求。这是一种"创造性推销"，需要推销人员有很高的推销技巧。采用这种策略，推销人员要设身处地的为顾客着想，这样才能更加有利于把产品"推"向顾客。

知识链接 15—5

曼谷酒吧的经营妙招

泰国曼谷有一家酒吧的老板在门口放了一个巨型的酒桶，外面写着醒目的大字："不许偷看！"这引发了过往行人的好奇心，非看不可。哪知，不看不知道，一看不得了，原来酒桶里面是香醇的酒。只要人们把头探进酒桶里，便可闻到一股清醇芳香的酒味，桶底酒中隐隐显出"本店美酒与众不同，请享用！"的字样，不少大喊"上当"的人却因酒的诱惑，也都进入酒吧痛饮几杯。

15.4.2 电话推销

电话推销即销售人员利用电话与客人交流，推销餐饮产品和服务，是餐饮销售常用的推销方式之一，也是招徕宾客的重要手段。

电话推销不同于人员推销。进行电话推销时，只闻其声，不见其人，而不像人员推销那样与客人面对面进行交流。因此，要求销售人员特别认真地听取客人意见，通过听觉来大体上了解客人的购买意图。

15.4.3 广告推销

餐饮广告是指餐饮企业支付费用，通过各种各样的传播媒介，向社会公众或特定市场中潜在的顾客传递产品和服务信息，诱发顾客需要，劝导顾客购买，提醒顾客注意餐饮企业产品和服务的变化，进而实现扩大产品销售、增加赢利目的的一种营销工具。"酒香不怕巷子深"这句古语所存在的局限性，已经被越来越多的人所认识，所以餐饮营销中，广告是必不可少的重要手段。

1．主要广告媒介的运用

1）报纸

报纸是餐饮广告常用的媒介。

报纸的优点：①时间性强，消息迅速；②广告费比电视宣传低；③可直接引起消费者的购买行为；④灵活性较大，覆盖面广。

要树立酒店管餐饮良好的市场形象，一是经常刊登广告，反复传递重要广告词句；二是偶尔刊登广告介绍最新信息、新的服务项目等。

在选择刊登广告的报纸时，应考虑报纸编辑的内容特点，读者对象，出版时间，报纸声望，广告位置、大小、色彩和费用等因素。

报纸的缺点：①色彩单调；②无法传播声音和动作；③外观缺乏吸引力，其作用时间短暂。

2）电视

电视宣传的优点：①宣传范围广泛；②表现手段和形式丰富多彩；③宣传的影响和作用巨大；④便于重复宣传，直观性强；⑤声誉高。

电视宣传的缺点：①广告费用高；②缺乏选择性，且转瞬即逝，观众看后极易忘记。

3）户外广告

户外广告是指在交通路线、商业中心、机场库站等行人和车辆较多的地方设立路边广告牌、标志牌，进行餐饮推销。

户外广告的优点：①信息传播面广；②费用较低；③持续时间长；④可选择宣传地点。

常用的户外广告有以下 3 种。

（1）广告牌：设在行人较多的马路边上，交通工具经过的道路两旁或主要商业中心，闹市区。

（2）空中广告：利用空中飞行物进行的空中广告宣传。

（3）餐厅招牌：酒店建筑物外部的指示牌。

4）交通广告

交通广告是指设在飞机、火车、轮船、汽车等交通工具上的广告。这些广告内容一般有酒店餐厅的名称、地址、电话、服务项目及如何前往等。这类广告可引起顾客的兴趣，其效果相当显著。

2．广告推销应注意的问题

1）开业准备不充分，不要超前做广告

有些餐厅做出开业的广告后，由于装饰工程未完成，没有按期开业，只好写致歉书请顾客原谅；有些餐厅仓促开业，设施、设备又未完全到位，顾客需求无法满足；有些餐厅在菜品质量和服务质量差的情况下超前做广告，等顾客上门时，服务却跟不上。这样，不但起不了好的作用，反而得罪顾客，造成不良影响。

因此，餐厅在未练好"内功"和没调整好内部机制的情况下，最好不要做广告。

2）餐厅广告必须做到诚实无欺

以诚待客是经营成功的基础。因为餐厅追求的是持续的效益，欺诈顾客尽管有可能会一时获利，但最后受损失的仍然是餐厅本身。

3）标题短小、简洁明快

餐饮广告的标题要短小，开门见山，一般标题8个字以内为好。通过广告的作用使顾客被吸引住，自愿到餐厅就餐，这样就会收到比较好的效果。

知识链接 15—6

乾 隆 赐 联

相传乾隆在微服出访中，看到一家"天然居"的饭馆，一时诗兴大发，提笔写下了一副上联"客上天然居，居然天上客"，但下联却苦想不出。正在大伤脑筋之时，随行的纪晓岚对出下联"人过大佛寺，寺佛大过人"。乾隆大喜将此对联赐给该店，店主高挂门前。此事很快成为京城脍炙人口的佳话，前来"天然居"观赏对联和享受"天上客"的吃客如过江之鲫，一副对联竟使这家地处偏僻小巷的酒店主人成为"京都富翁"。

15.4.4 其他推销方法

1．免费品尝

推出新品种最有效的方法之一便是免费赠送食品给顾客品尝。让消费者在不花钱的情况下品尝产品，他们定会十分乐意寻找产品的优点。由于不花钱食用产生的感情联系，使顾客乐意无偿宣传你的产品。

2．有奖销售

用奖励的办法来促进餐饮消费，一方面使客人寄希望于幸运获奖；另一方面即使得不到奖也算是一种娱乐的方式。

3．折扣赠送

现在国内的一些餐厅向顾客赠送优惠卡，顾客凭卡可享受优惠价就餐。这实质上也是一种让利赠送的办法。有时，一些顾客来就餐也许并不在乎一点点折扣，而却在乎脸面、在乎身价。

餐饮工作人员应该树立这样的观念：只要顾客向管理人员提出希望打折的要求，就应毫不犹豫地适当满足客人的要求。主动找个适当优惠的理由，给顾客一个台阶下。顾客的小利能在你这里得到满足，面子得到维护，他一定会再来，而获利的却是餐厅。

4．宣传小册子

设计制作宣传小册子的主要目的是向顾客提供有关酒店餐饮设施和服务方面的信息，使他们相信本餐厅的餐饮设施和服务优于其他酒店。同时，使尚未确定就餐地点的顾客相信本餐厅是他们首选的目的地。

15.4.5 餐饮推销注意事项

1．推销注意要点

（1）顾客只对自己的爱好感兴趣，推销一定要有针对性，投其所好。
（2）永远赞同顾客的观点。
（3）访问顾客一定要专门拜访，千万别说："我是顺便来看看"。
（4）学会使用名人效应。
（5）第一次拜访失败后不要气馁。记住：刁难的顾客也会变成好的顾客。
（6）不要做出不能履行的承诺。
（7）不管酒店的地位多高，不要摆架子。
（8）如果餐饮产品或服务设施在某一方面有明显优势，强调这一点就够了。

2．推销对话过程中常见错误

（1）垄断对话，滔滔不绝，试图指导和控制对话的方向，不给顾客说话的机会。
（2）打断顾客的谈话。顾客说话时不注意听，走神或东张西望。
（3）言语太多，漫无边际。
（4）说话语速太快，给人以紧张和压抑的感觉。

小测验：选择一家餐饮企业，收集其当前外部促销策略，分析其可取之处，试提出可操作性的合理建议。

本章小结

餐饮营销管理是餐饮企业管理的一项重要职能。在目前处于买方市场状态、竞争日趋白热化的餐饮市场，营销职能的重要性越发凸显出来。因此，了解餐饮产品的价格策略，熟悉餐饮营销的基本原理，掌握餐饮营销的内部与外部营销的策略与技巧，对于餐饮营销管理具有重要的意义。

练习题

一、多项选择题

1．餐饮产品的定价方法可以根据定价时侧重考虑的因素不同，主要有（　　）。
　　A．成本导向定价法　　　　　　B．目标收益定价法
　　C．需求导向定价法　　　　　　D．声望定价法
2．新产品定价策略有（　　）。
　　A．撇脂定价策略　　　　　　　B．渗透定价策略
　　C．满意定价策略　　　　　　　D．折扣定价策略

3. 餐饮产品与服务的营销组合策略包括（   ）。
   A．扩大或缩小经营范围　　　　　　B．高档或低档产品与服务组合策略
   C．餐饮产品和服务的差异化策略　　D．发展新产品策略
4. 影响宾客对饮食喜好的外部因素有（   ）。
   A．服务方式　　　　　　　　　　　B．广告效应
   C．就餐时间和季节变化　　　　　　D．顾客情绪
5. 餐饮人员促销的优势有（   ）。
   A．具有很强的针对性　　　　　　　B．具有很大的灵活性
   C．具有公共关系的作用　　　　　　D．直接引起消费者的购买行为

二、判断题

1. 饭店的"包装"是指把产品和服务结合起来，在顾客心目中形成本饭店的独特形象。（   ）
2. 撇脂定价策略是一种低价格策略，即在新产品投入市场时，价格定得较低，以便消费者容易接受，迅速打开和占领市场。（   ）
3. 针对消费者"便宜无好货"、"价高质必优"的消费心理采用的定价策略是折扣定价策略。（   ）
4. 菜单作为餐厅最重要的"名片"，应该对所列出的菜品做出详细的介绍。（   ）
5. "酒香不怕巷子深"这句俗语对餐饮营销具有重要的借鉴意义。（   ）

三、讨论题

1. 餐饮产品有哪些定价目标？主要定价方法有哪些？
2. 餐饮产品的定价策略有哪些？
3. 餐饮产品与服务的营销组合策略有哪些？
4. 简述餐饮营销影响因素。
5. 简述菜单的内容及安排。
6. 怎样进行菜单推销？
7. 餐饮销售人员有哪些推销技巧？
8. 餐饮推销的注意事项是什么？

四、案例分析题

《金瓶梅》出自徐州，而且在今天的徐州，有一家集宋、明和当代饮食之萃于一体的"金瓶梅酒家"。整个酒家的环境气氛都是严格按照《金瓶梅》来设计布置的，大小餐厅的厅名，字、画、联都是选自《金瓶梅》，如"聚景堂"取自第30回西门庆举办家宴的场所的名字，楹联也出自书中的名句 "消遣壶中闲日月，邀游身外醉乾坤"。画也有讲究，是书中有趣的"王六儿棒槌打捣鬼"。正对主席的横匾取自第14回的"水晶盘高堆火枣交梨，碧玉杯满泛玉液琼泉"。连门厅接待小姐和服务员的着装都原封不动出自书中的描述，穿一色的浅粉色花缎旗袍。

得"形"似易,得"神"似难。然而,金瓶梅酒家由于灵活运用了现代市场经营技巧,一炮而红,将所有仰慕《金瓶梅》的人们给灌了个"如痴如醉"。当然,在这中间起作用的除了《金瓶梅》本身的名气外,更重要的是经营者们频频出手的"高招"。

高招之一:以特色打入市场。以"天下第一奇书"为主线,以宋、明社会风韵为背景,以淮海、齐鲁菜肴为基础,并融合各地风味,推出"以蚌为主,兼容五味"的"金瓶梅"食谱。

高招之二:以普及大众为出发点。在金瓶梅酒家,既可以订上几千元一桌的豪华宴席,也可以花上二三十元一饱口福。酒家"丰俭由人"的普及化经营策略,使酒家的市场占有率一直稳步上升,从而避免了许多创新菜"不能善终"的悲剧。

高招之三:强调知识性服务。每上一道菜,服务员都介绍菜名,并明确向顾客讲解,此菜取自书中哪个章回,有时员工还要将菜的来历与厨师为此所做的创新改革娓娓道来。

问题:
1. 你从上述案例中受到什么启发?
2. 许多创新菜系不能善终的原因是什么?
3. 如何进行主题餐饮产品的开发与营销?

参 考 文 献

[1] 张水芳. 饭店餐饮管理[M]. 2版. 重庆：重庆大学出版社，2007.

[2] 王天佑. 餐饮管理学[M]. 沈阳：辽宁科学技术出版社，2001.

[3] 秦炳贞. 餐饮管理与服务[M]. 长春：吉林音像出版社，2003.

[4] 邓英，马丽涛. 餐饮服务实训——项目课程教材[M]. 北京：电子工业出版社，2009.

[5] 陈刚平，周晓梅. 旅游社交礼仪[M]. 北京：旅游教育出版社，2000.

[6] 黄勤忠. 烹饪知识[M]. 大连：东北财经大学出版社，2000.

[7] 周妙林. 中餐烹调技术[M]. 北京：高等教育出版社，2004.

[8] 孙一慰. 烹饪原料知识[M]. 北京：高等教育出版社，2002.

[9] 贾晋. 烹饪原料加工技术[M]. 2版. 北京：中国劳动社会保障出版社，2007.

[10] 高富良. 菜点酒水知识[M]. 北京：高等教育出版社，2003.

[11] 王月华，李长茂. 饮食百科知识[M]. 北京：中国科学技术出版社，2004.

[12] 范震宇. 面点技术[M]. 北京：中国劳动社会保障出版社，2001.

[13] 张廉明. 齐鲁烹饪大典[M]. 济南：山东科学技术出版社，1996.

[14] 贺正柏. 菜点酒水知识[M]. 北京：旅游教育出版社，2007.

[15] 单铭磊. 酒水与酒文化[M]. 北京：中国物资出版社，2011.

[16] 王天佑，袁广杰. 酒水经营与管理[M]. 3版. 北京：旅游教育出版社，2011.

[17] 李勇平. 餐饮服务与管理[M]. 大连：东北财经大学出版社，2000.

[18] 程新造，王文慧. 星级饭店餐饮服务案例选析[M]. 北京：旅游教育出版社，2002.

[19] 陈尧帝. 餐饮服务培训教材[M]. 沈阳：辽宁科学技术出版社，2005.

[20] 陈尧帝. 餐饮经理读本[M]. 沈阳：辽宁科学技术出版社，2001.

[21] 梁百行，等. 国际酒店管理制度典范[M]. 北京：专利文献出版社，2000.

[22] 聂明林. 饭店餐饮管理[M]. 重庆：重庆大学出版社，1997.

[23] 张永芳. 酒店餐饮管理[M]. 重庆：重庆大学出版社，2010.

[24] 刘秀珍，陈的非. 餐饮服务与管理[M]. 北京：中国轻工业出版社，2011.

[25] 叶伯平. 宴会设计与管理[M]. 北京：清华大学出版社，2011.

[26] 宋春亭. 旅游酒店餐饮服务与管理[M]. 郑州：郑州大学出版社，2006.

[27] 陈岩. 餐厅服务规范[M]. 北京：中国经济出版社，2003.

[28] 李向东. 实用餐饮服务300问[M]. 北京：中国林业出版社，2002.

[29] 杨晓光. 万事话由来[M]. 北京：中国城市出版社，2010.

[30] 陈海旺. 现代餐饮经营与管理[M]. 辽宁：辽宁科学技术出版社，1994.

[31] 梭伦. 星级宾馆酒店经营管理[M]. 北京：中国纺织出版社，2009.

[32] 文通. 新编现代酒店餐饮人员培训与星级服务标准[M]. 北京：中国纺织出版社，2008.

[33] 王志民. 餐饮服务与管理[M]. 南京：东南大学出版社，2007.

[34] 谢彦君. 酒店餐饮管理[M]. 大连：辽宁师范大学出版社，1996.

[35] 宋春亭. 旅游酒店餐饮服务与管理[M]. 郑州：郑州大学出版社，2006.

[36] 吴克祥. 餐厅领班读本[M]. 辽宁：辽宁科学技术出版社，1998.
[37] 郑向敏. 酒店质量管理[M]. 北京：旅游教育出版社，2006.
[38] 张粤华. 餐饮实务[M]. 广州：中山大学出版社，1996.
[39] 李树民. 现代酒店管理概论[M]. 西安：西北大学出版社，2002.
[40] 陈岩. 餐饮服务规范[M]. 北京：中国经济出版社，2003.
[41] 陈觉. 餐饮管理案例及点评[M]. 辽宁：辽宁科学技术出版社，2003.
[42] 赵建民. 餐饮质量控制[M]. 辽宁：辽宁科学技术出版社，2001.
[43] 周志宏. 餐饮服务质量管理[M]. 长沙：中南大学出版社，2006.
[44] 潘宝明. 厨房管理[M]. 北京：中国旅游出版社，2004.
[45] 马超英. 厨房管理[M]. 北京：中国旅游出版社，1996.
[46] 马开良. 现代厨房管理[M]. 北京：旅游教育出版社，2008.
[47] 杨慧. 餐饮服务与管理[M]. 成都：电子科技大学出版社，2009.
[48] 马继刚. 餐饮管理实务[M]. 昆明：云南大学出版社，2006.
[49] 宋振春. 旅游饭店餐饮管理[M]. 济南：山东大学出版社，2005.
[50] 李瑛. 餐饮运营与管理[M]. 北京：电子工业出版社，2009.
[51] 沙艳荣，薄立伟. 现代餐饮营销[M]. 北京：北京理工大学出版社，2011.
[52] 夏连悦. 现场管理5项任务——餐饮服务营运管理模式[M]. 北京：企业管理出版社，2011.
[53] 陈云川，张洪刚. 现代餐饮营销[M]. 南京：东南大学出版社，2008.
[54] 荆林波，马彦华. 当前我国餐饮业发展面临的问题及政策建议[J]. 商业时代，2010，01：25～27.
[55] 张蕾，张新建. 我国餐饮业发展现状及趋势[J]. 市场研究，2009，07：27～29.
[56] 姬静，刘跃辉. 用优质服务提升餐饮业的竞争优势[J]. 石家庄城市职业学院教学与研究，2009，02：41～44.
[57] 尹秋花. 浅谈中国餐饮业发展趋势与营销[J]. 科技资讯，2009，19：161.
[58] 王成福. 中国餐饮业的发展现状及趋势分析[J]. 江苏商论，2007，06：35～36.
[59] 张俐俐. 中外旅游业经营管理案例[M]. 北京：旅游教育出版社，2000.
[60] 国家旅游局. 旅游行业对客人服务的基本标准（试行）[OL]. http://whly.weinan.gov.cn/structure/whly/lyfg/content_25373_1.htm.